U0689818

五禮通考

〔清〕秦蕙田 撰

方向東 王鍔 點校

十五

嘉禮〔六〕

中華書局

目録

五禮通考卷一百九十七

嘉禮七十

觀象授時

推步法下附勾股割圓記

會典：推木火土三星法

土星用數：

土星每日平行，一百二十〇秒六〇二三五五一。

江氏永曰：土星距地最遠，行最遲，算土、木、火三星平行之法，用前後兩測，取其距恒星之度分等，距太陽之遠近左右亦等，乃計其前後相距，中積若干時日，及星行滿次輪若干周，即可得其平行之率。新法曆書載，古測定二萬一千五百五十一日又十分日之三，土星行次輪五十七周，置中積日分爲實，星行次輪周數五十七爲法除之，得周率三百七十八日零一百分日之九分二九八二，乃以每周三百六十度爲實，周率三百七十八日零爲法除之，得五十七分零七秒四十三微四十一纖四十四忽三十三芒〔一〕，爲每日土星距太陽之行，與每日太陽平行五十九分零八秒一十九微四十九纖五十一忽三十九芒相減，餘二分零三十六微零八纖零七忽零六芒，爲每日土星平行經度。凡星平行者，本輪心平行於本天也。

最高每日平行，十分秒之二又一九五八〇三。

江氏永曰：諸星皆有本輪，即有最高，最高即有行度，猶太陽之最卑行，太陰之月孛行也。其行右旋。

正交每日平行，十分秒之一又一四六七二八。

江氏永曰：諸星各有本道，與黄道交。正交者，自南而交入於北也。交行左旋。

本天半徑，一千萬。

〔一〕「四十三微」，諸本作「四十二微」，據推步法解卷五改。

江氏永曰：各本天大小極不等，半徑恒設一千萬者，整數便算也。欲得其距地之數，以太陽距地高卑之中數，與次輪半徑較而可知。如太陽距地一千一百四十一地半徑，而土星次輪一百零四萬有奇，則本天半徑比太陽本天半徑約大十倍弱也。木、火本天倣此。

本輪半徑，八十六萬五千五百八十七。

均輪半徑，二十九萬六千四百一十三。

江氏永曰：本輪之心在本天，均輪之心在本輪。本輪左旋，均輪右旋。均輪半徑比本輪半徑三之一而稍强。

次輪半徑，一百〇四萬二千六百。

江氏永曰：次輪所以載星而右旋，其頂合日，其底衝日，其心在均輪上。次輪原與太陽本天等大，因星之本天甚大，故其半徑僅當本天半徑十之一有奇。

本道與黄道交角，二度三十一分。

江氏永曰：猶黄道與赤道、白道與黄道有距度也。諸交角倣此。

土星平行應，七宫二十三度十九分四十四秒五十五微。

江氏永曰：曆元天正冬至次日壬申子正時，土星平行宫度也。諸應倣此。

最高應，十一宫二十八度二十六分〇六秒〇五微。

正交應，六宫二十一度二十〇分五十七秒二十四微。

木星用數

木星每日平行，二百九十九秒二八五二九六八。

江氏永曰：測木星平行之法，亦用前後兩測，與土星同。新法曆書載，古測定二萬五千九百二十七日又千分日之六百一十七，木星行次輪六十五周，置中積日分爲實，星行次輪周數六十五爲法除之，得周率三百九十八日零十分日之八分八六四一五，乃以每周三百六十度爲實，周率三百九十八日零爲法除之，得五十四分零九秒零二微四十二纖四十七忽三十二芒，爲每日木星距太陽之行，與每日太陽平行相減，餘四分五十九秒一十七微零七纖零四忽零七芒，爲每日木星平行經度。

最高每日平行，十分秒之一又五八四三三。

正交每日平行，百分秒之三又七二三五五七。

本天半徑，一千萬。

本輪半徑，七十〇萬五千三百二十。

均輪半徑，二十四萬七千九百八十。

江氏永曰：均輪半徑比本輪半徑三之一而强。

次輪半徑，一百九十二萬九千四百八十。

江氏永曰：次輪亦與太陽本天等大，半徑比本天半徑五之一而弱。

本道與黄道交角，一度一十九分四十秒。

木星平行應，八宫〇九度一十三分一十三秒一十一微。

最高應，九宫〇九度五十一分五十九秒二十七微。

正交應，六宫〇七度二十一分四十九秒三十五微。

火星用數

火星每日平行，一千八百八十六秒六七〇〇三五八〔一〕。

江氏永曰：測火星平行之法，亦用前後兩測，與土、木二星同。新法曆書載，古測定二萬八千八百五十七日又千分日之八百八十三，火星行次輪三十七周，置中積日分爲實，星行次輪周數三十七爲法除之，得周率七百七十九日零十分日之九分四二七八三，乃以每周三百六十度爲實，周率爲法除之，得二十七分四十一秒三十九微三十七纖四十三忽五十五芒，爲每日火星距太陽之行，與每日太陽平行相減，餘三十一分二十六秒四十微一十二纖零七忽四十四芒，爲每日火星平行經度。

最高每日平行，十分秒之一又八三四三九九。

〔一〕「六七」，諸本作「七七」，據推步法解卷五改。

正交每日平行，十分秒之一又四四九七二三。

本天半徑，一千萬。

本輪半徑，一百四十八萬四千。

均輪半徑，三十七萬一千。

江氏永曰：均輪半徑比本輪半徑四之一。

最小次輪半徑，六百三十〇萬二千七百五十。

江氏永曰：火星次輪，時時不同，本輪高而太陽又高者最大，本輪卑而太陽又卑者最小，二者皆在高卑之中，則與太陽本天等大。此設星在最卑，又當太陽行最卑，次輪最小半徑如此。

本天高卑大差，二十五萬八千五百。

太陽高卑大差，二十三萬五千。

江氏永曰：合兩大差四十九萬三千五百，半之二十四萬六千七百五十，加於最小次輪半徑，凡六百五十四萬九千五百，爲次輪不大不小之半徑，亦與太陽本天等大，而在本天只得三之二弱耳。

本道與黄道交角，一度五十分。

火星平行應，二宫一十三度三十九分五十二秒十五微。

最高應，八宮初度三十三分一十一秒五十四微。

正交應，四宮一十七度五十一分五十四秒〇七微。

求天正冬至。詳日躔。

求本星平行　以積日詳月離。與本星每日平行相乘，滿周天秒數去之，餘數收爲宮度分，爲積日平行，以加平行應，得本星年根。上考往古，則置平行應減積日平行。又置本星每日平行，以所設距天正冬至之日數乘之，得數與年根相併，得本星平行。

求最高平行　以積日與最高每日平行相乘，得數爲積日平行，以加最高應得最高年根。上考往古，則置最高應減積日平行。又置最高每日平行，以所設距天正冬至之日數乘之，得數與年根相併，得最高平行。

求正交平行　以積日與正交每日平行相乘，得數爲積日平行，以加正交應得正交年根。上考往古，則置正交應減積日平行。又置正交每日平行，以所設距天正冬至之日數乘之，得數與年根相併，得正交平行。

求初實行　置本星平行，減最高平行，得引數。江氏永曰：本輪心平行距最高之數，亦即均輪心左旋於本輪距初宮初度之數也。用直角三角形，江氏永曰：小句股形也。以本輪半徑内減去均輪半徑，爲對直角之邊，江氏永曰：土星本輪半徑八十六萬五千五百八十七，減均輪半徑餘五十六萬九千一百七十四；木星本輪半徑七十萬五千三百二十，減均輪半徑餘四十五萬七千三百四十；火星本輪半徑一百四十八萬四千，減均輪半徑餘一百一十一萬三千。此邊爲小弦，從本輪心抵均輪底，與直角相對。以引數爲一角，江氏永曰：此角輳本輪心，引數度在本輪周，即其角之度。求得對引數角之邊，江氏永曰：此邊爲小句。用正弦比例，半徑千萬爲一率，引數度正弦爲二率，對直角之邊爲三率，求得四率，爲對角之邊。從直角抵均輪底，與小弦相交。引數過象限以後，用二率之法，詳「日躔實行」條。及對餘角之邊。江氏永曰：此邊爲小股。用餘弦比例，半徑千萬爲一率，引數度餘弦爲二率，對直角之邊爲三率，求得四率，爲對餘角之邊。從直角抵本輪心。用二率之法同上。又用直角三角形，江氏永曰：大句股形也。以對引數角之邊，與均輪之通弦相加，求通弦，詳月離。江氏永曰：本輪左旋一度，均輪右旋兩度，故均輪上用通弦。通弦者，引數之倍度也。求法，半徑千萬爲一率，引數角之正弦爲二率，均輪半徑爲三率，求得四率，倍之即通弦。火星均輪半徑得本輪半徑四之一，則對引數角之邊三分去一，即爲通弦。爲小邊。江氏永曰：此邊爲大句。從本輪心橫抵均輪倍度之處，即次輪心所在。以對餘角之邊，與本天半徑相加減，引數三宮至八宮相加，九宮至二宮相減。江氏永曰：引數起最高，初宮在頂，六宮在底，當云九宮至二宮相加，三宮至八宮相減。此注偶誤。爲大邊。直角在兩邊中。江氏永曰：此邊爲大股。求得對小邊之角，爲初均數。江氏永曰：用切線比例，大邊爲一率，小邊爲二率，半徑千萬爲三率，求得四率，爲正切。以正切檢表，得角度。此角輳地心。并求得對直角之邊，爲次輪心距地心線。爲求次均之用。江氏永曰：從地心出斜線至次輪心爲大句股之弦。用割線比例，本天半徑爲一率，初均數度之正割爲二率，大邊爲三率，求得四率，爲次輪心距地心線。以初均數加減本星平行，引數初宫至五宫爲減，六宫至十一宫爲加。得初實行。江氏永曰：次輪心所當本天之度也。次輪心距地心線已過本天，截至本天當其度；未至本天，當引長之至本天當其度。

求本道實行　置本日太陽實行，減初實行，得次引。即星距太陽度。江氏永曰：土、木、火皆在太陽上，星與太陽合伏在次輪之頂，自是遂日有距太陽度，其行右旋，距度即次輪上之宫度。用三角形，江氏永曰：斜三角也。以次輪心距地心線爲一邊，次輪半徑爲一邊，惟火星次輪時時不同，須加減用之，法詳後。江氏永曰：火星與太陽有定距，故次輪因高卑而有大小。次引爲所夾之外角，過半周者與全周相減，用其餘。求得對次輪半徑之角，爲次均數。江氏永曰：當用切線分外角法求之，兩邊相併爲一率，兩邊相減之餘爲二率，半外角切線爲三率，求得四率，爲半較角切線。以半較角減半外角，其餘爲對次輪半徑之角。并求得對次引角之邊，爲星距地心線。爲求視緯之用。江氏永曰：此次引角，皆謂兩邊所夾之本角，從地心出斜線指星對之次均角，正弦爲一率，次引角正弦爲二率，次輪半徑爲三率，求得四率，爲星距地心線。乃以次均數加減初實行，次引距緯爲對交角之弧，江氏永曰：置星於地平，或緯南，或緯北，距緯直角設於地平上，距緯弧與直角相對。求得兩角間之弧，江氏永曰：兩角間之弧無所對，而已有兩角一弧。求法，本天半徑爲一率，黄道地平交角之餘切爲二率，距緯之正切爲三率，求得四率爲正弦。檢表，得兩角間之弧。爲加減差，以加減距日黄道度，緯南則加，緯北則減。江氏永曰：從地平上視之，緯南爲減，緯北爲加。地下之南北相反，故南加北減。得伏見定限度。視太陽與星相距度近定限度，如在合伏前某日，即爲某日夕不見；在合伏後某日，即爲某日晨見。

求合伏時刻　視太陽實行將及星實行，爲合伏本日。已過星實行，爲合伏次日。求時刻之法，於太陽一日之實行内減星一日之實行爲一率，江氏永曰：同向東行，故相減。餘與月離求朔望時刻之法同。江氏永曰：日法爲二率，太陽距星爲三率，求得四率，爲合伏時刻。

求退衝時刻　以星黄道實行與太陽實行相距將及半周爲退衝本日，已過半周爲退衝次日。求時刻之法，以太陽一日之實行與本星一日之實行相加爲一率，江氏永曰：一東一西，故相加。餘同前。江氏永曰：亦以日法爲二率，太陽距星爲三率。

求交宫時刻。與月離同。

求同度時刻　以兩星一日之實行相加減爲一率，兩星同行則減，一順一逆則加。日法爲二率，兩星相距爲三率，求得四率，爲距子正之分數，以時刻收之即得。

求黄道宿度。與日躔同。江氏永曰：亦以積年乘歲差得數〔一〕，加黄道宿鈐，以減本星黄道實行，餘爲本星所躔宿度。

蕙田案：以上推土、木、火三星法。

推金、水二星法

金星用數

金星每日平行，三千五百四十八秒三三〇五一六九。

江氏永曰：與太陽每日平行同，五十九分零八秒奇也。金、水二星之本天，原在太陽本天之下，其次輪原與太陽本天等大，與上三星同理；而星行次輪，有時在日上，有時在日下，繞日成圓象，離日不甚遠，不能衝日，則即借太陽之本天爲二星之本天，以太陽之平行爲二星之平行，而其繞日之圈，别爲伏見輪，亦曰次輪，其實借象亦借算也。上三星亦有繞日圈，以其甚大，不便用，則用歲輪本象算之。金、水亦自有本天，有歲輪，以其本天隱而伏見輪顯，則於伏見輪算之。

最高每日平行，十分秒之二又二七一〇九五。

〔一〕「歲」，諸本脱，據推步法解卷五補。

江氏永曰：金、水正交與最高相距有定度，故不列正交行及正交應。

伏見每日平行，二千二百十九秒四三一一八八六。

江氏永曰：金星離日之行也，古測定二千九百一十九日又千分日之六百六十七，金星行次輪五周，置中積日分爲實，星行次輪周數五爲法除之，得周率五百八十三日零十分日之九分三三四，乃以每周三百六十度爲實，周率五百八十三日零爲法除之，得三十六分五十九秒二十五微五十二纖一十六忽四十四芒，爲每日金星在次輪周之平行，一名伏見行。

本天半徑，一千萬。

江氏永曰：即太陽之本天也。

本輪半徑，二十三萬一千九百六十二。

均輪半徑，八萬八千八百五十二。

江氏永曰：本輪之心在本天，均輪之心在本輪，亦如上三星。

次輪半徑，七百二十二萬四千八百五十。

江氏永曰：次輪又名伏見輪，星體行其上，右旋，其心在均輪。金星原有次輪，與太陽本天等大，而金星本天在日天之下者，其半徑即此次輪之半徑。今既用太陽之本天爲星本天，則原本天半徑遂爲此次輪之半徑矣。星在原次輪上左旋，今以伏見輪爲次輪，則星仍右旋矣。

次輪面與黄道交角，三度二十九分。

金星平行應，初宫初度二十分十九秒十八微。

江氏永曰：即曆元冬至次日壬申子正時太陽平行宫度也。

最高應，六宫〇一度三十三分三十一秒〇四微。

伏見應，初宫十八度三十八分十三秒〇六微。

水星用數

水星每日平行。與金星同。

最高每日平行，十分秒之二又八八一一九三。

伏見每日平行，一萬一千一百八十四秒一一六五二四八。

江氏永曰：古測定一萬六千八百零二日又十分日之四，水星行次輪一百四十五周，置中積日分爲實，以次輪周數一百四十五爲法除之，得周率一百一十五日零十分日之八分七八六二一，乃以每周三百六十度爲實，周率爲法除之，得三度零六分二十四秒零六微五十九纖二十九忽二十一芒，爲每日水星在次輪周之平行，一名伏見行。金、水各以伏見行加太陽一日之平行，則金、水之本行也。

本天半徑，一千萬。

之，爲所夾之外角，過半周者與全周相減，用其餘。求其對角之邊，并對均輪半徑之角。江氏永曰：先求對均輪半徑之角，用切線分外角法，以邊總六十八萬二千一百五十五爲一率，邊較四十五萬二千八百九十一爲二率，半外角切線爲三率，求得四率，爲半較角切線，以半較角減半外角，其餘即對均輪半徑之角。乃以此角之正弦爲一率，三倍引數所夾本角之正弦爲二率，均輪半徑爲三率，求得四率，爲對角之邊。又用三角形，以本天半徑爲大邊，以求得對角之邊爲小邊，以求得對均輪半徑之角與均輪心距最卑度相加減引數不及半周者，與半周相減；過半周者，減去半周，即均輪距最卑度。加減之法視三倍引數度，不過半周則加，過半周則減。江氏永曰：三倍引數度不過半周者，其度在引數度之外，故加。過半周者，其度在引數度之內，故減。爲所夾之角，求得對小邊之角，爲初均數；江氏永曰：亦用切線分外角法求之。并求得對角之邊，爲次輪心距地心線。江氏永曰：均數角之正弦爲一率，所夾本角之邊爲二率，次輪半徑爲三率，求得四率，爲對角之邊。以初均數加減水星平行，引數初宫至五宫爲減，六宫至十一宫爲加。得初實行。

求伏見實行　置伏見平行，加減初均數，引數初宫至五宫爲加，六宫至十一宫爲減。江氏永曰：減星行則加伏見行，加星行則減伏見行。得伏見實行。

求黄道實行　用三角法，以次輪心距地心線爲一邊，次輪半徑爲一邊，伏見實行爲所夾之外角，過半周者與全周相減，用其餘。求得對次輪半徑之角，爲次均數；江氏永曰：亦用切線分外角法求之。并求得對角之邊，江氏永曰：以次均角之正弦爲一率，亦如求次輪心距地心線之法。爲星距地心線。爲求視緯之用。以次均數加減初實行，伏見實行初宮至五宮爲加，六宮至十一宮爲減。得黄道實行。江氏永曰：金、水次輪之心在黄道上，故以次均加減初實行，即黄道實行。

求距次交實行 置初實行，減正交平行，爲距交實行。以伏見實行相加，加滿全周去之，用其餘。得距次交實行。初宮至五宮爲黄道北，六宮至十一宮爲黄道南。江氏永曰：此原有之次輪心距正交實行也。合星平行與伏見平行爲輪心本行，則合星實行與伏見實行爲輪心實行也。今雖不用原有之次輪而算，距交必加伏見實行，謂之距次交實行，猶之用原有次輪也。

求視緯 以本天半徑爲一率，次輪面與黄道交角之正弦江氏永曰：金星交角正弦〇六〇七六六。爲二率，金星交角惟一，水星交角則時時不同，須求實交角用之，法詳後。距次交實行之正弦爲三率，求得四率，爲正弦。檢表，得次緯。江氏永曰：此亦初緯也。以距次交求得，謂之次緯。又以本天半徑爲一率，次緯之正弦爲二率，次輪半徑爲三率，求得四率，爲星距黄道線。江氏永曰：上三星求星距黄道線，以次輪心距地心線爲三率，則有時大于初緯。此以次輪半徑爲三率，則必小于次緯。金星可用别法求之，先以次輪半徑七二二四八五乘交角正弦，半徑千萬除之，得四三八九八二，以此爲次輪大距正弦，乘各度距交之正弦，半徑千萬除之，即得星距黄道線，可省一求。乃以星距地心線爲一率，星距黄道線爲二率，本天半徑爲三率，求得四率，爲正弦。檢表，得視緯，隨定其南北。距次交實行初宫至五宫爲黄道北，六宫至十一宫爲黄道南。

求水星實交角　以半徑千萬爲一率，交角較化秒爲二率，距交實行，九宫至二宫用次輪心在正交之交角較，三宫至八宫用次輪心在中交之交角較，仍視其南北用之。江氏永曰：距交實行乃伏見輪心距正交，非原有之次輪心距正交也，故雖自有其宫，不以此宫分南北，必查距次交實行。初宫至五宫爲北，六宫至十一宫爲南。距交實行之正弦爲三率，求得四率，爲交角差。置交角，用交角之法，與交角較同。以交角差加減之，距交實行九宫至二宫，星在黄道北則加，南則減。三宫至八宫反是。江氏永曰：水星正交在最卑，九宫至二宫在本輪之下半，三宫至八宫在上半，故用交角較與?交角以此定〔一〕，而南北加減亦以此分。得實交角。江氏永曰：求次緯用爲二率。

求晨夕伏見定限度　星實行與太陽實行同宫同度爲合伏。合伏後，距太陽實行漸遠，夕見西方，江氏永曰：星與太陽同行之外，仍有伏見行，故過太陽而先夕見。順行，順行漸

〔一〕「以」上，諸本衍「較」字，據推步法解卷五删。

遲，遲極而退，爲留退初。江氏永曰：星行次輪亦以漸近象限而遲，過象限，入下半深，伏見行與輪心行相減適盡而留，留際即爲退初。退行漸近太陽，江氏永曰：在太陽之下，漸近太陽也。則夕不見，復與太陽同度，爲合退伏。江氏永曰：輪之底與太陽合也。自是又漸遠太陽，江氏永曰：在太陽西。晨見東方，退行，退行漸遲，遲極而順，爲留順初。江氏永曰：亦以漸向上而遲，退度與輪心行相減適盡而留，留際即爲順初。順行漸疾，江氏永曰：亦以輪上半，輪行而星亦行之故。復近太陽，以至合伏，爲晨不見。其伏見限度，金星爲五度，江氏永曰：星體大故。水星爲十度。其求定限度之法，與土、木、火三星同。江氏永曰：亦先求距日黄道度，次求定限度。視星與太陽相距度近定限度，如在合伏前某日，即爲某日晨不見；合伏後某日，即爲某日夕見。合退伏前某日，即爲某日夕不見；合退伏後某日，即爲某日晨見〔一〕。

求合伏時刻　視星實行將及太陽實行爲合伏本日，已過太陽實行爲合伏次日。江氏永曰：土、木、火，太陽追星，金、水星追太陽，故相反。求時刻之法，與月離求朔望時刻之法同。

求合退伏時刻　星退行視太陽實行將及星實行爲合退伏本日，已過星實行爲合

〔一〕「日」，諸本作「夕」，據推步法解卷五改。

退伏次日。求時刻之法，與土、木、火三星求退衝時刻之法同。

求交宮時刻。與月離同。

求同度時刻。詳土、木、火三星。

求黃道宿度。與日躔同。

蕙田案：以上推金、水二星法。

推陵犯法

求陵犯入限　太陰陵犯恒星，以本日太陰經度與次日太陰經度，查本年陵犯恒星經緯度表，江氏永曰：星近黃道内外太陰可相及者也。某星在此限内爲陵犯入限。復查太陰在入限各星之上下，視兩緯，同在黃道北者，緯多爲在上，緯少爲在下；同在黃道南者，緯少爲在上，緯多爲在下；一南一北者，緯北爲在上，緯南爲在下。太陰在上者，兩緯相距二度以内取用；太陰在下者，一度以内取用。江氏永曰：皆以在星北爲上，在星南爲下。江氏永曰：太陰恒有視差降下，故在北取二度，在南取一度，猶日食陰曆限寬、陽曆限窄之理也。相距十七分以内爲陵，十八分以外爲犯，江氏永曰：過一度則不爲犯。江氏永曰：太陰半徑大者可十七分。陵者，相及而未掩也。緯同爲掩。太陰陵犯五星，以本日太陰經度在星前、次日在星後爲入限，餘與前同。五星陵犯恒星，以兩緯相距一度以内取用，相距三分以内爲陵，江氏永曰：五星大者約三分。四分以外爲犯，餘與前同。五星自相陵犯，以行速者爲陵犯之星，逆行者爲受陵犯之星。如遲速相同而有順逆者，以順行者爲陵犯之星，逆行者爲受陵犯之星。皆以此星經度本日在彼星前、次日在彼星後爲入限，餘同前。

求日行度　太陰陵犯恒星，即以太陰一日之行度爲日行度；以本日經度與次日經度相減即得，星倣此。太陰陵犯五星，以太陰一日之行度相加減，星順行則減，逆行則加。得日行度。五星陵犯恒星，以本星一日之行爲日行度。五星自相陵犯，以兩星一日之行相加減，兩星同行則減，一順一逆則加。得日行度。

求陵犯時刻　以日行度有度者化分。爲一率，日法爲二率，相距度爲三率，求得四率，爲分。如法收之，爲時刻。江氏永曰：晝陵犯當不論。

求視差　以日法爲一率，太陽一日之行爲二率，陵犯時刻化分爲三率，求得四率，與本日太陽實行相加，爲本時太陽黄道度，依日食求視差法，求得東西差及南北差。江氏永曰：以太陽黄道經度，依月離篇求得赤道經度，乃以陵犯時爲用時。如日食篇求用時春秋分距午赤道度以下十七條求得東西差，乃以本天半徑爲一率，用時白道高弧交角之正弦爲二率，用時高下差之正弦爲三率，求得四率爲正弦，得用時南北差。推陵犯不以如日食之密，不求近時定時可也。

求視緯　置太陰實緯，以南北差加減之，加減之法與日食同。得視緯。

求太陰距星　以太陰視緯與星緯相加減，南北相同則減，一南一北則加。得太陰距星，取相距一度以内者用。

求陵犯視時　以太陰實行化秒爲一率，以太陰日行度二十四除之即得。江氏永曰：一日分爲二十四時，故日行度亦以二十四除。一時化秒爲二率，東西差化秒爲三率，求得四率，爲秒。收爲分，以加減陵犯時刻，太陰距限西則加，東則減。得陵犯視時。江氏永曰：太陰視差皆由地心地面不同，與日食同理。五星亦有微差，可不論。

蕙田案：以上推陵犯法。

京師及各省北極高度：

京師北極高三十九度五十五分。江氏永曰：觀象臺之極高也。

暢春園北極高三十九度五十九分三十秒。

盛京四十一度五十一分。

山西三十七度五十三分三十秒。

朝鮮三十七度三十九分十五秒。
山東三十六度四十五分二十四秒。
河南三十四度五十二分二十六秒。
陝西三十四度十六分。
江南三十二度四分。
四川三十度四十一分。
湖廣三十度三十四分四十八秒。
浙江三十度十八分二十秒。
江西二十八度三十七分十二秒。
貴州二十六度三十分二十秒。
福建二十六度二分二十四秒。
廣西二十五度十三分七秒。
雲南二十五度六分。
廣東二十三度十分。

江氏永曰：極高度皆以測影測星定，各以本方極高度之正切。京師八二六六二，盛京八九五六七，山西七七八二四，朝鮮七七一六一，山東七四六九二，河南六九六九三，陝西六八一三，江南六二六四九，四川五九三三六，湖廣五九〇九三，浙江五八四四八，江西五四五六七，貴州四九八七，福建四八八五九，廣西四七〇九六，雲南四六八四三，廣東四三七九一。與黃赤大距度正切四三四六四相乘，半徑千萬除之，爲赤道度之正弦，得二至日出入卯酉前後赤道度，以一度變時之四分加減卯酉正初刻，得日出入時刻分。

各省東西偏度：凡偏東一度節氣遲時之四分，偏西一度節氣早時之四分。

盛京偏東七度十五分。江氏永曰：遲一刻十四分。

浙江偏東三度四十一分二十四秒。江氏永曰：遲一刻。

福建偏東二度五十九分。江氏永曰：遲十二分。

江南偏東二度十八分。江氏永曰：遲九分。

山東偏東二度十五分。江氏永曰：遲九分。

江西偏西三十七分。江氏永曰：早二分。

河南偏西一度五十六分。江氏永曰：早八分。

湖廣偏西二度十七分。江氏永曰：早九分。

廣東偏西三度三十三分十五秒。江氏永曰：早十四分。

山西偏西三度五十七分四十二秒。江氏永曰：早一刻一分。

廣西偏西六度十四分四十秒。江氏永曰：早一刻十分。

陝西偏西七度三十三分四十秒。江氏永曰：早二刻。

貴州偏西九度五十二分四十秒。江氏永曰：早二刻九分半。

四川偏西十二度十六分。江氏永曰：早三刻四分。

雲南偏西十三度三十七分。江氏永曰：早三刻九分。

朝鮮偏東十度三十分。江氏永曰：遲二刻十二分。

江氏永曰：偏東西度，蓋屢測月食時刻定之，節氣近子半，東西可差一日，則朔望弦亦然。而月大小，惟據順天府時刻定者，尊京師也。各省交食時刻，則以東西偏度定。地球周九萬里，一度二百五十里，此南北緯度里數也。若東西經度，惟南海外當赤道之下者里數如之，中國當赤道之北，則里數漸少，愈近北則愈少。如圓球上作距等圈，近腰者大，近頂者小，至頂則成一點矣。各省相距，東西相望，或正或斜，欲求其里數，皆可以弧三角法算之。法用各省北極高度減象限，其餘爲距地北極度。如求京師與盛京相去之里數，京師距地北極五十度五分爲一邊，盛京距地北極四十八度九分爲一邊，偏度七度一十五分爲所夾之角，兩邊相併九十八度一十四分，爲總弧餘弦一四三二，兩邊相減一度五十六分爲存弧餘弦九九九四二，併之一〇一三七四，折半五〇六八七，與角之矢八〇〇相乘爲實半徑，十萬爲法除之，四〇五爲對弧存弧兩矢較，以較加存弧矢五八爲四六三，即所求對弧矢。以矢減半徑爲餘弦九九五三七，查表五度三十一分，以五度三十一分化里，得一千三百八十里，爲盛京距京師斜望之實里數，考之驛程一千四百四十五里。蓋人迹紆曲，多六十五里也。他省算經度里數倣此。

蕙田案：以上北極高度及東西偏度。

右推步法下

附戴氏震勾股割圜記吴氏思孝解〔一〕：

蕙田案：史記：「黄帝迎日推策。」世本：「黄帝之臣隸首作算數。」策，謂日月躔離之可推者是也。數，謂自一至九，因而九之，以盡乘除之用是也。二者相資以成能。考之周官經，九數之計，於六藝居其一，而保氏掌之，以教國子；司徒掌之，以教萬民。數之用，句股爲尤大。故周髀算經記周公訪問於商高，於是得勾廣三、股修四、徑隅五之率，其書中指要則曰：「數之法，出於圜方，圜出於方，方

〔一〕「附戴氏震勾股割圜記吴氏思孝解」至卷末，味經窩本無，批校曰：「此本較後定本，少附戴氏震勾股割圜記五十三葉。」

出於矩，矩出于九九八十一。」又曰：「方數爲典，以方出圜。」又曰：「智出於句，句出於矩。」此數言者，古今推步家莫能出其範圍。蓋步算之大端有二：曰象，曰形。象者，日月星經緯之行，昭昭可覩也。形者，方圜句股，所以測此象也。古人有句股術，有弧矢術。今爲平三角、弧三角。平三角即句股之異名，弧三角即弧矢之異名。句股、弧矢，方圜之義備矣。習其術不得其理，則繁碎而近於藝。戴氏句股割圜記三篇。上篇古之句股法，今之平三角也。中篇古之弧矢法，今之正弧三角也。下篇亦古弧矢法，今之斜弧三角也。其於平三角正弦比例，以同度六句股明之；於斜弧三角之兩邊俠一角及三邊求角，用兩矢較，不用餘弦，皆前此所未發。又以爲諸術之巧，一同度句股相權之外，更無餘術，總以周髀首章之言，衍而極之。稱名立法，一用古義，以補九章之亡。藝也，進乎道矣。因取以附推步之後，而步算之大全舉焉。

句股割圜記上：割圜之法，中其圜而觚分之，截圜周爲弧背，絚弧背之兩端曰弦，弦截圜徑得矢，弦矢之内成相等之句股二，半弧弦爲句，減矢於圜半徑，餘爲股。絚句股之兩端曰徑隅，亦謂之弦。句股之弦，得圜半徑也。

第一圖

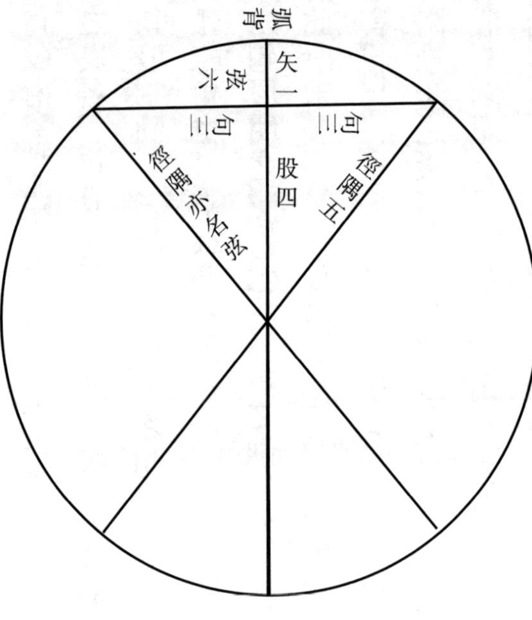

設矢一、弦六，圖之爲句三、股四、弦五。起其率，隨矢弦之短長、圜之大小，倣此。

句股弦三矩，凡有分數刻識者，皆謂之矩。方之，各自乘得方冪。合句與股二方，適如弦之大方。

第二圖

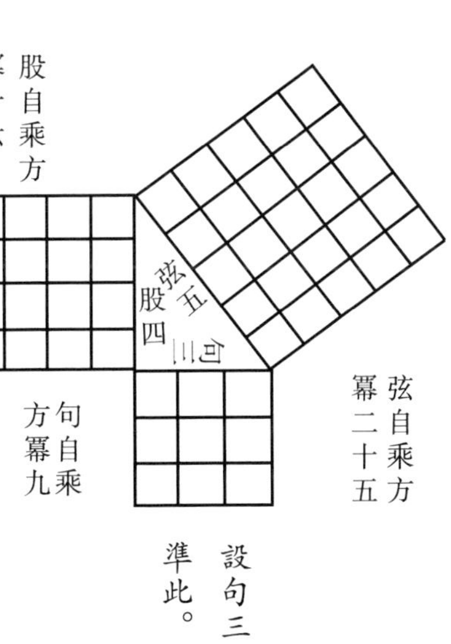

設句三、股四、弦五，圖之。三矩互求，弧率隨其所變，準此。

句股第一術

句與股，求其弦：句自乘，股自乘，併之爲弦實，開方得弦。

句股第二術

句與弦，求其股：句自乘，弦自乘，相減餘爲股實，開方得股。

句股第三術

股與弦，求其句：股自乘，弦自乘，相減餘爲句實，開方得句。與第二術同。

減矢於圜徑，餘爲股弦和，矢恒爲股弦較。和、較相乘，爲句之方。

第三圖

較弦股一
句三
股四
弦與半徑等
合股與半徑爲股弦和九
半徑與弦等

句股第四術

股與弦，求其句：用和、較率，股弦相加爲和，相減爲較，以較乘和爲句實，開方得句。句與弦求其股，用和、較率術同。

句股第五術

句與股弦較，求其股，或求其弦：句自乘，股弦較除之，得股弦和。和、較相減，餘爲倍股，半之，得股。若相加，則爲倍弦，半之，得弦。股與句弦較，求句、弦術同。

句股第六術

句與股弦和，求其弦，或求其股：句自乘，股弦和除之，得股弦較。以加股弦和，半之，得弦。以減股弦和，半之，得股。股與句弦和，求句、弦術同。凡句與股之名，可互易，故不兩列。

句股第七術

截圜徑得矢，求弧背之弦，用第四術。命矢爲小矢，於圜徑減小矢，餘爲大矢。以小矢、大矢相乘，四之，開方得弧背之弦。若不四其實，則得半弧弦。凡方面倍，其積必四倍。

或不用和、較率，則矢與圜半徑相減，餘爲股，圜半徑爲弦。用第三術得句，倍句，爲弧背之弦。

句股第八術

弧背之弦與矢，求其圜徑，用第五術。弦折半自乘，矢除之，若弦自乘，則四其矢除之。加矢爲圜徑。

減句於圜半徑，餘爲次弧背之矢。倍股，爲次弧弦，減次弧背之矢於圜徑，餘爲句弦和，其矢爲句弦較。和、較相乘，爲股之方。

第四圖

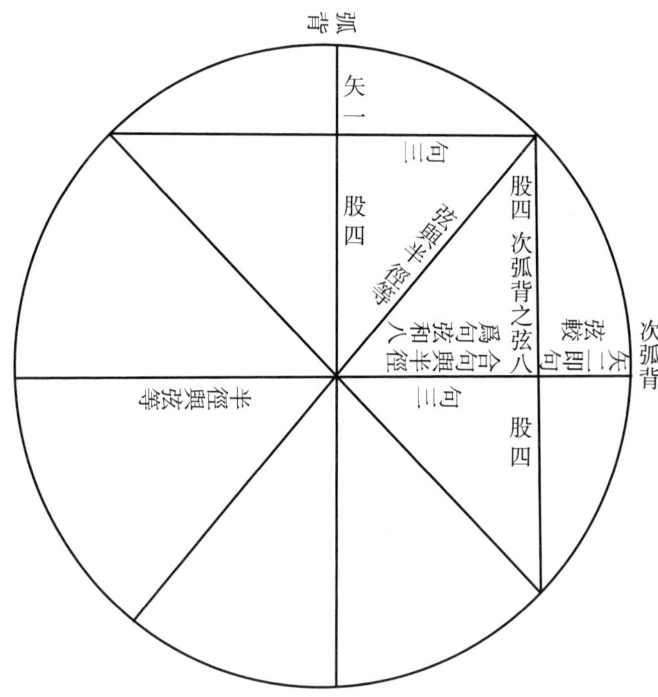

吴曰：次半弧背，今名餘弧。是記，凡大弧以減半周，或以減圜周之餘爲餘弧。半弧背減象限餘爲次半弧背。

句股第九術

圜徑平截之，得弧背之弦，求其矢：弦折半，與圜半徑相減，得次弧背之矢。即句弦較。若相加，則得句弦和。用第七術，得次半弧背之弦，於圜半徑減次半弧背之弦，得矢。

或不用和、較率，則弧背之弦半之，爲句，圜半徑爲弦，用第二術得股，股即次半弧背之弦也。

引徑隅於弧背外，成句股弦。弧背外之句，謂之矩分，弦謂之徑引數，股得圜半徑也。次弧背外之股，謂之次矩分，弦謂之次引數，句得圜半徑也。

第五圖

凡數，三之一爲少，三之二爲太。據句三、股四、弦五之率，爲内矩分三百，次内矩分四百，徑隅五百，弧之外内相應，各成同度大小句股。

方圜相函之體，用圜一匝，而函句股和、較之率，四分圜周之一如之。方四匝而函圜之周，凡四觚如之。句股弦三匝而函圜之半周，凡三觚如之。

第六圖

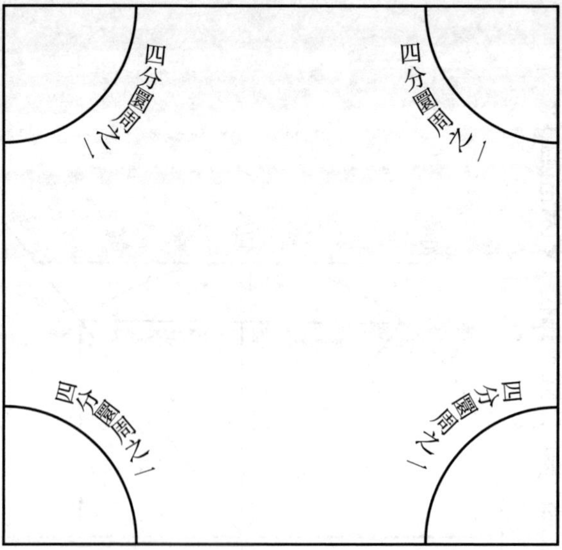

合四隅所規之弧，適得圜之周。周髀云：「數之法，出於圜方。」此其一端也。

第七圖

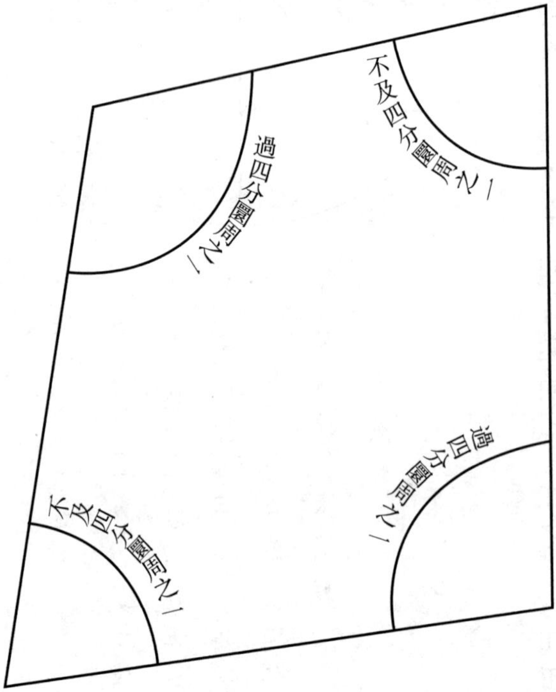

四觚不成正方者，或倨或句，所規之弧，或過四分圜周之一，或不及四分圜周之一，合四弧，適得圜之周。

第八圖

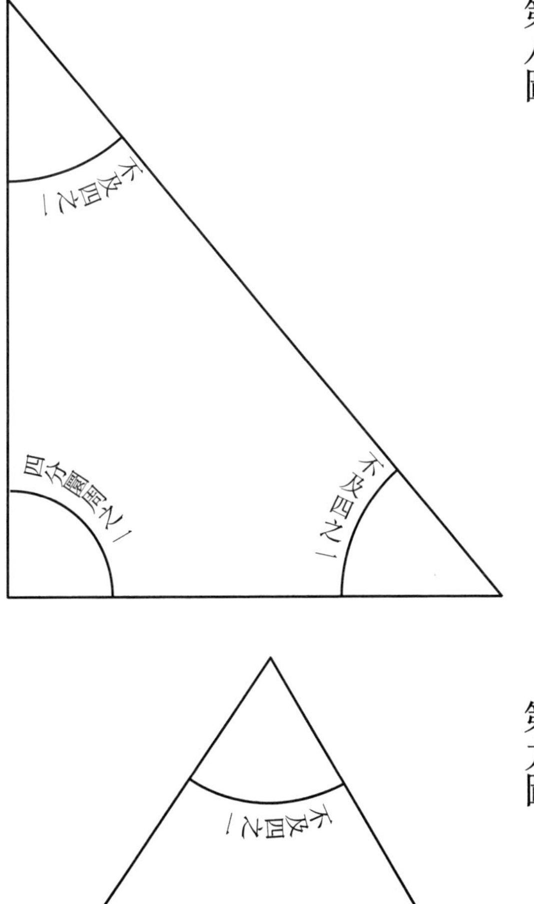

句股形，一觚適四分圜周之一，合二小觚，亦適四分圜周之一，併之，得圜半周。凡方形，剖之成兩句股，故半於方形所函。

第九圖

三觚不成句股，而其觚皆句於句股者，所規之弧皆不及四分圜周之一，併之，適得圜半周。凡四觚形剖之成三觚者二，故半於四觚所函。四觚既與方形同，則三觚亦與句股同也。

第十圖

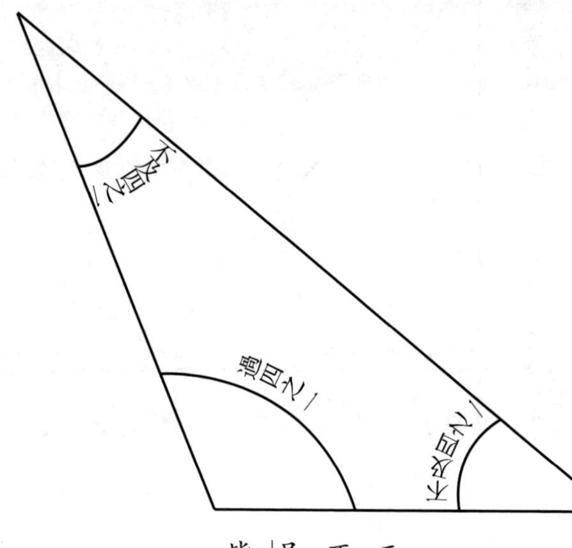

三觚有一弧過四分圜周之一，餘兩弧合之必不及四分圜周之一，併三弧，亦適得圜半周。

吴曰：今推步之法，周天三百六十整度，測器皆擬之。半周百八十度，一象限九十度。

句股第十術

凡準望，折而成方者，皆爲句股形，其方折倨句中矩，吴曰：今亦名直角，又名正方角。適四分圜周之一，餘兩觚，測知一觚弧度，以減四分圜周之一，餘爲所未測一觚之度。

若三觚形，不折而成方，其觚或倨，吴曰：今名鈍角。或句，吴曰：今名鋭角。於圜半周，減一觚弧度，餘爲兩觚之和，減兩觚則餘一觚。

圜周之外内，所成句股弦，皆方數也。隨徑隅所指，割圜周成弧背，皆圜度也。度同則外内相權，句股弦三矩通一爲道；外内相權，句股弦三矩通一爲道，斯可以小大互求矣。

小句	小股	小弦	表一
大句	大股	大弦	表二

句股第十一術

以原有之兩矩定其率，今有之一矩，與之相權，異乘同除，如前表。隔表相權，異名乘，同名除。凡用表倣此。得所求之一矩。凡推步之法生於此。吴曰：古異乘同除，今名三率者是也。二率與三率異名相乘爲實，一率與三率同名爲法除之，得所求之數爲第四率。凡四率，可以迭更互求。

小股與大句相乘，小句除之得大股。
大句與大股相乘，小股除之得大句。
大股與小句相乘，大句除之得小股。
大句與小股相乘，大股除之得小句。已上句與股互求。
小弦與大句相乘，小句除之得大弦。
小句與大弦相乘，小弦除之得大句。
大弦與小句相乘，大句除之得小弦。
大句與小弦相乘，大弦除之得小句。已上句與弦互求。
小弦與大股相乘，小股除之得大弦。
小股與大弦相乘，小弦除之得大股。
大弦與小股相乘，大股除之得小弦。
大股與小弦相乘，大弦除之得小股。已上股與弦互求。

吴曰：凡準望，於表長減人目高，以乘表距所測處之遠，人目去表之數除之，加表，得所測之高，即小股乘大句，小句除之，得大股也。若重測，於表長減人目高，以乘兩表閒。前後表相去之數。古人謂之表閒積。人目前後去表兩數相減爲較，除之，加表，得所測之高。此小股乘兩大句之較，兩小句之較除之，得大股也。若以人目去前表之數，或去後表之數，乘表閒，人目前後去表兩數較除之，得前表或後表距所測處之遠。此任以一小句乘兩大句之較，兩小句之較除之，各得其一大句也。凡表爲小股，人目去前後表，各爲一小句，其較爲兩小句之較；所測高爲大股，前後表距所測處各爲一大句，兩表閒爲兩大句之較。其前後各成同度之大小句股，故能以小知大，迭更互求，無所不通。高深廣遠一理，皆句股比例之一端，附論之。

附圖一

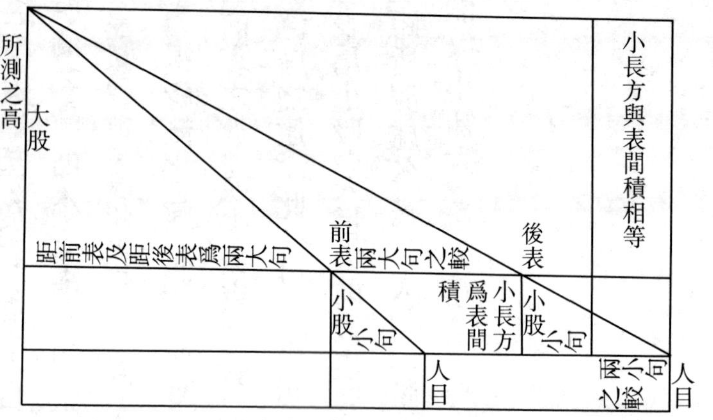

若用象限儀測，則不必立表。兩表皆爲儀之半徑全數。人目前後去表之數，爲兩測所得切綫，其較爲兩切綫相減之較，所得高與遠，即人目距所測處之高遠，但加人目去地爲所測高也。

圜之半容句股，則圜徑爲句股之弦，句與股復爲弦，而析之成同度之句股三。

吴曰：第七、第八、第九三術之理，以所成之句股同度，故可互求。圜内函同度三句股，即以爲句股弦和、較之率，又即句實、股實併之，適與弦實相等之故。蓋第一術至第九術，一理相貫也。

第十一圖

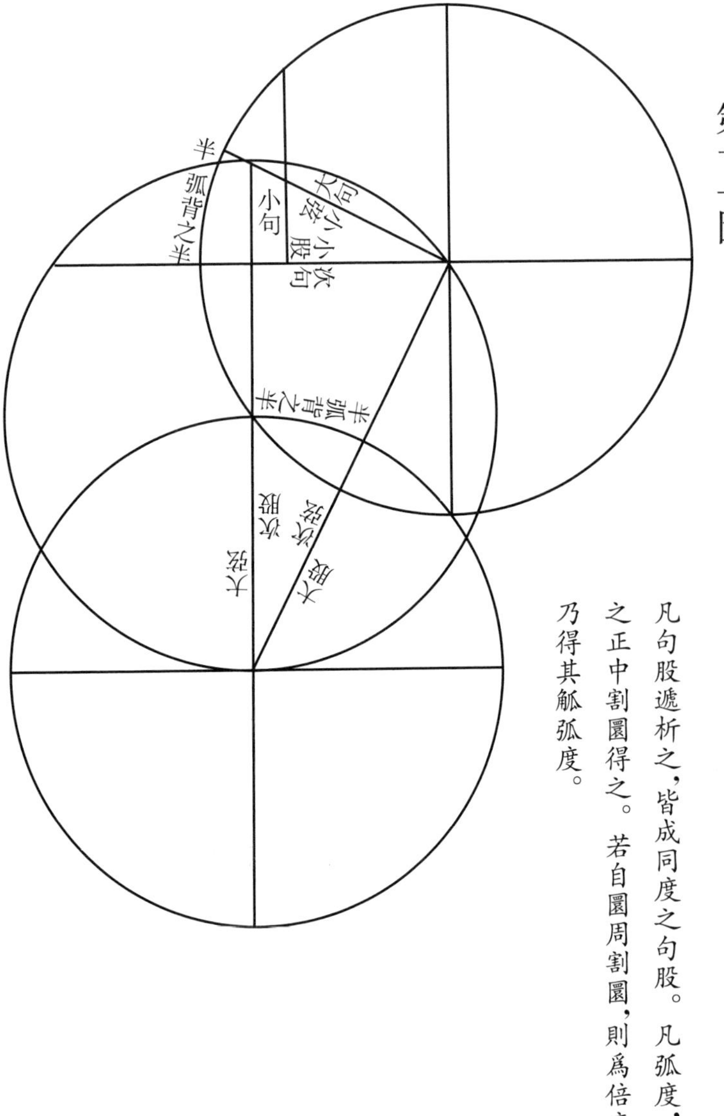

凡句股遞析之，皆成同度之句股。凡弧度，必自圜之正中割圜得之。若自圜周割圜，則爲倍度，半之乃得其觚弧度。

四分圜周之一，隨徑隅所指，成同度之句股三。

句	股	弦	
内矩分	次内矩分	徑隅	表一
矩分	圜半徑	徑引數	表二
圜半徑	次矩分	次引數	表三

用表互求如前第十一術。

第十二圖

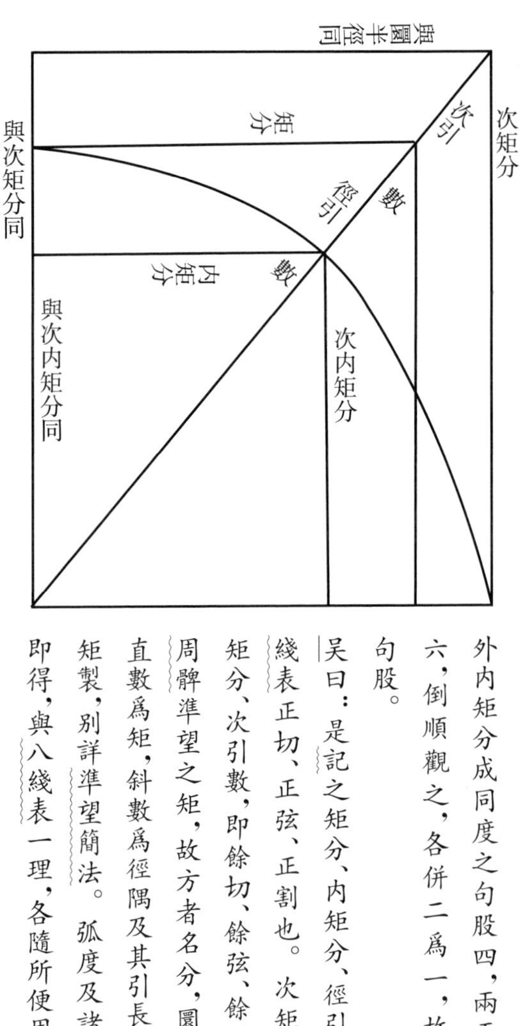

外內矩分成同度之句股四，兩兩相對而六，倒順觀之，各併二爲一，故同度三句股。

吴曰：是記之矩分、內矩分、徑引數，即八綫表正切、正弦、正割也。次矩分、次內矩分、次引數，即餘切、餘弦、餘割也。擬周髀準望之矩，故方者名分，圜者名度，直數爲矩，斜數爲徑隅及其引長之數。矩製，別詳準望簡法。弧度及諸數，視器即得，與八綫表一理，各隨所便用之。

凡同度相權之法，句股之大恒也。句股應矩之方。變而三觚，不應矩之方。以句股御之，截爲句股六，而同度者各二。三三交錯，是以展轉互權。三觚句於

句股，吴曰：今之三鋭角。內弧，吴曰：凡鋭角用本角弧度。三觚一倨於句股，吴曰：今之一鈍角二鋭角。外弧。吴曰：惟鈍角用外角弧度。

第十三圖

第十四圖

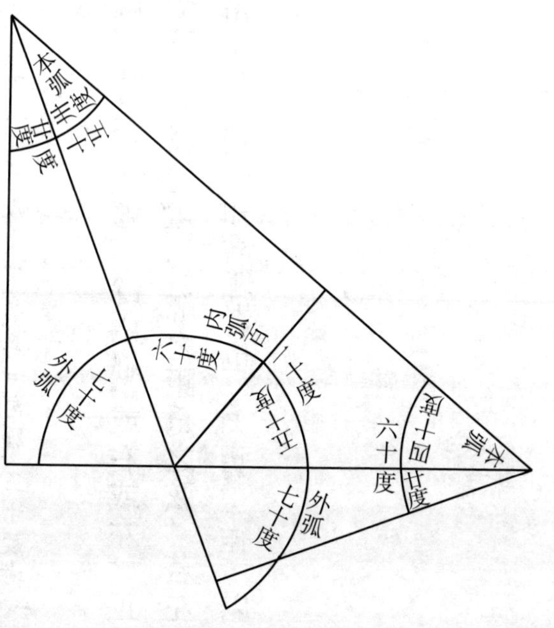

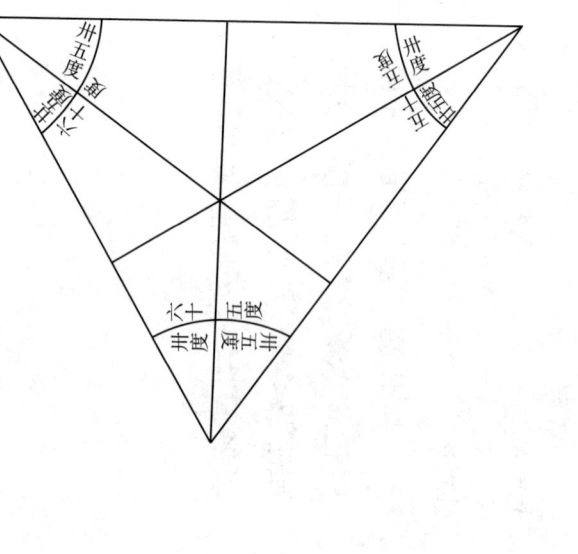

吴曰：設用象限儀測一角六十度，一角五十五度，一角六十五度，共百八十度，截爲六句股，三十五度者二，三十度者二，二十五度者二。舊圖不設度，今補。

吴曰：設一角四十度，一鈍角百一十度，一角三十度，共百八十度，截爲六句股，五十度者二，七十度者二，六十度者二。

凡三觚三距，對所知之距，其觚曰正觚，弧度曰正弧。餘兩觚，或右或左。正弧内矩分爲句，對正觚之矩爲之弦。右弧内矩分爲句，對右觚之距爲之弦。若左弧内矩分爲句，則對左觚之距爲之弦。以句求弦，其先知兩觚者也。知兩觚一距。以弦求句，其先知兩距者也。知一觚兩距。

第十五圖

第十六圖

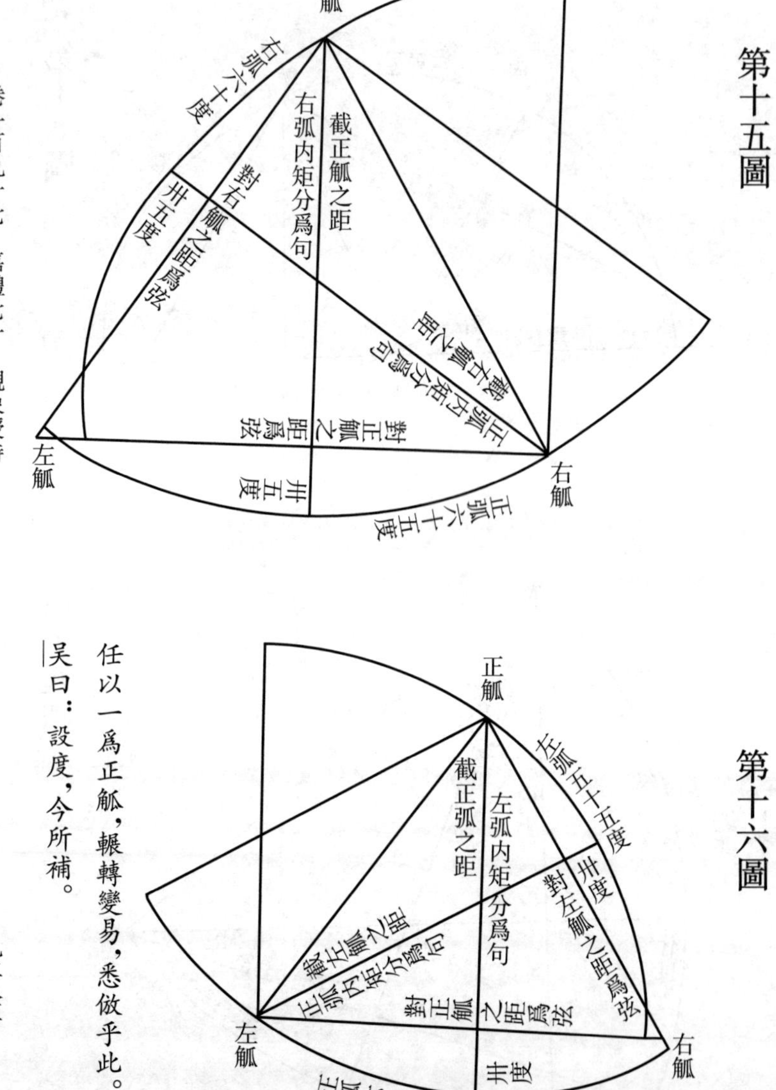

任以一爲正觚，輾轉變易，悉倣乎此。

吴曰：設度，今所補。

第十七圖

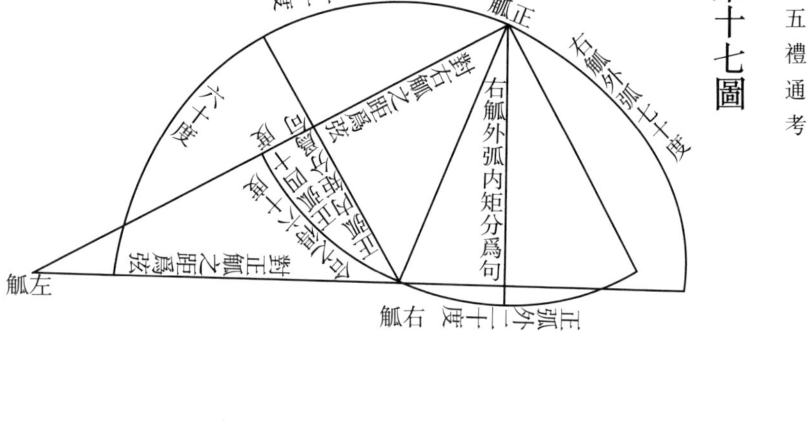

第十八圖

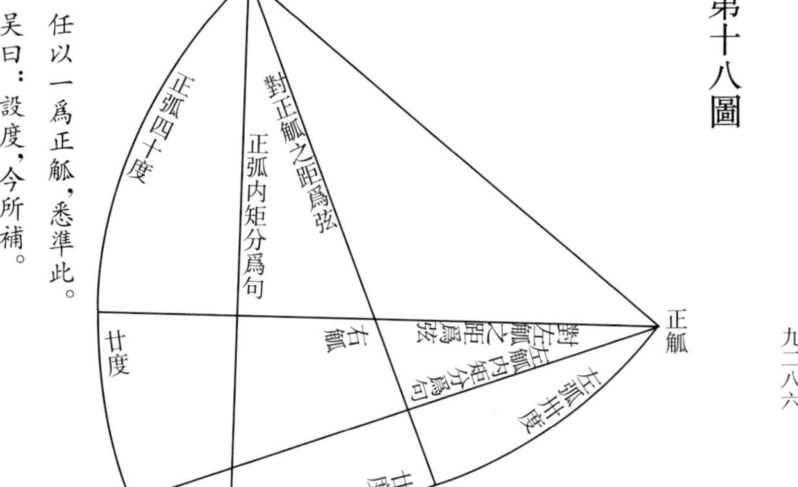

任以一爲正觚，悉準此。

吴曰：設度，今所補。

句矩與形通一爲道　句此形之實數　弦

正弧内矩分　截右觚之距　對正觚之距　表一

右弧内矩分　截正觚之距　對右觚之距　表二

句　句　弦

正弧内矩分　截左觚之距　對正觚之距　表一

左弧内矩分　截正觚之距　對左觚之距　表二

句　句　弦

右弧内矩分　截左觚之距　對右觚之距　表一

左弧内矩分　截右觚之距　對左觚之距　表二

句股第十二術吴曰：今名兩角夾一邊，求餘角餘邊。所知之兩角，不夾所知之一邊，術同。

凡三距成三觚之形，自右至左，兩測所得弧度及兩測相距之數，求餘兩距：於圜半周減兩測弧度，餘爲對所知一距之觚弧度，是爲正觚正弧。兩測爲對所求兩距之觚弧度，以所知之距，乘對所求一距之觚弧度内矩分，正弧内矩分除之，得所求之距。凡倨於句股之一觚，其弧過四分圜周之一，用外弧内矩分。互求之術，並同。

句股第十三術吴曰：今名兩邊一角。角有所對之邊，求餘角餘邊。

知兩距及一觚弧度，所知之一距，與所知之觚相對，其觚爲正觚，弧度爲正弧。其距爲對正觚之距，餘一距與所求之觚相對。以正弧内矩分乘餘一距，所知兩距之一。對正觚之距除之，得所求之觚弧度内矩分。既知兩觚兩距，則如前第十二術，可推其餘。

若先知兩距一觚，而無正觚，則所知之觚曰本觚，弧度曰本弧。以弧矢術御之，於圜半周減本弧，餘爲兩弧之和。割圜成弧背，弧背之弦與兩弧内矩分成同度之句股二。兩弧内矩分，爲句。弧背之弦，爲其兩弦之和。半之，得半弧背内矩分爲半和弦，句與弦通一爲道，半弧背之外内矩分通一爲道。半弧背也者，所求兩觚之半和度也。所知之兩距實，對所求兩觚之距，故兩距之和、較，與半和度、半較度之矩分，通一爲道。

第十九圖

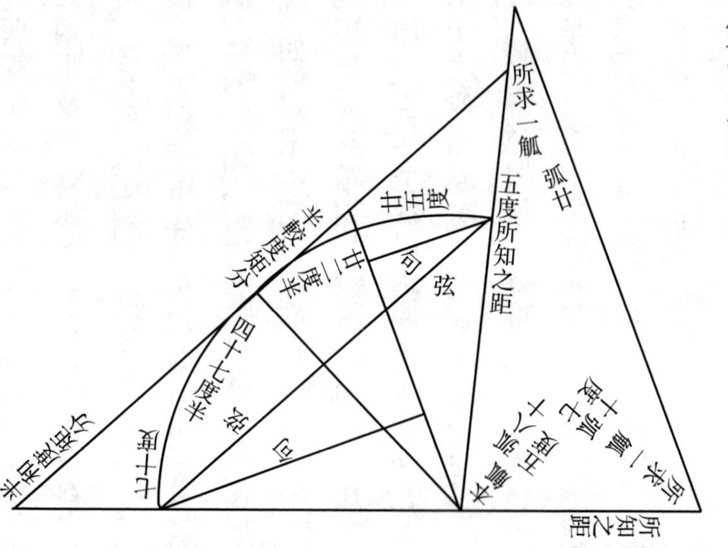

吴曰：設所知之觚八十五度，以減百八十度，餘九十五度，爲所求兩弧之和度，半之，四十七度半，爲半和度。所得之半較度，設二十二度半，以加半和度，得七十度，爲對所知大距之觚弧度；以減半和度，得二十五度，爲對所知小距之觚弧度。一象内減半和度，餘四十二度半，爲弧背内兩句股一端之度。七十度之弧，其弧背内句股一端二十度；二十五度之弧，其句股一端六十五度。皆與四十二度半相減，各餘二十二度半，爲同度兩句股，與半較度適相等。舊圖不設度，今補。

句股第十四術吴曰：今名兩邊夾一角，求餘角餘邊，用梅勿菴切綫分外角法。知兩距及一觚弧度，不知其觚所對之距及兩距所對之觚，於圜半周減所知一觚弧度，餘爲所求兩觚弧度之和。吴曰：亦名外角。半之，爲半和度。以所知兩距相減之較，乘半和度矩分，所知兩距相併之和除之，得半較度矩分。以半較度、半和度相減，得對所知小距之觚弧度。若相加，則得對所知大距之觚弧度。既知三觚兩距，則如前第十二術，可推其一。

凡矩分，隨數之和、較得以相權。凡内矩分，不隨和、較，全半相權也。吴曰：三角形任以兩邊爲弦，餘一邊或爲兩句之和，鋭角形之邊，或對鈍角之邊。或爲兩句之較，鈍角旁之邊。截之成句股二。兩弦之和、較相乘，得長方冪，同於兩句之和、較相乘所得長方冪也。以兩句之和除之，得兩句之較。若較除之，則得和。以是爲三邊求角之率，分三角形爲兩句股，然後用句股求角法，以八綫表之半徑全數或十萬，或千萬。與句相乘，弦除之，得句弦所交之角餘弦。此術爲平三角法邊角互求之一，記中所不載者。

附圖二

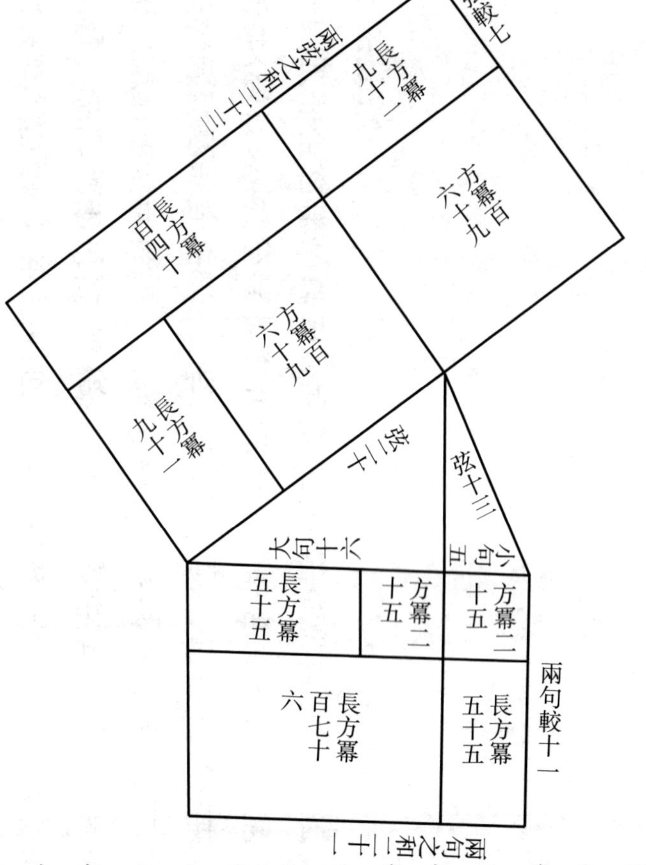

設大邊二十一，爲兩句之和；次邊二十，小邊十三，皆爲弦。兩弦各自乘，相減，餘二百三十一，爲和、較相乘之數。兩句各自乘相減同，是爲鋭角形。

若大邊二十，次邊十三，任以此兩邊爲弦，兩小邊十一爲兩句之較，以較得其和，必二十一。兩弦之和、較相乘，得二百三十一。兩句之和、較相乘同，是爲鈍角形。凡鋭角形，以和求較；鈍角形，以較求和也。

又術，凡三角之容圜，半徑截三邊爲六，而相等者各二，成角旁相等之邊，以爲股，皆以容圜之半徑爲之句。三邊相併，半之，爲半和。三邊各與半和相減，而得三較。角所對邊之較，即邊所對角兩旁相等之邊也。先知三邊求其角，以三較連乘，連乘者，兩較相乘得數，餘一較又乘之。半和除之，開方，得容圜半徑。以八綫表半徑全數與容圜半徑相乘，角所對邊之較除之，得半角之正切。倍之，得角。若三較連乘，又乘以半和，則開方得三角形積。半和除之，得容圜半徑。三角形積者，容圜半徑與半和相乘之冪也。此求角、求積及容圜三術交通，皆不論角之鋭鈍。頗爲便用，附存之。

附圖三

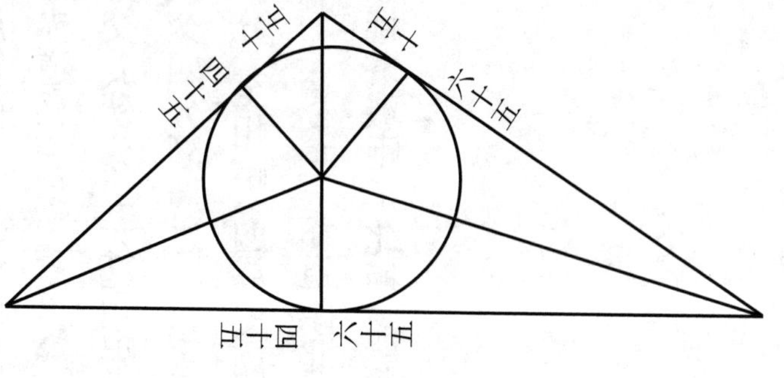

設大邊百一十，次邊八十，小邊六十，相併，共二百五十。半之，百二十五，爲半和。三邊各與半和相減，大邊之較十五，次邊之較四十五，小邊之較六十五。合次邊、小邊之較，即大邊；合大邊、小邊之較，即次邊；合大邊、次邊之較，即小邊。兩兩相等而會於角之兩旁，與容圜半徑成句股。

句股割圜記中：渾圜，中其圜而規之。二規之交，循圜半周而得再交。如赤道爲一規，黄道爲一規，赤道即周髀之中衡，黄道自南而北交於春分，自北而南交於秋分，二分相距半天周。

距交四分圜周之一，規之，翕闢之節也。

如分、至相距，四分天周之一。更爲一規過二至、二極，爲玉衡之中維。吴曰：今名二極、二至交圈。赤道距北極，黄道距北極璿璣，吴曰：今名黄道極。皆四分天周之一。北極璿璣距正北極，與黄道距赤道相等。

第二十圖

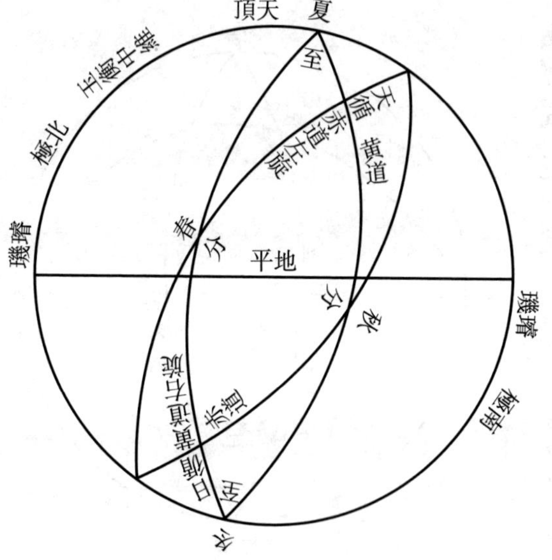

玉衡中維平視，黃、赤道側視。

第二十一圖

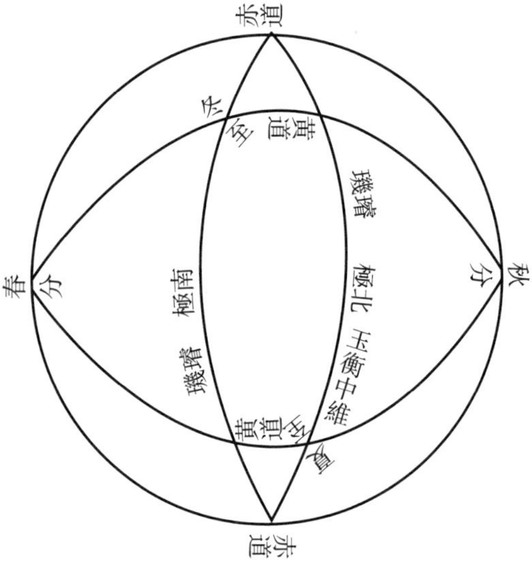

赤道平視，黃道及玉衡中維皆側視。

緣是以爲經，謂之經度。橫截經度之外，謂之緯度。

太傅禮：東西爲緯，南北爲經。故古法皆以黃、赤道之度爲緯度，二道二極相距之度爲經度。吴曰：今歐邏巴反之。緯度之宗，赤道是也。經度之宗，玉衡中維是

也。黄、赤道二至相距之度，授時曆草謂之二至内外半弧背。夏至爲内，冬至爲外。吴曰：今名黄、赤大距。赤道離二至之度，授時曆草謂之赤道半弧背。吴曰：今從二分起數，則爲赤道餘弧。

經之内規之，謂之經弧。緯之内截其規，謂之緯弧。

經弧如各度黄、赤道相距之數，授時曆草謂之黄、赤道内外半弧背。春分後爲内，秋分後爲外。吴曰：今名黄、赤距緯。緯弧如日躔黄道離二至之數，授時曆草謂之黄道半弧背。吴曰：今爲黄道餘弧。

第二十二圖

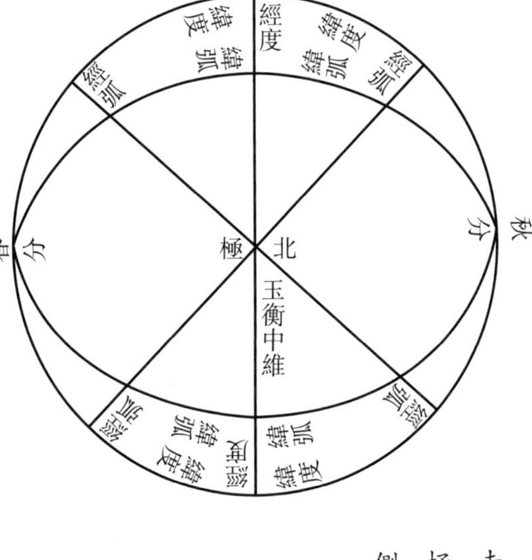

赤道平視，黄道側視，截二道之規，皆正視。以北極爲渾圓之頂，自頂視下，則赤道爲其中圍。黄道側勢如張弓，交於北極之規，但成一直線而已。

經緯之度界其外，經緯之弧截其內，是爲半弧背者四，以句股御之，半弧背之外內矩分平行相應，得同度之句股弦各四，古弧矢術之方直儀也。

第二十三圖

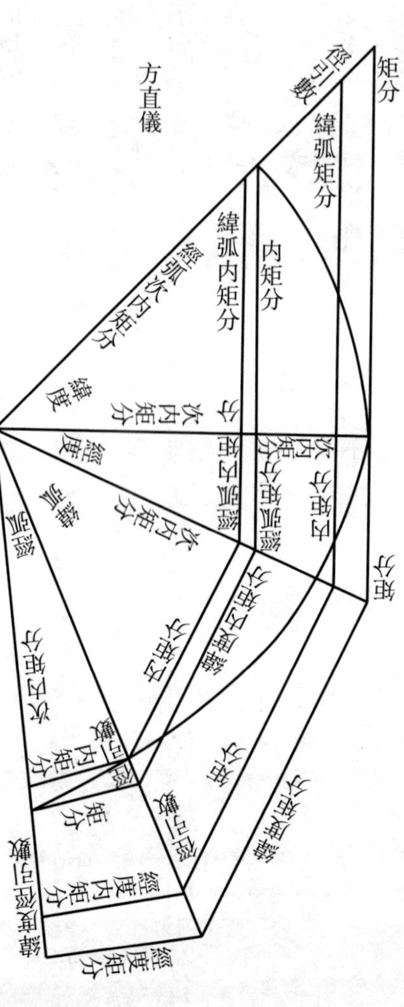

儀不具次矩分之句股弦面各一，圜半徑爲句，次矩分爲股，次引數爲弦，與本弧外內矩分之句股弦，三三相應，詳上篇第十二圖。方直儀所不必具而可知者。加一於四而五，是故參其體，兩其用。用也者，旁行而觀之也。旁行以用於經度，則經弧矩分爲句，緯度次內矩分爲之股；經弧內矩分爲句，緯弧次內矩分爲之弦。

句	股	弦	互求率一
經度矩分	圜半徑	經度徑引數	表一
經度內矩分	經度次內矩分	徑隅	表二
圜半徑	經度次矩分	經度次引數	表三
經弧矩分	緯度次內矩分	虛	表四
經弧內矩分	虛	緯弧次內矩分	表五

表一、表二、表三，皆經度本有之句股弦，所謂參其體也。表四、表五，平行相應之句股弦，所謂兩其用也。體與用，可以按表互求。

旁行用於緯度，則緯弧矩分爲句，經度次內矩分爲之股；緯弧內矩分爲句，經弧次內矩分爲之弦。

句	股	弦	互求率二
緯度矩分	圜半徑	緯度徑引數	表一
緯度內矩分	緯度次內矩分	徑隅	表二
圜半徑	緯度次矩分	緯度次引數	表三

緯弧矩分　經度次內矩分　虛　表四

緯弧內矩分　虛　經弧次內矩分　表五

旁行用於經弧，則經度矩分爲句，緯度徑引數爲之股；經度內矩分爲句，緯弧徑引數爲之弦。

句　股　弦　互求率三

經弧矩分　圜半徑　經弧徑引數　表一

經弧內矩分　經弧次內矩分　徑隅　表二

圜半徑　經弧次矩分　經弧次引數　表三

經度矩分　緯度徑引數　虛　表四

經度內矩分　虛　緯弧徑引數　表五

旁行用於緯弧，則緯度矩分爲句，經度徑引數爲之股；緯度內矩分爲句，經弧徑引數爲之弦。

句　股　弦　互求率四

緯弧矩分　圜半徑　緯弧徑引數　表一

緯弧内矩分	緯弧次内矩分	徑隅	表二
圜半徑	緯弧次矩分	緯弧次引數	表三
緯度矩分	經度徑引數	虚	表四
緯度内矩分	虚	經弧徑引數	表五

儀之立也，爲方四成。旁行而得同度之句股四。經度矩分爲句，則緯度矩分爲之股；經度内矩分爲句，則緯弧矩分爲之股；經弧矩分爲句，則緯度内矩分爲之股；經弧内矩分爲句，則緯弧内矩分爲之股。

第二十四圖

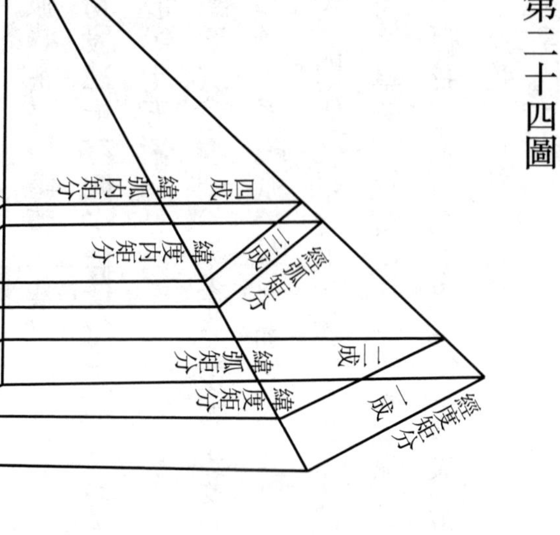

第二十五圖

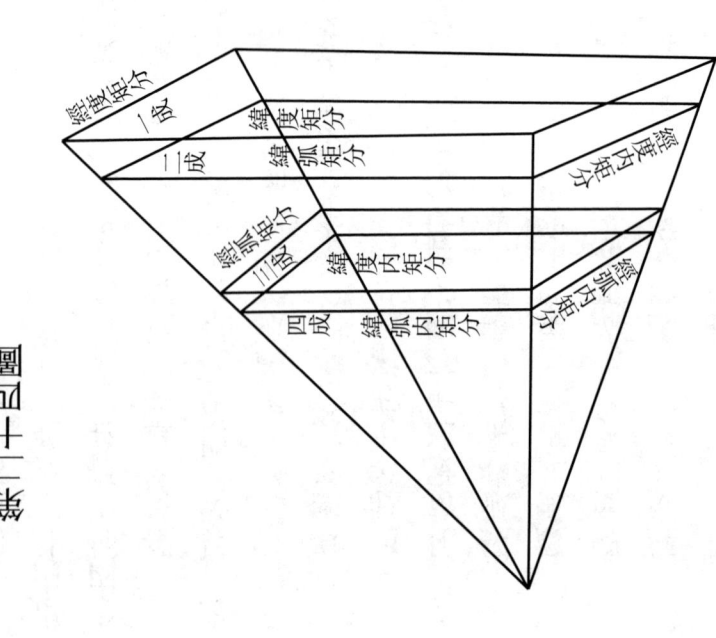

經度矩分
一成
經度內矩分
二成
經弧矩分
三成
經弧內矩分
四成
緯度矩分
緯弧矩分
緯度內矩分
緯弧內矩分

句	股	弦	互求率五
經度矩分	緯度矩分	虛	表一
經度内矩分	緯弧矩分	虛	表二
經弧矩分	緯度内矩分	虛	表三
經弧内矩分	緯弧内矩分	虛	表四

凡句股二十有四，爲互求之率五。遵古已降，推步起日至，斯其本法也。

句股第十五術

有經度，吴曰：如黄、赤大距，亦名黄、赤交角。有緯弧，吴曰：如黄道離二至度，若起二分，則爲黄道餘弧。求經弧：吴曰：如黄、赤距緯。以經度内矩分乘緯弧次内矩分，徑隅除之，得經弧内矩分。於前表中，擇其用徑隅半徑省除者，餘並不具列。

授時曆草云：置黄、赤道小弦，緯弧次内矩分旁行用於經度，故名黄、赤道小弦。以二至内外半弧弦，即經度内矩分。乘之爲實，黄、赤大弦即經度徑隅。爲法除之，得黄、赤道内外半弧弦。即經弧内矩分。

句股第十六術

有經度，有緯弧，求緯度：吴曰：如起二至〔一〕，赤道離度。若起二分，則爲赤道餘弧。以緯弧矩分乘經度徑引數，圜半徑除之，得緯度矩分。

句股第十七術

有經度，有經弧，求緯弧：以經度次引數乘經弧内矩分，圜半徑除之，得緯弧次内矩分。

句股第十八術

有經度，有經弧，求緯度：以經度次矩分乘經弧矩分，圜半徑除之，得緯度次内矩分。

句股第十九術

有緯度，有經弧，求緯弧：以緯度内矩分乘經弧次内矩分，徑隅除之，得緯弧内矩分。

句股第二十術

〔一〕「二至」，原作「一至」，據光緒本、戴震全書句股割圜記中改。

有緯度，有經弧，求經度：以經弧矩分乘緯度徑引數，圜半徑除之，得經度矩分。

句股第二十一術

有經度，有緯度，求緯弧：以緯度矩分乘經度次内矩分，圜半徑除之，得緯弧矩分。

句股第二十二術

有經度，有緯度，求經弧：以經度矩分乘緯度次内矩分，圜半徑除之，得經弧矩分。

句股第二十三術

有緯度，有緯弧，求經弧：以緯度次引數乘緯弧内矩分，圜半徑除之，得經弧次内矩分。

句股第二十四術

有緯度，有緯弧，求經度：以緯度次矩分乘緯弧矩分，圜半徑除之，得經度次内矩分。

句股第二十五術

有經弧，有緯弧，求緯度：以緯弧内矩分乘經弧徑引數，徑隅除之，得緯度内矩分。

或以緯弧内矩分與徑隅相乘，經弧次内矩分除之，得緯度内矩分。列此以明古法。

授時曆草云：置黄道半弧弦，即緯弧内矩分。以周天半徑即緯度徑隅。乘之爲實，赤道小弦經弧次内矩分旁行用於緯度，故名赤道小弦。爲法除之，得赤道半弧弦。即緯度内矩分。

句股第二十六術

有經弧，有緯弧，求經度：以經弧内矩分乘緯弧徑引數，徑隅除之，得經度内矩分。

吴曰：就黄、赤道言之，古推步起二至，或先知二至黄、赤距及黄道，有經度，有緯弧。或先知二至黄、赤距及各度黄、赤距，有經度，有經弧。或先知赤道及各度黄、赤距，有緯度，有經弧。或先知二至黄、赤距及赤道，有經度，有緯度。或先知赤道、黄道，有緯度，有緯弧。或先知各度黄、赤距及黄道，有經弧，有緯弧。皆以其二得其四。古謂之二至黄、赤距者，今之大距。古謂之各度黄、赤距者，今之距緯。

引而伸之，以經度爲節者，其二規皆緯也。自交已至經弧，謂之次緯儀。以緯度爲節者，其二規皆經也。自交已至緯弧，謂之次經儀。儀各爲半弧背者三，成圜度之句股弦。吴曰：今之正弧三角。於是命半弧背之外内矩分，曰方數句股弦圜度。句股弦也者，古弧矢術也。必以方數句股弦御之，方數爲典，以方出圜，立術之通義也。次緯儀，經弧爲其句度，緯度之次半弧背爲其股度，緯弧之次半弧背爲其弦度。

第二十六圖

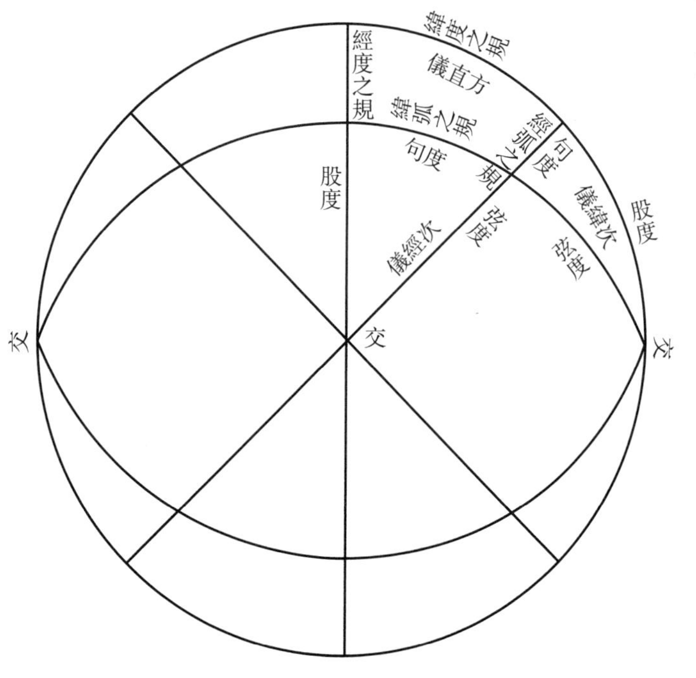

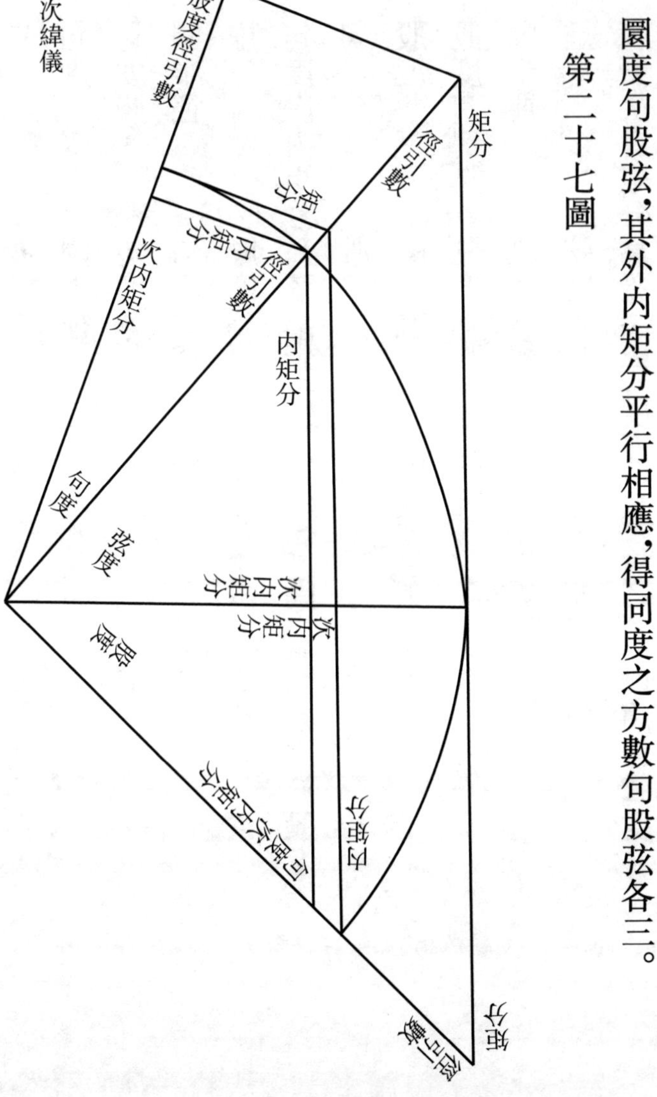

圖度句股弦，其外內矩分平行相應，得同度之方數句股弦各三。

第二十七圖

儀不具次矩分之句股弦面各一，加一於三而四。旁行觀之，股度徑引數爲股，則弦度徑引數爲之弦，以用於句度。

句	股	弦	互求率一
句度矩分	圜半徑	句度徑引數	表一
句度内矩分	句度次内矩分	徑隅	表二
圜半徑	句度次矩分	句度次引數	表三
虛	股度徑引數	弦度徑引數	表四

句度次内矩分爲弦，則弦度次内矩分爲之股，以用於股度。

句	股	弦	互求率二
股度矩分	圜半徑	股度徑引數	表一
股度内矩分	股度次内矩分	徑隅	表二
圜半徑	股度次矩分	股度次引數	表三
虛	弦度次内矩分	句度次内矩分	表四

股度次内矩分爲股，則句度徑引數爲之弦，以用於弦度。

互求率三	句	股	弦
表一	弦度矩分	圜半徑	弦度徑引數
表二	弦度内矩分	弦度次内矩分	徑隅
表三	圜半徑	弦度次矩分	弦度次引數
表四	虛	股度次内矩分	句度徑引數

儀之立也，旁行而得同度之方數句股弦三，爲三成。股度矩分爲股，則弦度矩分爲之弦；句度矩分爲句，則股度内矩分爲之股；弦度内矩分爲弦，則句度内矩分爲之句。取節於方直儀之經度，以爲其度。合方直儀、次緯儀，成斜剖之立方形，兩端必成同度句股形。

吴曰：此一條備正弧三角之理與法，就此七十有八字神而明之，可以盡推步之能事矣。

第二十八圖

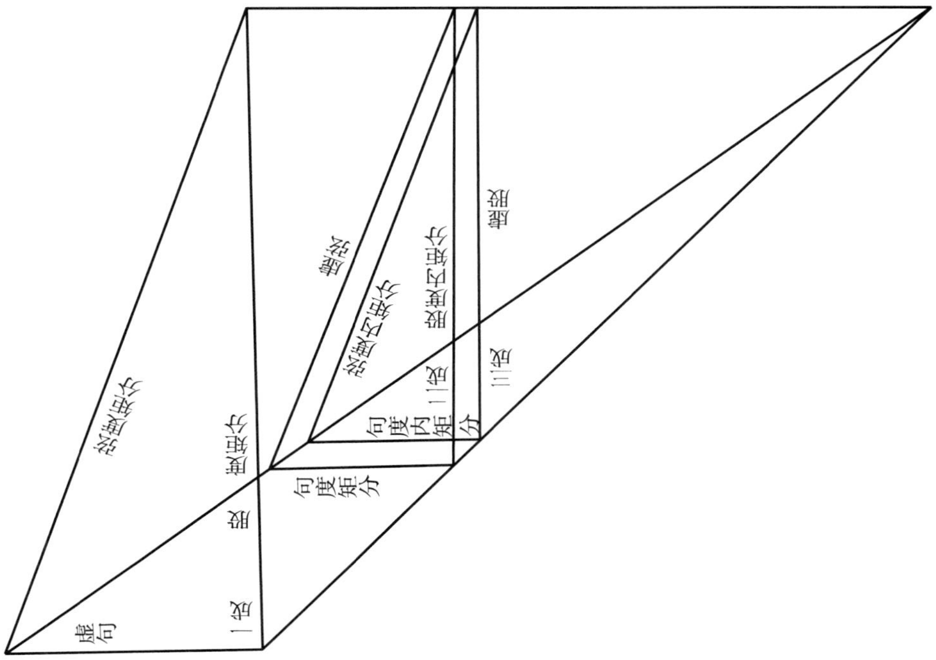

虛句
一成
股
度矩分
弦度矩分
句度矩分
虛弦
弦度內矩分
句度內矩分
二成
股度內矩分
三成
虛股

第二十九圖

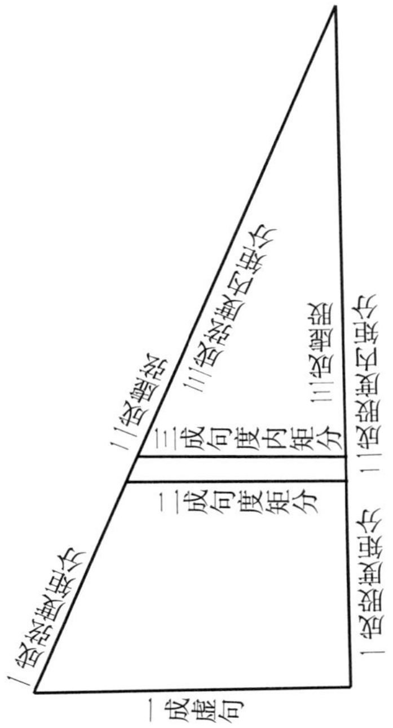

一成弦度矩分
二成虛弦
三成弦度內矩分
一成虛句
二成句度矩分
三成句度內矩分
三成虛股
一成股度矩分
二成股度內矩分

句	股	弦	互求率四
經度矩分	圜半徑	經度徑引數	表一
經度內矩分	經度次內矩分	徑隅	表二
圜半徑	經度次矩分	經度次引數	表三
虚	股度矩分	弦度矩分	表四
句度矩分	股度內矩分	虚	表五
句度內矩分	虚	弦度內矩分	表六

凡句股十有八，爲互求之率四，次經儀亦如之。次緯儀翕闢之節，經度也，是故有經度互求之率。次經儀翕闢之節，緯度也，有緯度互求之率。方直儀、次緯儀，梗概之法略有，餘諸儀之圜度與外內方數句股弦，但存方直儀、次緯儀之弧度。本稱而理自見。其製並倣是二者爲之，不別具圖表。檢五儀通率及十儀通率，則各得其用矣。

距經、緯之弧四分圜周之一，規之，謂之外規。

如交於北極璿璣爲一規。

爲總儀，凡構綴之規法五，皆四分之，以爲其限，而交加前卻之。

第三十圖

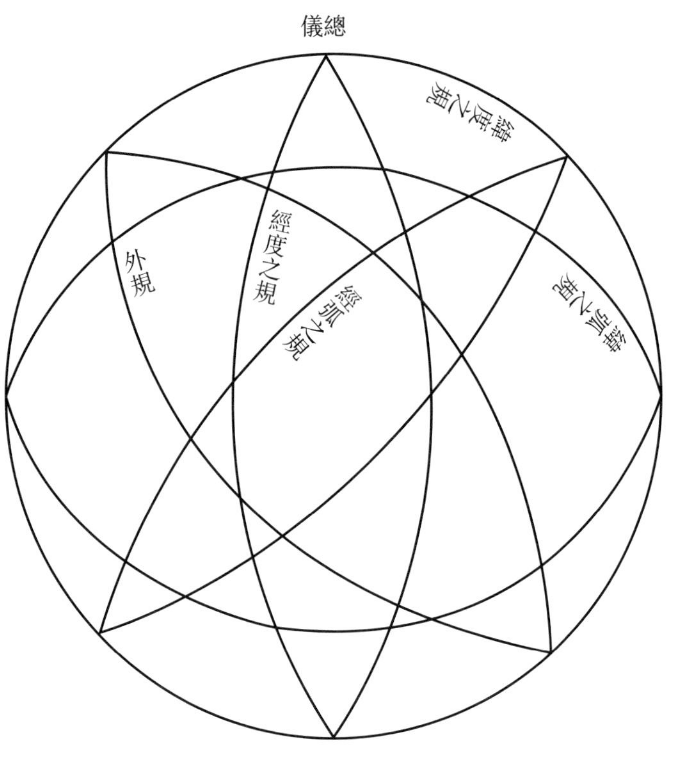

分儀半弧背四，合而爲儀者五：曰方直儀，曰右方儀，曰右次方儀，曰左方儀，曰左次方儀。

右方儀，經弧次半弧背爲其經度，外規度爲其緯度，緯弧爲其經弧，緯度次半弧背爲其緯弧。

右次方儀，緯弧次半弧背爲其經度，經度爲其緯度，緯度次半弧背爲其經弧，外規次半弧背爲其緯弧。

左方儀，外規度爲其經度，緯弧次半弧背爲其緯度，經度次半弧背爲其經弧，經弧爲其緯弧。

左次方儀，緯度爲其經度，經弧次半弧背爲其緯度，外規次半弧背爲其經弧，經度次半弧背爲其緯弧。

左平面	右平面	右欹面	左欹面	五儀通率
經度	緯度	經弧	緯弧	方直儀
經弧次半弧背	外規度	緯弧	緯度次半弧背	右方儀
緯弧次半弧背	經度	緯度次半弧背	外規次半弧背	右次方儀

外規度　緯弧次半弧背　經度次半弧背　經弧　左方儀

緯度　經弧次半弧背　外規次半弧背　經度次半弧背　左次方儀

半弧背三，合而爲儀者十：曰次緯儀，曰次經儀，曰兩緯儀，曰兩經儀，曰次經緯度儀。儀之句度、股度互易，則外内矩分各旋而易，故五名而其儀十。

次緯儀爲方直儀之右儀，旋而爲右方儀之左儀，則易句度爲股度，股度爲句度，有外規度互求之率。

次經儀爲方直儀之左儀，弦度次半弧背爲其句度，即緯弧主次緯儀爲之通率。經度次半弧背爲其股度，句度次半弧背爲其弦度，即經弧次半弧背。有股度次半弧背互求之率。即緯度。

旋而爲左方儀之右儀，則經度次半弧背爲其句度，弦度次半弧背爲其股度，句度次半弧背爲其弦度，有外規度互求之率。

兩緯儀爲右方儀之右儀，弦度次半弧背爲其句度，外規次半弧背爲其股度，股度次半弧背爲其弦度，有句度次半弧背互求之率。

旋而爲右次方儀之左儀，則外規次半弧背爲其句度，弦度次半弧背爲其股度，

股度次半弧背爲其弦度，有經度互求之率。

兩經儀爲左方儀之左儀，句度爲其句度，外規次半弧背爲其股度，經度爲其弦度，有弦度互求之率。

旋而爲左次方儀之右儀，則外規次半弧背爲其句度，句度爲其股度，經度爲其弦度，有股度次半弧背互求之率。

次經緯度儀爲右次方儀之右儀，股度爲其句度，經度次半弧背爲其股度，外規度爲其弦度，有弦度互求之率。

旋而爲左次方儀之左儀，則經度次半弧背爲其句度，股度爲其股度，外規度爲其弦度，有句度次半弧背互求之率。

股度弦度二規翕闢之節	句	股	弦	十儀通率
經度	句度	股度	弦度	次緯儀
外規度	股度	句度	弦度	次緯儀之旋
股度次半弧背	弦度次半弧背	經度次半弧背	句度次半弧背	次經儀
外規度	經度次半弧背	弦度次半弧背	句度次半弧背	次經儀之旋

句度次半弧背　弦度次半弧背　外規次半弧背　股度次半弧背　兩緯儀

經度　外規次半弧背　弦度次半弧背　股度次半弧背　兩緯儀之旋

弦度　句度　外規次半弧背　經度　兩經儀

股度次半弧背　外規次半弧背　句度　經度　兩經儀之旋

弦度　股度　經度次半弧背　外規度　次經緯度儀

句度次半弧背　經度次半弧背　股度　外規度　次經緯度儀之旋

吴曰：今之正弧三角法，有三角、三弧，凡六事。借黄、赤道名之曰黄道弧者，次緯儀之弦度也。曰赤道弧者，股度也。曰黄、赤距弧者，亦名距緯弧。句度也。有直角，其度適一象限，是爲句度、股度交處。有黄、赤交角，其度即黄、赤大距，方直儀之經度也，是爲弦度、股度交處。有黄道交極圈角，右方儀、左方儀之外規度爲其度，是爲句度、弦度交處。方直儀之經弧，即黄、赤距弧，緯度爲赤道餘弧，緯弧爲黄道餘弧。斯記設諸儀於渾圜，循環一徧，極正弧三角法所未備，亦補梅勿菴塹堵測量所未備。雖不必盡用於正弧三角法之用，八綫比例無或遺矣。

第三十一圖

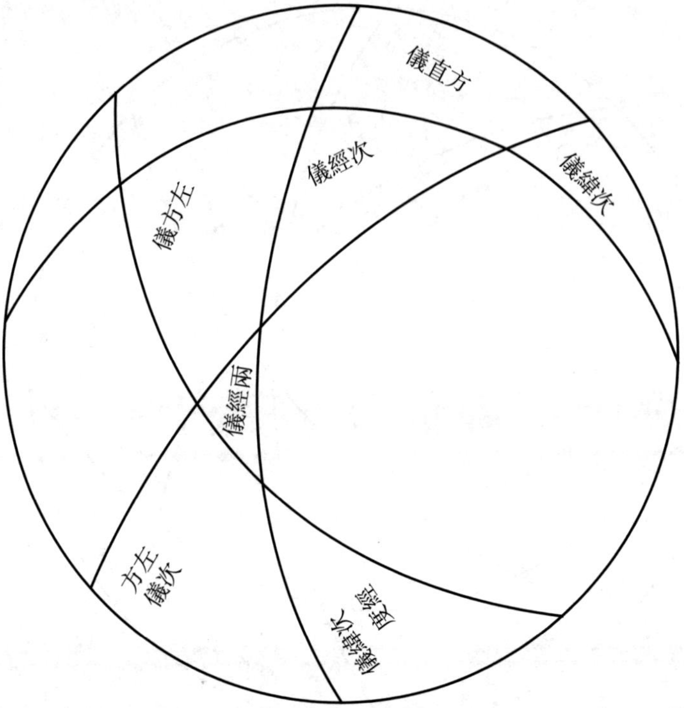

第三十二圖

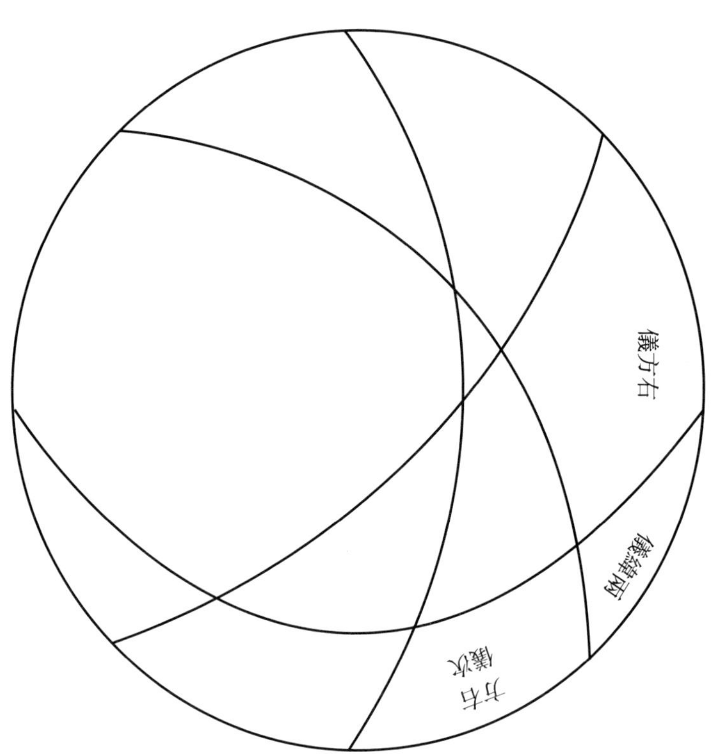

凡爲儀十有五，是謂一終，得方數之句股弦三百，弧矢術之正整之就叙矣。

句股第二十七術第十九術通用。

有句度，有股度，求弦度：以句度徑引數乘股度徑引數，圜半徑除之，得弦度徑引數。

句股第二十八術第二十五術通用。

有句度，有弦度，求股度：以弦度次内矩分乘句度徑引數，徑隅除之，得股度次内矩分。

句股第二十九術第二十三術通用。

有股度，有弦度，求句度：以股度徑引數乘弦度次内矩分，圜半徑除之，得句度次内矩分。

已上三距互求者三。吴曰：如黄道離二分度、赤道同升度、黄赤距度三者互求，用次緯儀。句度、股度之名可互易，則與前術同。

句股第三十術第十七術通用。

有經度，有句度，求弦度：以經度次引數乘句度内矩分，圜半徑除之，得弦度内矩分。

句股第三十一術第十八術通用。

有經度，有句度，求股度：以經度次矩分乘句度矩分，圜半徑除之，得股度内矩分。

句股第三十二術第二十一術通用。

有經度，有股度，求弦度：以經度徑引數乘股度矩分，圜半徑除之，得弦度矩分。

句股第三十三術第二十二術通用。

有經度，有股度，求句度：以經度矩分乘股度内矩分，圜半徑除之，得句度矩分。

句股第三十四術第十五術通用。

有經度，有弦度，求句度：以經度内矩分乘弦度内矩分，徑隅除之，得句度内矩分。

句股第三十五術第十六術通用。

有經度，有弦度，求股度：以經度次内矩分乘弦度矩分，徑隅除之，得股度

矩分。

已上一觚一距，求其餘距者六。經度恒爲所知之一觚規度。吴曰：如經度爲黄、赤交角度，則黄、赤距爲句，赤道爲股，黄道爲弦；經度當黄道交極圈角度，則赤道爲句，黄、赤距爲股，黄道爲弦，皆用次緯儀，已備。

句股第三十六術第二十術通用。

有句度，有股度，求經度：以圜半徑乘句度矩分，股度内矩分除之，得經度矩分。或用兩經儀之旋。吴曰：今之又次形法。爲股度、經度、弦度，同第三十二術。以股度次引數乘句度矩分，圜半徑除之，得經度矩分。

句股第三十七術第二十六術通用。

有句度，有弦度，求經度：以徑隅乘句度内矩分，弦度内矩分除之，得經度内矩分。或用兩經儀爲句度、經度、弦度。同第三十術。以弦度次引數乘句度内矩分，圜半徑除之，得經度内矩分。

句股第三十八術第二十四術通用。

有股度，有弦度，求經度：以圜半徑乘弦度矩分，股度矩分除之，得經度徑引

數。或用次經緯度儀，爲句度、經度、股度。同第三十一術。以弦度次矩分乘股度矩分，圜半徑除之，得經度次内矩分。

已上兩距求一觚者三。經度恒爲所求之一觚規度。吴曰：如求黄、赤交角，則黄、赤距爲句，赤道爲股，黄道爲弦；求黄道交極圈角，則赤道爲句，黄、赤距爲股，黄道爲弦。凡一觚一距與餘距互求，其術九。餘一觚如之。

句股第三十九術

有經度，有句度，求外規度：用次經緯度儀之旋爲句度、經度、弦度。同第三十術。以句度徑引數乘經度次内距分，圜半徑除之，得外規度内矩分。

句股第四十術

有經度，有股度，求外規度：用兩緯儀之旋爲經度、弦度、句度。同第三十四術。以經度内矩分乘股度次内矩分，徑隅除之，得外規度次内矩分。

句股第四十一術

有經度，有弦度，求外規度：用次經緯度儀爲股度、經度、弦度，同第三十二術。以弦度徑引數乘經度次矩分，圜半徑除之，得外規度矩分。

已上一觚一距，求一觚者三。經度恒爲所知之觚規度，外規度恒爲所求之觚規度。吴曰：如求黄道交極圈角，以經度爲黄、赤交角度，黄、赤距爲句，赤道爲股，黄道爲弦。或黄道交極圈角，求黄、赤交角，則經度又當黄道交極圈角，外規度當黄、赤交角，易赤道爲句，黄、赤距爲股，而弦不改。

句股第四十二術

有經度，有外規度，求弦度：用兩緯儀之旋爲經度、句度、股度。同第三十一術。以經度次矩分乘外規度次矩分，圜半徑除之，得弦度次内矩分。

句股第四十三術

有經度，有外規度，求句度：用次經儀之旋爲句度、經度、弦度。同第三十術。以外規度次引數乘經度次内矩分，圜半徑除之，得句度次内矩分。

句股第四十四術

有經度，有外規度，求股度：用兩緯儀之旋爲經度、句度、弦度。同第三十術。以經度次引數乘外規度次内矩分，圜半徑除之，得股度次内矩分。若所求之一距不論句度、股度，恒以句度當之，經度恒爲對所求一距之觚規度，則與前術同。

已上兩觚求一距者三。吴曰：如黄、赤交角及黄道交極圈角，求黄道、赤道、黄赤距。凡兩觚與距互求，其術六。擇諸儀省便於算者用之，不可勝用也。術中無煩具列。吴曰：就黄、赤道起二分言之，黄道、赤道、黄赤距爲正弧三角之三邊。其三角，一直角爲赤道交極圈角，兩鋭角爲黄、赤交角、黄道交極圈角。置直角不須求。三邊互求者三，黄、赤交角與三邊互求者九，黄道交極圈角與三邊互求者亦九，理同。合兩角與邊互求者又得九，黄、赤交角與三邊求黄道交極圈角者三，黄道交極圈角與三邊求黄、赤交角者亦三，同屬一理。黄、赤交角與三邊互求。共三十事，斯記約其術十有八。

句股割圜記下：三觚非弧矢術之正，以句股弧矢御之。渾圜之規度，正視之中繩，側視之隨其高下而羨，惟平視之中規。胥以平寫之，循規度之端，竟半周得圜徑。衡截圜徑，齊規度之末，抵外周，得規度所爲半弧弦。弧與弦易，正側之勢以爲平，於是命外周之度爲其規度。

第三十三圖

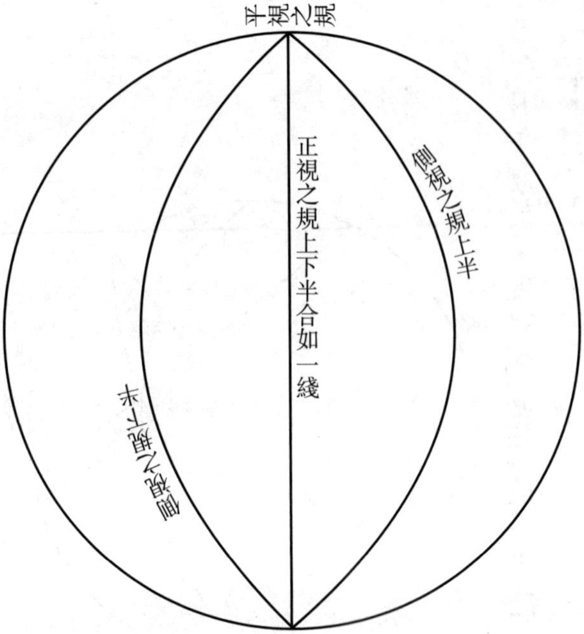

平視之規
正視之規上下半合如一綫
側視之規上半
側視之規下半
端

第三十四圖

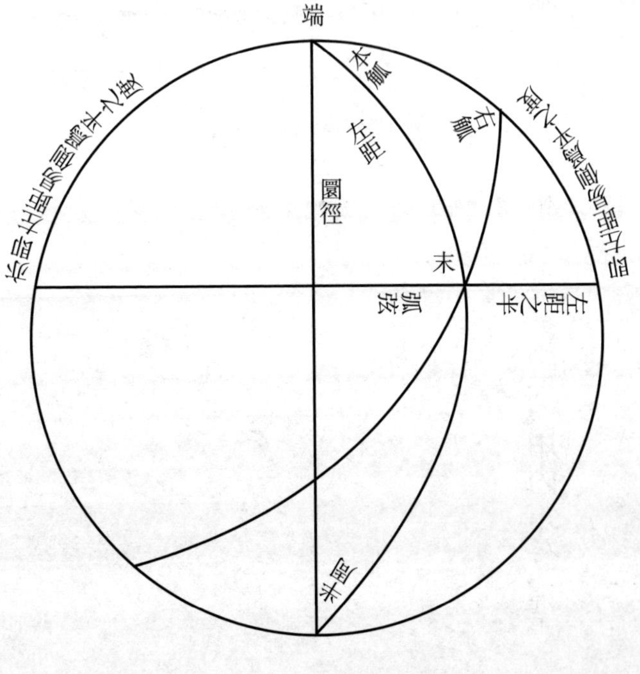

本軸
右軸
左距
圓徑
末
弧弦
左距之半
即左距易側爲半之度
亦即左距易側爲半之度
半周

第三十五圖

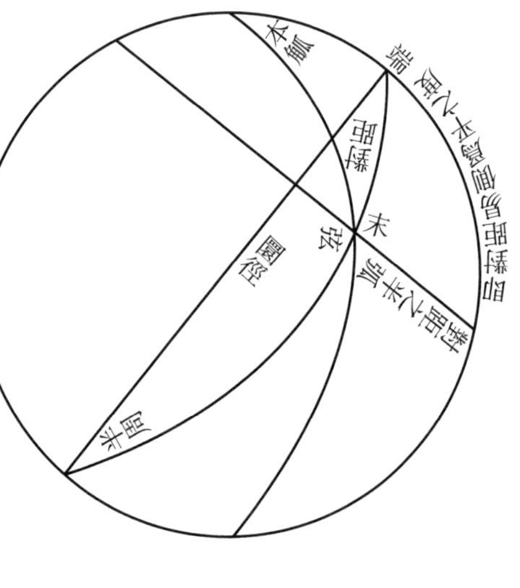

凡矢屬於規度之端，弦屬於規度之末，一從一衡相遇也。用矢，用内矩分，準是率率之。

過四分圜周之一，用大矢，過半周如之。適四分圜周之一，矢與半弧弦皆適圜半徑，用半徑爲矢，爲内矩分，適四分圜周之三如之。適圜半周，大矢宜甚大，滿圜

徑，用圜徑爲矢。過四分圜周之三，猶往而復，仍用小矢。

凡過四分圜周之一，以減半周，而得餘弧。過半周，以半周減之，而得剩弧。減餘弧、剩弧之矢於圜徑，得大矢。惟過四分圜周之三，以減圜周，用其餘弧之矢。

第三十六圖

第三十七圖

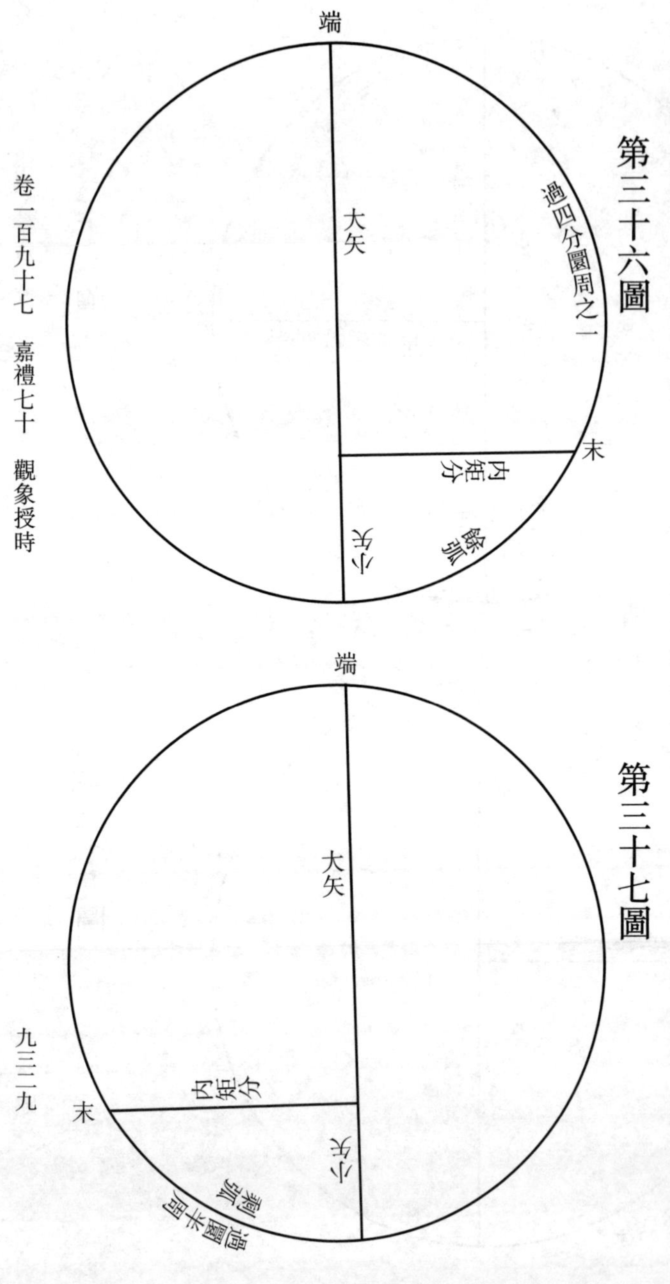

第三十八圖

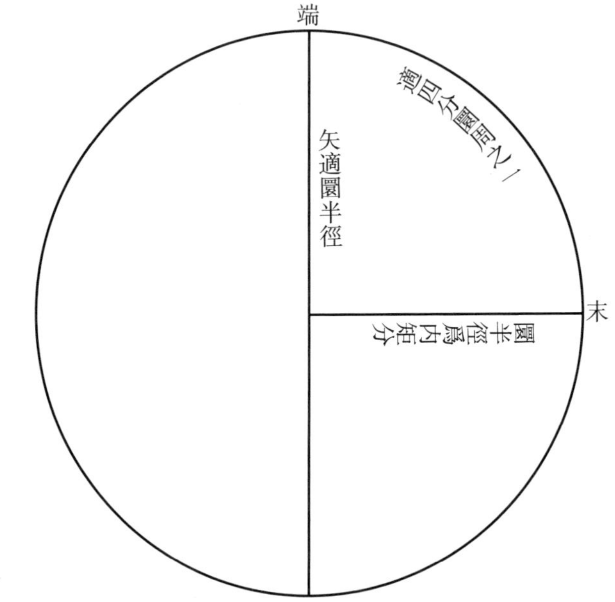

端
矢適圜半徑
適四分圜周之一
末
圜半徑爲内矩分

第三十九圖

端
矢適圜半徑
末
圜半徑爲内矩分
適四分圜周之三

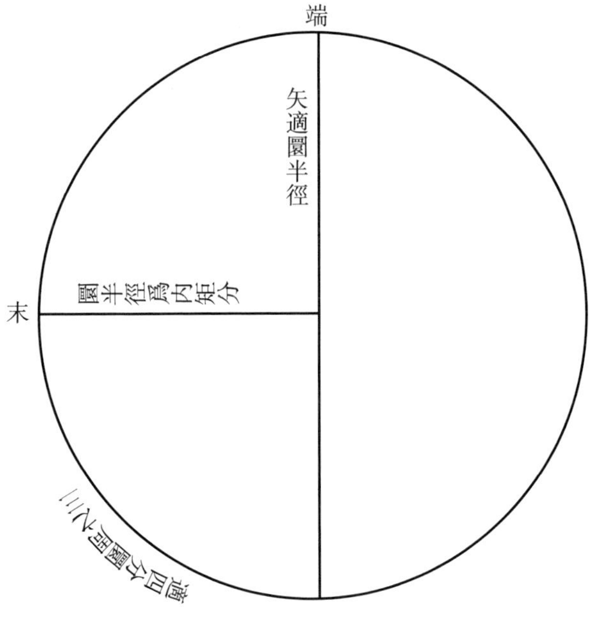

第四十圖

第四十一圖

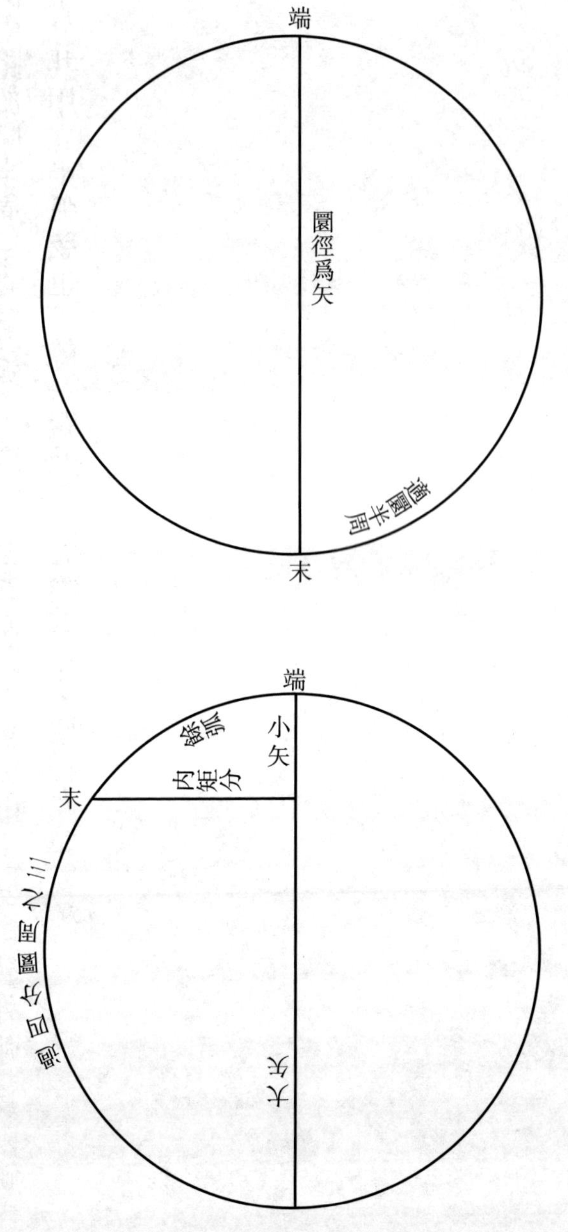

四分圜周之一，古推步法謂之一象，周天分四象。是爲規度之大限。率之變也，減兩距於圜半周，用其餘弧爲兩距；減對兩距之觚於圜半周，用其外弧，爲兩觚內矩分共用之半弧弦也。餘一距及其對觚，共用之觚與距也。

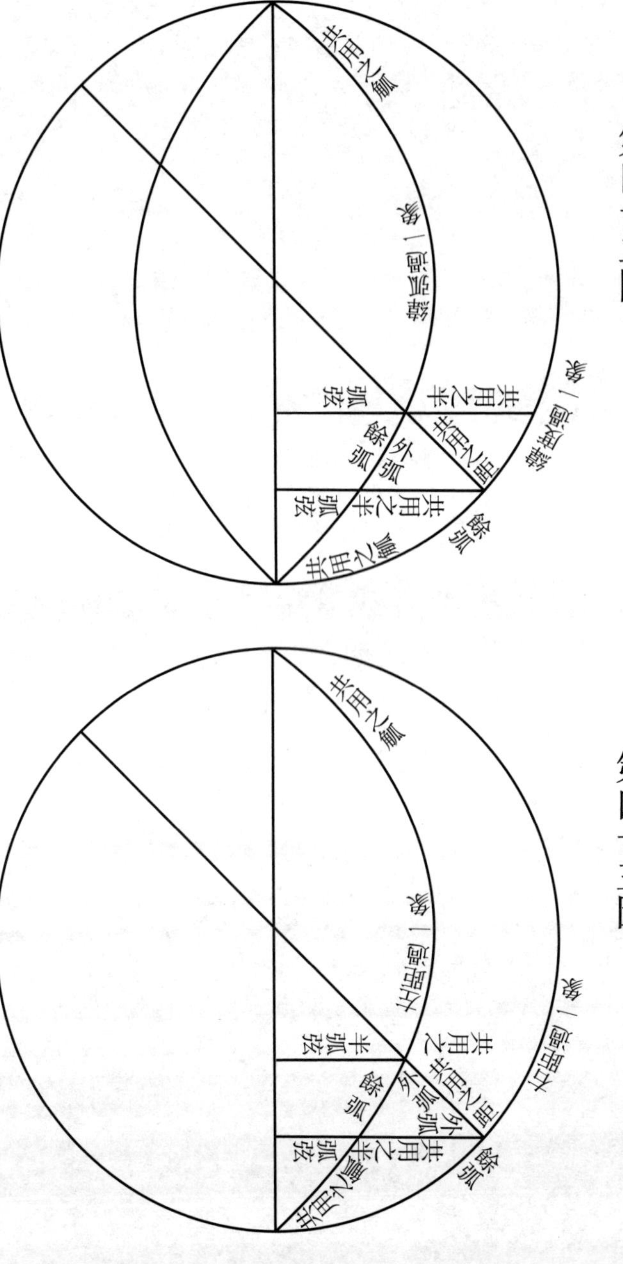

吴曰：上圖，正弧三角法之變率，共用之距即句度，兩餘弧，一爲股度，一爲弦度。其直角無内外弧之别。下圖，斜弧三角法之變率，理同。今名次形法。

若三觚各以爲渾圜之一極，距觚四分圜周之一規之，三規之交，成三觚三距。則觚同其距之規度，距同其觚之規度。

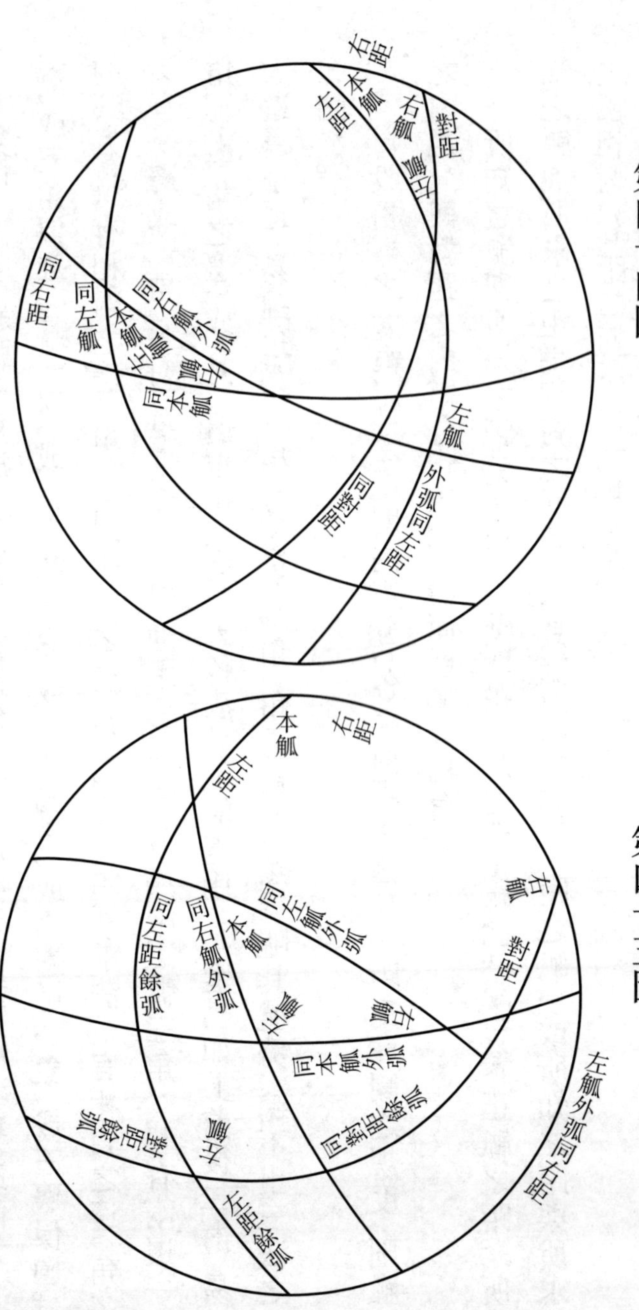

吳曰：上圖，三角俱鋭，三邊俱小。下圖，三角俱鈍，兩大邊，一小邊，皆斜弧三角法之邊盡易爲角、角盡易爲邊以入算者。今亦名次形法。餘倣此求之。

前術，大小倨句之體更也。後術，觚與距之體更也。

吴曰：今之斜弧三角法，有鋭角，有鈍角，或三角俱鋭，或兩鋭一鈍，或兩鈍一鋭，或三角俱鈍；其三邊，或俱不滿一象，或一邊過之，或兩邊過一象，或三邊俱過。約其大致，有相對之邊、角，及對所求之邊、角，用邊、角互求法。有相對之邊、角，又有一邊或一角，非對所求之邊、角，則用垂弧法，截爲兩正弧三角。若有兩邊一角，求對角之邊，或有三邊求角，則用矢較法。不能直用三法者，如上前後二術，易大邊爲小邊，易鈍角爲鋭角，及邊易爲角，角易爲邊，然後隨其體勢，總不出三法之範圍矣。

句股相權之大恒，觚之規度内矩分，各與對距相應。三距爲渾圜之規度，則觚之内距分與對距之内矩分相應，相應而展轉互權矣。

所知之觚與所知之距爲相對之觚與距，其觚曰正觚，其距曰對正觚之距。所知之觚與所求之距爲相對之觚與距，其觚曰對所求一距之觚；或所知之距與所求之觚相對，其距曰對所求一觚之距。

凡觚與距適四分圜周之一者，内矩分適圜半徑。

句股第四十五術吴曰：此邊角互求法，以對角求對邊。

以對正觚之距内矩分乘對所求一距之觚内矩分，正觚内矩分除之，得所求之距内矩分。

句股第四十六術吴曰：此亦邊角互求法，以對邊求對角。

以正觚内矩分乘對所求一觚之距内矩分，對正觚之距内矩分除之，得所求之觚内矩分。若所求爲倨於句股之觚，則所得爲其外弧内矩分。以外弧減圜半周，得所求之觚。

所求非對距、對觚，則截之成圜度句股弦者二。各視次緯儀之率通之。

第四十六圖

第四十七圖

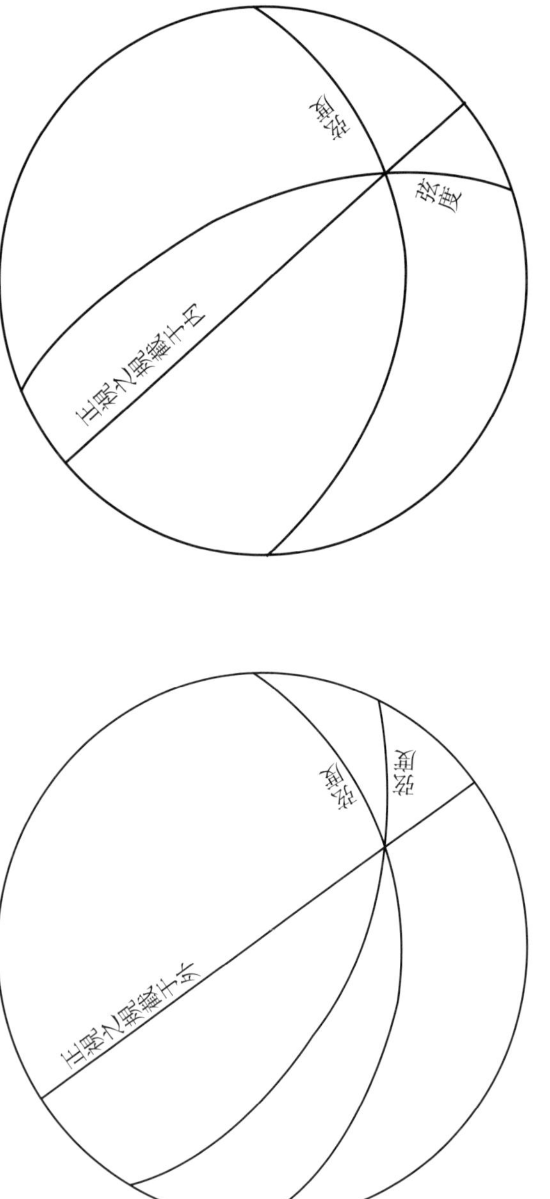

吴曰：如圖，側視之規，俱成弦度。正視之規，所謂垂弧，與平視之規相遇成直角，可互易爲句度、股度。凡垂弧，或在形内，或在形外，須細辨之。

句股第四十七術吴曰：此垂弧法及作垂弧于次形法。

三觚皆句於句股，自内截之，分一觚及其對距爲二，成圜度之句股弦者二。三觚一倨於句股，或自内截之，分倨於句股之一觚及其對距爲二。或自外截之，而倨於句股之觚有外弧，亦皆成圜度之句股弦者二。若兩觚倨於句股，或三觚並倨，用前變率大小倨句之體，更別成一三觚，然後或截其内，或截其外，既得圜度之句股弦。隨其體勢，無不與次緯儀相應。按中篇諸術求之。

凡内矩分爲半弧弦，其弧背渾圜大規也。半弧弦不滿圜半徑者，以矢爲樞，以半弧弦規之，成渾圜之小規，吴曰：今名距等圈，其周徑距大圈之周徑平行相等。衡截正視、側視之規，移其度爲平視。側視之規亦截小規，而與中圍之大規相應。截小規之徑爲大、小矢，則與中圍大規之徑爲大、小矢相應。

吴曰：凡正視之規，規與徑視之如一綫。故施於圖既爲大小規，又即爲半弧弦及矢也。

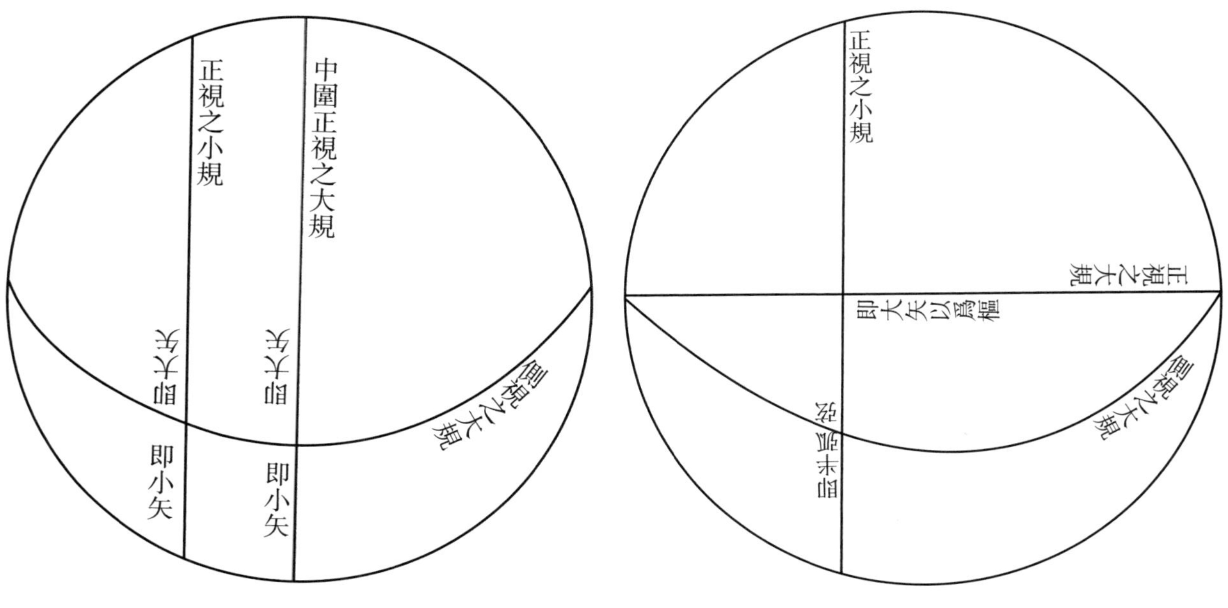

第四十八圖

第四十九圖

三觚之用兩距和較也。所求之觚，或所知之觚，所知之兩距旁之，其觚謂之本觚。旁於本觚之右距以平寫之，爲平視之規，則左距爲側視之規。截左距之末成小規，而識左距於平。兩距和度、較度之矢較，半之，爲矢半較，以爲句。小規之半徑爲之弦。

吴曰：上圖，三角俱鋭，三邊俱小。下圖，三角俱鈍，兩大邊，一小邊。所用和度、較度之矢半較爲句，小規半徑爲弦，則一也。

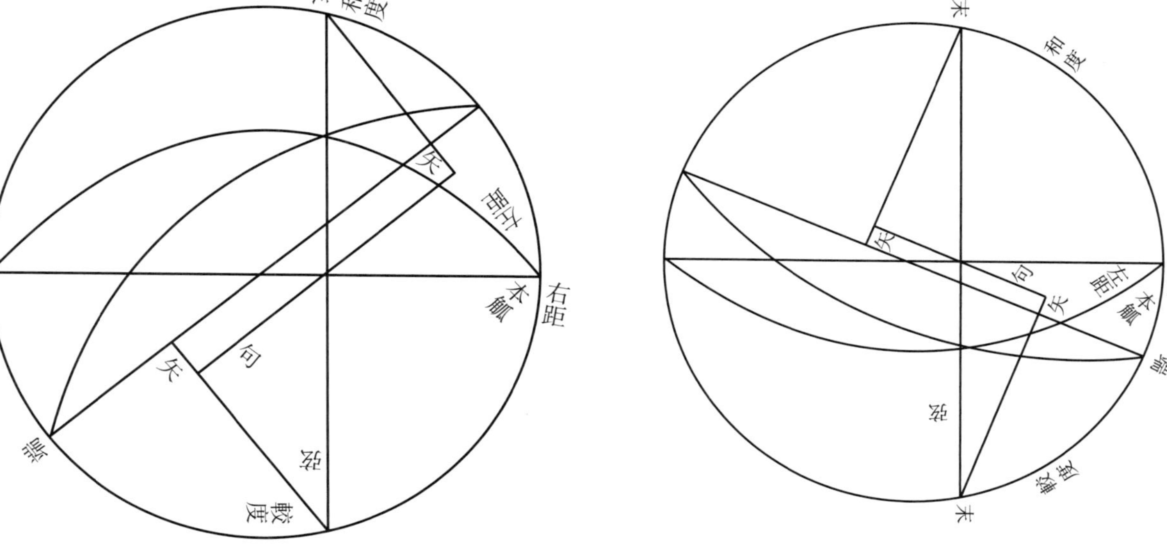

以較度與對本觚之距兩矢較爲句，左距側視之規截小規之徑成大、小矢，爲之弦。

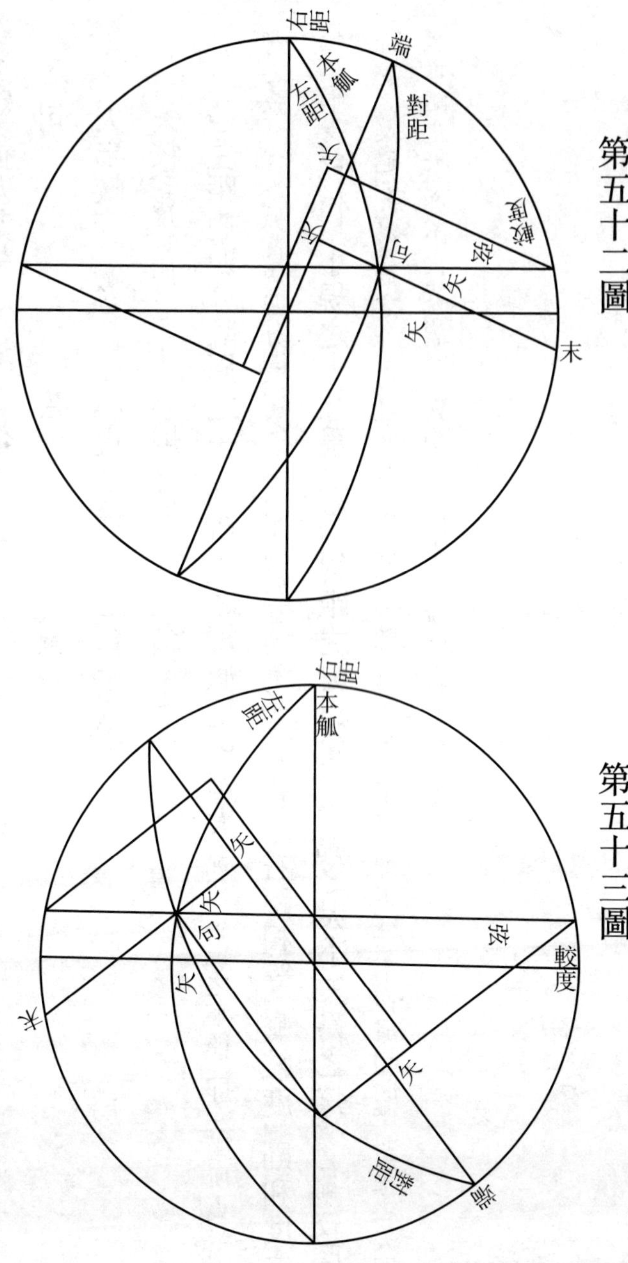

第五十二圖

第五十三圖

前兩圖，矢半較、小規半徑成句與弦。此兩圖，矢較、小規之矢成句與弦。而兩句與中圍大規矢、半徑互求，猶兩弦與之互求也。大規之矢，即本觚之矢。

如是，得同度之句股二，而句與弦通一爲道。凡觚之規度，中圜大規也。大小規之半徑及其矢，並通一爲道。

句	弦	本觚規度	
矢半較和度較度	小規半徑	大規半徑	表一
矢較較度對距	小規之矢	大規之矢	表二

若左距適四分圜周之一，則所成之規適爲中圜大規。小規之半徑，即左距所爲半弧背之弦。凡半弧背適四分圜周之一者，半弧弦亦適圜半徑。若左右距相等，無較度，則和度之矢，半之爲句，小規之半徑爲之弦，對距之矢爲句，小規之大小矢爲之弦。若無較度，對距之矢即而左距又適四分圜周之一，和度必適圜半周，以圜徑爲之矢，半之，即半徑，不復成句股。對距之矢即爲本觚之矢，亦不復成句股。對距之度即本觚規度，直不須求矣。

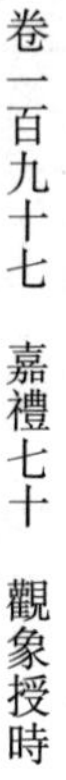

第五十四圖

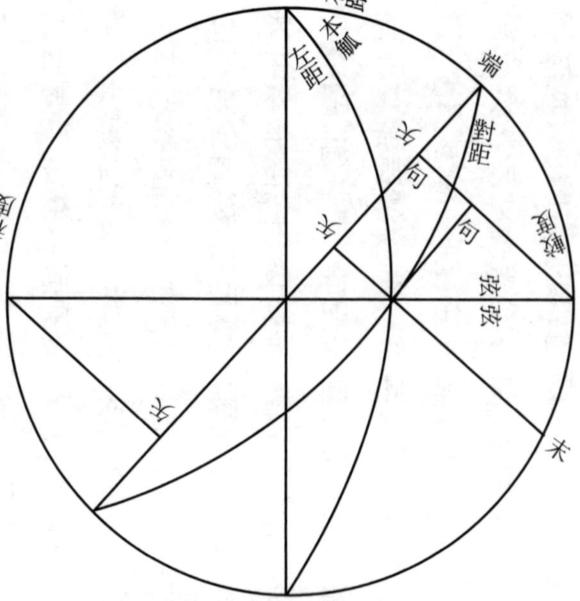

第五十五圖

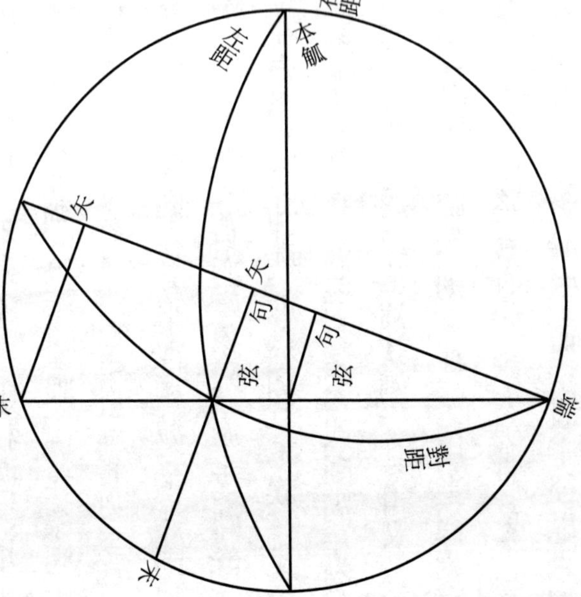

上圖，無小規，尤足明大小規之矢、半徑通爲一道。下圖，無較度，和度之矢半之爲句，而對距之矢即爲句，以與中圜大規矢半徑互求。

吴曰：據八綫表，減餘弦於半徑全數爲正矢，即小矢，併餘弦半徑爲大矢。梅勿菴環中黍尺卷五云：「角旁兩弧度即左距、右距。相加爲總，即兩距之和度。相減爲存。即兩距之較度。視總弧過象限，以總、存兩餘弦相加。不過象限，則相減，並折半爲初數。若總弧過兩象限，與過象限法同。其餘弦仍相加。過三象限，與在象限内同。其餘弦仍相減。若存弧亦過象限，則反其加減。總弧過象限，或過半周，宜相加，今反以相減。若總弧過于三象限，宜相減，今反以相加。並以兩餘弦同在一半徑相減，不然則加也。」如勿菴法，用時宜審餘弦同在半徑，不同在半徑。蓋過一象限，過半周，餘弦皆在外半徑；不過象限，過三象限，餘弦皆在内半徑。知此，庶幾加減不誤。又過一象限，過半周，皆與半周相減，而用餘弧、剩弧之餘弦。過三象限，與圜周相減，而用其餘弧之餘弦。知此，庶幾用餘弦不誤。二條當爲勿菴補其例。其書又云：「或總弧適足半周，用半徑爲總弧餘弦。若角旁兩弧同數，則無存弧，用半徑爲存弧餘弦。」此勿菴遷就之法，非算理也。適足半周無餘弦，戴君所謂大矢宜甚大，滿圜徑耳，不當設半徑爲餘弦，又無存弧者，無由有存弧之餘弦，而空設半徑以入加減，二者不可以算理揆之。因知兩餘弦加減立法之根，殆屬假借。斯記立新法，改

用兩矢較半之，與勿菴所得初數同。不須强設，且免詳審加減之煩。

以觚求距，求對距之矢也；以距求觚，求本觚規度之大、小矢也。

句股第四十八術吴曰：此矢較法，今名兩邊夾一角求對邊，及兩角夾一邊求對角。

知一觚、兩距，而距在觚之左右，求對觚之距，其觚曰本觚。以左右兩距相併爲和度，相減爲較度。和度、較度之矢相減，半之，爲矢半較。吴曰：即所謂初數，又名中數。但彼用餘弦，此用矢，立法不同耳。乘本觚之矢，圜半徑除之，得對距與較度之兩矢較，加較度矢，即對距之矢。凡無較度，則用和度之矢，半之，乘本觚之矢，所得即對距之矢。若知兩觚一距，而觚在距之兩端，準前易觚爲距，易距爲觚，則其術同。

句股第四十九術吴曰：此亦矢較法，今名三邊求角及三角求邊。

知三距求觚，所求之觚曰本觚。以旁兩距相併爲和度，相減爲較度。對距之矢與較度之矢相減，爲兩矢較，與圜半徑相乘，和度、較度之矢半較除之，得本觚之矢。凡無較度，則圜半徑乘對距之矢，和度之矢半之，除得本觚之矢。若三觚求距，準前易觚爲距，易距爲觚，則亦三距求觚矣。

凡矢，或小矢，或大矢，例已見前。

總三篇，凡爲圖五十有五，爲術四十有九，記二千四百一十四字〔一〕。因周髀首章之言，衍而極之，以備步算之大全，補六藝之逸簡。治經之士於博見洽聞，或有涉乎此也。

吳曰：準望簡法首章云：爲矩以準望，凡百分，大其器則分十之，謂之小分。矩積其分萬，小分百萬。以矩之百分爲圜半徑，自一觚規之，規度適四分圜周之一。其觚設垂綫，截規度成半弧背者二。弧背外方謂之矩分，半弧弦謂之内矩分。垂綫在弧内謂之徑隅。圜半徑、徑隅一也。抵弧外與矩分相應，謂之徑引數。矩分過滿百，不與垂綫值，垂綫所指，知次弧背之矩分。減半弧背於規度，是爲次半弧背。法而一，得過滿百之矩分。矩積爲實，次矩分爲法，實如半弧背之矩分，得徑引數。半之，以其矩分加於内矩分與弧外方數平行相應也。規度全圜凡百，應晝夜之數；度六十分，以十分爲一小度，應晝夜之刻分；分不容六千，則參分其小度，命以太、少。三之一曰少半度，三之二曰太半度。一矩之規，小度百有五十，方圜

〔一〕「二千四百一十四」，戴震全書句股割圜記作「二千四百一十七」。

之致備矣。非圜無以盡方之變，非方無以明圜之用。

又曰：天本無度，步算家設度以推測日月星之行。古法，三百六十五度四分度之一，古歲實三百六十五日四分日之一，略舉大致耳。蓋隨宜修改，不與天爭時。每晝夜日右旋一度。度也者，行而過之之名。今用三百六十整度，則每晝夜日行不及一度，雖失名度之義，算器無妨用之。此擬周髀製矩，故用古刻法爲度法。古晝夜百刻，刻六十分，凡十分爲一小刻。隸十二辰，每一辰八大刻二小刻。梁天監中改爲晝夜九十六整刻。今刻法用之。得名度者，日左旋一刻所度也。

附圖四

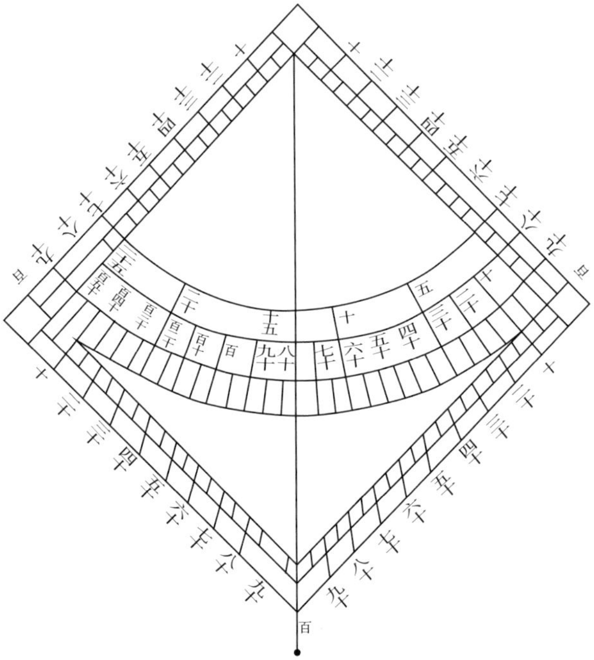

垂綫隨所指而移

此準望簡法之矩製。方圓度分，作矩時細分之。今八綫表用九十度，度六十分，分六十秒，已下皆以六十遞析。則六度當此十度，一度當一度大半度。此一度當其三十六分，少半度當其十二分。

五禮通考卷一百九十八

嘉禮七十一

觀象授時

三正統論

書舜典：協時月正日。

蕙田案：「時月正日」與「律度量衡」對言，似屬四項事。竊意時，四時也。月，十二月也。正，三正也。日，三百有六旬有六日也。有正而後時可協，如建子則子丑寅爲春，建丑則丑寅卯爲春，建寅則寅卯辰爲春也。有正而後月可協，

建子則子月爲正，建丑則丑月爲正，建寅則寅月爲正也。時與月皆以三正而協，則日之協不待言矣。古者三正通于民俗，所以奉天道，符地理，授民時。「正」字似作「三正」爲是。注疏、蔡傳以「正」字作虚字解，恐未的。三正不協則萬事隳，故甘誓數有扈之罪曰「怠棄三正」也。

日知録：三正之名，見于甘誓，蘇氏謂自舜以前必有以建子建丑爲正者，其來尚矣。微子之命曰：「統承先王，修其禮物。」則知杞用夏正，宋用商正，若朝覲會同則用周之正朔，其於本國，自用其先王之正朔也。三正之所以異者，疑古之分國，各有所受，故公劉當夏后之世而一之日、二之日，已用建子爲紀。舜典「協時月正日」，即協此不齊之時月。

甘誓：有扈氏威侮五行，怠棄三正。

蔡氏沈曰：三正，子丑寅之正也。夏正建寅。怠棄者，不用正朔也。案此章則三正迭建，其來久矣。舜協時月正日，亦所以一正朔也。子丑之建，唐虞之前當已有之。

欽定傳説彙纂：三正，注疏主天地人，而後人以夏以前無改正朔事，林之奇則

謂不必求之太深，但言其廢三綱五常；或以爲三正必有所指，如三綱三事之類；或以爲不用夏時之正，亦不用唐虞以前之正，如秦用亥爲正；或以爲三正本兼用，如周禮有正月，又有正歲，豳風一之日、二之日是一陽二陽之月，亦得爲正，春秋雖用周正，而祭祀田獵仍用夏時。紛紛之説，總以蔡傳「不用正朔」一語概之爲是。而三正之説，其來已久，則爲子丑寅之正，亦不必多疑矣。即注疏天地人，亦三正取義之原也。有扈既不遵正朔，又何知三正之義乎？「怠棄三正」，兼言之宜也。

蕙田謹案：不遵正朔，何知三正之義？「怠棄三正，宜兼言之」，洵不磨之論。

尚書大傳：夏以孟春月爲正，殷以季冬月爲正，周以仲冬月爲正。夏以平旦爲朔，殷以雞鳴爲朔。不以二三月爲正者，萬物不齊，莫適所統，故必以三微之月爲歲之三正也。

又曰：王者存二代之後與己爲三，所以通三統，立三正。鄭注：所存二王後者，命使郊天，以天子禮祭其始祖受命之王，自行其正朔服色，此謂通天三統。

又曰：周以至動，殷以萌，夏以芽。鄭注：謂三王之政也。至動，冬至日物始動也。物有

三變，故正色有三。天有三生三死，鄭注：異時生者，恒異時死。是故周人以日至爲正，殷以日至三十日爲正，夏以日至六十日爲正。天有三統，土有三王，王特一生死。鄭注：統，本也。三統者，所以序生也。三王者，所以統天下也。是故三統三正也，若循連環，周則又始，窮則反本也。夏以孟春爲正者，貴形也。

蕙田案：此大傳古本，世多未之見。今考其説，則知注疏之未審矣。其曰通三統，若循連環，極足以發明三正並用精義。

宋書禮志：高堂隆曰：「自古帝王之興，受禪之與干戈，皆改正朔。易曰：『革，元亨利貞。有孚改命，吉。湯、武革命，應乎天，從乎人。』其義曰，水火更用事，猶王者必改正朔、易服色也。易通卦驗曰：『王者必改正朔，易服色，以應天地三氣三色。』書：『曰若稽古，帝舜曰重華，建皇授政改朔。初，高陽氏以十一月爲正，薦玉以赤繒[一]。』尚書傳曰：『舜定鍾石，論人聲，乃及鳥獸，咸變于前，故定四時，改堯正。』詩曰：『一之日觱發，二之日栗烈，三之日于耜。』傳曰：『一之日，周正月。

[一]「赤繒」，諸本作「白繒」，據宋書禮志一改。

二之日，殷正月。三之日，夏正月。』以前檢後，爲軒轅、高辛、夏后氏、漢皆以十三月爲正；少昊、有唐、有殷皆以十二月爲正；高陽、有虞、有周皆以十一月爲正。禮大傳曰：『聖人南面而治天下，必正度量，考文章，改正朔，易服色，殊徽號。』是以舜、禹雖繼平受禪，猶制禮樂，改正朔，以應天從民。」

楊氏時曰：三代正朔，如忠質文之尚〔一〕，循環無端，不可增損也。斗綱之端，連貫營室，織女之紀，指牽牛之初，以紀日月，故曰星紀。五星起其初，日月起其中，其時爲冬至，其辰爲丑。三代各據一統，明三統常合而迭爲首。周據天統，以時言也。商據地統，以辰言也。夏據人統，以人事言也。

劉氏瑾曰：夏書有「怠棄三正」之語，則自夏以前已有子丑之正，是三正通于民俗，其來既遠，故豳公創國偏方，亦有十月改歲之俗也。

吕氏祖謙曰：三正通于民俗尚矣，周特舉而用之耳。

蔡氏德晉曰：九峰謂「三正並建，其來久矣。子丑之建，唐、虞之前當已有之」。

〔一〕「文」，諸本脱，據龜山集卷二〇補。

東萊詩豳風之紀曰：「三正通于民俗尚矣。」二説固然，抑又有説焉。昔先王創制顯庸，既立爲一代之法，而于前代典章，必兼存而不廢。其焦、薊、英、六、祝、陳、杞、宋之封，皆所以使其子孫各修先代之禮物，至于朝野所奉行，則祭祀備六代之舞，養老具三代之禮，士喪兼三代之祝。魯用四代之服器官。蓋聖人以德化民，惟欲納之于至善，初不必廢棄禁絶前代之典章以自伸也。故三代之時，自伏羲甲曆以至神農、黄帝、少昊、顓頊、帝嚳、堯、舜之曆具存而可考。觀于秦政坑焚，操燹燹兵燹，而杜預所見十曆，自黄帝、顓頊以及夏、商、周、魯之曆猶在，則其前可知也。夫黄帝調曆建子，伏羲、顓頊之曆建寅，若神農、少昊諸曆，今雖不可考，當必有建丑者。鄭康成謂堯正建丑，舜正建子，其言必有所受。況三正既爲累代所迭用，亦復爲一朝所兼存，故誥誓臣民並言之，而不以爲雜；秉筆之史臣、臨文之學士隨意書之，而亦不以爲倍。今考三正之錯見于六經者，周易臨之彖曰「至于八月有凶」，用周正也。説卦傳曰「兑，正秋也」，則用夏正也。夏書甘誓言「怠棄三正」，是夏並用三正也。盤庚「若農服田力穡，乃亦有秋」，是商兼用夏正也。金縢「秋大熟」，君牙「夏暑雨」，「冬祁寒」，是周亦兼用夏正也。豳風言民俗在夏、商之交，乃有「一之

日」至「四之日」及「十月」改歲之語，是亦兼用周正也。左傳叙事用周正，而僖五年晉卜偃以童謡推虢之亡，謂在九月十月之交，是亦用夏正也。禮記月令用夏正，而季秋爲來歲受朔日，亦用周正也。雜記引孟獻子言「正月日至可以有事于上帝，七月日至可以有事于祖」，亦用周正也。論語用夏正，「暮春者，春服既成」是也。孟子用周正，「七八月旱則苗槁」及「徒杠輿梁成於十一月、十二月」是也。至于春秋，純用周正，以史官紀事當用王朝正朔也。周禮純用夏正，以夏數得天，百王所同。逸周書云「敬授民時，巡狩祭享，猶是夏焉」者，是三正並行之明徵也。

蕙田案：自甲子作而有歲月日時，有歲月日時即有正朔。正朔者，歲月日時之首也。虞書曰正月，曰月正，曰上日，曰元日，曰朔旦；周禮曰正歲，曰正月。以其爲一歲之首曰正歲，以其爲十二月之首曰正月，以其爲正歲正月之首日曰元曰上曰朔，此與易稱乾元同義，所爲「大哉乾元，萬物資始」，聖人所以先天而不違，後天而奉若也。古人論三正曰：「三微成著，以成三統。」三微成著，即資始之意，然其用各有所當焉。黄鍾始于子，曆元始于冬至，天之統也。靈樞五運六

氣始于大寒，地之統也。「平秩東作，以殷仲春」，人之統也。蔡氏謂「三正迭建」，固爲得之。其實不止迭建，實並行而不可缺，故泠倫造曆，則用天正；岐伯論醫，則用地正；神農教稼，則用人正。三者並行，是爲不怠棄。若建其一而棄其二，何以罪有扈者曰「怠棄三正」哉？是知迭建者，止就一代之正朔而言。若其奉天道，修人事，則非合三正用之不可，故曰「怠棄三正」，則不惟不奉正朔而已也。

易臨卦：至于八月有凶。注：八月陽衰陰長，故曰有凶。

蕙田案：八月之説有三：蜀才云：「自建丑之月至建申之月，凡歷八月則成否，否則天地不交，萬物不通，是至于八月有凶。」唐孔氏從之而傳義去之。至何玄子復用其説，謂本卦傳云，「消不久也」，「否、泰傳皆有道消道長之文，于此卦互見之。文王，殷人，而從殷正」，其説可信。然細觀卦義，否泰消長之文，乃二卦自相反對之象，本卦象云「消不久」，則于二陽必有關會，不得混爲消長之説也。程傳及紫岩、漢上、草廬、孟敬俱指遯説，謂天正建子之月，一陽始生爲復；其二建丑之月，二陽長而爲臨；其七建午之月，一陰始生爲姤；至其八建未之

月，則二陰長而爲遯。遯者，臨之正對，臨卦六爻盡也。自復至遯凡八月，二陽消矣。臨、遯反對，似得之。然何玄子謂「卦主臨言，自臨距遯僅七月，其八月有凶，應于復卦言之」。此其説之可疑者也。其一説則謂夏正八月，于卦爲觀，自一陽復十一月至臨十二月，二陽浸長逼四陰，當此之時，陽勢方盛，至于八月建酉，卦爲觀，四陰浸長逼二陽，則臨之二陽至觀危矣。序卦相承，臨、觀反對。王秋山謂：「自六三八變而至觀，爲八月卦，臨則二陽長于下，四陰剥于上；觀則四陰長于下，二陽剥于上矣，故曰有凶。聖人于此二陽長而陰消之初，爲二陽消而陰長之慮也。蓋方盛而慮衰，則盛可久。若既衰而後爲之慮，則無及矣。」此八變之説，于八月之數合，于八月之時亦合。趙汴水曰：「消不久之義，專以二陽之消息爲主，以臨與觀反也。臨爲二陽之長，觀爲二陽之消，少進一位即爲剥，而陽之消不久矣。當臨之時，人皆喜陽剛之浸長，而聖人于此際已垂浸消之戒，視剥、復、否、泰言消長于二卦者，其憂深慮遠爲尤切。浸長者原始，有凶者要終，言當制于未亂也。」解象傳消不久之義，于卦中二陽尤有關會。朱子兼存之，來矣鮮、焦弱侯、潘去華俱從之，惟何玄子謂「文王象易而從夏正，朱子亦心疑焉」。

不知古者三正並用，故啓數有扈之罪曰「怠棄三正」，而逸周書言夏數得天，百王所同，是以六經中皆三正錯見，而用夏正居多。即如易説卦云「兑者，正秋也」，亦用夏正也，何獨臨之象不可以夏正言乎？

説卦傳：兑，正秋也。疏：兑位是西方之卦，斗柄指西，是正秋八月也。

張氏以寧曰：兑，正秋，夏時也。夏時百王所同，不曰兑正秋，而曰兑孟冬，于理不可也。此與魯史奉周正朔而書之以紀事者自不同。

蕙田案：文王於殷時演易，而用夏正。孔子於周時贊易，亦用夏正。此三正通用之證。

觀承案：説卦以兑爲正秋，亦可見夏時之善。所謂三正迭用，惟夏得天。凡天道春秋之序，以建寅爲得其正，故周禮、春秋不得不奉時王之正朔，而詩、書、易象非一代之書，不妨多據夏時爲言，所以損益百王，特告顔子以行夏之時也。

禮記大傳：立權度量，考文章，改正朔，易服色。疏：改正朔者，正謂年始，朔謂月初。周子、殷丑、夏寅，是改正也。周夜半，殷雞鳴，夏平旦，是易朔也。

春秋昭公十七年左氏傳：冬，有星孛于大辰。梓慎曰：「火出，于夏爲三月，于商

爲四月，于周爲五月。」

後漢書陳寵傳：元和二年，寵奏曰：「夫冬至之節，陽氣始萌，故十二月有蘭、射干、芸、荔之應。時令曰：『諸生蕩，安形體。』天以爲正，周以爲春。十三月陽氣上通，雉雊雞乳，地以爲正，殷以爲春。十三月陽氣已至，天地已交，萬物皆出，蟄蟲始振，人以爲正，夏以爲春。三微成著，以通三統。周以天元，殷以地元，夏以人元。」

白虎通：王者受命必改朔何？明易姓，示不相襲也。明受之于天，不受之于人，所以變易民心，革其耳目，以助化也。是以舜、禹雖繼太平，猶宜改以應天。春秋瑞應傳曰：「敬受瑞應，而王改正朔，易服色。」易曰：「湯、武革命，順乎天而應乎民也。」正朔有三何？本天有三統，謂三微之月也。朔者，蘇也，革也，言萬物革更于是，故統焉。三微者，何謂也？陽氣始施黄泉，萬物動微而未著也。十一月之時，陽氣始養根株黄泉之下，萬物皆赤，赤者盛陽之氣也，故周爲天正，色尚赤也。十二月之時，萬物始芽而白，白者陰氣，故殷爲地正，色尚白也。十三月之時，萬物始達，孚甲而出，皆黑，人得加功，故夏爲人正，色尚黑也。

論語：顔淵問爲邦。子曰：「行夏之時。」

朱子注：夏時謂以斗柄初昏建寅之月爲歲首也。天開於子，地闢於丑，人生於寅，故斗柄建此三辰之月，皆可以爲歲首，而三代迭用之。夏以寅爲人正，商以丑爲地正，周以子爲天正也。然時以作事，則歲月自當以人爲紀，故孔子嘗曰：「吾得夏時焉。」而説者以爲夏小正之屬。蓋取其時之正與其令之善，而於此又以告顏子也。

孔叢子：縣子問子思曰：「顏回問爲邦，孔子曰『行夏之時』，若是，殷、周異政爲非乎？」子思曰：「夏數得天，堯、舜之所同也。殷、周之王，征伐革命以應乎天，因改正朔，若云天時之改耳，故不相因也。夫受禪於人者，則襲其統；受命于天者，則革之。所以神其事，如天道之變然也。三統之義，夏得其正，是以夫子云。」

右三正統論

唐虞夏正朔

書舜典：正月上日，受終于文祖。傳：上日，朔日也。疏：每月皆有朔日，此是正月之朔，故云「上日」，言一歲日之上也。鄭玄以爲帝王易代，莫不改正，堯正建丑，舜正建子，此時未改堯正，故云「正月上日」；即位乃改堯正，故云「月正元日」。先儒王肅等以爲殷、周改正，易民視聽，自夏已上皆以建

寅爲正，孔意亦然。

北史李業興傳：天平四年，使梁，梁武帝問：「尚書『正月上日，受終文祖』，此時何正？」業興對曰：「此夏正月。」梁武帝問：「何以得知？」業興曰：「案尚書中候運衡篇云『日月營始』，故知夏正。」又問：「堯時以前何月爲正？」業興對曰：「自堯以上，書典不載，實所不知。」梁武又云：「『寅賓出日』，即是正月；『日中星鳥，以殷仲春』，即是二月，此出堯典，何得云堯時不知用何正？」業興對曰：「雖三正不同，言時節者，皆據夏時正月。周禮：『仲春二月，會男女之無夫家者。』雖自周書，月亦夏時。堯之日月，亦當如此。」

蕙田案：李業興據中候之文，證正月上日爲建寅之月，以月令孟春日在營室故也。考堯時冬至日在虚，則建寅之月日躔當在奎婁，已過營室一次，不得云營始也。晉志載董巴之言云：「顓頊以今之孟春正月爲元，其時正月朔旦立春，五星會于天廟〔一〕，營室也。」顓頊又在唐、虞之前，正月日躔去營室尤遠，凡爲此説

〔一〕「天廟」，諸本作「天律」，據晉書律曆志中改。

者，皆不通於歲差之故者也。鄭氏謂堯正建丑，此時未改堯正，故云正月上日。其云「三正不同，言時節者，皆據夏時」，以中候日在營室推之，則建丑爲近是。此誠千古定論也。

月正元日，舜格于文祖。疏：王肅云：「月正元日，猶言正月上日。」變文耳。

大禹謨：正月朔旦，受命于神宗。

蕙田案：鄭康成及高堂隆等以爲堯正建丑，舜正建子，而堯典以二分二至正四仲之月，蓋敬授人時，故用人統，正所謂「夏數得天，百王所同」者也，然竟謂以寅爲正，則夫子告顏淵不當但取韶舞，而曰行夏之時矣。若王肅等謂自夏以前俱以建寅爲正，則又不然，甘誓明言「怠棄三正」，則不待商、周始創改之也。

觀承案：唐虞建寅，堯典經文自有明據，二月東巡，重華繼治，亦別無改正之文。夫子每舉夏時爲言者，以三代相連，對商、周言之，但舉夏爲便，亦以唐、虞已遠，其令或尚疏略，夏王承之，而典制益詳。今夏禮雖亡，而尚傳小正一書，可知夏時最爲明備，故時行夏而舞用韶，蓋各舉其盛以爲言也。康成堯正建丑、舜正建子之云，洵爲穿鑿無據。夫三正迭建，其來久矣。唐、虞以前，豈無子丑爲

正者，何必斷歸堯、舜耶？

右唐虞夏正朔

商正朔

書伊訓：惟元祀十有二月乙丑，伊尹祠于先王，奉嗣王祗見厥祖。傳：此湯崩踰月，太甲即位，奠殯而告。

蔡氏沈曰：元祀者，太甲即位之元年。十二月者，商以建丑爲正，故以十二月爲正也。乙丑，日也。不繫以朔者，非朔日也。三代雖正朔不同，然皆以寅月起數。蓋朝覲會同，頒曆授時，則以正朔行事。至于紀月之數，則皆以寅爲首。或曰：「孔氏言湯崩踰月，太甲即位，則十二月者，湯崩之年，建子之月也，豈改正朔而不改月數乎？」曰：此孔氏惑于序書之文也。太甲繼仲壬之後，服仲壬之喪，而孔氏曰湯崩奠殯而告，固已誤矣。至于改正朔而不改月數，則于經史尤可考。周建子矣，而詩言「四月維夏，六月徂暑」，則寅月起數，周未嘗改也。秦建亥矣，而史記始皇三十一年十二月，更名臘曰嘉平。夫臘，必建丑月。秦以亥正，則臘爲三月。云十二月者，則寅月起數，秦未嘗改也。至三十七年，書十月癸丑始皇出游，十一月行至雲夢，繼書七月九月者，知其以十月爲正朔，而寅月起數，未嘗改也。且秦史制書，謂改年始朝賀，皆自十月朔，夫秦繼周者也，若改月數，則周之十月爲建酉月矣，安在其爲建

亥乎？漢初史氏所書，舊例也。漢仍秦正，亦書曰元年冬十月，則正朔改而月數不改，亦已明矣。且經曰元祀十有二月乙丑，則以十二月爲正朔而改元，何疑乎？惟其以正朔行事也，故後乎此者，復政厥辟，亦以十二月朔奉嗣王歸于亳，蓋祠告復政，皆重事也，故皆以正朔行之。孔氏不得其説，而意湯崩踰月，太甲即位，奠殯而告，是以崩年改元矣。蘇氏曰：「崩年改元，亂世事也，不容在伊尹而有之，不可以不辨。」

張氏以寧曰：改正即是改月。商改夏正，以十二月爲正月。周改商正，以十一月爲正月。子正以夜半爲朔，丑正以雞鳴爲朔，寅正以平旦爲朔，烏有改正朔而不改月數之理乎？虞、夏受禪，皆以正月行事。至商、周革命，皆改正朔，以歲首之一月爲正月，人君重居正也。月必書正，猶年必書元。今于歲首，但書冬十二月，而不書正，則是商一代皆無正矣，何以號令天下整齊萬國乎？

太甲中：惟三祀十有二月朔，伊尹以冕服奉嗣王歸于亳。傳：湯以元年十一月崩，至此二十五月，三年服闋。疏：周制，君薨之年屬前君，明年始爲新君之元年。此殷法，君薨而新君即位，即以其年爲元年。湯以元年十一月崩，至此年十一月爲再期。至十二月服闋，三年之喪，二十五月而畢也。

張氏以寧曰：若以元祀爲踰年即位改元之年，則方其改元，既已踰年矣，又加

以元祀，至三祀之二十五月，則爲四年，而非三祀。孟子明言三年復歸于亳，非四年也。而況營桐之舉，乃人臣之大變，不得已之事，伊尹固幸其君之終喪而急迎以歸，故不待歲首正月也。由是以觀，伊訓之元祀，非踰年改元之年，而十二月爲商之十二月、夏之十一月，信矣。

顧氏炎武曰：胡氏引伊訓、太甲十有二月之文，以爲商人不改月之證，與孔傳不合，亦未有明據。孔傳未嘗以十二月爲歲首。

蕙田案：改朔不改月之説，始于胡文定之春秋傳，繼以蔡仲默之書傳，先儒援引經傳之文以駁之，而卒未有所據，以斥其秦人建亥不改月及商書十二月之説者。考顧氏炎武日知録謂：「胡氏引秦人以亥爲正不改時月爲證則不然。漢書高帝紀『春正月』注師古云：『凡此諸月號，皆太初正曆之後紀事者追改之，非當時本稱也。以十月爲歲首，即謂十月爲正月。今此真正月，當時謂之四月耳。他皆類此。』叔孫通傳『諸侯群臣朝十月』，師古云：『漢時尚以十月爲正月，故行朝歲之禮，史家追書十月。』」又曰：「漢元年冬十月，五星聚于東井，當是建申之月。劉攽云：『案曆，太白辰星去日率不過一兩次，今十月而從歲星于東井，無是

理也。然則五星以秦之十月聚東井耳。秦之十月，今七月，日當在鶉尾，故太白辰星得從歲星也〔一〕。』據此足明記事之文，皆是追改，惟此一事失于追改，遂以秦之十月爲漢之十月。夫以『七月』誤爲『十月』，正足爲秦人改月之證，而胡氏非矣。」此說足以破其秦人不改月之謬，獨商書伊訓及太甲中篇一云「元祀十有二月」，一云「三祀十有二月朔」，似可以爲不改月之證。而世之駁蔡傳者，第據孔安國「湯崩踰月改元」之文，以爲殷、周禮有不同，或又以崩年改元亂世之事，遂詆後出古文，未足深信。是二說者，俱未能得其要領，無以折九峯之辨而息後學之疑。今案漢書志引伊訓篇云：「惟太甲元年十有二月乙丑朔，伊尹祀于先王，誕資有牧方明。」其下文又釋之曰：「言雖有成湯、太丁、外丙之喪，以冬至越茀祀先王於方明，以配上帝，是朔旦冬至之歲也。」乃知伊訓所稱十二月者，正建子之月，在夏爲十一月，在商則爲十二月也。禮云「喪三年不祭，惟天地社稷越紼而行事」。此所云祀于先王者，乃冬至配天之祭，故祭畢稱烈祖之成德克配上

〔一〕「得」，原作「謂」，據光緒本改。

帝以訓戒嗣君，而非正朔告廟之祭也。劉歆三統曆推是年商十二月乙丑朔旦冬至，與伊訓正合。然則伊訓之文，正足爲殷人改月之證。尚書、春秋紀事之體，本自若合符節，若夫桐宫之放，乃聖人不得已之事，一朝悔悟，便當復辟，何必俟歲首之月？張敷言有云：「放桐之事，人臣大變，周公之聖，猶被流言，阿衡之心爲何如哉？朝而自怨，夕當復辟，尤不須于正月也。」此足以破胡氏、蔡氏據太甲以爲殷人不改月之謬矣。

觀承案：漢書「元年冬十月」師古注最明，劉攽説亦更詳暢，然實本之北史高允傳也。可知古人原無不改月之説，胡氏偶不及檢耳。至漢志引太甲元年十二月，謂正是建子之月，在夏爲十一月者，在商則爲十二月，尤足爲殷人改月之證，破後人不改月之疑矣。

右商正朔

周正朔

書泰誓：惟十有三年春，大會于孟津。注：此周之孟春。疏：知是「周之孟春」建子之月

者，案劉歆三統曆以殷之十二月武王發師，至明年二月甲子咸劉商王紂，彼十二月，即周之正月，夏之十一月也。

蔡氏沈曰：春者，孟春建寅之月也。案漢孔氏以春爲建子之月，蓋謂三代改正朔，必改月數；改月數，必以其正爲四時之首。序言「一月戊午」，既以一月爲建子之月，而經又繫之以春，故遂以建子之月爲春。夫改正朔，不改月數，于太甲辨之詳矣。而四時改易，尤爲無藝，冬不可以爲春，寒不可以爲暖，固不待辨而明也。或曰：鄭氏箋詩「惟莫之春」，亦言周之季春，于夏爲孟春。曰：此漢儒承襲之誤耳。且臣工詩言「惟莫之春，亦又何求？如何新畬？於皇來牟，將受厥明」，蓋言莫春，則當治其新畬矣。今如何哉？然牟麥將熟，可以受上帝之明賜。夫牟麥將熟，則建辰之月，夏正季春審矣。鄭氏于詩且不得其義，則其考之固不審也。不然，則商以季冬爲春，周以仲冬爲春，四時反逆，皆不得其正，豈三代聖人奉天之政乎？

朱氏鶴齡曰：蔡傳解春爲建寅之月，又力辨商、周時月俱不改。愚考春秋經傳之文，凡十餘條，語多不録。而知其説非也。蔡氏謂冬不可爲春，十一月不可爲正月，夫黄鐘初九，律之首，陽之變也；林鐘初六，呂之首，陰之變也。子者，一陽之生，于卦爲復，至午而陽極焉。午者，一陰之生，于卦爲姤，至子而陰極焉。子爲星紀之次，五星起其初，日月起其中，律紀皆以子爲首，則何不可以首月令乎？三正迭建，

時無失次，夏正用木之著者也，殷、周二正用木之微者也，皆陽位也。特孟陬之月，尤切民事，故夫子曰「行夏之時」，而豈謂子丑必不可爲正哉！秦人改建亥月，蓋自以水德代周，且五行木生于亥，故用之。雖事不師古，然改時與月，必循三代之舊。本紀「元年冬十月」，顔師古謂是太初正曆以後，史臣追書，蔡氏顧引之以爲不改時月之證，其亦疏矣。唐順之曰：考秦改正朔，在始皇二十六年庚辰，周之亡已三十六年矣。周在時正朔已不行于天下，況既亡乎！秦紀所云冬十月，恐是周亡之後，因民間私稱夏正而書之。此于周改月之説，自不相礙，不足以爲據也。蔡氏又據伊訓「惟元祀十有二月乙丑」，與泰誓「惟十有三年春」，以爲皆不改時月，而駁漢孔氏之非。愚謂據此二端，則時月之改尤章章也。夫商人建丑十有二月，夏正之十一月也。下云「伊尹祠于先王，奉嗣王，祗見厥祖」，先王自契、玄冥以下，厥祖湯也。商人宗廟之禮，不可詳考。祭法云：「殷人禘嚳而郊冥，祖契而宗湯。」安知不以其月至日伊尹攝行郊祀配天之禮，因而陳訓太甲乎？班固以三統曆推之，湯伐桀之歲，在大火房五度，故左傳曰：「大火，閼伯之墟，實配商人。」後十三年十二月乙丑朔旦冬至，伊訓不言朔，則乙丑非朔日也，此恐誤。其日伊尹祀先王于方明，方明見儀禮。以配上帝，此其證也。十有三年之春，

即春秋春王正月之春，謂十一月也。何以明之？武成「惟一月壬辰，旁死魄。越翌日，癸巳，王朝步自周，于征伐商」，「戊午，師渡孟津。癸亥，陳于商郊牧野」。「一月」，二孔氏以爲周正建子之月，是也。師渡孟津，即大會于孟津也。癸巳至戊午凡二十六日，皆在十一月，癸亥則十二月之四日也。國語引伶州鳩言，武王克商，歲在鶉火，周語注：歲，歲星也。鶉火，次名，周分野。日在析木，月在天駟，辰在斗柄，星在天黿。班固以三統曆推之，師方發，爲殷十一月戊子日，日在析木箕七度，其夕月在房五度，房，天駟也。後三日得正月辛卯朔，合辰在斗前一度，斗柄也。明日壬辰，晨星始見。戊午，渡孟津。明日己未冬至，晨星與婺女伏，歷建星、牽牛至于婺女、天黿之首。至庚申，二月朔日也。癸亥，陳牧野，甲子合戰。與書傳無一不符者。此又其證也。蔡氏又引臣工詩「莫春」、「來牟」語，以爲夏月未嘗改，則愚于此有説矣。古者天子受命，凡改元頒曆、朝覲會同諸大政，皆以正朔行之，至于分、至、啓、閉，民事早晚所關者，未嘗不遵夏小正之書，東萊吕氏所云「三正通于民俗，周人兼而用之」是也。蓋史書記時事，則從周正；月令紀歲功，則從夏正。從周正者，多出于朝廷政令之施設；從夏正者，多出于民間士女之話言。詩、書、三禮所舉

夏正，難更僕數，安得援之爲不改時月之證乎？信如蔡説，則商、周正朔名改實不改，夫子何必云行夏之時乎？

周禮天官太宰：正月之吉，始和布治於邦國都鄙，乃縣治象之法於象魏，使萬民觀治象，挾日而斂之。注：正月，周之正月。以正月朔日〔一〕，布治于天下，至正歲，又書而懸于象魏，使萬民觀焉。

小宰：正歲，帥治官之屬而觀治象之法，狥以木鐸，曰：「不用法者，國有常刑。」注：正歲，謂夏之正月。得四時之正，以出教令者，審也。

宰夫：歲終則令群吏正歲會。正歲，則以法警戒群吏。注：歲終，謂周季冬。疏：知是周之季冬者，以正月之吉始和，是周正月布治于天下，至今歲終考之，是盡一歲十二月之事，故知非夏之歲終也。後凡言歲終倣此。

凌人：掌冰，正歲十有二月，令斬冰，三其凌。注：正歲季冬，大寒，冰方盛之時。疏：周雖以建子爲正，行事則皆用夏之正歲。若據殷、周，則十二月冰猶未堅也。

華氏學泉曰：周禮正月之吉，或云周正，以經文凌人十二月斬冰斷之，則十二

〔一〕「朔」，原作「朝」，據光緒本、周禮注疏卷二改。

月爲夏正建丑之月，雖鄭氏無能立異説也。既十二月爲夏正建丑之月，而正月爲周正建子之月，有是理乎？既正月爲夏正建寅之月，則歲終爲十二月建丑之月，而正歲當即正月，而或言正月，或言正歲，亦通稱耳。

蔡氏德晉曰：正歲即正月，以其爲十二月之首爲正月，以其爲一歲之首曰正歲。太宰職正月之吉懸治象法，小宰職正歲帥治官之屬，而觀治象法，明係一時事，可見康成以布治象爲建子月，乃懸治象爲建寅月，則暗改經文「乃」字爲「正歲」二字；至凌人掌冰政，「政」字則明改爲「正」，連下「歲」字讀，皆徒生葛藤耳。

蕙田案：周禮六官内宫正、内宰、山虞、司馬、司爟、司烜、柞氏、薙氏等職，凡言四時者，皆用夏令，則正月亦夏正也。夏正建寅之月爲孟春，三陽漸盛，東風解凍，故云始和。若建子正，天氣閉塞而成冬，豳風七月詩「一之日觱發」是其時也，安得云始和？康成因此二字不協，遂訓爲改造之意，殊屬牽强。又月令在秦人未改朔之先，其序十二月于季冬，則曰「是月也，數將幾終，歲且更始，天子乃與公卿大夫飭國典，論時令，以待來歲之宜」。孟春月則曰「命相布德和令」，與此正同。

地官大司徒：正月之吉，始和布教于邦國都鄙，乃縣教象之法于象魏，使萬民觀教象，挾日而斂之。注：周正月朔日。疏：周禮凡言正歲者，則夏之建寅正月；直言正月者，則周之建子正月也。

正歲令于教官曰：「各供爾職，修乃事，以聽王命。其有不正，則國有常刑。」注：正歲，夏正月朔日。

小司徒：正歲則帥其屬而觀教法之象，狥以木鐸，曰：「不用法者，國有常刑。」

鄉師：正歲，稽其鄉器。

鄉大夫：正月之吉，受教法于司徒，退而頒之於其鄉吏，使各以教其所治。正歲，令群吏考法于司徒，以退，各憲之于其所治。

州長：正月之吉，各屬其州之民而讀法。正歲則讀教法如初。注：雖以正月讀之，至正歲猶復讀之，因此四時之正重申之。

黨正：及四時之孟月吉日，則屬民而讀邦法以糾戒之。正歲屬民讀法。

遂大夫：正歲簡稼器，修稼政。注：稼政，孟春之月令所云：「修封疆，審端徑術，善相丘陵，阪險原隰，土地所宜，五穀所殖，以教道民，必躬親之。」

春官太史：正歲年以序事，頒之于官府及都鄙，頒告朔于邦國。注：中數曰歲，朔數曰年。中朔大小不齊，正之以閏，若今作曆也。

眡祲：正歲則行事，歲終則弊其事。注：占夢以季冬贈惡夢，此正月而行安宅之事，以順民心。弊，斷也。

夏官大司馬：正月之吉，始和布政于邦國都鄙，乃縣政象之法于象魏，使萬民觀政象，挾日而斂之。

訓方氏：正歲，則布而訓四方，而觀新物。

秋官大司寇：正月之吉，始和布刑于邦國都鄙，乃懸刑象之法於象魏，使萬民觀刑象，挾日而斂之。

小司寇：正歲，率其屬而觀刑象，令以木鐸，曰：「不用法者，國有常刑。」

士師：正歲帥其屬而憲禁令于國及郊野。

張氏以寧曰：凌人正歲十有二月，夏季冬也。遂大夫、訓方氏正歲，夏正月也。

小司寇、士師先歲終而後正歲，眡祲先正歲而後歲終，考之皆夏正月、夏季冬也。所謂猶自夏焉者也。

逸周書周月解：惟一月既南至，昏昴、畢見，日短極，基踐長，微陽動于黄泉，陰慘于萬物。是月斗柄建子，始昏北指，陽氣虧，草木萌蕩。日月俱起于牽牛之初，右回而行。月周天起一次而與日合宿。日行月一次周天，洎舍于十有二辰，終則復始，是謂日月權輿。周正歲道，數起於時一而成於十次，一爲首，其義則然。凡四時成歲，有春夏秋冬，各有孟仲季，以名十有二月，中氣以著時應。春三月中氣：雨水、春分、穀雨；夏三月中氣：小滿、夏至、大暑；秋三月中氣：處暑、秋分、霜降；冬三月中氣：小雪、冬至、大寒。閏無中氣，斗指兩辰之間。萬物春生，夏長，秋收，冬藏，天地之正，四時之極，不易之道。夏數得天，百王所共。其在商湯，用師于夏，除民之災，順天革命，改正朔，變服殊號，一文一質，示不相沿。以建丑之月爲正，易民之視。若天時大變，亦一代之事。亦越我周王致伐于商，改正異械，以垂三統。至於敬授民時，巡狩祭享，猶自夏焉。是謂周月，以紀於政。

王氏樵曰：子月爲一歲之始，猶子時爲一日之始，安在子之不可以爲春乎？夫正朔者，十二月之首，史官紀年之所始也。正月者，十二月之首，曆官紀年之所始也。正朔有改，三代迭建三正以新民視聽。月朔有改，有不改。有改于上，不改于

下，從民間之便。乃若春秋，則史官之書，必用時王正朔；而曆法要爲不可亂，時必與月合，時月必與所書之事合，或者乃必欲旁引曲證，以爲周不改時與月，其亦疏且固矣。

華氏泉曰：六經、論、孟所稱，或用周正，或用夏正，參錯不一，惟周禮則斷從夏正，春秋則斷從周正，汲冢周月解篇云：「夏數得天，百王所同。至于敬授人時，巡狩祭享，猶自夏焉。」故先儒謂商、周革命，建子建丑，有改正朔之名；而授時祭享，有用夏時之實；春秋史官紀事之體，必書本朝正朔，尊王也。其民俗通行，悉從夏令。

蔡氏德晉曰：或問：經文有正月，有正歲，鄭康成以正月爲周正，正歲爲夏正；葉秀發以正月爲夏正，正歲爲周正；吴德方以正月、正歲皆爲周正；王昭明以正月、正歲皆爲夏正，果孰爲是？曰：昭明之説近是。據逸周書「授時祭享，猶是夏焉」，周禮正授時祭享之書，凡四時皆用夏令，則正月用夏正可知。況凌人十二月令斬冰，康成亦以爲用夏正矣。十二月既用夏正，正月安得用周正也？詩唐風蟋蟀：蟋蟀在堂，歲聿其莫。今我不樂，日月其除。傳：蟋蟀九月在堂。聿，

遂也。　疏：小明云：「歲聿云暮，采蕭穫菽。」采穫亦是九月之事。九月歲末爲暮，而云「聿暮」者，言過此則歲將暮耳。謂十月以後爲歲暮也。

張氏以寧曰：周以十一月爲歲首，故此言九月以後爲歲暮，周正也。

顧氏棟高曰：日月其除，除者，除舊布新。今人以臘月三十日爲除夕，是詩明言九月爲歲將莫，十月爲歲除，是以十一月爲歲首之明證也。

豳風七月：一之日觱發，二之日栗烈，三之日于耜，四之日舉趾。傳：一之日，周正月也。二之日，殷正月也。三之日，夏正月。四之日，夏二月，周四月也。

朱子曰：一之日，謂斗建子，一陽之月。二之日，謂斗建丑，二陽之月也。蓋周之先公已用此以紀候，故周有天下，遂以爲一代之正朔也。

顧氏棟高曰：據此則公劉當夏之時，已自以子月起數，以夏之十一月爲正月，以夏之正月爲三月矣。一之日、二之日，猶言一月之日、二月之日，不曰正而曰一者，避時王之正朔也。後武王伐商，猶曰「惟一月壬辰旁死魄」，蓋此時未革殷命，猶從舊號，實昉于此。

十月蟋蟀入我牀下，穹窒熏鼠，塞向墐户。嗟我婦子，曰爲改歲，入此室處。疏：

「曰爲改歲」者，以仲冬十一月陽氣始萌，可以爲年之始，故改正朔，以建子爲正。「歲亦莫止」，謂十月爲歲莫，是過十月則改歲，乃大寒，故言改歲之後，觱發、栗烈，大寒之時，方始入此室而居之也。

顧氏棟高曰：豳風凡言月者，皆夏正；言日者，皆周正。此于十月之下即云「穹室熏鼠」，「曰爲改歲」，是明言公劉當夏時已自以十一月爲歲首，不待注疏，而本文已是顯然。

小雅采薇：采薇采薇，薇亦作止。曰歸曰歸，歲亦莫止。采薇采薇，薇亦剛止。曰歸曰歸，歲亦陽止。箋：十月爲陽，時純坤用事，嫌于無陽，故名此月爲陽月。

張氏以寧曰：首章曰「莫止」，而三章曰「陽止」，則周十二月，夏之十月也。周以夏之十月爲歲莫，以十一月爲歲首也。

出車：春日遲遲，卉木萋萋。倉庚喈喈，采蘩祁祁。

張氏以寧曰：諸詩皆屬周正無異詞，獨此一章有不合，蓋周正雖改，而夏正之迭用已久，故民間之話言猶不能忘，而稱道之。

吕氏曰：見三正之通于民俗。此皆述民俗之話言，非史官之紀事也。

十月：十月之交，朔日辛卯。日有食之，亦孔之醜。箋：周之十月，夏之八月也。

張氏以寧曰：下文云「燁燁震電」，蓋八月雷乃收聲之時，而震電見焉，亦爲變異，此時亦周正也。

小明：我征徂西，至于艽野。二月初吉，載離寒暑。昔我往矣，日月方除。曷云其還？歲聿云莫。昔我往矣，日月方奥。曷云其還？政事愈蹙。歲聿云莫，采蕭穫菽。

張氏以寧曰：周二月，夏十二月也。言自我之徂西，至於艽野之地，其時十二月朔旦，今則已離歷冬寒夏暑，尚未得歸，此心之所以憂而且苦也。曰至者，據已至彼地而言；曰往者，據在家始發而言。二章三章，乃追叙其始發之時也。「日月方除」，除者，除舊布新之謂。「日月方奥」，奥與「厥民隩」之義同。周以十一月爲歲首，民寒而聚居于隩，我之始亦自謂其時即歸，何至今歲將莫而尚未得歸？至九月采蕭穫菽，以爲卒歲之用也。蓋小明大夫以夏十一月始發徂西，以十二月至于艽野，至明年之九月，尚未得歸，經歷踰年之久，所以憂也。此詩首尾相應，次序甚明，與周正合。若以夏正二月而説，則仲春非歲首，不得以爲除舊而布新。自二月至九月，則二月氣已暖，至九月肅霜而肇寒，亦不得以爲離歷寒暑也。

顧氏棟高曰：張氏此章發明周正之旨，十分精當。若毛傳以方奧爲二月之初，訓爲暖，則二月尚未可云煖。鄭又據爾雅文四月爲除，尤無當。上甫言二月，此忽言四月，且自四月至九月皆煖日，無寒時，又何言載離寒暑乎？孔疏于蟋蟀篇引此「采蕭穫菽」爲歲莫九月之事，明以此爲周正，則此二月爲周二月、夏之十二月信矣。

周頌臣工：嗟嗟保介，維莫之春。亦又何求？如何新畬？於皇來牟，將受厥明。明昭上帝，迄用康年。命我衆人，庤乃錢鎛，奄觀銍艾。箋：周之莫春，于夏爲孟春。諸侯春朝用孟月，故于周之晚春遣之。敕其車右保介以時事，當歸勸農趨時也。疏：知非夏之季春者，以夏之季春非復朝王之月，故知此爲夏之正月也。夏之孟春耕期已逼，故敕其車右以時事，歸即耕田是也。

張氏以寧曰：蔡氏書傳引此以爲辨麥將熟，其爲夏之莫春三月可知。今考之全篇，止曰將受厥明，不曰來牟將熟，將之云者，未至而預期之辭，見于經傳甚多，況其曰「如何新畬」，「命我衆人，庤乃錢鎛」，即七月之詩言「于耜」、「舉趾」，周官遂大夫「正歲簡稼器，修稼政」之事；「嗟嗟保介」，即月令「孟春祈穀，天子載耒耜措之于保介之御間」，皆夏正孟春事也。若待建辰之三月始治新畬，始庤錢鎛，不亦晚

乎？「將受厥明」，乃期之之辭，非即時賦物之比，不可以文害辭也。則此莫春爲夏之正月，信矣。

蕙田案：詩三百篇，或用夏正，或用周正，參差不一。蓋三正通乎民俗，非如史官編年紀事必遵時王之制也。張氏以寧解「六月棲棲」、「四月維夏」諸詩，論語「暮春者，春服既成」，俱以爲周正，支離牽合，反滋後人之惑，今皆不取。

春秋隱公元年：春，王正月。疏：王者革前代，改正朔，夏以建寅之月爲正，殷以建丑之月爲正，三代異制，正朔不同，唯時王所建，故以「王」字冠之，言是今王之正月也。「王」不在「春」上者，月改則春移，春非王所改，故「王」不先「春」。「王」必連月，故「王」處「春」下。周以建子爲正，則周之二月、三月皆是前世之正月也，故于春每月書「王」。王二月者，言是我王之二月，乃殷之正月也。王三月者，言是我王之三月，乃夏之正月也。既有正朔之異，故每月稱「王」以別之也。

月。注：言周以別夏、殷。公羊傳：春者何？歲之始也。左氏傳：元年，春，王周正

正月也。何言乎王正月？大一統也。曷爲先言王而後言正月？王

胡氏安國曰：案左氏曰「王周正月」，周人以建子爲歲首，則冬十有一月是也。前乎周者，以丑爲正，其書始即位曰「惟元祀十有二月」，則知月不易也。後乎周者，以亥爲正，其書始建國曰「元年冬十

月」，則知時不易也。建子非春亦明矣，乃以夏時冠周月，何哉？聖人語顏回以爲邦，則曰「行夏之時」；作春秋以經世，則曰「春王正月」，此見諸行事之驗也。或曰：「非天子，不議禮」，仲尼有聖德，無其位，而改正朔可乎？曰：有是言也。不曰「春秋天子之事乎」？以夏時冠月，垂法後世，以周正紀事，示無其位，不敢自專也，其旨微矣。

朱子語類：問：古者改正朔，如以建子月爲歲首，則謂之正月，抑只謂之十一月？曰：此亦不可考。如詩之月數，即今之月。孟子「七八月之間旱」，乃今之五六月。「十一月徒杠成，十二月輿梁成」，乃今之九、十月。國語「夏令曰：九月除道，十月成梁」，即孟子之十一月十二月。若以爲改月，則與孟子、春秋相合，而與詩、書不相合。若以爲不改月，則與詩、書相合，而與孟子、春秋不相合。如秦元年以十月爲首，末又有正月，又似不改月。

蕙田案：朱子注詩及孟子皆主改月，此條猶屬未定之論。

語類：某親見文定公家説、文定春秋説，夫子以夏時冠月，以周正紀事，謂如公即位，依舊是十一月，只是孔子改正作春正月，某便不敢信，恁地時二百四十二年，夫子只證得「行夏之時」四箇字。據今周禮有正月，有正歲，則周實是元改作春正月。夫子所謂行夏之時，只是爲他不順，欲改從建寅。

蕙田案：此駁胡氏夏時冠周月之説，極精。

朱子文集與張敬夫書：春秋正朔事，比以書考之，凡書月皆不著時，疑古史記事例只如此。至孔子作春秋，然後以天時加王月，以明上奉天時、下正王朔之義，而加春于建子之月，則行夏時之意亦在其中。觀伊川先生、劉質夫之意，似是如此。但「春秋」兩字，乃魯史之舊名，又似有所未通。

蕙田案：史家編年之例，以日繫月，以月繫時，以時繫歲。書月可不書日，未有日而不月者也。書時可不書月，未有月而無時者也。以春秋之文證之，隱公元年春王正月，夏五月，秋七月，冬十有二月，皆時月並書，謂春夏秋冬，孔子所增加，猶可通也。二年春，公會戎于潛；三年秋，武氏子來求賻，皆有時而無月。若元年不書春，至二年始書春，三年始書秋，有是例乎？春秋之名，孔子以前已有之，則「春」字非孔子所加，審矣。尚書係記言之文，與編年者不同，故書月書時書日恒無定例，如泰誓、金縢書時不書月，伊訓、太甲、武成、康誥、召誥、多士、多方、顧命、畢命書月不書時。或以爲古史時月例不兼書，果爾，則泰誓中云「惟戊午」，牧誓云「時甲子昧爽」，洛誥云「戊辰，王在新邑」，及詩小雅「吉日庚午」之類，皆有日無月，豈得云古人日月亦不兼書乎？孔穎達曰：「春秋主書動事，編次

爲文，於日月時年皆具。尚書惟記言語，不爲編次，故不具。」真通儒之論也。朱子因伊川假天時立義之説，故爲此論，而又云「春秋」兩字乃魯史之舊名，則已知其不然矣。

又答吴晦叔書：春秋書正，據伊川説，則只是周正建子之月，但非春而書春，則夫子有行夏時之意，而假天時以立義耳。文定引商書「十有二月」、漢史「冬十月」爲證，以明周不改月，此固然矣。然以孟子考之，則七八月乃建午建未之月，暑雨苗長之時；而十一月十二月乃建戌建亥之月，將寒成梁之候；又似并改月號，此又何耶？或是當時二者並行，唯人所用，但春秋既是國史，則必用時之正，其比商書不同者，蓋後世之彌文，而秦、漢直稱十月者，則其制度之闊略耳。

蕙田案：春秋既是國史，必用時之正，其餘散見于他書者，則三正通用，此不易之論也。殷及秦、漢亦皆改月，胡氏所引證，俱未可信。

又，前書所諭周正之説，終未穩當。孟子所謂七八月，乃今之五六月；所謂十一月十二月，乃今之九月十月，是周人固已改月矣。但天時則不可改，故書云「秋大熟，未穫」。此即止是今時之秋，蓋非酉戌之月，則未有以見夫歲之大熟而未穫。

以此考之，今春秋月數，乃魯史之舊文，而四時之序，則孔子之微意。伊川所謂「假天時以立義者，正謂此也。若謂周人初不改月，則未有明據，故文定只以商、秦二事爲證。以彼之博洽精勤，所取猶止於此，則無他可考必矣。今乃欲以十月隕霜之異證之，恐未足以爲不改月之驗也。蓋隕霜在今之十月，則不足怪，在周之十月，則爲異矣，又何必史書八月，然後爲異哉？況魯史不傳，無以必知其然，不若只以孟子、尚書爲據之明且審也。若尚有疑，則不若且闕之之爲愈，不必强爲之説矣。

蕙田案：此書疑周人改月而不改時，與伊川之説略同。考周時列國之史，皆名春秋。晉語司馬侯對晉悼公曰「羊舌肸習于春秋」，是晉有春秋；楚語申叔時論傅太子之法曰「教之以春秋」，是楚有春秋。既以春秋名其書，必無書月不書時之理。春秋書春無冰，則周以冬爲春之證也。孟子稱秋陽以暴之，則周以夏爲秋之證也。如謂月可改，時不可改，周人初不改時，故魯史亦不書時，而孔子特加，以寓行夏時之意，則必加冬於「王正月」之上，加春於「王三月」之上，然後可也。以建子爲春，既非夏時，以夏時冠周月，又非所以從周。湯潛菴所謂「不

夏不周之間，孔子何以自處」者，其説簡而當矣。金縢所云秋大熟，自據夏正；春秋所書春王正月，自據周正。三正通用，由來已久，不必執書以難春秋也。

又答林擇之書：三代正朔，以「元祀十有二月」考之，則商人但以建丑之月爲歲首，而不改月號。以孟子七八月、十一月、十二月之説考之，則周人以建子之月爲正月，而不改時。以書「一月戊午」、「厥四月哉生明」之類考之，則古史例不書時。以程子假天時以立義之云考之，則是夫子作春秋時，特加此四字以繫年，見行夏時之意。若如胡傳之説，則是周亦未嘗改月，而孔子特以夏正建寅之月爲歲首，月下所書之事，却是周正建子月事，自是之後，月與事常相差兩月。恐聖人制作之意，不如是之紛更煩擾；其所制作，亦不如是之錯亂無章也。愚見如此，而考之劉質夫説，亦云先書春王正月，而後書二百四十二年之事，皆天理也。似亦以「春」字爲夫子所加，但魯史本謂之春秋，則又似元有此字，而杜元凱左傳後序載汲冢竹書乃晉國之史，却以夏正建寅之月爲歲首，則又似胡氏之説可爲據。此間無竹書，煩爲見拙齋扣之。或有此書，借録一兩年示及，幸甚！幸甚！又漢書「元年冬十月」，注家以爲武帝改用夏時之後，史官追正其事，亦未知是否，此亦更煩子細心考也。

蕙田案：此條辨胡氏夏時冠周月之説，極明快。又謂「春秋」二字，魯史元有之，皆不易之論。然猶不能無疑。於竹書晉正建寅之説，顧氏棟高嘗論之曰：汲冢書曲沃莊伯之十一年十一月，爲魯隱之元年正月，其紀年皆用夏正，先儒謂晉封太原，沿唐、虞之故俗，理或有之。然看來成周盛時，原所不禁。不特周也，亦通三代所不禁。豳風稱「一之日」、「二之日」，公劉當夏之時，便已自以子月起數，但不曰「正」而曰「一」，以避時王之尊號。至武王伐商之年，商命未改，猶曰「惟一月壬辰」，不敢遽用「正」字。詩、書所稱，同一揆也。夏、殷時不禁豳周之用子正，周時獨禁晉之用寅正乎？若三代果有此禁，則啓之罪狀有扈氏當云「怠棄夏正」，不當云「怠棄三正」矣。此言可以釋考亭之疑。漢書注稱漢初所書冬十月，皆史官追改，顧炎武據以證秦、漢之亦改月，然朱子亦已見及之。大儒讀書細心，非他人所及也。

趙氏汸周正考：春秋雖修史爲經，猶存其大體，謂始年爲元年，歲首爲春，一月爲正月，加「王」于「正」，皆從史文。傳獨釋「王正月」者，見國史所書，乃時王正朔，月爲周月，則時亦周時。孔氏謂月改則春移，是也。後于僖公五年春，記「正月辛

亥朔，日南至」；昭十七年夏六月，記太史曰「在此月也，日過分而未至，當夏四月，是謂孟夏」；又記梓慎曰「火出，于夏爲三月，于商爲四月，于周爲五月」。皆以周人改時改月。春夏秋冬之序，則循周正。分至啓閉之候，則仍夏時。其經書冬十月雨雪、春正月無冰，及冬十月隕霜殺菽之類，皆爲記災可知矣。汲冢竹書有周月解，亦曰：「夏數得天，百王所同。商以建丑爲正，亦越我周作正，以垂三統。至于敬授民時，巡狩烝享，猶用夏焉。」其言損益之意甚明。經書冬烝春狩夏蒐以此，蓋三正之義備矣。而近代説者，往往不然。夫以左氏去聖人未遠，終春秋二百四十二年以及戰國之際，中國無改物之變，魯未滅亡，傳于當時正朔，豈容有差？漢書志據三統曆，商十二月乙丑朔旦冬至，即書伊訓篇「太甲元年十有二月乙丑朔，伊尹祠于先王」，以冬至越茀行事。其所引書辭有序。又言後九十五歲十二月甲申朔旦冬至，無餘分。春秋曆，周文王四十二年十二月丁丑朔旦冬至，後八歲爲武王伐紂克殷之歲，二月己丑晦大寒，閏月庚寅朔，三月二日庚申驚蟄，周公攝政五年正月丁巳朔旦冬至；禮記孟獻子亦曰正月日至、七月日至，其説皆與傳合。夫冬至在商之十二月，在周之正月，大寒在周之二月，驚蟄在三月，夏至在七月；而太初曆

其在立冬、小雪，則曰于夏爲十月，商爲十一月，周爲十二月。唐人大衍曆追算春秋冬至亦皆在正月。孰謂殷、周不改月乎？陳寵曰：「陽氣始萌，有蘭、射干、芸、荔之應，天以爲正，周以爲春。陽氣上通，雉雊雞乳，地以爲正，殷以爲春。陽氣已至，天地已交，萬物皆正，蟄蟲始振，人以爲正，夏以爲春。」蓋天施于子，地化于丑，人生于寅，三陽雖有微著，三正皆可言春。此亦曆家相承之説，所謂夏數得天，以其最適四時之中爾，孰謂建子非春乎？乃若夫子答顏子爲邦之問，則與作春秋事異。蓋春秋即當代之書，以治當代之臣子，不當易周時以惑民聽，爲邦爲後王立法，故舉四代禮樂而酌其中，夫固各有攸當也。如使周不改時，則何必曰行夏之時？使夫子果欲用夏變周，則亦何以責諸侯之無王，譏桓、文而斥吴、楚哉？而或者猶以爲千古不決之疑，則以詩、書、周禮、論語、孟子所言時月不能皆合故也。夫三正通于民俗久矣。春秋本侯國史記，書王正以表大順，與頒朔告朔爲一體，其所書事，有當繫月者，有當繫時者，與他經不同。詩本歌謡，又多言民事，故或用夏正，以便文通俗。周禮所書正月正歲皆夏正也，諸官制職掌實循二代而損益之，其著時月者，又多民事，與巡狩烝享自夏者同，故仍夏時以存故典，見因革，蓋非赴告

策書定爲一代之制者皆得通言之，則又不可論於春秋矣。若論語言莫春，亦如詩、書言春夏，皆通民俗之恒辭也，不可據以爲周不改時。孟子言七八月之間旱，十一月徒杠成，十二月輿梁成，在左傳後，則周改月猶自若。竹書又記晉曲沃莊伯之十一年十一月，魯隱公之元年正月也。竹書乃後人用夏正追録舊史，故與春秋不同，然亦未嘗輒以夏正亂春秋之時月也。自啖、趙而後，學者往往習攻左氏，而王周正月爲甚，以其尤害于經，特詳著焉。

蕙田案：趙氏之論頗爲貫串。

熊氏朋來曰：孔子所謂行夏之時，見于答顏淵問爲邦者，然也。至于因魯史作春秋，乃當時諸侯奉時王正朔以爲國史，所書之月爲周正，所書之時亦周正，經傳日月自可互證，而儒者猶欲執夏時之說以棄之，譬如孔子言車，豈必止言殷輅哉！小戴記孟獻子之言曰：「正月日至，可以有事于上帝；七月日至，可以有事于祖。」此言冬至在周正之春正月，而夏至在周正之秋七月。明堂位所言孟春即建子月，所言季夏六月即建巳月。禮記尚然，況春秋乎！證于左傳可見矣。若拘夏時周正之說，則正月二月須書冬，而三月乃可書春爾。且如桓四年春正月狩于郎，周人用

仲冬狩田，此以春正月書之，即建子之月書春也。哀十四年春西狩，亦以周正之春行仲冬之狩。桓十四年春正月無冰，若夏正，春正月則解凍矣。惟建子之月無冰，故紀異而書。成元年春二月無冰，襄二十八年春無冰，皆可爲證。定元年冬十月隕霜殺菽，此夏正秋八月而書冬也。若建亥之月，則隕霜不爲異，而亦無菽矣。大抵周人雖以夏時並行，豳詩、周禮則然，唯春秋魯史專主周正，陽生于子，即爲春；陰生于午，即爲秋。學者惑夏時之説，謂至朔同日，僅見于傳而經無有也，不思經傳所書月日參考相同。僅以僖五年經傳言之，正月辛亥至朔月日，左氏欲以見分至之例，故書春王正月辛亥朔日南至。自正月以後，日月可證者，經書九月戊申朔，日有食之，傳書八月甲午，晉侯圍上陽；又書冬十二月丙子朔，晉滅虢。以六十甲子數之，自隔年十二月戊申晉有申生之事，越三日即正月辛亥朔，魯聞晉難，必在正月，故經以春書也。是年歲在丙寅，正月辛亥朔大，二月辛巳朔大，三月辛亥朔小，四月庚辰朔大，五月庚戌朔小，六月己卯朔大，七月己酉朔小，八月戊寅朔大，九月戊申朔小，十月丁丑朔大，十一月丁未朔小，十二月丙子朔大，閏十二月丙午朔小。以八月戊寅朔至甲午晉圍上陽，八月十七日也。由八月甲午數至九月

朔，正得戊申；由九月戊申朔至十二月朔，除兩小月，該八十八日，故以十二月朔得丙子；其言丙子旦日在尾，以冬十二月而日在尾，此時尾度多在卯，且後逼閏月，宜其尚以建戌中氣而合朔于卯之尾宿。所謂九月十月之交者，以夏正言之。所謂冬十二月者，以周正書之。以經傳日月參考，可無疑矣。或謂昭二十年己卯，傳亦書春王二月己丑朔日南至，自僖五年至朔同日爲始，數至此年得第七。章本注以爲失閏。案本年十一月乙酉朔，故經于此月有辛卯，乃初七日也。閏當在隔年十二月，而在是年八月，則正月至七月，皆以失閏而差一月。二十一年庚辰，經書秋七月壬午朔，日有食之。自二月己丑朔，數至次年七月壬午，中間爲己丑者，退小盡八箇月。自壬午去己丑，恰退八口，經傳正是相同。觀僖五年左氏南至之書，即孟獻子所謂正月日至也。觀昭二十一年梓慎日食以對孟獻子，所謂七月日至也。冬日至而傳稱春正月，夏日至而經書秋七月，則春秋所書時月，皆用周正明甚。

王氏守仁春王正月說：春秋書元年春王正月，蓋仲尼作經始筆也。說者或以爲周雖建子而不改月，或以爲周改月不改時，其最有據。爲世所宗者，則以夫子嘗欲行夏之時。此以夏時冠周月，益見諸行事之實也。紛紛之論，遂使聖人明白簡

實之訓，反爲千古不決之疑。夫子嘗曰「吾從周」，又曰「非天子不議禮，不制度，生乎今之世，反古之道，災及其身者」，仲尼有聖德，無其位，而改周之正朔，是議禮制度自己出矣，其得爲從周乎？夫子患天下之諸侯强，皆不復知有天王也，于是乎作春秋，以誅僭亂，尊周室，正一王之大法而已。乃首改周之正朔，其何以服亂臣賊子之心？春秋之法，變舊章者必誅，若宣公之税畝；紊王制者必誅，若鄭莊之歸祊；無王命者必誅，若莒人之入向。是三者之有罪，固猶未至于變易天王正朔之甚。使魯宣、鄭莊之徒，舉是以詰夫子，則將何辭以對？豈春秋忠恕，先自治而後治人之意乎！今必泥于「行夏之時」一言而曲爲之説，以爲是固見諸行事之驗；又引孟子「春秋，天子之事，罪我者其唯春秋」之言而證之。夫謂春秋爲天子之事者，謂其時天王之法不行于天下，而夫子作是以明之耳。其賞人之功，罪人之罪，誅人之惡，與人之善，蓋亦據事直書，而褒貶自見，若士師之斷獄，辭具而獄成。然夫子猶自嫌于侵史之職，明天子之權，而謂天下後世且將以是而罪我，固未嘗取無罪之人，而論斷之曰「吾以明法于天下，取時王之制而更易之」；曰「吾以垂訓于後人，法未及明，訓未及垂，而已自陷于殺人，比于亂逆之黨」矣。或曰：子謂周之改月與時

也，何據？曰：吾據春秋之文也。夫周不改月與時也，則春秋必不書曰春王正月，春秋而書曰春王正月，則其改月與時也何疑？況禮記稱正月七月日至，而前漢志武王伐紂之歲，周正月，辛卯朔，合辰在斗前一度；戊午師度孟津，明日己未冬至；考之泰誓十有三年春、武成一月壬辰之説，皆足以相爲發明。證周之改月與時，而子意直據夫子春秋之筆，有不必更援是以爲證者。今舍夫子明白無疑之直筆，而必欲旁引曲據，證之于穿鑿可疑之地，是惑之甚也。曰：如子之言，則冬可以爲春乎？曰：何爲而不可！陽生于子而極于巳午，陰生于午而極于亥子。陽生而春始盡于寅，而猶夏之春也。陰生而秋始盡于申，而猶夏之秋也。自一陽之復以極于六陽之乾，而爲春夏；自一陰之姤以極于六陰之坤，而爲秋冬。此文王之所演，而周公之所繫，武王、周公其論之審矣。若夫仲尼夏時之論，則以其關于人事者，比之建子爲尤切，而非謂其爲不可也。啓之征有扈曰「怠棄三正」，則三正之用在夏而已，然非始于周矣。曰：夏時冠周月，此安定之論，而程子亦嘗云爾，曾謂程子之賢而不及是哉？曰：非謂其知之不及也。程子蓋泥于論語行夏之時，亦推求聖言之過耳。夫論語者，夫子議道之書；而春秋者，魯國記事之史。議道自夫子，則不

可以不盡；紀事在魯國，則不可以不實，道並行而不相悖者也。且令周雖建子而不改時與月，則固夏時矣，而夫子又何以行夏之時云乎？程子之云，蓋亦推求聖言之過耳，庸何傷？夫子書曰君子不以人廢言，使程子而猶在也，其殆不廢予言矣。

蕙田案：此據筆削大義立言，極正大。

顧氏炎武日知録：春秋時月並書，于古未之見。考之尚書，如泰誓十有三年春大會于孟津，金縢秋大熟未穫，言時則不言月；伊訓惟元祀十有二月乙丑，太甲中惟三祀十有二月朔，武成惟一月壬辰，康誥惟三月哉生魄，召誥惟三月丙午朏，多士惟三月，多方惟五月丁亥，顧命惟四月哉生魄，畢命惟十有二年六月庚午朏，言月不言時。朱文公答林擇之亦有古文例不書時之説。其他鍾鼎古文多如此。春秋獨並舉時月者，以其爲編年之史，有時有月有日多是義例所存，不容于缺一也。或疑夫子特筆，是不然。舊史既以春秋爲名，自當書時，且如隱公二年春公會戎于潛，不容二年書春，元年乃不書春，是知謂以時冠月出于夫子者，非也。建子之月而書春，此周人謂之春矣。後漢書陳寵傳曰：「天正建子，周以爲春。」元熊朋來五經説曰：「陽生于子，即爲春。陰生于午，即爲秋。」此之謂天統。未爲天子，則雖建子，而不敢謂之正，武成惟一月壬

辰是也。已爲天子，則謂之正，而復加王，以別于夏、殷，春秋王正月是也。左氏傳曰元年春王周正月，以一字盡之矣。

湯氏斌春王正月辨：聖人之書，明白簡易，而後儒推求過甚，遂成不決之疑者，如春王正月之類是也。注春秋者不下數十家，置春王正月四字不論者固有之。其以周改月兼改時者，則漢孔安國、鄭康成至明趙子常、王陽明、賀景瞻也。以周改月不改時者，則宋程伊川、胡康侯至明劉文成也。以周不改時兼不改月者，則宋蔡仲默、魏華父至明章本清也。諸家引經據傳，自以爲確不可易，而予則直以春秋本文斷之而已矣。春秋桓公八年冬十月雨雪，十月者，以周正爲建酉月，故雨雪爲非時。若夏之十月建亥，雨雪亦常耳，何足書？成公元年二月無冰，此建丑月也。若建卯月無冰，又何異焉？莊公七年秋大水，無麥苗，如周不改月不改時，麥苗何得至秋？定公元年冬十月隕霜殺菽，若夏之十月，菽已穫矣，隕霜亦非失時。如此之類甚多，更有可證者。僖公五年左氏傳曰：「春王正月辛亥朔，日南至。」日南至者，子月也。此又改月改時之的據也。夫子特書曰王正月，而左傳亦釋曰王周正月者，蓋明其爲周天子之正月，非夏之正月、殷之正月也。而又于二月三月亦繫之

王，見丑月爲周之二月，寅月爲周之三月，非同于殷正、同于夏正也。過此前代無以之爲正者，則亦不必書王以别之矣。胡氏泥于冬之不可以爲春也，故有夏時冠周月之説，以爲孔子告顔淵以行夏之時，此爲見于行事之驗，則又謬甚。如胡氏之説，周改月不改時，是雖以子月爲歲首，而四時之序猶夫夏也。以冬爲春，乃自孔子始，以夏時冠周月，非所以尊周，以仲冬爲孟春，豈可謂行夏之時乎？不夏不周之間，孔子何以自處焉？夫行夏時者，師友平日論道之言，所謂損益百王、垂訓萬世者也。春秋者，聖人尊周室、明王制之書也。王制固未有大于正朔者，孔子爲當時諸侯强横，大夫陪臣僭亂，而作春秋，乃首改周天子之正朔也，恐聖人亦有所不敢矣。或曰：孟子不云乎，「春秋，天子之事也」，庸何傷？曰：所謂天子之事者，謂賞功討罪，以明天子之法，使諸侯不敢悖天子，大夫不敢悖諸侯耳，非必變易四時之序，改本朝正朔，而後爲天子之事也。胡氏以此爲垂法後世，吾恐法未可垂，而先犯爲下不倍之戒矣。且此亦空言耳，烏在其爲見諸行事之驗乎？故周不改月，則孔子必不敢以十一月爲正月；以十一月爲正月，則周之必改月可知也。周不改時，則孔子必不敢以周正月爲春；以周正月爲春，則周之必改時可知也。左氏、公

羊、穀梁皆周人也，于此獨不加論焉，亦以爲不必論也。使當時以正月爲冬，而孔子獨書曰春，三子能已于言哉？

蕙田案：此以春秋本文證據最的確。

又案：春王正月，當以改時改月之説爲正。左傳曰「春王周正月」，杜注：「周正建子，正月，子月也。」是明以周爲改月矣。公羊傳曰：「春者何？歲之始也。」何休注：「春者，天地開闢之端，養生之首。」是明以周爲改時矣。左氏言周正月而屬于春，公羊言春而曰歲之始，其義互見。合諸家之説參之，可以祛胡氏之障矣。

又案：史伯璿、陳定宇、張敷言、陳廷敬、蔡德晉諸家著論以證改時改月之説者甚衆，其文繁多，所徵引經傳大略相同，不能悉載。至如魏了翁之正朔考、家鉉翁之原夏正、周洪謨之周正辨、吕坤、徐芳之春王正月論，則又承胡、蔡之謬，强爲駁辨，殊足以疑誤學者，概置不録。

春秋隱公三年左氏傳：四月，鄭祭足帥師取温之麥。秋，又取成周之禾。注：四月，今二月也。秋，今之夏也。麥禾皆未熟，言取者蓋芟踐之。　疏：以此傳之下有「八月，宋公和卒」，

則知此是七月，故爲今之夏，謂今之五月也。

隱公九年：三月，癸酉，大雨震電。庚辰，大雨雪。

漢書五行志：劉向以爲周三月，夏正月也。雷電未可以發。既以發，則雪不當復降，皆失節，故謂之異。

汪氏克寬曰：或謂春秋用夏正月，故建辰之月雨雪爲異。然苟實建辰之月，則震電不必書矣。

桓公四年：春，正月，公狩于郎。左氏傳：書時，禮也。注：冬獵曰狩。周之春，夏之冬也。田狩皆夏時也。

公羊傳：冬曰狩。常事不書，此何以書？譏遠也。

張氏以寧曰：周春正月，夏十一月也。冬曰狩。不以不時書，以譏遠書也。

五年：秋，大雩。左氏傳：書，不時也。

張氏以寧曰：春秋凡書秋者，周九月，夏七月也。七月雩，故云不時。

六年：秋，八月壬午，大閲〔一〕。

〔一〕「六年秋」至「大閲」，原重，據味經窩本、乾隆本、光緒本删。

張氏以寧曰：周八月，夏六月也，故曰不時。

八年：春，正月，己卯，烝。注：左傳閉蟄而烝，閉蟄係建亥之月，此正月，是夏之仲冬月，何爲不得烝？非以不時書，爲下文「五月復烝」見瀆書也。

張氏以寧曰：周正月，夏十一月也，故不以不時書。

夏，五月丁丑，烝。穀梁傳：烝，冬事也。春夏興之，黷祀也。

張氏以寧曰：周五月，夏之春三月也。穀梁皆主夏時，此誤也。

冬，十月，雨雪。注：今八月也。書，失時。公羊傳：記異也。注：今八月未當雨雪，此陰氣太盛，兵象也。

張氏以寧曰：案漢書五行志，劉向曰：「周冬，夏秋。周十月，今八月也。」

十四年：春，正月，無冰。公羊傳：記異也。注：周之正月，夏之十一月，法當堅冰。無冰，温也。

秋，八月，御廩災。乙亥，嘗。

胡傳：春秋用周月，以八月嘗，不時也。

張氏以寧曰：周八月，夏六月也，故曰不時。

莊公七年：秋，大水，無麥、苗。注：周之秋，今五月。平地出水，漂殺熟麥及五稼之苗。疏：直言無麥、苗，似是麥之苗，而知麥、苗别者，蓋此秋是今之五月，麥已熟矣，不得方云麥、苗，故知熟麥及五稼之苗皆爲水漂殺也。

十七年：冬，多麋。注：麋多則害五稼，故以災書。

張氏以寧曰：周之冬，夏之秋也，故麋多則稼害。

十八年：秋，有蜮。

張氏以寧曰：漢五行志以爲蜮盛暑所生，非自越來。案盛暑爲夏之六月，周八月也。六月而生，七月見，異而書。

二十五年：六月辛未朔，日有食之。鼓，用牲于社。左氏傳：非常也。惟正月之朔，慝未作，日有食之，于是乎用幣于社，伐鼓于廟。注：正月，夏之四月，周之六月，謂正陽之月。今書六月而傳云「唯」者，明此月非正陽月也。辛未實七月朔，因置閏失所，誤以七月爲六月，故左曰「非常」，謂非常鼓之月也。

二十八年：冬，大無麥禾。注：書于冬者，五穀畢入，計食不足而後書。

張氏以寧曰：冬，周十月也。豳風「十月納禾稼」，故曰「五穀畢入，計食不足」。

湛氏若水曰：周之冬，乃夏之八、九、十月也。至收成之時，而後知麥禾皆無，故曰「大無」也。

三十一年：冬，不雨。

張氏洽曰：莊公無閔雨之志，獨酉、戌、亥之月不雨，故不得歷時而言也。

僖公三年：春，王正月，不雨。夏，四月，不雨。穀梁傳：一時言不雨者，閔雨也，有志乎民者也。

趙氏鵬飛曰：正月，今之十一月。四月，今之二月。此時不雨，無害于農，而必書者，又見僖公之念雨也。

三年：六月，雨。

高氏閌曰：周六月，夏四月。建巳之月，萬物始盛，待雨而大。古者以是月雩而祈雨，則六月之雨，尤爲可喜。

僖公五年左氏傳：春，王正月，辛亥朔，日南至。注：周正月，今之十一月。月之一日，冬至也。

張氏以寧曰：周之春，夏之冬也。至日在夏十一月。書日南至，不書冬至者，

周十一月非冬也。

晉侯圍上陽。卜偃曰：「克之。」公曰：「何時？」對曰：「其九月、十月之交乎？丙子旦，日在尾，月在策，鶉火中，必此時也。」冬，十二月丙子朔，晉滅虢。注：以星驗推之，知九月、十月之交，謂夏九月、十月也。周十二月，夏之十月。

顧氏棟高曰：卜偃對君之言，乃是夏正。先儒謂晉行夏時，此其證也。

十年：冬，大雨雪。

張氏以寧曰：周十月也。孟冬水始冰，地始凍。書大雨雪，寒甚過度也。

黄氏仲炎曰：雨雪常也，惟大而爲害，故書。獨桓八年冬十月雨雪不言大者，周之十月，今之八月，非雨雪之時，故以異書也。

湛氏若水曰：周之冬酉、戌、亥月，夏之八、九、十月也。是時陰結而未凝，故以爲異。

三十三年：十二月，隕霜不殺草，李梅實。公羊傳：書不時也。注：周之十二月，夏十月也。

張氏以寧曰：漢書五行志劉向曰：「周十二月，今十月。君誅不行，舒緩

之應。」

黄氏仲炎曰：經書隕霜二：一曰隕霜不殺草，一曰隕霜殺菽。蓋周之十二月，夏十月也，霜當殺草而不殺草，異也。周之十月，夏八月也，未當隕霜而殺菽，亦異也。

文公二年：自十有二月不雨，至于秋七月。注：周七月，今五月也，不雨是爲災。

宣公十五年：秋，螽。冬，蝝生。

孫氏覺曰：蝝者，螽之子。春秋之秋，夏時之夏也。春秋之冬，夏時之秋也。螽爲災于夏，而蝝生于秋，一歲而再見，故謹志之。左氏、公羊皆曰幸之，以蝝生于冬，物皆已收，而不爲災。案秋乃五穀大成之時，安得曰不爲災乎？且生而不爲災，亦無用書矣。

成公元年：春，二月，無冰。注：周二月，今之十二月也，而無冰，書冬温。疏：襄二十八年「春無冰」，則是竟春無冰，此亦應終一春無冰，而書在二月下者，以盛寒之月書之也。今之十二月，寒最甚，此月無冰，是終無冰矣。

七年：冬，大雩。

劉氏敞曰：穀梁曰冬無爲雩也，非也。周之十月，今之八月，若久不雨，可得不

雩乎？

十年左氏傳：六月丙午，晉侯欲麥，使甸人獻麥。注：周六月，夏四月，麥始熟。

十六年：春，王正月，雨水冰。注：記寒過節。疏：正月是今之仲冬。十一月時猶有雨，未是盛寒，雨下即著樹爲冰。記寒甚之過其節度。

十七年：九月辛丑，用郊。公羊傳：用者，不宜用也。正月，非所用郊也。注：周之九月，夏之七月，非郊時，故加用之。

吴氏澂曰：九月乃夏時孟秋建申之月，豈郊之時乎？不卜日，不卜牲，而强用其禮，故曰用非時之甚也。

襄公二十七年：冬，十有二月乙亥朔，日有食之。左氏傳〔一〕：十一月乙亥朔，日有食之。辰在申，司曆過也，再失閏矣。注：周十一月，夏九月，斗當建戌而在申，故知再失閏也。疏：經言十二月而傳言十一月，今杜以長曆推之，知乙亥是十一月朔，非十二月也。若是十二月，當爲辰在亥，以申爲亥，則是三失閏，不止再失矣。

〔一〕「左氏傳」，原作「公羊傳」，據光緒本、春秋左傳正義卷三八改。

二十八年：春，無冰。注：前年知其再失閏，頓置兩閏以應天正，故此年正月仍復建子，得以無冰，爲災而書。

張氏以寧曰：周之春，夏之冬也。杜氏明以建子爲春矣，不書正月，疑脱文。

湛氏若水曰：周之春，子、丑、寅月也。子、丑之月氣方寒，正鑿冰之時，故以無冰見異。

昭公十七年：夏，六月甲戌朔，日有食之。左氏傳：祝史請所用幣。平子禦之，曰：「唯正月朔，慝未作，日有食之，於是乎有伐鼓用幣，禮也。其餘則否。」太史曰：「在此月也。日過分而未至，三辰有災，於是乎百官降物，君不舉，辟移時，樂奏鼓，祝用幣，史用辭。故夏書曰：『辰不集于房，瞽奏鼓，嗇夫馳，庶人走。』此月朔之謂也。當夏四月，是謂孟夏。」注：正月，謂建巳正陽之月。于周爲六月，于夏爲四月。平子以爲六月非正月，故太史答言在此月也。言此六月當春分夏至之中，爲夏家之四月，是謂孟夏之月。

二十年左氏傳：春，王二月，己丑，日南至。注：是歲朔旦，冬至之歲也。當言正月己丑

朔，日南至。時史失閏，閏更在二月後，傳特具于此，以正曆矣[一]。

顧氏棟高曰：案周若不改時月，豈有春正月冬至之理乎？合之僖五年春秋之用周正，益信。

二十四年：夏，五月乙未朔，日有食之。左氏傳：梓慎曰：「將水。」昭子曰：「旱也。日過分，注：五月建辰，故曰已過春分之節。而陽猶不克，克必甚，能無旱乎？」

顧氏棟高曰：案經書夏五月，而傳云日過分，僅過春分之節，則周之五月爲夏之春三月，亦周正也。

定公元年：冬，十月，隕霜，殺菽。公羊傳：記異也。注：周十月，夏八月，微霜用事，未可殺也。

哀公十二年：冬，十有二月，螽。左氏傳：火伏而後蟄者畢。今火猶西流，司曆過也。注：周十二月，今十月，是歲失不置閏，雖書十二月，實今之九月。火伏在今十月，九月初尚温，故有螽。

[一]「矣」上，諸本衍「之」字，據春秋左傳正義卷四九删。

張氏以寧曰：漢五行志劉歆曰：「周十二月，夏十月，火星既伏，蟄蟲皆畢，天之見異也。」

十四年：春，西狩獲麟。注：冬獵曰狩。疏：釋天云：「冬獵曰狩。」周之春，夏之冬，故稱狩也。

張氏叙春秋正朔辨：古者三正迭用，建寅、建丑、建子，皆一代之正朔也。既爲正朔，則各以子月、丑月、寅月爲正月矣。正者十二月之始，而春者四時之始，月改則春移，陽生子月即爲春，陰生午月即爲秋。周之正朔在十一月，一陽已復，原可爲春，譬之夜半子初，當爲明日之始，無可疑也。而説春秋者，因夫子行夏時之語，而引商書「元祀十有二月」爲不改月，漢書「元年冬十月」爲不改時，顧以左氏有「王周正月」之文，則周但改月而時不改。夫既不改時矣，是舊史本據夏時而書冬正月，夫子反易爲春以亂之，千載而下，且不知周之正朔爲何月何時，又何自知以夏時冠周月，使人欽其善而行之乎？案經襄公二十八年春書無冰，若夏時之春，則無冰不爲異也。僖公十年冬書大雨雪，若夏時之冬，則大雨雪亦非異也。左傳昭十七年夏六月，太史曰：「日過分而未至，當夏四月，是爲孟夏。」梓慎曰：「火出，于夏爲三月，于商爲四月，于周爲五月。」是則周之正朔改月並改其時之明驗，不待呂氏、熊氏、李氏廣引他經書傳證之而已了然也。雖然，正者，王之正，則春亦王之春，若但記周之正朔，何不曰王春正月乎？而乃冠王於月，特升春於王，則先儒所謂行夏時者，亦非無因矣。蓋王者，王之事也。春者，天

之時也。系之王者，王不可得而改；不系之王者，王不可得而改，故先書春而後書王正月，明此之爲春，以其爲王之正月耳。三正迭用，惟夏得天，則行夏時之意實于是寓焉。此之謂化工之筆。徒以爲記周之正朔，則亦考之不詳矣。周禮又有正月正歲之異，則何也？正月即王之正月，正歲則夏正之歲耳。凌人「正歲十有二月令斬冰」，如周正之歲，則十二月未可斬冰矣。夏時遵行已久，故詩、書亦兼用夏時，惟春秋及周禮爲一王之法，則純用周正，故别之爲正歲。謂之正歲，則夏時之正亦可見矣。若春秋而竟以夏時冠周月，則是孔子本欲正諸侯之僭竊者，而反敢先自變亂周之正朔也歟？

禮記明堂位：魯君孟春乘大輅，建弧韣，祀帝于郊。季夏六月，以禘禮祀周公于太廟。注：孟春，建子之月。魯之始郊日以至。季夏，建巳之月。

張氏以寧曰：建子是十一月，而謂之孟春；建巳是四月，而謂之季夏六月，則春秋建子之爲春，明矣。

雜記：孟獻子曰：「正月日至，可以有事于上帝。七月日至，可以有事于祖。」七月而禘，獻子爲之也。注：周正月，建子之月。七月日至，夏至日也。獻子欲以兩至相對，建子冬至既祭上帝，則建午夏至亦可禘祖，非也。魯之祭祀宗廟，亦猶用夏家之法，大祭宜用首時，應禘于孟月，于夏是四月，于周爲六月，傳記禮之所由失。

張氏以寧曰：建子之月冬至，而曰正月日至，不曰冬至，以周十一月不爲冬也。

建午之月夏至，而曰七月日至，不曰夏至，以周五月不爲夏也。然則春秋建子之月不以爲冬而以爲春，亦明矣。

顧氏棟高曰：此篇言七月而禘，獻子爲之，爲禮之所由失。則禘宜在季夏六月，明矣。周之六月，夏之孟夏四月也。祭宗廟宜在首時，禘應于孟月，所謂「祭享猶自夏焉」，二篇相爲表裏，而此篇之言，證周改時改月，尤明白。

論語：莫春者，春服既成，冠者五六人，童子六七人，浴乎沂，風乎舞雩，詠而歸。注：包曰：莫春者，季春三月也。

孟子：七八月之間旱。注：周七、八月，夏之五、六月也。

秋陽以暴之。注：秋陽，周之秋，夏之五六月，盛陽也。

歲十一月，徒杠成。十二月，輿梁成。注：周十一月，夏九月。周十二月，夏十月也。

朱子曰：夏令曰十月成梁，蓋農功已畢，可用民力，又時將寒沍。

七八月之間雨集。注：周七、八月，夏五、六月也。

公都子曰：「冬日則飲湯，夏日則飲水。」

顧氏棟高曰：此冬日夏日當指夏正言。若周之夏日是夏之二、三、四月，豈宜

飲水乎？

右周正朔

秦正朔

史記秦始皇本紀：秦初并天下，改年始，朝賀皆自十月朔。

蕙田案：趙氏汸、萬氏斯大以殷、周曰改正朔，則以所改之月爲正月，秦改年始，則仍以夏時紀月，而以十月爲年始，是改年始與改正朔有别也。此由不知史遷作本紀在太初正曆以後，以夏時追改其月名，非秦史所紀如此，故妄生分别耳。

右秦正朔

漢改正朔

封禪書：高祖初起，禱豐枌榆社，徇沛，爲沛公，祠蚩尤，釁鼓旗。遂以十月至灞上，與諸侯平咸陽，立爲漢王。因以十月爲年首。

漢書高帝本紀：元年冬十月，五星聚于東井。沛公至霸上。春正月，羽陽尊懷王

爲義帝。

顔氏師古曰：凡此諸月號，皆太初正曆之後，紀事者追改之，非當時本稱也。以十月爲歲首，即謂十月爲正月。今此真正月，當時謂之四月耳。他皆類此。

天文志：漢元年冬十月，五星聚于東井。以曆推之，從歲星也。

劉氏攽曰：案曆，太白辰星去日率不能一兩次耳。今十月而從歲星于東井，非也。然則五星以秦之十月聚東井耳。秦之十月，今七月，日當在鶉尾，故太白辰星得從歲星也。

叔孫通傳：漢七年，長樂宫成，諸侯群臣朝十月。

顔氏師古曰：漢時尚以十月爲正月，故行朝歲之禮，史家追書十月。

武帝本紀：太初元年夏五月，正曆，以正月爲歲首。色上黄，數用五。

顔氏師古曰：謂以建寅之月爲正也。未正曆之前謂建亥之月爲正。今此言以正月爲歲首者，史追正其月名。

丹鉛總録：文選、古詩十九首非一人之作，亦非一時也。其曰「玉衡指孟冬」，而上云「促織」，下云「秋蟬」，蓋漢之孟冬，非夏之孟冬矣。漢襲秦制，以十月爲歲

首，漢之孟冬，夏之七月也。其曰「孟冬寒氣至，北風何慘慄」，則漢武帝已改秦朔用夏以後時也。三代改朔不改月，古人辨證博引經傳多矣，獨未引此耳。又唐儲光羲詩「夏王紀冬令，殷人乃正月」，此亦一證。

右漢改正朔

魏改正朔

魏志辛毗傳：文帝踐祚，毗遷侍中，賜爵關內侯。時議改正朔，毗以魏氏遵舜、禹之統，應天順民，至于湯、武，以戰伐定天下，乃改正朔。孔子曰「行夏之時」，左氏傳曰「夏數爲得天正」，何必期于相反？帝善而從之。

宋書禮志：魏文帝雖受禪于漢，而以夏數爲得天，故黃初元年詔曰：「孔子稱：『行夏之時，乘殷之輅，服周之冕，樂則韶舞。』此聖人集群代之美事，爲後王制法也〔一〕。傳曰：『夏數爲得天。』朕承唐、虞之美，至于正朔，當依虞、夏故事。若殊徽號，異器械，

〔一〕「制法」，諸本誤倒，據宋書禮志一乙正。

制禮樂，易服色，用牲幣，自當隨土德之數。每四時之季月，服黄十八日，臘以丑，牲用白，其餙節旄，自當赤，但節幡黄耳。其餘郊祀天地朝會四時之服，宜如漢制。宗廟所服，一如周禮。」尚書令桓階等奏：「據三正周復之義，國家承漢氏人正之後，當受之以地正，犧牲宜用白，今從漢十三月正，則犧牲不得獨改。今新建皇統，宜稽古典先代，以從天命，而告朔犧牲，一皆不改，非所以明革命之義也。」詔曰：「服色如所奏。其餘宜如虞承唐，但臘日用丑耳，此亦聖人之制也。」

魏志明帝本紀：景初元年春正月壬辰，山茌縣言黄龍見。于是有司奏，以爲魏得地統，宜以建丑之月爲正。三月，定曆改年爲孟夏四月。服色尚黄，犧牲用白，戎事乘黑首白馬，建大赤之旂，朝會建大白之旗。其春夏秋冬孟仲季月雖與正歲不同，至于郊祀、迎氣、礿祀、蒸嘗、巡狩、蒐田、分至啓閉、班宣時令、中氣早晚、敬授民事，皆以正歲斗建爲曆數之序。

齊王本紀：景初三年正月丁亥，即皇帝位。十二月詔曰：「烈祖明皇帝以正月棄背天下，臣子永惟忌日之哀。其復用夏正，雖違先帝通三統之義，斯亦禮制所由變改也。又夏正于數爲得天正，其以建寅之月爲正始元年正月，以建丑月爲後十

二月。」

右魏改正朔

唐改正朔

唐書武后本紀：天授元年正月庚辰，大赦，改元曰載初，以十一月爲正月，十二月爲臘月，來歲正月爲一月。

久視元年十月甲寅，復唐正月，大赦。

舊唐書武后本紀：聖曆三年五月癸丑，改元爲久視。冬十月甲寅，復唐正朔，改一月爲正月，仍以爲歲首，正月依舊爲十一月，大赦天下。

唐書肅宗本紀：上元二年九月壬寅，以十一月爲歲首，月以斗所建辰爲名。

寶應元年建巳月乙丑，復以正月爲歲首，建巳月爲四月。

右唐改正朔

五禮通考卷一百九十九

嘉禮七十二

觀象授時

蕙田案：王者奉若天道，莫先於敬授人時。堯正四仲，舜齊七政，周用五紀，其道一也。因寒暑之發斂，節氣之早晚，而驗草木禽獸之變，辨作訛成易之期，古聖人所以亮天工而熙庶績者，其事特重焉。今采堯典、詩七月、夏小正、月令諸篇，存累代之舊章，備因時之善制，自東漢以下，有讀時令之儀，杜氏通典入之嘉禮，兹亦附見於後云。

時令上

書堯典：敬授人時。傳：敬記天時以授人也。

蔡氏沈曰：人時，謂耕穫之候，凡民事早晚之所關也。

平秩東作。日中星鳥，以殷仲春。厥民析，鳥獸孳尾。傳：歲起于東而始就耕，謂之東作。平均次序東作之事，以務農也。冬寒無事，並入室處。春事既起，丁壯就功。厥，其也。言其民老壯分析。乳化曰孳，交接曰尾。平秩南訛，敬致。日永星火，以正仲夏。厥民因，鳥獸希革。傳：平序南方化育之事，敬行其教，以致其功。因，謂老弱因就在田之丁壯以助農也。夏時鳥獸毛羽希少改易。革，改也。平秩西成。宵中星虛，以殷仲秋。厥民夷，鳥獸毛毨。傳：秋，西方，萬物成。平序其政，助成物。夷，平也。老壯在田與夏平也。毨，理也，毛更生整理。平在朔易。日短星昴，以正仲冬。厥民隩，鳥獸氄毛。傳：易謂歲改易于北方，平均在察其政以順天常。隩，室也。民改歲入此室處，以辟風寒。鳥獸皆生耎毳細毛以自温焉。

朱子曰：「平秩東作」之類，只是如今穀雨、芒種之節候類。

又曰：「析」、「因」、「夷」、「隩」乃是驗之於人以審氣候之寒温，與下句驗之於物以審時物之變遷，語意相似。若謂此句爲定農事之早晚，則下句爲欲定何事耶？

大抵命此四官，皆考天時以作曆之事。曆正則可以授民時，治百官，而農桑田役之務、飲食居處之宜，無不得其序，不必於此遽指一事而言也。

林氏之奇曰：鳥獸孳尾、希革、毛毨、氄毛，蓋萬物之微，感天地至和之氣，而動作應時，故作曆者觀此以候天時之早晚，如禮記月令云「魚上冰」、「獺祭魚」、「倉庚鳴」、「鴻雁來」之類，是堯典之遺法也。

蔡氏沈曰：東作，春月歲功方興，所當作起之事也。蓋以曆之節氣早晚，均次其先後之宜，以授有司也。訛，化也，謂夏月時物長盛，所當變化之事也。西成，秋月物成之時，所當成就之事也。朔易，冬月歲事已畢，除舊更新，所當改易之事也。

尚書大傳：主春者，張昏中，可以種稷。主夏者，火昏中，可以種黍。主秋者，虚昏中，可以種麥。主冬者，昴昏中，可以收斂蓋藏，田獵斷伐。當告于天子，而天子賦之民，故天子南面，而視四方星之中，知民之緩急。急則不賦，籍則不舉力役，故曰「敬授民時」，此之謂也。

夏小正：正月啓蟄。傳：言始發蟄也。

金氏履祥曰：今二月始驚蟄，而漢始以驚蟄爲正月中。月令孟春蟄蟲始振，豈古者陽氣特盛，啓蟄獨早與？國語謂「陽癉憤盈，土氣震發」，則蟄蟲之動固宜。然啓者，始震之謂，非出蟄也。

蔡氏德晉曰：冬時蟄蟲皆塞其户，至春時始開之。

雁北鄉。 傳：先言雁而後言鄉者，何也？見雁而後數其鄉也。鄉者何也？鄉其居也，雁以北方爲居。何以謂之爲居？生且長焉爾。九月遰鴻雁，先言遰而後言鴻雁何也？見遰而後數之則鴻雁也。何不謂南鄉也？曰：非其居也，故不謂南鄉。記鴻雁之遰也，如不記其鄉何也？曰：鴻不必當小正之遰者也。

蔡氏德晉曰：月令：季冬雁北鄉，孟春鴻雁來。此合而記之也。

方氏矩曰：數之猶言詳視之也。

蕙田案： 月令「孟春鴻雁來」，呂氏春秋、淮南子俱作「候雁北」，與小正合。

雉震呴。 傳：震也者，鳴也。呴也者，鼓其翼也。正月必雷，雷不必聞，惟雉爲必聞之。何以謂之雷則雉震呴？相識以雷。

金氏履祥曰：震，振也。呴，鳴也。書曰「越有呴雉」，蓋其音云。

蔡氏德晉曰：震，聲之高也。小寒雉始呴，至此則其聲高矣。

方氏矩曰：「雉震呴」者，言雉于雷始發聲之時而呴也。「呴」、「雊」通。

魚陟負冰。 傳：陟，升也。負冰云者，言解蟄也。

孔氏穎達曰：謂魚從水下升于水上而負冰。

金氏履祥曰：月令「魚上冰」是也。魚冬則氣在腹，故降；春則氣在背，故升。負冰者，春冰薄，

魚既升，背若負之也。

蔡氏德晉曰：魚冬則降而伏于水底，春則升而游于水上。

農緯厥耒。傳：緯，束也。束其耒云爾者，用是見君之亦有耒也。

金氏履祥曰：古者立春，先時命農大夫咸勸農用。注：田器也。

初歲祭耒，始用暢。傳：暢也者，終歲之用祭也。其曰初云爾者，言是月之始用之也。初者，始也，或曰祭韭也。

蕙田案：「其曰初云爾者」句本在「暢也者」之上，作「其用初云爾」。今從朱子本。

傳氏崧卿曰：關本作「暘」。案：暘，不生也。暢訓達，作「暢」者爲是。

金氏履祥曰：祭始爲耒耜之人也。古者先立春，王將耕藉，則鬱人薦鬯，王祼鬯。鬯之言暢也，祭耒而用鬯也。

囿有見韭。傳：囿也者，園之燕者也。

金氏履祥曰：韭，陽菜，春有之。見，露也。

蔡氏德晉曰：囿有籓曰園，有牆曰囿。見，始生也。案豳風「四之日獻羔祭韭」。祭禮，庶人春薦韭，而祀號韭曰「豐本」，則韭爲祀禮所重，故特誌其見也。

時有俊風。傳：俊者，大也。大風，南風也。何大乎南風也？曰：合冰必於南風，解冰必於南風；生必於南風，收必於南風，故大之也。

蔡氏德晉曰：大風謂東風也。東風居八風之首，能轉嚴冬而爲陽春，故以大言之，月令「東風解凍」是也。

寒日滌，凍塗。傳：滌也者，變也，變而煖也。凍塗者，凍下而澤上多也。

金氏履祥曰：日滌凍解而爲塗泥也。

王氏廷相曰：滌，除也，如豳風「十月滌場」之「滌」。冬時雨雪著地皆冰，故塗凍；春時日煖則凍釋，而爲塗泥矣，故及寒日而除之。

蕙田案：「寒日滌」三字爲句，「凍塗」二字爲句。日之寒者變而暄，土之凍者融而釋，二者皆陽和之應也。

田鼠出。傳：田鼠者，嗛鼠也。記時也。

徐氏巨源曰：萬物之理，有盈則耗，有贏則絀，絀伏于未贏之前，而耗兆于爲盈之日，故有木則有蠹，有田則有鼠。孟春伊始，農方相率均田，而田鼠已出焉。先言鼠出而後言均田，以著消息之理，明未兆之謀也。

戴氏震曰：「嗛鼠」，爾雅作「鼸鼠」，郭注：「以頰裏藏食。」

農率均田。傳：率者，循也。均田者，始除田也。言農夫急除田也。

金氏履祥曰：率，相率也。均，月令所謂「皆修封疆，審端徑遂」也。夏后氏一夫受田五十畝，均田所以修其疆畔，分其遂畎，不相侵越，同賴利澤也。

張氏直清曰：仁政之行，在正經界，而經界不能久而不亂，此夏先王所以每歲孟春必令農大夫率農夫以均理其田也。夫然後豪强不能兼并，貪暴不得多取，而民實受恒産之利矣。

獺獸祭魚。傳：其必與之獸，何也？曰：非其類也。祭也者，得多也。善其祭而後食之。十月豺祭獸謂之祭，獺祭魚謂之獸祭，何也？豺祭其類，獺祭非其類，故謂之獸，大之也。

蔡氏德晉曰：農，農大夫也。率，率農夫也。

蕙田案：傳「其必與」，「與」字，朱子曰疑作「謂」；又諸本正文作「獺祭魚」，無「獸」字，其傳文俱作「謂之獻」。或疑「祭魚」當爲「獻魚」之誤。考月令、吕氏春秋、淮南子、汲冢書俱無作「獻魚」者，且祭與獻其義無别，今從傅崧卿本增「獸」字，則經傳上下文義俱可通矣。

鷹則爲鳩。傳：鷹也者，其殺之時也。鳩也者，非其殺之時也。善變而之仁也，故具言之也。曰「則」，盡其辭也。鳩爲鷹，變而爲不仁也，故不盡其辭也。

蔡氏德晉曰：月令仲春鷹化爲鳩，舉其晚者。此正月鷹則爲鳩，舉其早者。謂之「則」者，明變化

之速也。

農及雪澤。 傳：言雪澤之無高下也。

金氏履祥曰：雪澤猶凍解也。及，傳所謂汲汲也，及此凍解便往治也。

王氏廷相曰：積雪之澤未消，則土田膏潤，可及時服農也。

蔡氏德晉曰：雪澤，雪化而爲水也。及此時往治田，不敢緩也。

初服于公田。 傳：古有公田焉者，古言先服公田而後服其田也。

金氏履祥曰：孟子曰：「詩云：雨我公田，遂及我私。」由此觀之，雖周亦助也。夏小正曰：「初服于公田。」由此觀之，雖夏亦助也。

蔡氏德晉曰：夏用貢法而亦有公田者，傳言井田始于黄帝，堯遭洪水，井田制度廢壞，禹時水土初平，不得不行貢法，以阡陌溝洫未盡治也。然苟有可井之處，則固已晝之爲井，但貢處多、助處少耳。

采芸。 傳：爲廟采也。

傳氏崧卿曰：舊注云：「似邪蒿可食。」

蔡氏德晉曰：芸，香草也，生熟皆可食，故吕氏春秋云：「菜之美者，陽華之芸。」十一月芸始生，至此月采之，以薦寢廟也。

鞠則見。 傳：鞠者何也？星名也。鞠則見者，歲再見爾。

金氏履祥曰：案天文書不見鞠星，是時初昏參中，則晨見也危室諸星耳。古「鞠」、「菊」通用，蓋謂菊始苗，故九月云「榮鞠」則菊華也。

蕙田案：以「四月昴則見」、「五月參則見」之例推之，則鞠爲星名無疑。若云「榮鞠」之「鞠」，當云「始生」，不當云「鞠則見」也。

初昏，參中，斗柄縣在下。傳：蓋記時也。言斗柄者，所以著參之中也。

王氏廷相曰：斗魁枕參首，參中則斗柄在下矣。言斗柄在下，所以著參中也。

蕙田案：夏小正所記星象，與堯典多合，説見「論歲差」條，後俱放此。

柳稊。傳：稊也者，發孚也。

王氏廷相曰：稊，芽也。

梅杏杝桃則華。傳：杝桃，山桃也。

傅氏崧卿曰：關本「杝」作「柂」，非是。杝音移，木名也。

緹縞。傳：縞也者，莎隨也。緹也者，其實也。先言緹而後言縞者，何也？緹先見者也。何以謂之？小正以著名也。

金氏履祥曰：爾雅：「薃侯莎，其實緹。」薃即莎。又廣雅：「莎隨，地毛也。」

王氏廷相曰：縞乃香附子之苗也，此時成實。

蕙田案：緹縞，爾雅「緹」作「媞」，「縞」作「鎬」。莎隨，爾雅作「莎蕕」。傳文「緹先見者也」之下有云「何以謂之？小正以著名也」凡十字，殊不可解。朱子儀禮經傳移在夏小正篇名之下，戴氏震考正以爲北宋大戴禮本無之，乃爾雅疏之文，校書者誤編入於此。未知是否，今仍載之以俟考。

雞桴粥。傳：粥也者，相粥之時也。或曰：桴，嫗伏也。粥，養也。

王氏廷相曰：案説文：「孚，卵孚也。從爪從子。」鳥抱卵，恒以爪反覆其卵也。桴粥者，鷄抱卵以粥子也。

蔡氏德晉曰：大寒雞始乳，至此則皆桴粥也。

二月：往耰黍禪。傳：禪，單也。

金氏履祥曰：二月漸煖，耰黍者可單衣也。

蔡氏德晉曰：耰，覆種也。黍有早晚，早者二月可耰，五月可熟；晚者五月而種，七月始熟。禪，衣之無裏者也。

戴氏震曰：耰黍，往耰其種黍之地也。先言耰黍而後言禪，何也？見農之力于田，春燠而先解褐也。

初俊羔，助厥母粥。傳：俊也者，大也。粥也者，養也。言大羔能食草木而不食其母也。羊羔

非其子而後養之，善養而記之也。或曰：夏有煮祭。祭也者，用羔。是時也不足喜樂，喜羔之爲生也而記之，與羊牛腹時也。

蔡氏德晉曰：大羔能食草木而不食母，乳則羔母得自養矣，故曰「助厥母粥」。

綏多女士。傳：綏，安也。冠子取婦之時也。

金氏履祥曰：周禮仲春會男女，即此也。女有家，士有室，所以安之也。

丁亥，萬用入學。傳：丁亥者，吉日也。萬也者，干戚舞也。入學也者，大學也，謂今時大舍采也。

金氏履祥曰：月令所謂「上丁，命樂正習舞釋菜」也。二月不必皆有丁亥，豈以是月釋菜卜日，以干取丁或以支取亥與？

蔡氏德晉曰：六丁以亥爲末，舉丁亥以例其餘。

蕙田案：蔡氏之説較長。古者擇日以干不以支，月令云上丁，固不必拘丁亥日也。

祭鮪。傳：祭不必記，記鮪何也？鮪之至有時，美物也。鮪者，魚之先至者也。而其至有時，謹記其時。

蔡氏德晉曰：周禮漁人所謂「春獻王鮪」者也。月令「季春薦鮪于寢廟」，蓋鮪于仲春、季春皆可

取以祭也。

榮堇。傳：堇，菜也。

金氏履祥曰：郭璞爾雅注云：「堇葵，葉似柳，子如米，汋食之滑。」本草唐本注云：「此菜野生，非人所種，俗謂之堇菜。」榮，華也。

采蘩。傳：蘩，由胡。由胡者，蘩毋也。蘩，方勃也。皆豆實也，故記之。

金氏履祥曰：爾雅「蘩皤蒿」，即白蒿也，或曰蘩，所以生蠶。

王氏廷相曰：蘩，白蒿。春初最先諸草而生，可以爲俎實。

蕙田案：爾雅「蘩，由胡」，郭注云「未詳」，蓋偶不檢小正之文耳。春秋疏引小正「由胡」作「游胡」，「方勃」作「旁勃」。

昆小蟲，抵蚳。傳：昆者，衆也。由魂魂也者，動也，小蟲動也。其先言動而後言蟲者，何也？萬物至是動而始著。抵猶推也。蚳，蟻卵也，爲祭醢也。取之則必推之，推之不必取，取必推而不言取。

金氏履祥曰：案爾雅注疏蟻子在卵者爲蚳，然此云昆及小蟲之微，大抵皆卵粥也。

來降燕，乃睇。傳：燕，乙也。降者，下也。言來者，何也？莫能見其始出也，故曰來降。言乃睇，何也？睇者，眄也。眄者，視可爲室者也。百鳥皆曰巢。突穴取與之室，何也？操泥而就家入人內也。

蔡氏德晉曰：燕高飛而來降，睇視人之堂宇，欲營巢而粥子也，即月令「玄鳥至」也。

剥鱓。 傳：以爲鼓也。

顧氏起經曰：鼉狀如守宮而大，長一二丈，灰五色，背尾皆有鱗甲，其聲如鼓，其肉白如雞，其皮堅厚，宜以冒鼓。詩云：「鼉鼓逢逢。」李斯亦云：「樹靈鼉之鼓。」是周、秦皆以冒鼓也。考工記韗人云「凡冒鼓必以啓蟄之日」，正此時也。

有鳴倉庚。 傳：倉庚者，商庚也。商庚者，長股也。

金氏履祥曰：黄鸝也。

榮芸。

金氏履祥曰：芸至是華也。

時有見稊，始收。 傳：有見稊而後始收，是小正序也。小正之序時也，皆若是也。稊者，所爲豆實。

蔡氏德晉曰：稊者，草木始生之芽可食者，收之以爲豆實。

三月：參則伏。 傳：伏者，非亡之辭也。星無時而不見，我有不見之時，故曰伏云。

攝桑。 傳：桑攝而記之，急桑也。

王氏廷相曰：攝，取也。取桑以飼蠶也。

委楊。傳：楊則苑而後記之〔一〕。

徐氏巨源曰：楊葉茂而下垂，委委然也。

蕙田案：委，傳本作「萎」，言楊之華落於地，或謂之飛絮也。

羵羊。傳：羊有相還之時，其類羵然，記變爾。或曰羵羝也。

王氏廷相曰：羵羊性寒則散處，熱則環聚如圍，此時天將熱，乃環聚，故曰羵羊。

蔡氏德晉曰：羵羊，相環貌。陸農師以爲羊性善群，故于文羊爲群，犬爲獨也。

縠則鳴。傳：縠，天螻也。

金氏履祥曰：爾雅：「縠，天螻。」注云：「螻蛄也。」

蔡氏德晉曰：月令：「孟夏之月螻蟈鳴。」此舉其早者言也。

頒冰。傳：頒冰者，分冰以授大夫也。

金氏履祥曰：月令仲春開冰，而夏用三月。

采識。傳：識，草也。

金氏履祥曰：識，當作「蘵」。爾雅：「蘵，黄蒢。」注：「蘵，草葉似酸漿，花小而白，中心黄，江東以

〔一〕「苑」，諸本作「花」，據大戴禮記匯校集解卷二改。

作菹食。」

妾子始蠶。傳：先妾而後子，何也？曰：事有漸也。言自卑事者始。

皇氏侃曰：妾謂外内命婦，子謂外内子女。

傅氏崧卿曰：當云事自卑者始。

徐氏巨源曰：妾子猶曰婢子，女賤者之通稱。舉賤以包貴也。

執養宫事。傳：執，操也。養，長也。

皇氏侃曰：謂操持長養蠶宫之事。

徐氏巨源曰：三月，后妃親蠶。女之賤者皆執桑養蠶，以從事于宫中也。

祈麥實。傳：麥實者，五穀之先見者，故急祈而記之也。

蔡氏德晉曰：因其將成而祈之，月令季春薦鮪于寢廟，乃爲麥祈實是也。

越有小旱。傳：越，于也。記是時恒有小旱。

金氏履祥曰：所以祈麥實者，恐或有小旱也。

田鼠化爲鴽。傳：鴽，鵪也。變而之善，故盡其辭也。鴽爲鼠，變而爲不善，故不盡其辭也。

拂桐芭。傳：拂也者，拂也，桐芭之時也。或曰：言桐芭始生貌拂拂然也。

蔡氏德晉曰：芭，華也，月令「季春桐始華」是也。

鳴鳩。傳：言始相命也。先鳴而後鳩，何也？鳩者鳴而後知其鳩也。

四月：昴則見，初昏，南門正。傳：南門者，星也。歲再見壹正，蓋大正所取法也。

鳴札。傳：札者，寧縣也。鳴而後知之，故先鳴而後札。

金氏履祥曰：案爾雅，如蟬而小有文者謂之蚻，蟬之小者謂之麥蚻。

顧氏起經曰：仲夏蟬始鳴，孟秋寒蟬鳴，今四月而札先鳴，皆蟬之先也。

蕙田案：爾雅：「蚻，蜻蜻。」郭氏注引小正云：「鳴蚻，虎懸。」與今本異，未知孰是。

囿有見杏。傳：囿者，山之燕者也。

徐氏巨源曰：杏，春華夏實，四月則其實見矣。

鳴蜮。傳：蜮也者，或曰屈造之屬也。

蕙田案：「蜮」與「蟈」古字通用。周禮秋官蟈氏鄭司農注云：「蟈讀爲蜮，蝦蟇也，故云掌去鼃黽。鼃黽，蝦蟇屬也。」月令「孟夏螻蟈鳴」，高誘以螻爲螻蛄，蟈爲蝦蟇，與小正「鳴蜮」合，蔡氏德晉以爲短狐者，非是。

王萯莠。

金氏履祥曰：案吕令注當作「萯秀」，王萯即王瓜。本草陶注云：「即今土瓜也。」舊説作「王瓜」，誤。

蔡氏德晉曰：王萯，草名。唐書渾瑊傳「登黄萯原」，通鑑注「其地多黄萯草，因以名原」是也。

取荼。 傳：荼也者，以爲君薦蔣也。

蔡氏德晉曰：周禮地官有掌荼，掌以時聚荼，以共喪事。鄭康成謂荼，茅莠也。既夕禮茵著用荼。

莠幽。

徐氏巨源曰：「莠」者，「秀」之訛也，象形，再傳而加草。「幽」者，「葽」之訛也，諧聲，再傳而變韻。莠幽，即詩「四月秀葽」是也。

蕙田案：金仁山以「取荼莠」爲句，「幽」爲句，疑非是。

越有大旱。 傳：記時爾。

執陟攻駒。 傳：執也者，始執駒也。執駒也者，離之去母也，執而升之君也。攻駒也者，教之服車數舍之也。

五月：參則見。 傳：參也者，牧星也，故盡其辭也。

蜉蝣有殷。 傳：殷，衆也。蜉蝣殷之時也。蜉蝣者，渠略也，朝生而暮死。稱「有」何也？有

見也。

蔡氏德晉曰：案傳以蜉蝣爲朝生暮死，而淮南子謂蜉蝣不飲不食，三日而死。蓋死之速者即在生之日，其遲者亦不過三日也。

鴂則鳴。傳：鴂者，百鷯也。鳴者，相命也。其不辜之時也，是善之，故盡其辭也。

金氏履祥曰：離騷「恐鵜鴂之先鳴兮，使夫百草爲之不芳」，蓋五月一陰生則鴂鳴，乃百草不芳之候也。

徐氏巨源曰：凡禽皆屬陽，惟鴂與鴞，禽中之陰者也，故鴞望昏而嘯，鴂夏至則鳴。

時有養日。傳：養，長也。一則在本，一則在末，故其記曰時養日云也。

朱子曰：大戴「日」作「白」，以「十月養夜」考之，作「日」近是。

乃衣瓜。傳：乃者，急瓜之辭也。瓜也者，始食瓜也。

王氏廷相曰：案曲禮：「爲天子削瓜者，副之，巾以絺。爲國君，華之，巾以綌。」疏曰：「削，刊也。副，析也。刊其皮而析爲四解，又橫解，而以細葛巾覆之而進也。華，半破也。諸侯禮降，故破而不四析，亦橫斷之，用粗葛巾覆也。」

蔡氏德晉曰：衣瓜，以巾覆瓜也。此時瓜可食，故衣之以進于君也。

蕙田案：朱子本無「衣」字，傅崧卿本有之，又云：一本有「衣也者，始創衣

也」七字。王氏、蔡氏據曲禮證衣瓜之文，其説較通。

良蜩鳴。傳：良蜩也者，五采具。

金氏履祥曰：案爾雅，當作「蜋蜩」。

蔡氏德晉曰：月令「仲夏蜩始鳴」是也。

匽之興，五日翕，望乃伏。傳：其不言生而稱興，何也？不知其生之時，故曰興。以其興也，故言之興五日翕也。望也者，月之望也。而伏云者，不知其死也，故謂之伏。五日也者，十五日也。翕也者，合也。伏也者，入而不見也。

蔡氏德晉曰：匽，疑即伏翼也，二名。蝙蝠形似鼠，夏出冬蟄，畏摯鳥，故日伏夜飛。翕，飛貌。翕以五日，伏以望，未詳。傳言燕辟戊己，蝠伏庚申，殆此類與？

蕙田案：傳以匽爲唐蜩，蓋有所本，郭氏注爾雅亦引用之。蔡氏疑爲伏翼，特以臆測，不如從舊説爲安。

啓灌藍蓼。傳：啓者，别也，陶而疏之也。灌者，聚生者也。記時也。

熊氏安生曰：言開闢此叢生藍蓼，分移使之稀散。

金氏履祥曰：啓灌者，取其汁也。藍，可以染者，五月取以爲澱。蓼，草名，取以爲麴。

蔡氏德晉曰：啓，拔也。藍，染草。蓼，小藍也。藍、蓼初種時皆叢生，既長皆當移栽而疏植之，

方得長茂。

鳩爲鷹。

王氏廷相曰：復化也。

徐氏巨源曰：鷹之爲鳩也，纔四月而復爲鷹，然則一歲中八月爲鷹，四月爲鳩矣。物之性固善時少而不善時多與？

唐蜩鳴。傳：唐蜩鳴者，匽也。

金氏履祥曰：良蜩者，蟬聲清長者也。唐蜩則今嘹也。

初昏，大火中。傳：大火者，心也。

種黍菽糜。傳：心中，種黍菽糜時也。

金氏履祥曰：菽，豆也。糜，赤粱粟也。

王氏廷相曰：今登麥之後，亦種此三者，蓋晚田也。月令此月農乃登黍，蓋仲春往稷之黍。

煮梅。傳：爲豆實也。

金氏履祥曰：書云「若作和羹」，爾雅「鹽梅」，古人飲食用鹽梅，猶今之必用醋也。

顧氏起經曰：古者以梅實薦饋食之籩，周官所謂乾蘛也。又梅實酸，故以爲和。商書所謂鹽梅也。

蓄蘭。 傳：爲沐浴也。

蔡氏德晉曰：蘭，香草也，能辟不祥，故蓄之。楚詞云：「紉秋蘭以爲佩。」是佩用蘭也。又云：「浴蘭湯兮沐芳。」是沐浴用蘭也。荀子云：「天子大路，側載睪芷。」又：「天子代睪而食。」然則蘭之用廣矣。

菽麇。 傳：以在經中矣，又言之時，何也？是食矩關而記之。

蕙田案：矩關，傳本作「短閔」，朱子作「短關」，俱不可通。或謂「矩關」乃「豆粥」二字之誤，此説近之。

頒馬。 傳：分夫婦之駒也。將間諸則，或取離駒納之。則，法也。

王氏廷相曰：周禮校人：「頒良馬而養成之。」

蕙田案：將間諸則，詩所謂「比物四驪，閑之維則」是也。「間」、「閑」二字古多通用。

六月：初昏，斗柄正在上。 傳：五月大火中，六月斗柄正在上，用此見斗柄之不正當心也，蓋當依。依，尾也。

煮桃。 傳：桃也者，杝桃也。杝桃也者，山桃也。煮以爲豆實也。

傅氏崧卿曰：爾雅「椵柂」，郭璞注云：「白椵也。樹似白楊。」而古今字書有柂而無柂，釋云：「木名，亦無有訓山桃者。」爾雅：「褫桃，山桃，音斯。」唐韻亦云：「此書云柂桃也者，山桃也。」「柂」當作「褫」，蓋傳寫之誤。

顧氏起經曰：周官饋食之籩曰：「其實：棗、栗、桃、乾䕩、榛實〔一〕。」家語云：「桃不登郊廟。」祭祀不用，何與？

鷹始摯。傳：始摯而言之，何也？諱殺之辭也，故言摯云〔二〕。

金氏履祥曰：始攫搏也。

徐氏巨源曰：正月鳩三月鳴，五月鷹六月摯，從善難而不仁易也。

七月：莠萑葦。傳：未莠則不爲萑葦，莠然後爲萑葦，故先言莠。

朱子曰：莠讀爲秀。

狸子肇肆。傳：肇，始也。肆，遂也。言其始遂也。或曰：肆，殺也。

金氏履祥曰：案字林：「狸，伏獸。」蓋至此時而始肆也。

〔一〕「實」，諸本作「栗」，據周禮注疏卷五改。

〔二〕「言」，諸本脱，據大戴禮記匯校集解卷二補。

湟潦生苹。傳：湟，下處也。有湟然後有潦，有潦而後有苹草也。

蔡氏德晉曰：穀雨萍始生，至此則湟潦皆生苹也。

爽死。傳：爽也者，猶疏也。

蔡氏德晉曰：周禮太宰職云：「臣妾聚斂疏材。」掌荼職云：「徵野疏材之物，以待邦事。」此時疏材既死，則可收斂矣。

苹秀。傳：苹也者，馬帚也。

蕙田案：苹有三種，爾雅：「萍，蓱。」注云：「水中浮萍。江東謂之薸。」此水生之萍。月令：「萍始生。」夏小正「湟潦生苹」是也。爾雅又云：「苹，馬帚。」注：「似著，可爲掃彗。」即此文苹秀是也。爾雅又云：「苹，藾蕭。」注：「今藾蒿也。初生亦可食。」詩「呦呦鹿鳴，食野之苹」是也。此二種皆陸生，與湟潦所生之苹迥別。金仁山、蔡敬齋俱誤合以爲一，不知水萍無花，不得言秀也。

漢案户。傳：漢也者，河也。案户也者，直户也，言正南北也。

金氏履祥曰：古者户皆南向，則是時初昏，天漢直南也。

寒蟬鳴。傳：蟬也者，蝭蠑也。

金氏履祥曰：案爾雅疏：「寒蜩也，即蜺也。一名寒螿，似蟬而小，青赤色者也。」

初昏，織女正東鄉。

王氏廷相曰：織女三星在斗柄之東，斗柄南指，則織女正東也。

時有霖雨。

王氏廷相曰：淫雨謂之霖。月令「完隄防，謹壅塞，以備水潦」以此。

蔡氏德晉曰：雨三日以上爲霖。

灌荼。傳：灌，聚也。荼，萑葦之莠，爲蔣褚之也。萑未秀爲菼，葦未秀爲蘆。

斗柄縣在下則旦。

八月：剥瓜。傳：蓄瓜之時也。

玄校。傳：玄也者，黑也。校也者，若緑色然。婦人未嫁者衣之。

顧氏起經曰：凡染，當及盛暑熱潤三月，而後可用，則玄校之衣染于六月而用于八月者耳。

剥棗。傳：剥也者，取也。

栗零。傳：零也者，降也。零而後取之，故不言剥也。

蔡氏德晉曰：周禮籩人饋食之籩，其實用棗栗，加籩之實用栗。又儀禮婦人始見舅姑，其贄用棗栗，則棗栗之用廣矣。

丹鳥羞白鳥。傳：丹鳥者，謂丹良也。白鳥者，謂蚊蚋也。其謂之鳥何也？重其養者也。有翼者爲鳥。羞也者，進也，不盡食也。

孔氏穎達曰：皇氏以丹良是螢火。今案爾雅釋蟲郭氏等諸釋皆不云螢火是丹良，未知皇氏何所依據。

蔡氏德晉曰：舊説丹鳥螢火也，丹鳥以白鳥爲珍羞而食之，然螢火未聞食蚊蚋。徐巨源以丹鳥爲蝙蝠，未知是否。

辰則伏。傳：辰也者，謂星也。伏也者，入而不見也。

蕙田案：爾雅釋天云：「大辰，房、心、尾也。」又云：「大火謂之大辰。」尚書大傳云：「若參、辰之錯行。」揚雄法言云：「吾未睹參、辰之相比也。」以大辰爲東方之宿，參爲西方之宿，故常不並見也。夏時八月，日在大火，以日之所在，故伏而不見，徐巨源以水星當之。水星雖亦名辰星，然五緯之見伏無常期，不可以之紀候；而水星之行尤速，一歲中合伏常四五次，亦不得獨于秋令言之，徐説謬矣。

鹿人從。傳：鹿人從者，從群也。鹿之養也離，群而善之。離而生，非所知時也，故記從不記離。君子之居幽也不言。或曰：人從。人從也者，大者于外、小者于内率之也。

金氏履祥曰：鹿人者，古山虞掌獸之官。從，從禽也，謂始從禽也。

顧氏起經曰：鹿人，即迹人之官也。

方氏矩曰：鹿人從者，從王秋獮，以嗇人不從例之，傳説非也。

鴽爲鼠。

王氏廷相曰：復化也。

參中則旦。

九月：内火。 傳：内火也者，大火。大火也者，心也。

金氏履祥曰：古者三月大辰旦見，故出火。八月辰伏，故九月納火。

徐氏巨源曰：周禮季春出火，季秋納火，即此謂也。蓋因于夏。鄭司農謂「以三月本時昏心星見于辰，使民出火；九月本黄昏伏于戌，使民納火，故春秋傳曰以出納火」。心爲大火，火見而出，火伏而納。

遰鴻雁。 傳：遰，往也。

傳氏崧卿曰：案唐韻：「迨遰，去也，避也。」

徐氏巨源曰：迢遠而來、迤邐而飛之謂遰。道遠而翔，徐狀其群而成列之容也。

蔡氏德晉曰：月令仲秋鴻雁來，季秋鴻雁來，實此，亦合而記之。

主夫出火。 傳：主夫也者，主以時縱火也。

金氏履祥曰：「夫」當作「火」。古者季春出火，所以焚萊，于是民之用火于田野者不禁。季秋雖內火，然而火之用有不可廢者，如昆蟲既蟄而以火田之類，于是主火度其用而出之，民不得擅其用而不禁也。

蔡氏德晉曰：夫，夫遂也，周禮司烜氏「掌以夫遂，取明火于日」是也。

蕙田案：主夫者，主火之夫，周禮司爟、司烜之屬是也。仁山改「主夫」爲「主火」，似不必。蔡以「夫」爲「夫遂」，尤曲。

陟玄鳥蟄。傳：陟，升也。玄鳥者，燕也。先言陟而後言蟄，何也？陟而後蟄也。

金氏履祥曰：古人重玄鳥，當其至而祠之，故其來也書降，其去也書陟，皆貴之也。蟄者，玄鳥去則多蟄于島岸間土穴中，沈存中筆談嘗載其事。

蕙田案：月令仲秋玄鳥歸，此云九月玄鳥蟄者，燕以仲秋之月去巢，以季秋之月始畢蟄也。

熊、羆、貊、貉、鼬、鼪則穴。傳：若蟄也。

金氏履祥曰：此周官所謂蟄獸也。

榮鞠。傳：鞠，草也。

金氏履祥曰：月令「鞠有黄花」是也。

樹麥。傳：鞠榮而樹麥，時之急也。

蔡氏德晉曰：月令「仲秋之月，乃勸種麥」，舉其早者，此舉其晚者言之也。

王始裘。傳：王始裘者何也？衣裘之時也。

蔡氏德晉曰：授衣之候也。周禮司裘云：「仲秋獻良裘，季冬獻功裘。良裘，王所衣。功裘，卿大夫之服也。」月令：「孟冬，天子始裘。」今于季秋言之，張直清謂即單子所謂「隕霜而冬裘具」之意，非必其服之也。

辰繫于日。

蕙田案：夏都安邑，北地也。九月霜降，則寒氣至，衣裘宜也。蔡氏謂非必其服之，泥矣。

蕙田案：辰者，大辰也。夏時九月，日在析木之津，將旦，辰始見東方，如繫于日然。

雀入于海爲蛤。傳：蓋有矣，非常入也。

十月：豺祭獸。傳：善其祭而後食之也。

金氏履祥曰：古人豺祭獸然後田獵，蓋古人于禽獸每有不忍殺之意，惟天地肅殺之時，豺獸自相

食，故取之以爲乾豆賓客之用。

初昏，南門見。傳：南門者，星名也，及此再見矣。

黑鳥浴。傳：黑鳥者何也？烏也。浴也者，飛乍高乍下也。

徐氏巨源曰：十月氣寒日煖，烏乘暄而浴也。

時有養夜。傳：養者，長也，若日之長也。

玄雉入于淮爲蜃。傳：蜃者，蒲盧也。

蔡氏德晉曰：月令「雉入大水爲蜃」是也。

織女正北鄉則旦。傳：織女，星名也。

十有一月：王狩。傳：狩者，言王之時田。冬獵爲狩。

陳筋革。傳：陳筋革者，省兵甲也。

蔡氏德晉曰：案考工記，弓人夏治筋，春液角，而函人鍛革，不詳其時。則此陳筋革，蓋因田獵用獸之後，取所餘之筋革陳列而相察之，將以爲甲爲弓耳，非于是月即治筋革也。函人察革，弓人相筋，殆于此時與？

嗇人不從。傳：不從者，弗行于時月也。

蔡氏德晉曰：嗇人謂嗇夫。不從者，言不復從禽也。

方氏矩曰：農事未畢，不從狩，重農事也。言不從者，以見二之日乃同也。

萬物不通。

蔡氏德晉曰：重陰在上，陽氣雖微動于下，而天地猶閉塞，故萬物不通。

隕麋角。傳：隕，墜也。日冬至，陽氣至始動，諸向生皆蒙蒙符矣，故麋角隕。記時焉耳。

蔡氏德晉曰：月令「仲冬麋角解」是也。

十有二月：鳴弋。傳：弋也者，禽也。先言鳴而後言弋者，何也？鳴而後知其弋也。

金氏履祥曰：「弋」當作「鳶」。今雪霽霜風之晨則鳶鳴。一説鳴弋，猶言鳴弦。弋者，以生絲繫矢而射，謂獵禽也。

玄駒賁。傳：玄駒也者，螘也。賁者何也？走于地中也。

金氏履祥曰：螘，方言：「齊、魯之間謂之蚼蟓，西南梁、益之間謂之玄駒。」

顧氏起經曰：玄駒是螘之大者，以其色黑，故謂之玄；以其體健，故謂之駒。俗云馬蚍蜉是也。

納卵蒜。傳：卵蒜也者，本如卵者也。納者何也？納之君也。

金氏履祥曰：納者，收藏之。

蔡氏德晉曰：卵蒜，小蒜也，其根如卵。

虞人入梁。傳：虞人，官也。梁者，主設罔罟者也。

蔡氏德晉曰：虞人，澤虞也。梁，絶水以取魚者。入梁，始漁也，月令「季冬命漁師始漁」是也。

隕麋角。傳：蓋陽氣旦睹也，故記之也。

孔氏穎達曰：若節氣早，則麋角十一月解；若節氣晚，則十二月麋角解。

傅氏崧卿曰：月令「仲冬麋角解」，與小正十一月記「隕麋角」合，十二月又記之，蓋衍文。戴氏因誤爲之傳，失之矣。

金氏履祥曰：案孔子曰：「我欲觀夏道，是故之杞，而不足徵也，吾得夏時焉。」學者多傳夏小正。云小正者，其紀候之書。謂之小，則固非其大者也。豈亦夏時之一端與？聖人得之，以説夏禮，則必有大于此者。單子曰：「夏令曰：九月除道，十月成梁。其時儆曰：收而場功，偫而畚梮，營室之中，土功其始。火之初見，期于司里。」然則舉一端而推所謂夏時者，當必有制度教條之詳，不可得而聞矣。

蕙田案：夏小正之文見於大戴禮，其傳或云子夏所作，或云大戴所作，未之詳也。宋傅崧卿始分經傳爲二，朱子因之。後儒説小正者有數家，今摭采其要，俾言夏時者有考焉。

詩豳風七月：七月流火，九月授衣。傳：九月霜始降，婦功成，可以授冬衣矣。**一之日觱發，二之日栗烈，無衣無褐，何以卒歲？**傳：觱發，風寒也。栗烈，寒氣也。箋：此二正之月，人之貴者無衣，賤者無褐，將何以終歲乎？是故八月則當績也。**三之日于耜，四之日舉趾。同我**

婦子，饁彼南畝，田畯至喜。傳：豳土晚寒。于耜，始修耒耜也。四之日，民無不舉足而耕矣。饁，饋也。田畯，田大夫也。

朱子曰：此章首言七月暑退將寒，故九月授衣以禦之。蓋十一月以後，風氣日寒，不如是則無以卒歲也。正月則往修田器，二月則舉趾而耕，少者既皆出而在田，故老者率婦子而餉，治田早而用力齊，是以田畯至而喜之也。

朱氏善曰：大寒之候在于丑月，而慮之於建申之時；收成之候在于酉月，而慮之建寅之日，其爲豫備可知。若寒至而後索衣，饑至而後索食，則其爲計亦晚矣。

七月流火，九月授衣。箋：將言女功之始，故又本作此。春日載陽，有鳴倉庚。女執懿筐，遵彼微行，爰求柔桑。傳：倉庚，離黄也。懿筐，深筐也。微行，牆下徑也。箋：陽，温也。温而倉庚又鳴，可蠶之候也。柔桑，穉桑也。蠶始生，宜穉桑。春日遲遲，采蘩祁祁。女心傷悲，迨及公子同歸。傳：遲遲，舒緩也。蘩，白蒿也，所以生蠶。傷悲，感事苦也。

何氏楷曰：春日，孔以爲建辰之月。案月令云仲春之月倉庚鳴，夏小正云二月采蘩，則此章兩春日皆謂二月也。

七月流火，八月萑葦。傳：薍爲萑。葭爲葦。豫蓄萑葦，可以爲曲也。箋：將言女功自始至

成，故亦又本於此。**蠶月條桑，取彼斧斨，以伐遠揚，猗彼女桑。**傳：斨，方銎也。遠，枝遠也。揚，條揚也。角而束之曰猗。女桑，荑桑也。箋：條桑，枝落之采其葉也。女桑，少枝，長條不枝落者，束而采之。**七月鳴鵙，八月載績。載玄載黄，我朱孔陽，爲公子裳。**傳：鵙，伯勞也。載績，絲事畢而麻事起矣。箋：伯勞鳴，將寒之候也，五月則鳴。豳地晚寒，鳥物之候從其氣焉。凡染者，春暴練，夏纁玄，秋染夏。

程子曰：**蠶月，當蠶長之月也。計歲氣之早晚，不可指定某月也。**

何氏楷曰：蠶月，治蠶之月。以月令、祭義考之，正謂三月也。陸佃云：「倉庚知分，鳴鵙知至。」故陽氣分而倉庚鳴，可蠶之候也。陰氣至而鵙鳴，可績之候也。

四月秀葽，五月鳴蜩。八月其穫，十月隕蘀。傳：不榮而實曰秀葽。葽，草也。蜩，螗也。穫，禾可穫也。隕，墜。蘀，落也。箋：夏小正「四月，王萯秀」，葽其是乎？四者皆物成而將寒之候。**一之日于貉，取彼狐貍，爲公子裘。**傳：于貉，謂往取狐貍也。箋：于貉，往搏貉以自爲裘也。狐貍以共尊者。言此者，時寒宜助女功。**二之日其同，載纘武功。言私其豵，獻豜于公。**傳：豕一歲曰豵，三歲曰豜。大獸公之，小獸私之。箋：其同者，君臣及民因習兵俱出田也。豕生三曰豵。

王氏應麟曰：四月秀葽，諸儒不詳其名，惟説文引劉向説以爲苦葽，曹氏以爾雅、本草證之，知其爲遠志。

錢氏天錫曰：因天時之變，而物化隨之。寒于冬而萌于夏，豳民早計如此，蓋不止履霜而知堅冰矣。

何氏楷曰：于貉，往祭貉也。案周禮大司馬之職，中冬教大閱，有司表貉于陳前。舊説：貉，師祭也。立表以祭，故謂之表貉。周人將獵，則先祭貉，故謂獵爲貉。穆天子傳曰：「天子獵于漆澤，于是得白狐玄貉焉，以祭于河宗。」此周禮獵祭貉之驗也。

五月斯螽動股，六月莎雞振羽。七月在野，八月在宇，九月在户，十月蟋蟀入我牀下。傳：斯螽，蚣蝑也。莎雞羽成而振訊之。箋：自七月在野，至十月入我牀下，皆謂蟋蟀也。言此三物之如此，著將寒有漸，非卒來也。穹窒熏鼠，塞向墐户。箋：爲此四者以備寒。嗟我婦子，曰爲改歲，入此室處。箋：歲終，而「一之日觱發，二之日栗烈」，當避寒氣，而入所穹窒墐户之室而居之。至此而女功止。

朱子曰：斯螽、莎雞、蟋蟀，一物隨時變化而異其名。動股，始躍而以股鳴也。振羽，能飛而以翅鳴也。宇，簷下也。暑則在野，寒則依人。

楊氏時曰：堯命羲、和，以昏中之星正四時，鳥獸氄毛、希革之類爲之應，七月所陳，以倉庚、鳴鵙爲蠶績之候，以秀葽、其穫、隕蘀爲取皮之候，以斯螽、蟋蟀爲處室之候，亦此意也。

蕙田案：爾雅釋蟲及陸璣詩疏，斯螽、莎雞、蟋蟀三者實非一類。斯螽亦名

蜇螽，亦名蚣蝑，周南所云「螽斯」是也。莎雞，爾雅謂之天雞，亦名酸雞，羅願以爲即絡緯，今人呼爲絡絲娘者是也。蟋蟀，一名促織，一名蜻蛚，月令季夏云「蟋蟀居壁」，是從壁内出在野；唐風云「蟋蟀在堂」，是從野入居室内。此云「入我牀下」，與唐風云在堂者相合。先言在野在宇，後言蟋蟀入我牀下，互文見義也。

朱傳謂一物隨時而異名，殊不然。

六月食鬱及薁，七月亨葵及菽。八月剝棗，十月穫稻。爲此春酒，以介眉壽。傳：鬱，棣屬。薁，蘡薁也。剝，擊也。箋：既以鬱薁及棗助男功〔一〕，又穫稻而釀酒以助其養老之具。七月食瓜，八月斷壺，九月叔苴。采荼薪樗，食我農夫。傳：壺，瓠也。叔，拾也。苴，麻子也。樗，惡木也。箋：瓜瓠之畜，麻實之糝，乾荼之菜，惡木之薪，亦所以助男養農夫之具。

朱子曰：此章果酒嘉蔬，以供老疾，奉賓祭；瓜瓠苴荼，以爲常食。少長之義，豐儉之節然也。

嚴氏粲曰：優老而薄壯，豳俗之厚也。

〔一〕「薁」，毛詩正義卷八作「下」。

九月築場圃，傳：春夏爲圃，秋冬爲場。箋：場圃同地，自物生之時，耕治之以種菜茹，至物盡成熟，築堅以爲場。十月納禾稼，黍稷重穋，禾麻菽麥。傳：後熟曰重，先熟曰穋。箋：治于場而内之。囷，倉也。嗟我農夫！我稼既同，上入執宫功。傳：出爲下，入爲上。箋：于是時，男之野功畢。晝爾于茅，宵爾索綯。箋：女當晝日往取茅歸，夜作絞索，以待時用。亟其乘屋，其始播百穀。傳：乘，升也。

朱子曰：宫，邑居之宅也。古者民受五畝之宅，二畝半爲廬在田，春夏居之；二畝半爲宅在邑，秋冬居之。功，葺治之事也，或曰公室官府之役也。古者用民之力，歲不過三日。

二之日鑿冰沖沖，三之日納于凌陰。四之日其蚤，獻羔祭韭。傳：冰盛水腹，則命取冰于山林。箋：上章備寒，故此章備暑，后稷、先公禮教備也。九月肅霜，十月滌場。朋酒斯饗，曰殺羔羊。傳：肅，縮也。霜降而收縮萬物。滌場，功畢入也。躋彼公堂，稱彼兕觥，萬壽無疆！

張子曰：此章見民忠愛其君之甚，既勸趨其藏冰之役，又相戒速畢場功，殺羊以獻于公，舉酒而祝其壽也。

右時令上

五禮通考卷二百

嘉禮七十三

觀象授時

時令下

禮記月令：疏：案鄭目録云：「名曰月令者，以其紀十二月政教之所行也，本呂氏春秋十二月紀之首章也。以禮家好事抄合之，後人因題之名曰禮記。言周公所作，其中官名時事多不合周法。此于別録屬明堂陰陽。」此卷所出，解者不同。案呂氏春秋篇首皆有月令，與此文同，是一證也。又周無太尉，惟秦官乃有太尉，此月令云「乃命太尉」，是官名不合周法，二證也。又秦以十月建亥爲歲首，而月令云「爲來歲受朔日」，即是九月爲歲終，十月爲受朔，是時不合周法，三證也。又周有六冕，郊天迎氣則用大裘，

乘玉輅，建太常日月之章，而月令服飾車旂並用時令，是事不合周法，四證也。然案秦始皇二十六年并天下，以十月爲歲首，時不韋已死五年，不韋不得以十月爲正。又周書先有月令篇，何得云不韋所造？又秦并天下立郡，何得云諸侯？秦以好兵殺害，毒被天下，何能布德施惠，春不興兵？鄭必謂不韋作者，不韋集諸儒所作，爲一代大典，亦採擇善言，遵立舊章，但秦自不能依行，何怪不韋所作也？秦爲水位，其來已久。秦文公獲黑龍以爲水瑞〔一〕，何怪未平天下前不以十月爲歲首乎？

陸氏德明曰：此是呂氏春秋十二月紀之首，後人删合爲此記。蔡伯喈、王肅云周公所作。

張子曰：月令大率秦法，然采三代之文而爲之，不無古意。月令儘有美意，未易可破。若春行賞，秋行刑，止舉大綱如此。如云「冬日則飲湯，夏日則飲水」，豈曰冬日不得飲水〔二〕，夏日不得飲湯也〔三〕？

馬氏晞孟曰：曆象日月星辰，敬授民時，自堯以來，未之有改也。舜齊七政，周用五紀，其究一

〔一〕「秦文公」，原作「案文公」，據光緒本、禮記正義卷一四改。
〔二〕「水」，諸本作「湯」，據禮記集説卷三七改。
〔三〕「湯」，諸本作「水」，據禮記集説卷三七改。

也。蓋日月星辰之往來不窮，進退相代，終始相循，天以是命萬物，而人奉之爲令，亦因是也。夏之政典，先時與不及時，其罪至于殺，蓋欲百官萬民謹其令而順承之也。月令一書，亦後儒祖先王之餘而傳會成之。

高氏曰：月令一篇，大體與洪範相通。初一曰五行，即月令金、木、水、火、土之運也。次三曰農用八政，即月令之勸課農桑、聚畜財貨、祭祀神祇、安養民居、習合禮樂、逐捕姦慝、敬禮賓客、簡練師徒之意也。次四曰協用五紀，即月令歲月日星辰曆數之事也。次六曰乂用三德，即月令布德行惠、戮有罪、嚴斷刑以順天時者也。次七曰明用稽疑，即月令命大史釁龜筴占兆、審卦吉凶是也。次八曰念用庶徵，即月令之風雨寒燠各以時若，草木昆蟲各以時遂，皆休徵也。每時令錯行，而有猋風暴雨大旱凶荒之類，皆休徵也。次九曰嚮用五福，即月令養衰老、禮賢者、行爵出禄必推所尊禮者也。至于威用六極，即時令失宜、民多疾疫、遷徙流亡之類是也。若夫人君于二至之時，盡齋戒之誠，止聲色，薄滋味，節嗜慾，定心氣，則所以涵養此心，一毫無累，俾視聽言貌思之間，有肅乂哲謀聖之德，而所謂五皇極者，即月令每月之發政施令，毋有不當，毋有枉撓，毋有差貸，毋有阿黨，舉歸于大中至正者，皆是也。然則合而論之，謂之洪範；散而舉之，謂之月令。故月令所以著入六經、垂訓萬世者，其在斯乎？

蔡氏德晉曰：周禮內宰上春詔王后，帥六宮之人而生穜稑之種，而獻之于王；龜人上春釁龜，祭先卜；筮人上春相筮；牧師孟春焚牧；大司馬仲春教振旅；羅氏仲春羅春鳥，獻鳩以養國老，行羽物；媒氏仲春令會男女；籥章仲春晝逆暑；內宰仲春詔后帥內外命婦治蠶于北郊；司爟季春出火；

大司馬仲夏教茇舍；山虞仲夏斬陰木；大司樂夏日至于澤中方丘祭地；司裘仲秋獻良裘，王乃行羽物；籥章仲秋夜迎寒；司裘季秋獻功裘，以待頒賜；司爟季秋内火；小司寇孟冬祀司民，獻民數于王，王拜受之；大司馬仲冬教大閱；大司樂冬日至于地上圜丘祀天；占夢季冬聘王夢，獻吉夢于王，王拜而受之，乃舍萌于四方以贈惡夢，皆月令所未及。

蕙田案：周官爲朝廷政治之典章，藏于天府，民間多未之見，故孔子問禮，必于柱下史官。及漢滅秦，蕭何收圖籍亦藏之秘閣。至劉歆校書始得而上之，不韋春秋祇集魯諸生所爲，宜其未及也。

孟春之月，日在營室，昏參中，旦尾中。其日甲乙。注：甲，孚甲。乙之言軋也。其帝太皞，其神勾芒。其蟲鱗。注：象物孚甲將解。鱗，龍蛇之屬。其音角。律中太簇。其數八。注：木生數三，成數八。言八者，舉其成數。其味酸，其臭羶。其祀户，祭先脾。東風解凍，蟄蟲始振，魚上冰，獺祭魚，鴻雁來。注：皆記時候也。夏小正「正月啓蟄」，「魚陟負冰」。漢始亦以驚蟄爲正月中。天子居青陽左个，乘鸞路，駕倉龍，載青旂，衣青衣，服倉玉，食麥與羊，其器疏以達。注：皆所以順時氣也。麥實有孚甲，屬木。羊，火畜也。時尚寒，食之以安性也。器疏者刻鏤之，象物當貫土而出也。是月也，以立春。先立春三日，大史謁之天子曰：「某

日立春，盛德在木。」天子乃齊。立春之日，天子親帥三公、九卿、諸侯、大夫，以迎春于東郊。還反，賞公、卿、諸侯、大夫于朝。命相布德和令，行慶施惠，下及兆民。慶賜遂行，毋有不當。乃命大史，守典奉法，司天日月星辰之行，宿離不貸，毋失經紀，以初爲常。是月也，天子乃以元日，祈穀于上帝。乃擇元辰，天子親載耒耜，措之于參保介之御間，帥三公、九卿、諸侯、大夫躬耕帝藉。天子三推，三公五推，卿諸侯九推。反，執爵于大寢，三公、九卿、諸侯、大夫皆御，命曰勞酒。是月也，天氣下降，地氣上騰，天地和同，草木萌動。注：此陽氣蒸達，可耕之候也。王命布農事，命田舍東郊，皆修封疆，審端徑術。注：田謂田畯，主農之官也。舍東郊，順時氣而居以命其事也。術，周禮作「遂」，「夫間有遂，遂上有徑」。善相丘陵、阪險、原隰，土地所宜，五穀所殖，以教道民，必躬親之。田事既飭，先定準直，農乃不惑。注：説所以命田舍東郊之意也。是月也，命樂正入學習舞。乃修祭典。命祀山林川澤，犧牲毋用牝。注：爲傷妊生之類。禁止伐木。注：盛德所在。毋覆巢，毋殺孩蟲、胎、夭、飛鳥，毋麛毋卵。注：爲傷萌幼之類。毋聚大衆，毋置城郭。注：爲妨農之始。掩骼埋胔。注：謂死氣逆生也。是月也，不可以稱兵，稱兵必天殃。兵戎不起，不可從我始。毋變天之道，毋絶地之理，毋亂人之紀。孟春行夏令，則雨

水不時，草木早落，國時有恐。注：巳之氣乘之也。**行秋令，則其民大疫，猋風暴雨總至，藜莠蓬蒿並興。**注：申之氣乘之也。**行冬令，則水潦爲敗，霜雪大摯，首種不入。**注：亥之氣乘之也。　疏：從上以來，論當月施令之事。若施之順時，則氣序調釋；若施令失所，則災害滋興。故此論政失致災之事。

皇氏侃曰：金、木、水、火得土而成。水數一，得土數五，故六。火數二，得土數五，爲成數七。木數三，得土數五，爲成數八。金數四，得土數五，爲成數九。

陳氏祥道曰：日以辰爲子，辰以日爲母。母爲幹，子爲支。月令言日而不言辰者，以辰統于日故也。古者祭祀，必有配四時迎氣，不可以無配也。五帝以德，五神以功。

馬氏晞孟曰：味生于形，臭生于氣，故形成而後有味，氣化而後有臭。春以陽中生木，木成形而曲直，曲直作酸，故其味酸。物以木化，則其氣爲羶。秋以陰中生金，金成形而從革，從革作辛，故其味辛。物以金化，則其氣爲腥。夏以陽極生火，火成形而炎上，炎上作苦，故其味苦。物以火化，則其氣爲焦。冬以陰極生水，水成形而潤下，潤下作鹹，故其味鹹。物以水化，則其氣爲朽。中央以陰陽之中氣生土，土成形而可以稼穡，稼穡作甘，故其味甘。物以土化，則其氣爲香。土主四時而分王焉，故五味以甘爲主，五臭以香爲主。

方氏慤曰：凍結于重陰之時，東風蓋發散之氣也。東風既解凍，則物之藏于密者起而振，潛于深

者躍而上矣。德令慶惠出于君，而布和行施以下及者相也。德主于宣利，故曰布。令貴于無乖，故曰和。慶則必致用，故曰行。惠則必有與，故曰施。慶主禮，施主物。度土而積謂之封，界畫以守謂之疆。封疆久則壞，故曰修。高曰丘，平而可陵曰陵，陂而不平曰阪。水所行曰險。廣平曰原。下濕曰隰。所宜，若山林宜皂，川澤宜橐。所殖，若黍宜高燥，稌宜下濕。教之使能其事，道之使達其理。十有二月之令，行乎天地之間，人君奉之，以成位乎中也。苟當此一月之中而行彼三時之令，則是變天之道，絶地之理，亂人之紀矣。故三者之災，以類應焉。何也？氣之所召者然耳。

蕙田案：古人以啓蟄爲正月之候，雨水爲二月之候。夏小正「正月啓蟄」，左傳「啓蟄而郊」，月令「孟春之月，蟄蟲始振」，是啓蟄在正月。其改啓蟄爲驚蟄，以漢初避景帝諱故也。月令：「仲春之月，始雨水。」是雨水在二月也。鄭氏云：「漢始以驚蟄爲正月中，雨水爲二月節。」正義云：「太初以後，更改氣名，以雨水爲正月中，驚蟄爲二月節，迄今不改。」案漢書載三統曆，正月驚蟄，二月雨水，與月令同。而班固注云：「驚蟄，今曰雨水。雨水，今曰驚蟄。」然則太初以後之曆，仍是先驚蟄，後雨水。至東漢行四分曆，乃更其先後耳。易通卦驗、周書時訓解、淮南子天文訓俱先雨水，後驚蟄。緯書出於東漢，時訓一篇亦後人所託。惟淮南子係武帝時書，疑亦後人以時術追改之，非淮南之舊也。唐初，傅仁均戊寅

曆、李淳風麟德曆用古法，以啓蟄在雨水之前。開元修大衍曆，復以雨水爲寅月中，驚蟄爲卯月節，至今因之。周書所記七十二候，於二月不取始雨水者，既以雨水爲正月中氣，則不得以紀二月之候故也。又案孟春行夏令之類，自當主人君政令失時而言，蓋天人一理也。天道錯而人事應，君政失而天變應，上下相通之機，感移至速。洪範之咎徵，與月令所言，其理如合符節。或乃指此爲迂怪之說，以爲天之時令錯行，非人事之失，慢矣！

又案：唐石經月令：「正月之節，日在虚，昏昴中，曉心中，斗建寅位之初；正月中氣，日在危，昏畢中，曉尾中，斗建寅位之中。」改「旦」爲「曉」，避睿宗諱也。所記中星與此不同者，蓋據當時測驗改之，後皆放此。唐本又有「是月也，命有司祭風師；是月也，命有司釁龜筴占兆，審卦吉凶」，其移「孟冬釁龜」一條於此月，則用鄭氏注也。

淮南子：東方木也，其帝太皥，其佐句芒，執規而治春。其神爲歲星，其獸蒼龍。

孟春之月，招摇指寅。盛德在木。東風解凍。蟄蟲始振蘇。魚上負冰，獺祭魚。候雁北。服八風水，爨萁燧火。東宫御女青色衣，青彩，鼓琴瑟。其兵矛。

其畜羊。朝於青陽左个，以出春令。布德施惠，行慶賞，省徭賦。立春之日，天子親率三公九卿大夫，以迎歲於東郊。修除祠位，幣禱鬼神，犧牲用牡。正月官司空，其樹楊。

蕙田案：淮南時則訓與月令文多同，今取其異者，附于每月之後。

王居明堂禮：出十五里迎歲。

易通卦驗：立春，雨水降，條風至。雉雊雞乳，冰解。正月中，猛風至。獺祭魚，倉庚鳴。

氾勝之農書：土長冒橛，陳根可拔，耕者急發。

孝經鉤命訣：先立春七日，敕獄吏決詞訟，有罪當入，無罪當出。立春，敕門欄無扃鑰，以迎春之精。下弓藏楯，鼓示時聲，動昆蟲也。

仲春之月，日在奎，昏弧中，旦建星中。其日甲乙。其帝太皞，其神勾芒。其蟲鱗。其音角，律中夾鐘。其數八。其味酸，其臭羶。其祀户，祭先脾。始雨水，桃始華。倉庚鳴，鷹化爲鳩。注：皆記時候也。漢始以雨水爲二月節。天子居青陽大廟，乘鸞路，駕倉龍，載青旂，衣青衣，服倉玉，食麥與羊，其器疏以達。是月也，安萌芽，養幼少，

存諸孤。注：助生氣也。擇元日，命民社。命有司省囹圄，去桎梏，毋肆掠，止獄訟。注：順陽寬也。是月也，玄鳥至。注：玄鳥，燕也。至之日，以太牢祠于高禖，天子親往。后妃帥九嬪御，乃禮天子所御，帶以弓韣，授以弓矢，于高禖之前。是月也，日夜分，雷乃發聲，始電，蟄蟲咸動，啓户始出。注：又記時候。發，猶出也。先雷三日，奮木鐸以令兆民曰：「雷將發聲，有不戒其容止者，生子不備，必有凶災。」注：主戒婦人有娠者也。日夜分，則同度量，鈞衡石，角斗甬，正權概。注：因晝夜等，而平當平也。同、角、正，皆謂平之也。是月也，耕者少舍，乃修闔扇，寢廟畢備。注：因蟄蟲啓户，耕事少閒，而治門户也。毋作大事，以妨農之事。注：大事，兵役之屬。是月也，毋竭川澤，毋漉陂池，毋焚山林。注：順陽養物也。天子乃鮮羔開冰，先薦寢廟。上丁，命樂正習舞，釋菜。天子乃帥三公、九卿、諸侯、大夫親往視之。仲丁，乃命樂正入學習樂。是月也，祀不用犧牲，用圭璧，更皮幣。注：爲季春將選而合騰之也。更，猶易也。當祀者，告以玉帛而已。仲春行秋令，則其國大水，寒氣總至，寇戎來征。注：酉之氣乘之也。行冬令，則陽氣不勝，麥乃不熟，民多相掠。注：子之氣乘之也。行夏令，則國乃大旱，煖氣早來，蟲螟爲害。注：午之氣乘之也。

馬氏晞孟曰：始雨水，陰陽交而成和也。凡植物，始茁爲萌，浸長爲芽。動物始生爲幼，未壯爲

少。植物欲其無踐履，故曰安動物。欲其無殄滅，故曰養。

朱氏申曰：鷹以秋殺，仲春仁氣盛，故化爲鳩。

方氏慤曰：日，陽也；夜，陰也。陽長而陰消，則日長夜短；陰長而陽消，則夜長日短，皆非陰陽之中也。春秋之分，陰陽適中，而日夜無長短之差，故言日夜分。春分以陽爲主，故繼言雷乃發聲；秋分以陰爲主，故繼言雷始收聲。乃者，繼事之辭。始者，肇事之辭。始必有終，終則有始故也。川澤之物，非竭其水，則不可以盡取，故曰竭。陂池之物，漉之以網罟，則可以盡之矣，故曰漉。毋漉陂池，主漁者言之。毋焚山林，主田者言之。

蕙田案：淮南子高誘注：「耕者少舍，言耕皆出在野，少有在都邑者也。」與鄭氏注異。尚書仲春「平秩東作」，詩「四之日舉趾」，則建卯之月正耕作之時，未可云稍休也。高説較長。

又案：唐月令：「二月之節，日在營室，昏東井中，曉箕中，斗建卯位之初。二月中氣，日在奎，昏東井中，曉南斗中，斗建卯位之中。」又有「是月也，祀朝日于東郊。是月也，命有司祭馬祖」。

淮南子：仲春之月，招摇指卯。桃李始華。蟄蟲咸動蘇。二月官倉，其樹杏。

王居明堂禮：帶以弓韣，禮之禖下，其子必得天材。

易通卦驗：二月，候雁北，鷩蟄。大壯：初九，桃始華，倉庫多火。

詩汜曆樞：梅柳驚春，羊牛來暮。

説文：祀高禖以請子。請子必以乙至之日者，春分來，秋分去，開生之候鳥，帝少昊司命之官也。

季春之月，日在胃，昏七星中，旦牽牛中。其日甲乙。其帝太皞，其神句芒。其蟲鱗。其音角，律中姑洗。其數八。其味酸，其臭羶。其祀户，祭先脾。桐始華，田鼠化爲鴽，虹始見，萍始生。注：皆記時候也。鴽，鴾母。螮蝀謂之虹。天子居青陽右个，乘鸞路，駕倉龍，載青旂，衣青衣，服倉玉，食麥與羊，其器疏以達。是月也，天子乃薦鞠衣于先帝。命舟牧覆舟，五覆五反，乃告舟備具于天子焉。天子始乘舟，薦鮪于寢廟，乃爲麥祈實。注：於含秀求其成也。是月也，生氣方盛，陽氣發泄，句者畢出，萌者盡達，不可以内。注：時可宣出，不可收斂也。句，屈生者。芒而直曰萌。天子布德行惠，命有司發倉廩，賜貧窮，振乏絶。開府庫，出幣帛，周天下。勉諸侯，聘名士，禮賢者。是月也，命司空曰：「時雨將降，下水上騰，循行國邑，周視原野，修利隄防，道達溝瀆，開通道路，毋有障塞。注：溝瀆與道路不得不通，所以除水潦，便民事也。田獵罝罘、羅網、畢翳，餧

是月也，命野虞毋伐桑柘。注：愛蠶食也。鳴鳩拂其羽，戴勝降于桑。注：蠶將生之候也。鳴鳩飛且翼相擊，趨農急也。戴勝，織紝之鳥，是時恒在桑。具曲、植、蘧、筐，后妃齋戒，親東鄉躬桑，禁婦女毋觀，省婦使，以勸蠶事。蠶事既登，分繭稱絲效功，以共郊廟之服，毋有敢惰。是月也，命工師，令百工，審五庫之量，金、鐵、皮、革、筋、角、齒、羽、箭、幹、脂、膠、丹、漆，毋或不良。百工咸理，監工日號：「毋悖于時，毋或作爲淫巧，以蕩上心。」是月之末，擇吉日，大合樂。天子乃帥三公、九卿、諸侯、大夫，親往視之。是月也，乃合累牛騰馬，遊牝于牧。犧牲、駒、犢，舉書其數。命國難，九門磔攘，以畢春氣。季春行冬令，則寒氣時發，草木皆肅，國有大恐。注：丑之氣乘之也。行夏令，則民多疾疫，時雨不降，山陵不收。注：未之氣乘之也。行秋令，則天多沈陰，淫雨蚤降，兵革並起。注：戌之氣乘之也。

陳氏祥道曰：孟春生氣未盛之時，故命相布德施惠而已。季春生氣方盛之時，故天子布德行惠焉。孟春兼言布令行慶，而此言德惠者，詳在于臣，要在于主也。

陸氏佃曰：桐始華，蔡邕曰：「木之後華者也。稺之，故曰始。」王城面各三門，南北九經，東西九緯，若今朱雀門三經，經各一門是也。「毋出九門」，謂毋出此門也。

馬氏晞孟曰：田鼠化爲鴽，則陰類之慝者，遷乎陽而其性和也。萍始生，則陰物之浮以承陽者也。

方氏慤曰：虹者，天地訌潰之氣。陰干陽所，乃見而出，故又謂之蝀焉。氣以有所干而交，以無所干而辨。季春則陰陽向乎交矣，故始見；孟冬則陰陽極乎辨矣，故藏而不見也。

陳氏澔曰：在内則命有司奉行，在外則勉諸侯奉行。凡此，皆天子之德惠。

吴氏澄曰：南三門，王之正門。平日罝罘之物皆不得出，餘門則出。此月則皆禁之。

蕙田案：九門，吕氏春秋作「國門」，唐石經同。鄭氏解九門，謂路門、應門、雉門、庫門、皋門、城門、近郊門、遠郊門、關門，然羅網毒藥豈宜出自路門？又天子五門，但云毋出皋門，則路、應、雉、庫已在其内矣。合五門與郊、關諸門以足九數，殊覺牽强，當以陸氏、吴氏之説爲是。

又案：唐月令：「三月之節，日在婁，昏柳中，曉南斗中，斗建辰位之初。三月中氣，日在胃，昏張中，曉南斗中，斗建辰位之中。」

淮南子：季春之月，招摇指辰。行是月令，甘雨至三旬。三月官鄉，其樹李。

王居明堂禮：季春出疫于郊，以攘春氣。

氾勝之農書：三月榆莢雨，高地彊土可種术。

孟夏之月，日在畢，昏翼中，旦婺女中。其日丙丁。注：丙之言炳也。萬物皆炳然著見而强大。其帝炎帝，其神祝融。其蟲羽。注：象物從風鼓翼，飛鳥之屬。其音徵，律中中呂。其數七。注：火生數二，成數七。但言七者，亦舉其成數。其味苦，其臭焦。其祀竈，祭先肺。螻蟈鳴，蚯蚓出，王瓜生，苦菜秀。注：皆記時候也。螻蟈，蛙也。王瓜，萆挈也。天子居明堂左个，乘朱路，駕赤駵，載赤旂，衣赤衣，服赤玉，食菽與雞，其器高以麤。注：菽實孚甲堅合，屬水。雞，木畜，時熱食之，亦以安性也。麤，猶大也。器高大者，象物盛長。是月也，以立夏。先立夏三日，太史謁之天子曰：「某日立夏，盛德在火。」天子乃齊。立夏之日，天子親帥三公、九卿、大夫，以迎夏于南郊。還反，行賞，封諸侯，慶賜遂行，無不欣説。乃命樂師習合禮樂。命太尉贊傑俊，遂賢良，舉長大。注：助長氣也。三王之官，有司馬，無太尉，秦官則有太尉。今俗人皆云周公作月令，未通于古。行爵出禄，必當其位。是月也，繼長增高，毋有壞墮。注：亦爲逆時氣。毋起土功，毋發大衆。注：爲妨蠶農之事。毋伐大樹。注：亦爲逆時氣。是月也，天子始絺。注：初服暑服。命野虞出行田原，爲天子勞農勸民，毋或失時。命司徒循行縣鄙，命農勉作，毋休于都。注：急趨于農也。是月也，驅獸毋害五穀，毋大田獵。注：謂傷蕃廡之氣。農乃登麥，天子乃以彘嘗麥，先薦寢廟。是月也，聚

畜百藥。靡草死，麥秋至。注：舊説云：靡草，薺葶藶之屬。斷薄刑，決小罪，出輕繫。注：崇寬。蠶事畢，后妃獻繭，乃收繭税，以桑爲均，貴賤長幼如一，以給郊廟之服。是月也，天子飲酎，用禮樂。孟夏行秋令，則苦雨數來，五穀不滋，四鄙入保。注：申之氣乘之也。行冬令，則草木蚤枯，後乃大水，敗其城郭。注：亥之氣乘之也。行春令，則蝗蟲爲災，暴風來格，秀草不實。注：寅之氣乘之也。

高氏誘曰：螻，螻蛄。蟈，蝦蟇也。四月陰氣始動于下，故鳴。王瓜，色赤，感火之色而生。苦菜，味苦，感火之味而成。

張氏虙曰：王瓜，大瓜也。種最多，有大有小，以大者爲善。

方氏慤曰：蚯蚓，至陰之物，感正陽之氣而出焉。王瓜，南方之果也，而其色赤。苦菜，南方之菜也，故其味苦。一則感火之色而生，一則化火之味而秀。太尉，古司馬也。司馬，政官，命之取人者，取人將以爲政故也。王制言「司馬辨論官材」，與此同意。四時之田，夏曰苗，以其爲苗除害故也，故曰驅獸毋害五穀。又曰毋大田獵者，雖可田獵，不可大爲之也。若秋獮冬狩，則爲大矣。物感陽而生者，則强而立；感陰而生者，則柔而靡。謂之靡草，則至陰之所生也，故不勝至陽而死。凡物生于春，成于秋，麥獨成于夏，云麥秋者，于時爲夏，于麥爲秋也。

馬氏晞孟曰：萬物所以長而高者，陽上達故也。長之高之者，天地。繼之增之者，人。欲其長則

勿壞，欲其高則勿墮，起土功，發大衆，伐大樹，皆所以壞墮之也。

徐氏師曾曰：天氣始炎，恐罪人之繫于圜土者，或以鬱蒸而生疾，故刑之薄者即斷決之，不久繫也；罪之小者即決遣之，不收繫也；繫之輕者即縱出之，不復繫也。今時熱審減刑，即其制。

蕙田案：唐月令：「四月之節，日在昴，昏翼中，曉牽牛中，斗建巳位之初。四月中氣，日在畢，昏軫中，曉須女中，斗建巳位之中。」又云：「是月也，命樂正習盛樂，大雩帝。命有司禱祠山川，方之卿士有益于人者，以祈穀實。是月也，命有司祀雨師。」其移「仲夏大雩」於此月，亦用鄭説。又「以彘嘗麥」之下，多「羞以含桃」一句。

淮南子：南方火也，其帝炎帝，其佐朱明，執衡而治夏。其神爲熒惑，其獸朱雀。

孟夏之月，招搖指巳。盛德在火。服八風水，爨柘燧火。南宫御女赤色衣，赤采，吹竽笙。其兵戟。其畜雞。朝于明堂左个，以出夏令。立夏之日，天子親率三公九卿大夫，以迎歲于南郊。還，乃賞賜，封諸侯，修禮樂，饗左右。命太尉贊傑俊，選賢良，舉孝悌，行爵出禄，佐天長養。四月官田，其樹桃。

逸禮：夏則衣赤衣，佩赤玉，乘赤輅，駕赤龍，載赤旗，以迎夏于南郊。其先祭，

黍與鳩。居明堂正廟，啓南户。

仲夏之月，日在東井，昏亢中，旦危中。其日丙丁。其帝炎帝，其神祝融。其蟲羽。其音徵，律中蕤賓。其數七，其味苦，其臭焦。其祀竈，祭先肺。小暑至，螳螂生，鵙始鳴，反舌無聲。注：皆記時候也。螳螂，螵蛸母也。鵙，博勞也。反舌，百舌鳥。天子居明堂太廟，乘朱路，駕赤駵，載赤旂，衣朱衣，服赤玉，食菽與雞，其器高以粗。養壯佼。注：助長氣也。是月也，命樂師修鞀、鞞、鼓，均琴、瑟、管、簫，執干、戚、戈、羽，調竽、笙、篪、簧，飭鐘、磬、柷、敔。命有司爲民祈祀山川百源。大雩帝，用盛樂。乃命百縣雩祀百辟卿士有益于民者，以祈穀實。農乃登黍。是月也，天子乃以雛嘗黍，羞以含桃，先薦寢廟。注：此嘗雛也。而云以嘗黍，不以牲主穀也。必以黍者，黍，火穀，氣之主也。含桃，櫻桃也。疏：如鄭此言，黍非新成，直取舊黍。孟秋「農乃登穀」，注云「黍稷于是始熟」，明仲夏未熟也。令民毋艾藍以染。注：爲傷長氣也。此月藍始可別。疏：種藍之體，初必叢生，若及早栽移，則有所傷損。此月藍既長大，始可分移布散。毋燒灰，注：爲傷火氣也。毋暴布。注：不以陰功干太陽之事。門閭毋閉，關市毋索。注：順陽敷縱，不難物。挺重囚，益其食。注：挺猶寬也。游牝別群，則縶騰駒。班馬政。是月也，日長至，陰陽爭，死生分。注：爭者，陽方盛，陰欲

起也。分猶半也。君子齋戒，處必掩身，毋躁。止聲色，毋或進。薄滋味，毋致和。節嗜慾，定心氣。百官靜事無刑，以定晏陰之所成。鹿角解，蟬始鳴，半夏生，木堇榮。注：又記時候也。半夏，藥草。木堇，王蒸也。是月也，毋用火南方。注：陽氣盛，又用火于其方，害微陰。可以居高明，可以遠眺望，可以升山陵，可以處臺榭。注：順陽在上也。仲夏行冬令，則雹凍傷穀。道路不通，暴兵來至。注：子之氣乘之也。行春令，則五穀晚熟，百螣時起，其國乃饑。注：卯之氣乘之也。行秋令，則草木零落，果實早成，民殃於疫。注：酉之氣乘之也。

蔡氏邕曰：此時黍新熟，今蟬鳴黍是也。

許氏慎曰：黍以暑得名。小暑至，農遂登黍。

高氏誘曰：雛，新雞也。毋燒炭，草木未成，不欲夭物也。是月炎氣盛猛，布暴則脆傷之。

馬氏睎孟曰：一陰生而慝作。螳螂生，則慝之有見于形者也。鵙始鳴，則慝之有聞于聲者也。反舌無聲，則以陽敷而作者，以陰收而息。門閭毋閉，利宣也。關市毋索，不恃察以窮民隱也。挺重囚，益其食，不以其罪廢不忍人之政也。

張氏虙曰：火流則暑退，暑極于火中，此時方至也。

方氏慤曰：陰陽爭者，陰方來與陽始遇也。仲冬亦言之者，陽方來與陰始遇也。陽主生，陰主

死。微陰既生，則萬物向乎死矣，故死生之理於是分也。君子以陰陽方爭，故宜潔誠居内退聽以待其定也。仲冬不言毋躁者，暑爲躁，寒爲靜，故于此特戒之。鹿，陽類，夏至感陰生而角解。麋，陰類，冬至感陽生而角解。言木堇，別于堇草也。

蕙田案：月令「小暑至」在仲夏之月，日長至之前，知古不以小暑爲六月節。逸周書時訓解又以此句爲小滿後之第三候，唐石經亦因之。蓋因孟夏時候不足六數，而取此以補之耳。「農乃登黍」，注疏以此時黍猶未熟，故云「舊黍」。蔡邕月令章句以「蟬鳴黍」當之，則黍自別有一種先熟者。二説不同，但玩經文，與「農乃登麥」、「農乃登穀」之文一例，當是新黍，非舊黍，蔡説較長。「毋燒灰」，淮南「灰」作「炭」，吕氏春秋同。以季秋草木黄落，故伐薪爲炭。仲夏樹木方盛，故禁燒炭。其理亦可通也。

又案：唐月令：「五月之節，日在參，昏角中，曉危中，斗建午位之初。五月中氣，日在東井，昏亢中，曉營室中，斗建午位之中。」又云：「是月也，祀皇地祇于方丘。是月也，命有司祭先牧。」又删去「農乃登黍，天子以雛嘗黍」一節，以是月黍未熟也。又改「大雩帝」及「挺重囚」兩條入孟夏之月，而移孟夏「聚畜百藥」

一條於此月。

淮南子：仲夏之月，招摇指午。存鰥寡，振死事。禁民無發火。五月官相，其樹榆。

易通卦驗：夏至小暑，博勞鳴，蝦蟇無聲。博勞性好單棲，其飛翪，其聲嗅嗅。夏至應陰而鳴，冬至而止。　夏至人主從八能之士，或調黄鐘，或調六律，或調五音，或調五聲，或調五行，或調律曆，或調陰陽，或調正德所行，作樂五日。

季夏之月，日在柳，昏火中，旦奎中。其日丙丁。其帝炎帝，其神祝融。其蟲羽。其音徵，律中林鐘。其數七。其味苦，其臭焦。其祀竈，祭先肺。温風始至，蟋蟀居壁，鷹乃學習，腐草爲螢。注：皆記時候也。鷹學習，謂攫搏也。螢，飛蟲，螢火也。天子居明堂右个，乘赤路，駕赤駵，載赤旂，衣朱衣，服赤玉，食菽與雞，其器高以觕。命漁師伐蛟、取鼉、登龜、取黿。命澤人納材葦。是月也，令四監大合百縣之秩芻，以養犧牲，令民無不咸出其力。以共皇天上帝，名山大川，四方之神。以祠宗廟社稷之靈，以爲民祈福。是月也，命婦官染采，黼黻文章，必以法故，無或差貸。黑黄蒼赤，莫不質良。毋敢詐僞。以給郊廟祭祀之服，以爲旂章，以别貴賤等級之度。是月也，樹木方

盛，乃命虞人入山行木，毋有斬伐。注：爲其未堅刃也。不可以興土功，不可以合諸侯，不可以起兵動衆。注：土將用事，氣欲靜。毋舉大事，以摇養氣。注：大事，興徭役以有爲。毋發令而待，以妨神農之事也。注：發令而待，謂出徭役之令，以豫驚民。民驚則心動，是害土神之氣。土神稱曰神農者，以其主于稼穡。水潦盛昌，神農將持功，舉大事則有天殃。是月也，土潤溽暑。注：潤溽，謂塗濕也。大雨時行，燒薙行水，利以殺草，如以熱湯。注：謂欲稼萊地，先薙其草，草乾燒之，至此月大雨流，水潦畜于其中，則草死不復生，而地美可稼也。可以糞田疇，可以美土疆。季夏行春令，則穀實鮮落，國多風欬，民乃遷徙。注：辰之氣乘之也。行秋令，則丘隰水潦，禾稼不熟，乃多女災。注：戌之氣乘之也。行冬令，則風寒不時，鷹隼蚤鷙，四鄙入保。注：丑之氣乘之也。

應氏鏞曰：物得氣之先，殺氣未肅，而鷙猛之鳥已習于擊，迎殺氣之微也。涼氣未至，而鳴陰之物已居于壁，迎涼氣之微也。

方氏慤曰：神農者，農之神。興農功而用之于明者，人。持農功而主之于幽者，神。水潦盛昌，則百穀被其澤，而向于成，是神農將守其成也。苟舉大事以妨之，則是違神逆天，而天之災適當之矣。

吴氏澄曰：田疇，謂熟耕而其田有界域者。土疆，謂耕難而其土磽确者。

蕙田案：唐月令：「六月之節，日在東井，昏氐中，曉東壁中，斗建未位之初。六月中氣，日在柳，昏尾中，曉奎中，斗建未位之中。」又唐本改「命澤人納材葦」入孟秋之月，改「命漁師伐蛟」及「令四監大合秩芻」二節入季秋之月。

淮南子：季夏之月，招搖指未，其位中央，其日戊己。盛德在土。其蟲羸。其音宮，律中黃鐘。其數五。其味甘，其臭香。其祀中霤，祭先心。涼風始至，蟋蟀居奧，鷹乃學習，腐草化爲蚈。天子衣苑黃，服八風水，爨柘燧火。中宮御女黃色衣，黃采。其兵劍。其畜牛。朝于中宮。命滂人，入材葦。行惠令，弔死問疾，存視長老，行桴鬻，厚席蓐，以送萬物歸也。六月官少內，其樹梓。

蕙田案：淮南無中央令，即見于季夏之月，與月令異。

中央土。注：火休而盛德在土也。其日戊己。注：戊之言茂也。己之言起也。萬物皆枝葉茂盛，其含秀者抑屈而起。其帝黃帝，其神后土。其蟲倮。注：象物露見不隱藏。虎豹之屬，恒淺毛。其音宮，律中黃鐘之宮。其數五。注：土生數五，成數十。言五者，土以生爲本。其味甘，其臭香。其祀中霤，祭先心。天子居太廟大室，乘大路，駕黃騮，載黃旂，衣黃衣，服

黄玉，食稷與牛，其器圜以閎。注：稷，五穀之長。牛，土畜也。器圜者，象土周匝于四時〔一〕。閎謂中寬，象土含物。

張子曰：五行之氣，分主四時，土固多于四者，然其運行之氣則均同。中央土在季夏之末者，以易言之，八卦之位坤居西南，當離、兑之間，離、兑則金、火也，是以在季夏之末。

吴氏澄曰：倮，人類也。人類之貴于羽、毛、鱗、介，猶土之尊于木、火、金、水也。

蕙田案：唐月令有「是月也，祀黄帝于南郊」。

淮南子：中央土也。其帝黄帝，其佐后土，執繩而治四方。其神爲鎮星，其獸黄龍。

孟秋之月，日在翼，昏建星中，旦畢中。其日庚辛。注：庚之言更也。辛之言新也。萬物皆肅然改更，秀實新成。其帝少皞，其神蓐收。其蟲毛。注：象物應涼氣而備寒。狐貉之屬，生旃毛也。其音商，律中夷則。其數九。注：金生數四，成數九。但言九者，亦舉其成數。其味辛，其臭腥。其祀門，祭先肝。涼風至，白露降，寒蟬鳴，鷹乃祭鳥，用始行戮。注：皆

〔一〕「匝」，諸本作「布」，據禮記正義卷一六改。

記時候也。寒蟬，寒蜩，謂蜺也。鷹祭鳥者，將食之，示有先也。既祭之後，不必盡食，若人君行刑〔一〕，戮之而已。天子居總章左个，乘戎路，駕白駱，載白旂，衣白衣，服白玉，食麻與犬，其器廉以深。注：麻實有文理，屬金。犬，金畜也。器廉以深，象金傷害，物入藏。是月也，以立秋。先立秋三日，太史謁之天子曰：「某日立秋，盛德在金。」天子乃齊。立秋之日，天子親率三公、九卿、諸侯、大夫以迎秋於西郊。還反，賞軍帥、武人于朝〔二〕。天子乃命將帥選士厲兵，簡練桀俊，專任有功，以征不義。詰誅暴慢，以明好惡，順彼遠方。是月也，命有司修法制，繕囹圄，具桎梏，禁止姦，慎罪邪，務搏執。注：順秋氣，政尚嚴。命理瞻傷察創視折注：理，治獄官也。有虞氏曰士，夏曰大理，周曰大司寇〔三〕。審斷。決獄，訟必端平。戮有罪，嚴斷刑。天地始肅，不可以贏。是月也，農乃登穀。天子嘗新，先薦寢廟。注：黍稷之屬，于是始熟。命百官始收斂。注：順秋氣收斂物。完隄防，謹壅塞，以備水潦。修宮室，坏牆垣，補城郭。注：象秋收斂，物當藏也。是月也，毋以封諸侯，立大官。毋以

〔一〕「行」，諸本脱，據禮記正義卷一六補。
〔二〕「朝」，諸本作「廟」，據禮記正義卷一六改。
〔三〕「大」，原脱，據光緒本、禮記正義卷一六補。

割地，行大使，出大幣。孟秋行冬令，則陰氣大勝，介蟲敗穀，戎兵乃來。注：亥之氣乘之也。行春令，則其國乃旱，陽氣復還，五穀無實。注：寅之氣乘之也。行夏令，則國多火災，寒熱不節，民多瘧疾。注：巳之氣乘之也。

馬氏晞孟曰：涼風至，則天地之仁氣散矣。白露降，則陰乘陽而其候交矣。寒蟬鳴，則物之生於暑者，其聲變矣。鷹乃祭鳥，用始行戮，則時主殺，而物之司殺者應是而動也，于是可以設罻羅矣。

方氏慤曰：穀謂稷也。孟夏之麥，仲秋之麻，季秋之稻，皆穀，獨于稷言穀，以稷爲五穀之長也。稼穡之官謂之后稷，土穀之神謂之社稷，皆以此爾。

蕙田案：命理瞻傷察創視折審斷，當於「斷」字絶句。蔡邕云：皮曰傷，肉曰創，骨曰折，骨肉皆絶曰斷。蓋此四者，其受傷有輕重之殊，故曰瞻，曰察，曰視，曰審，亦有深淺之别。刑官相驗之法，大略盡于此矣。注疏本以「審斷決」爲句，陳氏澔集説亦同，惟陸佃、吴澄、徐師曾皆從蔡氏。今從之。

又案：唐月令：「七月之節，日在張，昏尾中，曉婁中，斗建申位之初。七月中氣，日在張，昏箕中，曉昴中，斗建申位之中。」又唐本于「具桎梏」下有「斷薄刑，決小罪」六字，無「禁止姦」以下三十一字，蓋因鄭氏注以純陽之月斷刑決罪

爲非，故移置此月也。又于「命百官始收斂」下增入「命澤人納材葦」六字，無「完隄防」以下十字。又「毋以封諸侯」一條，唐本亦無之。

淮南子：西方金也。其帝少昊，其佐蓐收，執矩而治秋。其神爲太白，其獸白虎。

孟秋之月，招搖指申。盛德在金。服八風水，爨柘燧火。西宫御女白色衣，白采。撞白鐘。其兵戈。其畜狗。朝于總章左个，以出秋令。求不孝不悌、戮暴傲悍而罰之，以助損氣。行是月令，涼風至三旬。七月官庫，其樹楝。

尚書大傳：天子以秋命三公將帥選士厲兵，以征不義；決獄訟，斷刑罰，趣收斂，以順天道，以佐秋殺。

詩氾曆樞〔一〕：蟋蟀在堂，流火西也。立秋促織鳴，女工急促之候也。

春秋考異郵：立秋趣織鳴。

尚書考靈曜：虚爲秋後，昴爲冬期。陰氣相佐，德乃不邪。子助毋教，母合子符。

〔一〕「詩氾曆樞」，原作「詩記曆樞」，據光緒本改。

仲秋之月，日在角，昏牽牛中，旦觜觿中。其日庚辛。其帝少皞，其神蓐收。其蟲毛。其音商，律中南吕。其數九。其味辛，其臭腥。其祀門，祭先肝。盲風至，鴻雁來，玄鳥歸，群鳥養羞。注：皆記時候也。盲風，疾風也。歸，謂去蟄也。羞，謂所食也。天子居總章太廟，乘戎路，駕白駱，載白旂，衣白衣，服白玉，食麻與犬，其器廉以深。是月也，養衰老，授几杖，行糜粥飲食。乃命司服，具飭衣裳，文繡有恒，制有大小，度有長短，衣服有量，必循其故。冠帶有常。乃命有司申嚴百刑，斬殺必當。毋或枉橈，枉橈不當，反受其殃。是月也，乃命宰祝循行犧牲，視全具，案芻豢，瞻肥瘠，察物色，必比類；量大小，視長短，皆中度。五者備當，上帝其饗。天子乃難，以達秋氣。以犬嘗麻，先薦寢廟。注：麻始熟也。是月也，可以築城郭，建都邑，穿竇窖，修囷倉。注：爲民將入，物當藏也。乃命有司趣民收斂，務畜菜，多積聚。注：始爲禦冬之備。乃勸種麥，毋或失時，其有失時，行罪無疑。注：麥者，接絶續乏之穀，尤重之。是月也，日夜分，雷始收聲，蟄蟲坏户，殺氣浸盛，陽氣日衰，水始涸。注：又記時候也。雷始收聲在地中，動内物也。坏，益也。蟄蟲益户，謂稍小之也。涸，竭也。此甫八月中，雨氣未止，而云水竭，非也。周語曰：「天根見而水涸。」天根見，九月末也。日夜分，則同度量，平權衡，正鈞石，角斗甬。是月也，易關市，

來商旅，納貨賄，以便民事。四方來集，遠鄉皆至，則財不匱，上無乏用，百事乃遂。凡舉大事，毋逆大數，必順其時，慎因其類。仲秋行春令，則秋雨不降，草木生榮，國乃有恐。注：卯之氣乘之也。行夏令，則其國乃旱，蟄蟲不藏，五穀復生〔一〕。注：午之氣乘之也。行冬令，則風災數起，收雷先行，草木蚤死。注：子之氣乘之也。

方氏慤曰：盲者，閉暗之稱。當建酉閶户之月，故其風謂之盲風，又謂之閶闔。玄鳥至以陽中，故歸以陰中也。羞謂所美之食，養之以備冬藏也。

陳氏澔曰：水本氣之所爲，春夏氣至故長，秋冬氣返故涸。

徐氏師曾曰：農事畢，故可以興土功。城郭都邑，功之作于上者；竇窖囷倉，功之作于下者。

蕙田案：唐月令：「八月之節，日在翼，昏南斗中，曉畢中，斗建酉位之初。八月中氣，日在軫，昏南斗中，曉東井中，斗建酉位之中。」又唐本有「是月也，命樂正習吹，上丁釋奠于國學，天子乃率公、卿、大夫親往視之。是月也，命有司上戊釋奠于太公廟。是月也，擇元日命人社。是月也，祀夕月于西郊。是月也，命

〔一〕「復」，原作「不」，據光緒本、禮記正義卷一六改。

有司享壽星于南郊。是月也，命有司祭馬社」。自「乃命司服」以下三十二字，及「命有司趣民收斂，務蓄菜」，俱改入季秋之月；「築城郭」以下四句，「易關市」以下九句，俱改入孟冬之月。

其樹柘。

淮南子：仲秋之月，招摇指酉。涼風至，候雁來。玄鳥歸，群鳥翔。八月官尉，其樹柘。

王居明堂禮：仲秋，九門磔攘，以發陳氣，禦止疾疫。仲秋，農隙，民畢入于室，曰時殺將至，毋罹其災。

春秋感精符：八月，白露降，鶴即高鳴相儆。仲秋，乃命國醵。

季秋之月，日在房，昏虚中，旦柳中。其日庚辛。其帝少皞，其神蓐收。其蟲毛。其音商，律中無射。其數九。其味辛，其臭腥。其祀門，祭先肝。鴻雁來賓，爵入大水爲蛤，鞠有黄華，豺乃祭獸戮禽。注：皆記時候也。來賓，言其客止未去也。大水，海也。戮猶殺也。天子居總章右个，乘戎路，駕白駱，載白旂，衣白衣，服白玉，食麻與犬，其器廉以深。是月也，申嚴號令。命百官貴賤無不務内，以會天地之藏，無有宣出。注：内謂收斂入之也。會猶聚也。乃命冢宰，農事備收，舉五穀之要，藏帝藉之收于神倉，祗敬必

飭。是月也，霜始降，則百工休。注：寒而膠漆之作不堅好也。乃命有司曰：「寒氣總至，民力不堪，其皆入室。」上丁，命樂正入學習吹。是月也，大饗帝。嘗犧牲，告備于天子。合諸侯，制百縣，爲來歲受朔日，與諸侯所稅于民，輕重之法，貢職之數，以遠近土地所宜爲度，以給郊廟之事，無有所私。注：秦以建亥之月爲歲首，于是歲終使諸侯及鄉遂之官受此法焉。是月也，天子乃教於田獵，以習五戎，班馬政。命僕及七騶咸駕，載旌旐，授車以級，整設于屏外。司徒搢撲，北面誓之。天子乃厲飾，執弓挾矢以獵。命主祠祭禽于四方。是月也，草木黄落，乃伐薪爲炭。注：伐木必因殺氣。蟄蟲咸俯在内，皆墐其户。注：墐，謂塗閉之，辟殺氣。乃趣獄刑，毋留有罪。注：殺氣已至，有罪者即決也。收禄秩之不當、供養之不宜者。注：天氣殺而萬物咸藏，可以去之也。是月也，天子乃以犬嘗稻，先薦寢廟。注：稻始熟也。季秋行夏令，則其國大水，冬藏殃敗，民多鼽嚏。注：未之氣乘之也。行冬令，則國多盜賊，邊境不寧，土地分裂。注：丑之氣乘之也。行春令，則煖風來至，民氣解惰，師興不居。注：辰之氣乘之也。

方氏慤曰：萬物皆華于陽，獨鞠華于陰，故言「有」。春秋傳曰：「有者，不宜有也。」獨言其色者，其色正應陰之盛也。

陳氏澔曰：雁以仲秋者爲主，季秋後至者爲賓，如先登者爲主，人從之以至者爲客也。專務收斂諸物于内，以合天地閉藏之令也，宣出則悖時矣。

張氏虙曰：爲政無取乎督促，獄刑則惡乎留滯。入秋以來，孟月則嚴之，仲月又申嚴之，季月乃趣之桎梏之苦、箠楚之痛，望而畏之，此豈可留者。易曰：「山上有火，旅。先王以明慎用刑而不留獄，旅不處也。」聖人以不留獄象之，信矣。

欽定義疏：月令紀雁爲詳。以生于陰而能從陽，故重之。重之，故詳之。十二月雁北鄉，則七月南鄉可知，鄉之未啓行也。正月鴻雁歸，啓行未至北也。八月鴻雁來，啓行未至南也。九月則若賓之至矣。九月來賓，則三月至其鄉可知。詳于南，其所見也。略于北，其所不見也。于北曰鄉，曰歸，歸其鄉也。于南曰來，曰來賓，客之也。

蕙田案：高誘注淮南子云：「賓爵，老雀也。栖息于人房户之間有似賓客，故云賓爵。」春秋正義引張叔皮論有「賓爵下革，田鼠上騰」之語，蓋主高氏，與注疏不同，未知孰是。

又案：唐月令：「九月之節，日在角，昏牽牛中，曉東井中，斗建戌位之初。

九月中氣，日在氐，昏須女中，曉柳中，斗建戌位之中。」又唐本有「是月也，命有司伐蛟、取鼉、登黿、取龜。是月也，命有司具飭衣裳，文繡有恒，衣服有量，冠帶有常，必循其故。是月也，命有司合秩芻，以養犧牲，以供皇天上帝名山大川四方之神，以祠宗廟社稷之靈，爲人祈福。是月也，趣人收斂，務蓄菜」，而無「爲來歲受朔日，教田獵，趣獄刑，收禄秩不當，供養不宜」諸文。

淮南子：季秋之月，招摇指戌。九月官候，其樹桃。

王居明堂禮：季秋，除道致梁以利農。

詩汜曆樞〔一〕：天霜，樹落葉而鴻雁南飛。

春秋感精符：霜，殺伐之表。季秋，霜始降，鷹隼擊，王者順天行誅，以成肅殺之威。若政令苛，則夏霜。誅伐不行，則冬霜不殺草。

孟冬之月，日在尾，昏危中，旦七星中。其日壬癸。注：壬之言任也。癸之言揆也。萬物懷任于下，揆然萌芽。其帝顓頊，其神玄冥。其蟲介。注：介，甲也。象物閉藏地中，龜鼈之

〔一〕「詩汜曆樞」，原作「詩記曆樞」，據光緒本改。

屬。其音羽，律中應鐘。其數六。注：水生數一，成數六。但言六者，亦舉其成數。其味鹹，其臭朽。其祀行，祭先腎。水始冰，地始凍，雉入大水爲蜃，虹藏不見。注：皆記時候也。大水，淮也。大蛤曰蜃。天子居玄堂左个，乘玄路，駕鐵驪，載玄旂，衣黑衣，服玄玉，食黍與彘，其器閎以奄。注：黍秀舒散，屬火，寒時食之，亦以安性也。彘，水畜也。器閎而奄，象物閉藏也。是月也，以立冬。先立冬三日，大史謁之天子曰：「某日立冬，盛德在水。」天子乃齊。立冬之日，天子親帥三公、九卿、大夫以迎冬于北郊。還反，賞死事，恤孤寡。是月也，命太師釁龜筴占兆，審卦吉凶。注：周禮龜人「上春釁龜」，謂建寅之月也。秦以其歲首，使太史釁龜，與周異矣。是察阿黨，則罪無有掩蔽。是月也，天子始裘。注：九月授衣，至此可以加裘。命有司曰：「天氣上騰，地氣下降，天地不通，閉塞而成冬。」注：使有司助閉藏之氣。命百官謹蓋藏。命司徒循行積聚，無有不斂。坏城郭，戒門閭，修鍵閉，慎管籥，固封疆，備邊竟，完要塞，謹關梁，塞徯徑，飭喪紀，辨衣裳，審棺椁之薄厚，塋丘壟之大小、高卑、厚薄之度，貴賤之等級。注：此亦閉藏之具，順時飭正之也。是月也，命工師效功，陳祭器，案度程，毋或作爲淫巧，以蕩上心，必功致爲上。物勒工名，以考其誠。功有不當，必行其罪，以窮其情。是月也，大飲烝。天子乃祈來年于天宗，大割祠于

公社及門閭，臘先祖五祀。勞農以休息之。天子乃命將帥講武，習射御，角力。是月也，乃命水虞、漁師收水泉池澤之賦，毋或敢侵削衆庶兆民，以爲天子取怨于下。其有若此者，行罪無赦。注：因盛德在水，收其税。孟冬行春令，則凍閉不密，地氣上泄，民多流亡。注：寅之氣乘之也。行夏令，則國多暴風，方冬不寒，蟄蟲復出。注：巳之氣乘之也。行秋令，則霜雪不時，小兵時起，土地侵削。注：申之氣乘之也。

方氏慤曰：冰即水也。水以陽釋，冰以陰凝，凍氣閉而陽不能熙也。孟冬重陰之始，故言水始冰，地始凍焉。水虞即周禮澤虞，漁師即周禮𩇯人，命是二官者，各以其職故也。仲秋言行罪無疑，無疑未至于無赦也。失時之罪小，故止于無疑；取怨之罪大，故曰無赦。

馬氏晞孟曰：雉，火屬。蜃，水屬。陽不勝陰，而並與遷焉，故化虹。以陰于陽，故見。至是陽升陰降而弗通，故藏。

蕙田案：唐月令：「十月之節，日在房，昏虚中，曉張中，斗建亥位之初。十月中氣，日在尾，昏危中，曉翼中，斗建亥位之中。」又唐本有「是月也，可以築城郭，造宫室，穿竇窖，修囷倉。是月也，祭神州地祇于北郊。是月也，命有司祭司寒。是月也，命有司祭司中、司命、司人、司禄。是月也，易關市，來征旅，納貨

賄，以便人事。四方來集，遠鄉皆至，則財不匱，上無乏用，百事乃遂。是月也，命有司秫稻必齊，麴糱必時，湛齊必潔，水泉必香，陶器必良，火齊必得。兼用六物，酒官監之，無有差貸」。其移「仲冬乃命大酋」一節于此月，則取豳詩「十月穫稻，爲此春酒」之文也。又改「太史釁龜」入孟春之月，改「天子祈來年于天宗，命將帥講武，習射御，角力」入季冬之月。

淮南子：北方水也。其帝顓頊，其佐玄冥，執權而治冬。其神爲辰星，其獸玄武。

孟冬之月，招揺指亥。盛德在水。服八風水，爨松燧火。北宮御女黑色衣，黑采。擊磬石。其兵鎩。其畜彘。朝于玄堂左个，以出冬令。命有司修群禁，禁外徙，閉門閭〔一〕，大搜客。斷罰刑，殺當罪，阿上亂法者誅。十月官司馬，其樹檀。

王居明堂禮：孟冬之月，命農畢積聚，繫牧牛馬。

尚書大傳：天子以冬命三公，并固封境，以望冬固地藏也。

逸禮：冬則衣黑衣，佩玄玉，居明堂後廟，啓北户。

〔一〕「門」，諸本脱，據淮南子集釋卷五補。

仲冬之月，日在斗，昏東壁中，旦軫中。其日壬癸。其帝顓頊，其神玄冥。其蟲介。其音羽，律中黄鐘。其數六。其味鹹，其臭朽。其祀行，祭先腎。冰益壯，地始坼，鶡旦不鳴，虎始交。注：皆記時候也。鶡旦，求旦之鳥也。交猶合也。天子居玄堂太廟，乘玄路，駕鐵驪，載玄旂，衣黑衣，服玄玉，食黍與彘，其器閎以奄。飭死事。注：飭軍士〔一〕，戰必有死志。命有司曰：「土事毋作，愼毋發蓋，毋發室屋，及起大衆，以固而閉。地氣沮泄，是謂發天地之房，諸蟄則死，民必疾疫。又隨以喪，命之曰暢月。」注：暢猶充也。太陰用事，尤重閉藏。是月也，命奄尹申宫令，審門閭，謹房室，必重閉。省婦事，毋得淫。雖有貴戚近習，毋有不禁。乃命大酋，秫稻必齊，麴蘗必時，湛熾必絜，水泉必香，陶器必良，火齊必得。兼用六物，大酋監之，毋有差貸。天子命有司祈祀四海、大川、名源、淵澤、井泉。注：順其德盛之時祭之也。是月也，農有不收藏積聚者，馬牛畜獸有放佚者，取之不詰。注：此收斂尤急之時，人有取者不罪，所以警懼其主也。山林藪澤，有能取蔬食田獵禽獸者，野虞教道之。其有相侵奪者，罪之不赦。注：務收斂野物也。是月

〔一〕「士」，原作「事」，據光緒本、禮記正義卷一七改。

也，日短至，陰陽爭，諸生蕩。注：爭者，陰方盛，陽欲起也。蕩，謂物動萌芽也。君子齋戒，處必掩身，身欲寧，去聲色，禁嗜欲，安形性，事欲靜，以待陰陽之所定。芸始生，荔挺出，蚯蚓結，麋角解，水泉動。注：又記時候也。芸，香草也。荔挺，馬薤也。水泉動，潤上行。日短至，則伐木，取竹箭。注：此其堅成之極時。是月也，可以罷官之無事，去器之無用者。塗闕廷門閭，築囹圄，此以助天地之閉藏也。注：謂先時權所建作者也。天地閉藏而萬物休，可以去之。仲冬行夏令，則其國乃旱，氛霧冥冥，雷乃發聲。注：午之氣乘之也。行秋令，則天時雨汁，瓜瓠不成，國有大兵。注：順時氣也。行春令，則蝗蟲爲敗，水泉咸竭，民多疥癘。注：酉之氣乘之也。注：卯之氣乘之也。

高氏誘曰：始坼，凍裂也。鶡旦，山鳥，陽物也。是月陰盛，故不鳴。虎，陽中之陰。陰氣盛，以類發也。

朱子曰：暢月，謂陽久屈而得伸也。

張氏虙曰：寒氣增于地之上，故冰益壯。暖氣生于地之下，故凍者坼。游惰之民，爲人所取，上未嘗加問，惡其惰也。勤力之民，爲人侵奪，上爲之罪其人，喜其勤也。上之示民好惡者如此。

馬氏晞孟曰：夏爲正陽，陰始間之；冬爲正陰，陽始間之，有爭道焉。于冬至曰諸生蕩，見陽足以勝陰；于夏至曰死生分，見陰之來，不過與陽爲敵而已。

陳氏澔曰：此與夏至同，而有謹之至者。仲夏之陰猶微，陽未至于甚傷。此時之陰猶盛，微陽當在于善保故也。

方氏愨曰：芸、荔挺，皆香草。凡物之氣，感陰者腥，感陽者香。蚯蚓感正陽之氣而後出，故微陽始生而猶結，言形之未解也。是月陰極而終，故冰益壯。陽生而始，故水泉動。壯，其形然。動，其氣然也。

蕙田案：呂氏春秋、淮南子、唐月令俱無「飭死事」三字，朱子定以爲衍文，蓋因孟冬有「賞死事」之文，誤重出于此。

又案：唐月令：「十一月之節，日在箕，昏營室中，曉軫中，斗建子位之初。十一月中氣，日在南斗，昏東壁中，曉角中，斗建子位之中。」又唐本有「是月也，祀昊天上帝于圜丘。是月也，命有司祭馬步」。自「乃命大酋」以下改入孟冬之月，又删去「命之曰暢月」句、「省婦事毋得淫」句及「塗闕庭門閭」三句。

淮南子：仲冬之月，招摇指子。十一月官都尉，其樹棗。

易通卦驗：荔挺不出，則其國多火災。　冬至之前五日，商賈不行，兵甲仗匿，人主與群臣左右從樂。　冬至日，使八能之士鼓黄鐘之琴，瑟用槐木，長八尺一

寸。冬至之日，立八神，樹八尺之表，日中視其晷。晷如度者，則歲美人和，不則歲惡人惑。晷入則水，晷退則旱。進二寸則月食，進尺則日食。

孝經援神契：仲冬昴星中，取莒芋。

季冬之月，日在婺女，昏婁中，旦氐中。其日壬癸。其帝顓頊，其神玄冥。其蟲介。其音羽，律中大吕。其數六。其味鹹，其臭朽。其祀行，祭先腎。雁北鄉，鵲始巢，雉雊，雞乳。注：皆記時候也。雊，雉鳴也。天子居玄堂右个，乘玄路，駕鐵驪，載玄旂，衣黑衣，服玄玉，食黍與彘，其器閎以奄。命有司大難，旁磔，出土牛，以送寒氣。征鳥厲疾。注：殺氣當極也。征鳥，題肩也。或名曰鷹，仲春化爲鳩。乃畢山川之祀，及帝之大臣，天之神祇。是月也，命漁師始漁。天子親往，乃嘗魚，先薦寢廟。注：此時魚潔美。冰方盛，水澤腹堅，命取冰。注：腹，厚也。此月日在北陸，冰堅厚之時也。冰以入，令告民，出五種。命農計耦耕事，修耒耜，具田器。注：明大寒既過，農事將起也。命樂師大合吹而罷。乃命四監收秩薪柴，以共郊廟及百祀之薪燎。是月也，日窮于次，月窮于紀，星回于天，數將幾終。注：言日月星辰運行，于此月皆周匝于故處也。次，舍也。紀，會也。歲且更始，專而農民，毋有所使。注：言專一女農民之心，令之豫有志于耕稼之事，不可徭役。徭役之，則

志散失業也。天子乃與公、卿、大夫共飭國典，論時令，以待來歲之宜。注：周禮以正月爲之，建寅而縣之。今用此月，則所因于夏、殷也。乃命太史次諸侯之列，賦之犧牲，以共皇天、上帝、社稷之饗。乃命同姓之邦，共寢廟之芻豢。命宰列卿大夫至于庶民土田之數，而賦犧牲，以供山林名川之祀。凡在天下九州之民者，無不咸獻其力，以共皇天、上帝、社稷、寢廟、山林、名川之祀。季冬行秋令，則白露早降，介蟲爲妖，四鄙入保。注：戌之氣乘之也。行春令，則胎夭多傷，國多固疾，命之曰逆。注：辰之氣乘之也。行夏令，則水潦敗國，時雪不降，冰凍消釋。注：未之氣乘之也。

馬氏晞孟曰：雁北鄉，則順陽而復也。雉，火畜也，感于陽而後有聲。雞，木畜也，麗于陽而後有形。

方氏慤曰：冰之入也，爲陰事之終。種之出也，爲陽事之始。以冰入之期而告民出五種，終則有始也。

蕙田案：唐月令：「十二月之節，日在南斗，昏奎中，曉亢中，斗建丑位之初。十二月中氣，日在須女，昏婁中，曉氐中，斗建丑位之中。」又唐本有「命將帥講武，習射御，角力。乃教田獵，以習五戎，班馬政。命僕及七騶咸駕，載旌旐，授

車以綏，整設于屏外。有司搢扑，北面以誓之。天子乃厲飾，執弓挾矢以獵。命有司修祭禽之禮。天子乃褿百神于南郊，爲來年祈福于天宗。命有司出土牛，以示農耕之早晚。是月也，合諸侯，制百縣，爲來歲受朔日，與諸侯所税于人，輕重之法，貢職之數，以遠近土宜爲度，以給郊廟之事，無有所私」。其移「季秋頒朔」于此月者，以頒朔當在歲終也。移「孟冬祈年天宗」於此月，亦以祈年當在歲終也。唐本又删去「乃畢山川之祀」以下三句、「乃命同姓之邦」以下六句。

淮南子：季冬之月，招摇指丑。雁北鄉，鵲始巢，雉雊，雞呼卵。十二月官獄，其樹櫟。

王居明堂禮：季冬命國爲酒，以合三族，君子説，小人樂。

説文：冬至後三戌爲臘，祭百神也。

易通卦驗：小寒，虎始交，豺祭獸。鵲者陽鳥，先物而動，先時而應，見于木、風之象。

尚書大傳：東方之極，自碣石東至日出榑桑之野，帝太皞、神句芒司之。自冬日至數四十六日，迎春于東堂，距邦八里，堂高八尺，堂階八等，青税八乘，旂旐尚

青，田車載矛，號曰助天生。倡之以角，舞之以羽，此迎春之樂也。孟春之月，御青陽左个，禱用牡，索祀于艮隅，貌必恭，厥休時雨。朔令曰：「挺群禁，開閉闔，通窮室，達障塞，行優游〔一〕。」其禁：毋伐林木。仲春之月，御青陽正室，牲先脾，設主于户，索祀于震正。朔令曰：「棄怒惡，解役辠，免優患，休罰刑，閉關梁。」其禁：田獵不宿，飲食不享，出入不節，奪民農時，及有姦謀。季春之月，御青陽右个，薦用鮪，索祀于巽隅。朔令曰：「宣庫財，和外怨，撫四方，行柔惠，止剛强，九門磔禳，出疫于郊〔二〕，以禳春氣。」南方之極，自北户南至炎風之野，帝炎帝、神祝融司之。自春分數四十六日，迎夏于南堂，距邦七里，堂階七等，赤税七棄，斿旐尚赤，田車載弓，號曰助天養。倡之以徵，舞之以鼓鞉，迎夏之樂也。孟夏之月，御明堂左个，嘗麥用彘，索祀于巽隅。視必明，厥休時煥。朔令曰：「爵有德，賞有功，惠賢良，舉力農。」其禁：毋隳隄防。仲夏之月，御明堂正室，牲先肺，設主于竈，索祀于離正。朔

〔一〕「行優游」，諸本作「待優」，據尚書大傳疏證卷四改。
〔二〕「疫」，原作「役」，據光緒本、尚書大傳疏證卷四改。

令曰：「振貧窮，惠孤寡，慮囚疾，出大禄，行大賞。」其禁：棄法律，逐功臣，殺太子，以妾爲妻。乃令民雩。季夏之月，御明堂右个，牲先心，設主于中霤，索祀于坤隅。思必睿，厥休時風。朔令曰：「起毁宗，立無後，封廢國，立賢輔，恤喪疾。」中央之極，自崑崙中至大室之野，帝黄帝、神后土司之。土王之日，禱用牲，迎中氣于中室，樂用黄鐘之宫，爲民祈福，命世婦治服章，令民雩。其禁：治宫室，餙臺榭，内淫亂，犯親戚，侮父兄。西方之極，自流沙西至三危之野，帝少皡、神蓐收司之。自夏日至數四十六日，迎秋于西堂，距邦九里，堂高九尺，堂階九等，白税九氂，旌旄尚白，田車載兵，號曰助天收。倡之以商，舞之以干戚，此迎秋之樂也。孟秋之月，御總章左个，嘗穀用犬，索祀于坤隅。言必從，厥休時暘。朔令曰：「審用法，備盜賊，禁姦衺，餙群牧，謹貯聚。」其禁：毋弛戎備。仲秋之月，御總章正室，牲先肝，設主于門，索祀于兑正。朔令曰：「謹功築，遏溝瀆，修囷倉，決刑獄，趣收斂。」其禁：好攻戰，輕百姓，餙城郭，侵邊境。乃令民畋醵，庶甿畢入于室，曰：「時殺將至，毋罹其菑。」季秋之月，御總章右个，薦用田禽，索祀于乾隅。朔令曰：「除道路，守門閭，陳兵甲，戒百官，誅不法，除道成梁，以利農夫。」北方之極，自丁令北至積雪之野，

帝顓頊、神玄冥司之。自秋分數四十六日，迎冬于北堂，距邦六里，堂高六尺，堂階六等，黑稅六棄，旂旄尚黑，田車載甲鐵，號曰助天誅。倡之以羽，舞之以干戈，此迎冬之樂也。孟冬之月，御玄堂左个，祈年用牲，索祀于乾隅。聽必聰，厥休時寒。朔令曰：「申群禁，修障塞，畢積聚，繫牛馬，收澤賦。」其禁：無作淫巧。仲冬之月，御玄堂正室，牲先腎，設主于井，索祀于坎正。朔令曰：「搜外徒，止夜樂，誅詐僞，省醞釀，謹閉關。」其禁：簡宗廟，不禱祠，廢祭祀，逆天時。乃令民罷土功。季冬之月，御玄堂右个，薦用魚，索祀于艮隅。朔令曰：「省牲牷，修農器，收秸薪，築囹圄，謹蓋藏。」乃大儺，以禳疾。命國爲酒，以合三族，君子説，小人樂。

蕙田案：此洪範五行傳篇中之文，與月令大同。

又案：四仲之月，索祀于震、離、兑、坎四正。四孟、四季之月，索祀于艮、巽、坤、乾四隅。此以後天八卦方位定四方。其實四隅之祭，各有不同。孟春之艮兼寅，季冬之艮兼丑，季春之巽兼辰，孟夏之巽兼巳，季夏之坤兼未，孟秋之坤兼申，季秋之乾兼戌，孟冬之乾兼亥也。後世術家以八卦配干支，定爲二十四干，去戊己，土無正位也。八卦去子、午、卯、酉，坎、離、震、兑四正也。或疑後天卦

位出于方外陳摶之傳，而未信之，難與語仰觀俯察之妙矣。

逸周書時訓解：立春之日，東風解凍。又五日，蟄蟲始振。又五日，魚上冰。風不解凍，號令不行。蟄蟲不振，陰氣奸陽〔一〕。魚不上冰，甲胄私藏。雨水之日，獺祭魚。又五日，鴻雁來。又五日，草木萌動。獺不祭魚，國多盜賊。鴻雁不來，遠人不服。草木不萌動，果蔬不熟。驚蟄之日，桃始華。又五日，倉庚鳴。又五日，鷹化爲鳩。桃不始華，是謂陽否。倉庚不鳴，臣不從主〔二〕。鷹不化鳩，寇戎數起。春分之日，玄鳥至。又五日，雷乃發聲。又五日，始電。玄鳥不至，婦人不娠〔三〕。雷不發聲，諸侯失民〔四〕。不始電，君無威震〔五〕。清明之日，桐始華。又五日，田鼠化爲鴽。又五日，虹始見。桐不華，歲有大寒。田鼠不化鴽，國多貪殘。

〔一〕「氣」，諸本脱，據逸周書匯校集注卷六補。
〔二〕「從」，諸本脱，據逸周書匯校集注卷六補。
〔三〕「娠」，諸本脱，據逸周書匯校集注卷六補。
〔四〕「失」，諸本脱，據逸周書匯校集注卷六補。
〔五〕「無」，諸本作「臣」，據逸周書匯校集注卷六改。

虹不見，婦人苞亂。穀雨之日，萍始生。又五日，鳴鳩拂其羽。又五日，戴勝降于桑。萍不生，陰氣憤盈〔一〕。鳴鳩不拂其羽，國不治兵。戴勝不降于桑，正教不中。立夏之日，螻蟈鳴。又五日，蚯蚓出。又五日，王瓜生。螻蟈不鳴，水潦淫漫。蚯蚓不出，嬖奪后命〔二〕。王瓜不生，困于百姓。小滿之日，苦菜秀。又五日，靡草死。又五日，小暑至。苦菜不秀，賢人潛伏。靡草不死，國縱盜賊。小暑不至，是謂陰慝。芒種之日，螳螂生。又五日，鵙始鳴。又五日，反舌無聲。螳螂不生，是謂陰息。鵙不始鳴，令奸壅偪。反舌有聲，佞人在側。夏至之日，鹿角解。又五日，蜩始鳴。又五日，半夏生。鹿角不解，兵戈不息。蜩不鳴，貴臣放逸。半夏不生，民多癘疾。小暑之日，温風至。又五日，蟋蟀居壁。又五日，鷹乃學習。温風不至，國無寬教。蟋蟀不居壁，急迫之暴。鷹不學習，不備戎盜。大暑之日，腐草化爲螢。又五日，土潤溽暑。又五日，大雨時行。腐草不化爲螢，穀實鮮落。土潤不溽

〔一〕「盈」，諸本作「生」，據逸周書匯校集注卷六改。
〔二〕「命」，諸本脱，據逸周書匯校集注卷六補。

暑，物不應罰。大雨不時行，國無恩澤。立秋之日，涼風至。又五日，白露降。又五日，寒蟬鳴。涼風不至，國無嚴政〔一〕。白露不降，民多邪病。寒蟬不鳴，人皆力爭。處暑之日，鷹乃祭鳥。又五日，天地始肅。又五日，禾乃登。鷹不祭鳥，師旅無功。天地不肅，君臣乃□。農不登穀，暖氣爲災。白露之日，鴻雁來。又五日，玄鳥歸。又五日，群鳥養羞。鴻雁不來，遠人背畔。玄鳥不歸，家室離散。群鳥不養羞，下臣驕慢。秋分之日，雷始收聲。又五日，蟄蟲培户。又五日，水始涸。雷不始收聲，諸侯淫佚。蟄蟲不培户，民靡有賴〔二〕。水不始涸，甲蟲爲害。寒露之日，鴻雁來賓。又五日，爵入大水化爲蛤。又五日，菊有黄華。鴻雁不來，小民不服。爵不入大水，失時之極。菊無黄華，土不稼穡。霜降之日，豺乃祭獸。又五日，草木黄落。又五日，蟄蟲咸俯。豺不祭獸，爪牙不良。草木不黄落，是爲愆陽。蟄蟲不咸俯，民多流亡。立冬之日，水始冰。又五日，地始凍。又五日，雉入大水

〔一〕「國」，諸本脱，據逸周書匯校集注卷六補。
〔二〕「民」，諸本脱，據逸周書匯校集注卷六補。

爲蜃。水不冰，是爲陰負。地不始凍，咎徵之咎。雉不入大水，國多淫婦。小雪之日，虹藏不見。又五日，天氣上騰，地氣下降。又五日，閉塞而成冬。虹不藏，婦不專一。天氣不上騰，地氣不下降，君臣相嫉。不閉塞而成冬，母后淫佚。大雪之日，鶡鳥不鳴〔一〕。又五日，虎始交。又五日，荔挺生。鶡旦猶鳴，國有訛言〔二〕。虎不始交，將帥不和〔三〕。荔挺不生，卿士專權。冬至之日，蚯蚓結。又五日，麋角解。又五日，水泉動。蚯蚓不結，君政不行。麋角不解，兵甲不藏。水泉不動，陰不承陽。小寒之日，雁北鄉。又五日，鵲始巢。又五日，雉始雊。雁不北鄉，民不懷土。鵲不始巢，國不寧。雉不始雊，國大水。大寒之日，雞始乳。又五日，鷙鳥厲疾。又五日，水澤腹堅。雞不始乳，淫女亂男。鷙鳥不厲，國不除兵。水澤不腹堅，言乃不從。

王氏應麟曰：周書時訓雨水之日，獺祭魚。驚蟄之日，桃始華。易通卦驗先雨水，後驚蟄。此漢太初後曆也。又案三統曆，穀雨三月節，清明中；而時訓、通卦驗

〔一〕「不」，諸本脱，據逸周書匯校集注卷六補。
〔二〕「鶡旦猶鳴國有訛言」，諸本作「鶡鳥不鳴□□」，據逸周書匯校集注卷六改。
〔三〕「將帥不和」四字，諸本脱，據逸周書匯校集注卷六補。

清明在穀雨之前，與今術同。然則二書皆作于劉歆之後，時訓非周公書明矣，是以朱子集儀禮取夏小正而不取時訓。

蕙田案：逸周書本非古書，而時訓一篇尤爲淺陋，蓋漢儒剽取月令之文，分爲七十二候，傅會以占驗之説。後之術家言五日一候者，率準乎此。唐開元中御定月令，乃以竄入禮記正文，無識甚矣。月令以天時草木鳥獸記每月之候，此古法也。每月中少者四五候，多者七八候，節氣與中氣交則候隨應之，豈有五日而一候應，又五日而一候應之理乎？又每月既定爲六候，不可增多，故仲夏則去木堇榮一候，仲秋則去盲風至一候，仲冬則去冰益壯、地始坼、芸始生三候矣，亦不可減少，故孟夏則以次月之小暑至補之，而與月令之文相矛盾矣。孟秋則以天地始肅爲一候，孟冬則以天氣上騰，地氣下降，與閉塞而成冬分爲二候。然月令所云「天氣下降，地氣上騰，天地和同」，未嘗以紀孟春之候，何獨於此月紀之？且閉塞而成冬，即上騰下降之驗，尤不可分爲兩事，其支離雜湊如此。至占驗之法，出于讖緯家言，尤無可取也。

右時令下

後漢至唐讀時令

後漢書禮儀志：每月朔旦，太史上其月曆，有司、侍郎、尚書見讀其令，奉行其政。

宋書禮志：漢制，太史每歲上其年曆，先立春、立夏、大暑、立秋、立冬，常讀五時令。皇帝所服，各隨五時之色。帝升御座，尚書令以下就席位，尚書、三公、郎中以令置案上，奉以先入，就席伏讀訖，賜酒一卮。

通典：魏明帝景初元年，通事奏曰：「前後但見讀四時令，至于服黄之時獨闕。」太史令高堂隆以爲黄屬土也，土旺四季，各十八日。土生于火，故于火用事之末服黄，三季則否。其令則隨時，不以土行爲令也，是以服黄無令。斯則魏代不讀大暑令也。

宋書禮志：晉成帝咸和五年六月，有司奏讀秋令。侍中散騎侍郎荀奕、兼黄門侍郎散騎侍郎曹宇駮曰：「尚書三公曹奏讀秋令儀注。新荒以來，舊典未備。臣等參議，光禄大夫華恒議，武皇帝以秋夏盛暑，常闕不讀令，在春冬不廢也。夫先王所以順時讀令，蓋後天而奉天時。正服，尊嚴之所重，今服章多闕如。比熱隆赫，臣等謂可如恒議，依故事闕而不讀。」詔可。六年三月，有司奏：「今月十六日立夏。案五年

六月門下駁[一]，依武皇夏闕讀令。今正服漸備，四時讀令，是祇述天和隆赫之道。謂今故宜讀夏令。」奏可。

宋太祖常讀土令，三公郎中每讀時令，皇帝臨軒，百僚備位，多震悚失常儀，唯世祖世劉勰、太宗世謝緯善於其事，人主及公卿並屬目稱歎。

隋書禮儀志：北齊制，立春日，皇帝服通天冠，青介幘，青紗袍，佩蒼玉，青帶，青袴，青襪舄，而受朝于太極殿西廂，東向。尚書令等坐定，三公郎中詣席，跪讀時令訖，典御酌卮酒，置郎中前，郎中拜，還席伏飲，禮成而出。立夏至立秋，則施御座于中楹，南向。立冬如春，東向。各以其時之服色，儀並如春禮。

通典：唐貞觀十一年，復修四時讀令。開元十六年，命太常少卿韋縚每月進月令一篇。是後，孟月朔日御宣政殿，側置一榻，東西置案，令韋縚坐而讀之，諸司長官亦升殿列坐聽焉。歲除，罷之。

杜氏佑曰：讀時令非古制也，自東漢始焉，其後因而沿襲。案太宰職正月之

[一]「六月」，諸本作「三月」，據宋書禮志二改。

吉，懸治象之法於象魏，使人觀之；又春官太史頒告朔于邦國，玉藻復云聽朔于南門之外，並無讀時令故事，而辟閭仁諝云「元日受朝讀令，此則聽朔禮畢，合于玉藻之文」。王方慶雖有所駮，大旨與仁諝不異，皆臆説也。凡言時者，謂四時耳。若正月之朔讀令，則合云歲令，何以謂之時邪？其夏、秋、冬又何爲不讀邪？則辟閭輩誤矣。

開元禮皇帝於明堂讀五時令：

陳設

禮部尚書先讀令三日，奏讀月令，承以宣告。前三日，尚舍直長施大次于青龍門外道北，南向。仲春于青陽太廟；季春于青陽右个；孟夏于朱雀門外道東，西向；仲夏于明堂太廟；季夏于明堂右个；孟秋于白虎門外道北，南向；仲秋于總章太廟；季秋于總章右个；孟冬于玄武門外道西，東向；仲冬于玄堂太廟；季冬于玄堂右个。尚舍奉御設御座。守宫設文武官次于大次之後，文官在左，武官在右，俱南向。夏俱西向，秋俱北向，冬俱東向。設群官次于璧水東門之外，夏南門之外，秋西門之外，冬北門之外。文官在北，夏在東，秋在南，冬在西。武官在南，夏在西，秋在北，冬在東。俱西上。夏北上，秋東上，冬南上。前一日，尚舍奉御設御幄座于青陽左个，仲春于青陽太廟，季春于青陽右个；孟夏于明堂左个，仲夏于明堂太廟，季夏于明堂右个，季夏土王

日讀土令于太廟太室；孟秋于總章左个，仲秋于總章太廟，季秋于總章右个；孟冬于玄堂左个，仲冬于玄堂太廟，季冬于玄堂右个。近西，東向。夏近北，南向；秋近東，西向；冬近南，北向。守宮設三品以上及諸司長官坐于堂上，文官于御座東北，武官于御座東南，俱重行，西上。夏北上，秋東上，冬南上。無官長者，次官一人，升判官不合。設刑部郎中讀令座于御座東南，北向，有案。夏西南，東向；秋西北，南向；冬東北，西向。設文官解劍席于丑陛之左，仲春于寅陛之左，季春于卯陛之左；孟夏于辰陛之左，仲夏于巳陛之左，季夏于午陛之左；孟秋于未陛之左，仲秋于申陛之左，季秋于酉陛之左；孟冬于戌陛之左，仲冬于亥陛之左，季冬于子陛之左。設武官解劍席于卯陛之右，仲春于辰陛之右，季春于巳陛之右；孟夏于午陛之右，仲夏于未陛之右，季夏于申陛之右；孟秋于酉陛之右，仲秋于戌陛之右，季秋于亥陛之右；孟冬于子陛之右，仲冬于丑陛之右，季冬于寅陛之右。皆內向。太樂令展宮懸于青陽左个之庭，仲春于青陽太廟之庭，季春于清陽右个之庭；孟夏于明堂左个之庭，仲夏于明堂太廟之庭，季夏于明堂右个之庭，季夏土王之日讀土令于太廟太室之庭；孟秋于總章左个之庭，仲秋于總章太廟之庭，季秋于總章右个之庭；孟冬于玄堂左个之庭，仲冬于玄堂太廟之庭，季冬于玄堂右个之庭。設舉麾位于堂上寅陛之南，北向；仲春于堂上卯陛之南，季春于堂上辰陛之南，俱北向；孟夏于堂上巳陛之西，仲夏于堂上午陛之西，季夏于堂上未陛之西，俱東向；孟秋

于堂上申陛之北，仲秋于堂上酉陛之北，季秋于堂上戌陛之北，俱南向；孟冬于堂上亥陛之東，仲冬于堂上子陛庭下之東，季冬于堂上丑陛庭下之東，俱西向。一位于樂懸東北，南向。夏于樂懸東南，西向；秋于樂懸西南，北向；冬于樂懸西北，東向。典儀設三品以上及應升堂者位于懸東，夏于懸南，秋于懸西，冬于懸北。文左武右，俱重行，西向，夏北向，秋東向，冬南向。相對爲首。設非升堂者位：文官四五品于懸北，夏懸東，秋懸南，冬懸西。六品以下于其東，夏于其南，秋于其西，冬于其北。絶位俱南向；夏俱西向，秋俱北向，冬俱東向。武官四品五品于懸南，夏懸西，秋懸北，冬懸東。六品以下于其東，夏于其南，秋于其西，冬于其北。當文官俱北向。夏東向，秋南向，冬西向。皆重行，西上。夏北上，秋東上，冬南上。設典儀位于懸之西北，夏于懸東北，秋于懸東南，冬于懸西南。贊者二人在東，差退，俱南向。夏俱西向，秋俱北向，冬俱東向。奉禮設門外位各于次前，俱每等異位，重行相向，西上。夏北上，秋東上，冬南上。

鑾駕出宫

前出宫三日，本司宣攝内外，各供其職。守宫設從駕之官五品以上次于承天門外東西朝堂如常。前二日，太樂令設宫懸之樂於殿庭如常儀。其日未明七刻，搥一鼓爲一嚴。三嚴時節，前一日侍中奏裁。侍中奏開宫殿門及城門。未明五刻，搥二鼓爲再

嚴。侍中版奏：「請中嚴。」奉禮設從駕群官五品以上位：文官于東朝堂之前，西向；武官于西朝堂之前，東向，俱重行，北上。從駕群官五品以上俱集朝堂次〔一〕，各服其服。其六品以下，並從發駕之前先赴朝堂所，俱就次，各服其服。所司陳小駕鹵簿。未明二刻，搥三鼓爲三嚴。諸衛之屬各督其隊與鈒戟以次入陳于殿庭。謁者引從駕群官各就朝堂前位〔二〕。諸侍衛之官各服其器服，侍中、中書令以下俱詣西閤奉迎。侍中奉寶如式。乘黄令進金輅于西閤外，南向。千牛將軍一人執長刀立于輅前，北向。黄門侍郎一人在侍臣之前，贊者二人又在黄門之前。侍中版奏：「外辦。」太僕卿奮衣而升，正立執轡。皇帝服通天冠，青紗袍，夏絳紗，季夏土王之日黄紗，秋白紗，冬黑紗。佩蒼玉，夏佩赤玉，季夏土王之日佩黄玉，秋佩白玉，冬佩玄玉。御輿以出，曲直華蓋警蹕侍衛如常儀。皇帝將出，仗動，太樂令令撞黄鐘之鐘，右五鐘皆應。協律郎跪，俛伏，舉麾，鼓柷，奏太和之樂。千牛將軍前執轡，皇帝升輅，太僕卿立授綏，侍中、中書令以次侍如常儀。黄

〔一〕「集」，原脱，據光緒本、通典卷一一二四、開元禮卷九九補。
〔二〕「前」，諸本脱，據通典卷一一二四、開元禮卷九九補。

門侍郎進，當鑾駕前跪，奏稱：「黄門侍郎臣某言，請鑾駕發引。」俛伏，興，退復位。（凡黄門侍郎奏請，皆進當鑾駕前跪，奏稱具官某言，俛伏，興。）鑾駕動，又稱警蹕，黄門侍郎與贊者夾引以出，千牛將軍夾路而趨。駕至太極門，偃麾，戛敔，樂止。出太極門，鼓柷，奏采茨之樂；出嘉德門，戛敔，樂止。（凡樂，皆協律郎舉麾〔一〕，工鼓柷而後作〔二〕，偃麾戛敔而後止。）至順天門外，（于明堂讀令則至承天門。）侍臣上馬所，黄門侍郎奏：「請鑾駕權停，敕侍臣上馬。」侍中前承詔，退稱：「制曰可。」黄門侍郎皆上馬。諸侍衛之官各督其屬左右翊駕，在黄麾内。符寶郎奉六寶與殿中監後部從。侍中、中書令以下夾侍于輅前，贊者在供奉官人内〔三〕。侍臣上馬畢，黄門侍郎奏稱：「請敕車右升。」侍中前承詔，退稱：「制曰可〔四〕。」黄門侍郎退復位。千牛將軍升訖，黄門侍郎奏稱〔五〕：「請鑾駕發引。」退復位。鑾駕動，稱警蹕，

〔一〕「郎」，諸本脱，據通典卷一一四補。
〔二〕「後」，諸本作「復」，據通典卷一一四、開元禮卷九九改。
〔三〕「供奉」，諸本誤倒，據通典卷一一四乙正。
〔四〕「制」與上文「詔」原互乙，據通典卷一一四、開元禮卷九九乙正。
〔五〕「奏稱」，諸本脱，據通典卷一一四、開元禮卷九九補。

鼓傳音如常，鼓吹振作而行，其從駕官在玄武隊如常儀。

讀令

其日，依時刻，諸衛勒所部屯門列仗及青陽左个之庭如常。仲春，青陽太廟之庭。季春，青陽右个之庭。孟夏，明堂左个之庭。仲夏，明堂太廟之庭。季夏，明堂右个之庭。孟秋，總章左个之庭。仲秋，總章太廟之庭。季秋，總章右个之庭。孟冬，玄堂左个之庭。仲冬，玄堂太廟之庭。季冬，玄堂右个之庭。先置群官俱集次，各服其服。駕將至，典謁各引先置群官俱就門外位。駕至大次門外，迴輅南向，千牛將軍降立於輅右。侍中進當鑾駕前跪，奏稱：「侍中臣某言，請降輅。」俛伏，興，還侍位。皇帝降輅，御輿之大次，繖扇華蓋侍衛警蹕如常儀。典謁引文武五品以上從駕之官皆就門外位。太樂令帥工人入就位，協律郎入就舉麾位。典儀帥贊者先入就位。典謁引群官非升座者入就位。刑部郎中以月令置于案，覆以帊；令史二人俱絳公服，對舉案立于武官五品以上東南，郎中立于案後，北面。夏，令史對舉案于五品武官西南，郎中立于案後，東面。秋，于五品武官西北，郎中立于案後，南面。冬，于武官東北，郎中立于案後，西面。侍中版奏：「外辦。」皇帝御輿出次，曲直華蓋侍衛警蹕如常儀。入自青龍門，夏入自朱雀門，秋入自白虎門，冬入自玄武門。皇帝初入門，太樂令

令撞蕤賓之鐘，左五鐘皆應，鼓柷，奏太和之樂，皇帝自寅陛，夏升自巳陛，秋升自申陛，冬升自亥陛。入即御座，東向坐；夏南向坐，秋西向坐，冬北向坐。符寶郎奉寶置于御座，侍臣夾侍如常儀。戛敔，樂止。典儀一人升，立于左个東北，南向；夏東南，西向；秋西南，北向；冬西北，東向。典謁引公王以下入，就西面位。夏北面位，秋東面位，冬南面位。上公初入門，舒和之樂作。凡公行，皆作舒和之樂。公至位，樂止。群官立定，典儀曰：「再拜。」贊者承傳，凡典儀有詞，贊者皆承傳。在位者皆再拜。侍中前跪，奏稱：「侍中臣某言，請延公王等升。」俛伏，興。又侍中稱：「制曰可。」侍中詣左个東北，南面，夏東南，西面；秋西南，北面；冬西北，東面。稱：「詔延公王等升。」俛伏，興。又侍中典儀承傳，堂下贊者又承傳，在位皆再拜。典謁者以次引西面位者，夏典謁引北面位者，秋引東面位者，冬引南面位者。各詣其階。公初行，樂作；至解劍席，樂止。公王以下俱升席，跪解劍，俛伏，興，脱舄。通事舍人各引升，立于座後。刑部郎中奉案進，立于卯陛下。侍中跪奏：「請讀月令。」俛伏，興。侍中稱：「有制曰可。」侍中退復位。刑部郎中再拜，就解劍席，跪解劍，俛伏，興，脱舄，取令，持案者仍立于下。通事舍人引刑部郎中奉令升自卯陛，詣席南，北向跪，置令于案，俛伏，興，立于席後。堂上典儀唱：「就座。」公王以下及刑

部郎中並就座，俛伏，興，坐。刑部郎中讀令，每句一絶，使言聲可了。讀令訖，堂上典儀唱：「可起。」公王以下及刑部郎中以令置于案，與群官俱跪佩劍，俛伏，興，納舄。典謁各引還本位。公初行樂作，至位樂止。立定，典儀曰：「再拜。」在位者皆再拜。典謁引西面位者出，夏北面，秋東面，冬南面。公初行樂作，出門樂止。侍中跪奏稱：「侍中臣某言禮畢。」俛伏，興，還侍位。皇帝興，太樂令令撞黄鐘之鐘，右五鐘皆應，太和之樂作，皇帝降座，御輿出之便次，警蹕侍衛如來儀，出門樂止。典謁引南北面位者以次出。夏引東，西面；秋引南，北面；冬引西，東面。

春令其文具小戴禮篇，故不繁載。

鑾駕還宫

皇帝既還大次，侍中版奏〔一〕：「請解嚴。」將士不得輒離部位。皇帝停大次一刻頃，搥一鼓爲一嚴，轉仗衛于還塗如來儀。三刻頃〔二〕，搥二鼓爲再嚴，將士布隊仗，侍中版

〔一〕「侍中」，原作「持節」，據光緒本、通典卷一二四、開元禮卷九九改。

〔二〕「搥一鼓爲一嚴轉仗衛于還塗如來儀三刻頃」十八字，原脱，據光緒本、通典卷一二四補。

奏：「請中嚴。」五刻頃，搥三鼓爲三嚴，謁者、贊引各引群官序立于次前，文武侍臣詣大次奉迎，乘黄令進金輅于大次門外，南向，夏北向，秋西向，冬東向。千牛將軍立于輅右，侍中版奏「外辦」，太僕卿升執轡，皇帝御輿出次，繖扇侍衛警蹕如常儀。皇帝升輅，太僕卿立授綏。黄門侍郎奏稱「請鑾駕發引」，退復位。鑾駕動，稱警蹕如來儀。黄門侍郎，贊者夾引，千牛將軍夾路而趨。至侍臣上馬所，黄門侍郎奏稱：「請鑾駕權停，敕侍臣上馬。」侍中前承詔，退稱：「制曰可。」黄門侍郎退稱：「侍臣上馬。」贊者承傳，文武侍臣皆上馬訖，黄門侍郎奏稱：「請敕車右升。」侍中稱：「制曰可。」黄門侍郎退復位。千牛將軍升訖，黄門侍郎奏稱「請鑾駕發引」，退復位。鼓傳音，鑾駕動，鼓吹振作而還，文武群官皆從如來儀。鑾駕至承天門外侍臣下馬所，鑾駕權停〔一〕，文武侍臣皆下馬，千牛將軍降立于輅右訖，鑾駕動，千牛將軍夾輅而趨。駕入嘉德門，太樂令令撞蕤賓之鐘，左五鐘皆應，鼓柷，奏采茨之樂，至太極門，戛敔，樂止。入太極

〔一〕「權」，諸本脱，據通典卷一二四補。

門，鼓柷，奏太和之樂。駕至横街北，當東閤〔一〕，迴輅南向。侍中進，當鑾駕前跪奏稱：「臣某言，請降輅。」俛伏，興，還侍位。皇帝降輅，御輿以入，繖扇侍衛警蹕如常儀，侍臣從至閤，戛敔，樂止。初，文武群官至朝堂〔二〕，通事舍人承旨，敕群官並還。皇帝既入，侍中版奏：「請解嚴。」叩鉦，將士各還其所。

皇帝於太極殿讀五時令

禮部尚書先讀令三日，奏讀時令，承以宣告。前一日，尚舍奉御設御幄座于太極殿北厢，南向。尚舍直長設一品以下五品以上及諸司長官座于殿上，文東武西，重行相向，北上。無長官者，次官一人升，判官不合。設刑部郎中讀令座于御座西南，東向，有案，去御座二丈。設解劍席于東西階下如常儀。太樂令展宮懸于殿庭，設舉麾位于殿西階之西，東向〔三〕，一位于樂懸東南，西向，並如朔朝之儀。典儀設文武三品以上及應升殿者位于南横街之南道東，設武官位于道西，俱每等異位重行，北向相對爲

〔一〕「閤」上，開元禮卷九九有「上」字。
〔二〕「朝堂」上，開元禮卷九九有「東」字。
〔三〕「西東」，原誤倒，據光緒本、通典卷一二四乙正。

首。設非升殿者位于殿庭〔一〕，文東武西如常。設典儀位于北横街之南，贊者二人在南，差退，俱西向。奉禮設門外位：文官于東朝堂近南，西面；武官于西朝堂近南，東面；每等異位重行，北上。其日〔二〕，依時刻〔三〕，諸衛勒所部屯門列仗及陳于殿庭如常。文武官依時刻集朝堂，俱就便次，各服其服。侍中量時版奏：「請中嚴。」鈒戟近仗入陳于殿庭，太樂令帥工人入就位，協律郎就舉麾位。諸侍衛之官入服其器服，符寶郎奉寶，詣閤奉迎。典儀帥贊者入就位。典謁引群官各就門外位。刑部郎中以時令置於案，覆以帊，令史二人俱公服，對舉案立于右延明門内道北，郎中立于案後，東面。典謁者引非升殿者入就位。侍中版奏「外辦」，皇帝服通天冠，絳紗袍，御輿出自西房，曲直華蓋警蹕侍衛如常儀。皇帝將出，仗動，太樂令令撞黄鐘之鐘，右五鐘皆應。協律郎跪，俛伏，舉麾，鼓柷，奏太和之樂。皇帝出自西房，即御座，南向坐，符寶郎奉寶置于御座如常儀。偃麾，戛敔，樂止。典儀一人升就東階上，西面立。侍臣夾侍如

〔一〕「設」，諸本脱，據通典卷一二四補。
〔二〕「其日」，原作「俱」，據光緒本、通典卷一二四、開元禮卷一〇三改。
〔三〕「時」，原脱，據光緒本、通典卷一二四補。

常儀。典謁引公王以下入就北面位，公初入門，舒和之樂作；至位，樂止。群官立定，典儀曰：「再拜。」贊者承傳，在位者皆再拜。侍中前跪，奏稱：「侍中臣某言，請延公王以下等升。」俛伏，興。又侍中稱：「制曰可。」侍中詣東階上，西向稱：「詔延公王等升。」殿上典儀承傳，階下贊者又承傳〔一〕，在位者皆再拜。典謁以次引北面位者詣東西階。公初行，樂作，至解劍席，樂止。公王以下俱升席，跪解劍，俛伏，興，脱舄。通事舍人以次引升殿者立于座後。刑部郎中引案進立于西階下。侍中跪奏：「請讀時令。」俛伏，興。又侍中稱：「制曰可。」侍中退復位。刑部郎中再拜，就解劍席，跪解劍，俛伏，興，脱舄，取令，持案者仍立于階下。通事舍人引刑部郎中奉令升自西階，詣席西，東向跪，置令于案，俛伏，興，立于席後。殿上典儀唱：「就座。」公王以下及刑部郎中並就座，俛伏，興。刑部郎中讀令，每句一絶，使言聲可了。讀令訖，殿上典儀唱：「可起。」公王以下皆起。通事舍人引公王以下及刑部郎中俱降〔二〕。刑部郎中以

〔一〕「下」，原作「上」，據光緒本、通典卷一二四、開元禮卷一〇三改。
〔二〕「俱」，原作「退」，據光緒本、通典卷一二四、開元禮卷一〇三改。

令置于案，興，群官俱跪，佩劍，俛伏，興，納舄。典謁各引還本位〔一〕。典儀曰：「再拜。」在位者皆再拜。典謁引北面位者出，持令案者自右延明門而出。侍中跪奏稱：「侍中臣某言，禮畢。」俛伏，興，還侍位。皇帝興，太樂令令撞蕤賓之鐘，左五鐘皆應，太和之樂作，皇帝降座，御輿入自東房，警蹕侍衛如來儀，侍臣從至閤〔二〕，樂止。典謁引東西面位者以次出。讀夏令與春令同。讀秋令與冬令同。設刑部郎中讀令座于御座東南，西向。令案立于右延明門內道北，郎中立于案後，西面。升階自東階。餘與讀春令同。皇帝若御翼善冠，則群官皆袴褶服，陳解劍席。若不設樂懸，去警蹕。

通典：乾元二年十二月丙寅立春，御宣政殿，命太常卿于休烈讀春令，常參官五品以上正員並升殿與坐。

右後漢至唐讀時令

〔一〕「引」，原作「司」，據光緒本、通典卷一二四、開元禮卷一〇三改。
〔二〕「侍臣」，諸本脱，據通典卷一二四、開元禮卷一〇三補。

五禮通考卷二百一

嘉禮七十四

體國經野

蕙田案：周禮六官之職，皆冠以「辨方正位，體國經野」。而夏官職方氏「掌天下之圖，以掌天下之地」，著其疆域、山藪、川浸、人民、畜牧之事最詳。朱子儀禮經傳王朝禮有制國、建侯二篇，蓋亦爲國以禮之一鉅典也。第古今沿革既多，載籍浩衍。虞書九共，先儒以爲九丘，其篇軼矣。今虞書禹貢、周禮及史記河渠書、班史地理志而下，列代史志，以及桑氏欽水經、杜氏佑通典、元和郡國志、寰宇記、鄭氏樵通志、馬氏端臨通考、王氏應麟通釋，下至各省府州縣志書，並遊覽

記載之語，不可勝數，其言猶河漢而無極也。近代爲專家之學者，有胡氏渭、閻氏若璩、黄氏儀研精地理，於經皆有著述，其功賢於曩哲。今爲舉其要領。自虞十二州，夏禹貢，商九有，周職方，春秋三傳，凡地之見於經者，集諸賢之説，略爲箋疏，以通古今之郵。而禹貢以山川定疆界，爲萬世不可易之書。其中如九河、三江、九江、黑水等，論議紛如，有關經義，而導河一節，尤爲列代治河之祖，特詳著之。秦、漢而下，史志無缺，第摘其統要，以見於後云。

虞十二州

書舜典：肇十有二州，封十有二山，濬川。傳：禹治水之後，舜分冀州爲幽州、并州，分青州爲營州，始置十二州。封，大也。每州之名山殊大者，以爲其州之鎮，有流川則深之，使通利。疏：禹貢治水之時，猶爲九州，今始爲十二州，知「禹治水之後」也。以境界太遠，始别置之。周禮職方氏九州之名有幽、并，無徐、梁。幽、并山川於禹貢皆冀州之域，知分冀州之域爲之也。爾雅釋地：燕曰幽州，齊曰營州。齊即青州之地，知分青州爲之。於此居攝之時，始置十有二州，蓋終舜之世常然。宣三年左傳云：昔夏之方有德也，貢金九牧。則禹登王位，還置九州，其名蓋如禹貢。

朱子曰：舜攝帝位，命禹平水土，以冀、青地廣，分冀東恒山之地爲并州。恒山在今直隸真定府定州曲陽縣西北百四十里。并州，直隸真定保定府，山西太原大同府境是。又東北醫無閭之地爲幽州。醫無閭山在盛京廣寧縣西五里。幽州，今直隸順天永平府及遼東之廣寧。又分青州東北遼東之地爲營州。遼東地在遼水東也。營州即遼東定遼等衛。

胡氏渭曰：舜典：肇十有二州。傳：禹治水之後，舜分冀州爲幽州、并州，分青州爲營州，始置十二州。正義云：以境界太遠，始別置之。馬融曰：禹平水土，置九州。舜以冀州之北廣大，分置并州。燕、齊遼遠，分燕置幽州，分齊爲營州。於是爲十二州。見史記集解。鄭康成曰：舜以青州越海，分齊爲營。冀州南北太遠，分衛爲并，燕以北爲幽。金氏通鑑前編曰：九州之來舊矣。而冀爲其北，自陶唐都冀，其聲名文教，自冀四達，冀之北土所及固廣矣。及水土既平，人民加聚，於是分冀州自衛水以北爲并州，醫無閭之地爲幽州，碣石以東接青州之北爲營州，是爲十二州焉。考詩、書、傳、記所紀，其後復爲九州。蓋九州爲正，而幽、并、營不過分統青、冀之故地。是以殷之制，分并爲幽，合青爲營，分梁以入于雍、荆。周之制，合梁爲雍，合徐爲青，而并與幽、冀復三焉。略見爾雅，詳見職方氏所記。職方：幽州

其山鎮曰醫無閭，其川河、泲；并州其山鎮曰恒山，其川虖池、嘔夷。然則營州其山碣石，其川遼水與？渭案：虖池即衛水，嘔夷即恒水也。康成云「分衛爲并」，殊不分明。通典指爲衛水以北，而金氏因之，復舉恒山、虖池以證，尤確。若以爲康叔所封之衛，則并、冀當以衡漳爲界，而冀域北盡於平陽，無是理也。

又曰：日知録曰：幽、并、營三州在禹貢九州之外，先儒謂以冀、青二州地廣而分之，殆非也。幽則今涿、易以北至塞外之地，并則今忻、代以北至塞外之地，營則今遼東大寧之地，其山川皆不載之禹貢，故靡得而詳然。而益稷之書謂「弼成五服，至于五千」，則冀方之北不應僅數百里而止。遼史地理志言：幽州在渤、碣之間，并州北有代、朔，營州東暨遼海。營衛志言：冀州以南，歷洪水之變，夏后始制城郭，其人土著而居。并、營以北，勁風多寒，隨陽遷徙，歲無寧居，曠土萬里。或其説之有所本也。劉三吾書傳謂因高山大川以爲限之意，蓋幽、并、營三州皆分冀州之地，今亦未有所考。渭嘗與閻百詩論及此事。百詩曰：寧人著書言幽在今桑乾河以北至山後諸州，并在今石嶺關以北至豐、勝二州，營在今遼東大寧，並有塞外之地。舜蓋至此始有。先儒謂以冀、青地廣而分者，殆非。予時同客太原，面質之曰：此不過從「肇者始也」臆度耳。其實周禮職方氏并州其澤藪曰昭余祁，在今介休縣東北二十二里，俗名鄔城泊。吾與君所共游歷者，非石嶺關以南乎！且亦知先儒之釋經苦心處乎！知分冀東恒山之地爲并州，則以周并州鎮曰恒山故；知分冀東北醫無閭之地爲幽州，則以周幽州鎮曰醫無

閭故；又知分青東北遼東等處爲營州，則以爾雅釋地齊曰營州故也。不然，微周禮、爾雅二書，欲于禹九州外枚舉舜三州之名，且不可得，况疆理所至哉！鄭康成云：舜以青州越海，分置營州。晉地理志同。然以青之分而爲營也，不獨以地廣，實以吏民艱于涉海，故别置一州以避其險。漢光武以遼東等郡屬青州，後還幽州，與明嘉靖十三年改遼陽附順天鄉試者略同。蓋古今情形亦不相遠云。今案：恒山、虖池、嘔夷皆并之山川，而並載于禹貢，安得謂其地非冀域？自此以北，禹功所未及，故醫無閭不書，非以其山在外國而略之也。經紀揚州止于震澤，豈可以會稽之山不載禹貢，而謂浙江以南非揚域耶！幽爲冀之東北境也明甚，後漢書及杜氏通典皆以嵎夷地在漢樂浪、玄菟郡界，而青州首書「嵎夷既略」，則朝鮮、句麗諸國，禹時實皆在青域，況遼東渡海僅數百里乎！堯遭洪水，天下分絶，謂冀之東北，前閉而後通，前距而後服，於理亦無礙。但不可謂三州之地從古所未有，至舜而始開耳。且禹弼成五服，至于五千，自堯都以北，當有二千五百里之地，三州非其固有，冀北要荒二服將何所容哉！先儒釋經未必皆是，苟有確據，不妨改從。若此之類，則又不如仍舊之爲安矣。

蕙田案：漢地理志云：黄帝旁行天下，方制萬里，畫野分州，得百里之國萬區。帝王世紀云：冀、兗、青、徐、荆、揚、豫、梁、雍，顓帝所建，帝嚳受焉。通典宗其説，亦謂顓帝置九州，其説不見於經。然祭法云：「共工氏之霸九州也，其子曰后土，能平九州。」則九州之名，由來已久。然删書斷自唐、虞，故今以舜十二州

爲首，至淮南墬形訓所稱天地之間九州：東南神州曰農土，正南次州曰沃土，西南戎州曰滔土〔一〕，正西弇州曰并土，正中冀州曰中土，西北台州曰肥土，正北濟州曰成土，東北薄州曰隱土，正東陽州曰申土。周禮疏亦云：自神農以上，有大九州，桂州、迎州、神州之等。至黄帝以來，德不及遠，惟於神州之内分爲九州。此與騶衍説「中國名爲赤縣神州，赤縣神州内自有九州，中國外如赤縣神州者九，有裨海環之，一區中爲一州，如此者九，乃有大瀛海環其外」之説相似，皆儒者所弗道。今西洋人所繪坤輿全圖，準南北極黄赤道度數，渾圓之内，海外之地，正與淮南、騶衍之義同。莊子云「存而不論」，可謂善於持論者矣。

地理通釋：帝堯都。世紀：帝堯始封於唐，今中山唐縣是也，堯山在焉。郡縣志：定州唐縣，古唐侯國，堯初封於此，今定州北有古唐城。唐水在西北，入唐河，南有望都縣山，即堯母慶都之所居也，相去五十里。都山，一名亘山，北登堯山，南望都山，故名縣曰望都。地理志：堯山在唐縣南。張晏以堯山在唐東北，望都北。史記：堯作游成陽。正義：濮州雷澤縣是。後

〔一〕「西南」，原作「西土」，據光緒本、太平御覽卷一五七改。

又徙晉陽，今太原縣是也，於周在并州之域。通志：今平定軍有古晉陽城，是其地。及爲天子都平陽，於詩風爲唐國，武王子叔虞封焉。季札聞唐之歌曰：思深哉，其有陶唐氏之遺民乎？括地志：今晉州所治平陽故城是也。輿地廣記：晉州臨汾縣，本平陽，隋改。平陽河水一名晉水，韋昭云：陶、唐皆國名，或曰堯先居陶，後居唐。陶，今廣濟軍定陶縣。唐，今中山府唐縣猶有唐城存焉。或曰唐城在絳州翼城西二里。括地志：定州唐縣，堯後所封。漢書音義：唐，今河東永安，去晉四百里即堯也。詩譜曰：唐，帝堯舊都之地，今曰太原晉陽，堯始居此，後遷河東平陽。書：惟彼陶唐，有此冀方。正義：堯都平陽，舜都蒲坂，禹都安邑，相去不盈二百，皆在冀州。通志曰：自開闢以來，皆河南建都。雖黄帝之都，堯、舜、禹之都，於今皆爲河北，在昔皆爲河南，大河故道自碣石入海。碣石，今平州也，所以幽、薊之邦，冀、并之壤，皆爲河南地。周定王五年以後，河道堙塞，漸移南流。至漢元光三年，徙從頓丘，入渤海。渤海，今濱滄間也。

帝舜都。史記：舜耕歷山，書：帝初于歷山，往于田。郡國志：河東蒲坂有雷首山。注：縣南二十里有歷山，舜所耕處。括地志：蒲州河中府河東縣雷首山亦名歷山，南有舜井。又越州餘姚縣有歷山舜井，濮州雷澤縣有歷山舜井，又有姚墟，云生舜處也。嬀州外城中有舜井，城北有歷山，皆云舜所耕處，未詳也。南豐曾氏曰：鄭康成釋歷山在河東，世之好事者因嬀水出於雷首，遷就附益謂歷山爲雷首之别號，不考其實矣。孟子謂舜，東夷之人，則陶漁在濟陰，作什器在魯東門，就時在

衛，耕歷山在齊，皆東方之地，合於孟子。圖記謂齊之南山爲歷山，舜所耕處，故其城名歷城，今濟南府。**漁雷澤**，括地志：雷夏澤在濮州雷澤縣郭外西北。鄭康成云：在濟陰。地理志：禹貢：雷澤在濟陰成陽縣西北。墨子曰：舜漁于濩澤。通典：澤州陽城縣有濩澤水。**陶河濱**，皇甫謐曰：濟陰定陶西南陶丘亭是也，今廣濟軍。括地志：陶城在蒲州河東縣北三十里，即舜所都也，南去歷山不遠，何必定陶？**作什器於壽丘**，壽丘在魯東門之北，今在兖州曲阜縣東北六里。附寶生黃帝于壽丘。**就時於負夏。**孟子云：遷於負夏。鄭康成云：衛地。**堯典：釐降二女于嬀汭**，嬀，水名，在今河中府河東縣，出歷山入河。爾雅：水北曰汭。括地志：嬀州有嬀水，源出城中。耆舊傳曰：即舜嬀汭。水經注：世本曰：舜居嬀内，在漢中西城。或言嬀墟在西北，舜所居也。通典：金州西城縣有嬀墟。帝王世紀謂之姚墟，世本曰嬀汭，古文尚書、周語：嬴内音嬀汭。括地志又云：姚墟在濮州雷澤縣東十三里。會稽舊記云：上虞三十里有姚丘，即舜所生也。**嬪于虞。**括地志：故虞城，在陝州河北縣東北五十里虞山之上。今平陸縣。皇甫謐曰：堯以二女妻舜，封於虞，今河東大陽、山西虞城是也。舜居虞地，以虞爲氏。郡國志：大陽有吳山，上有虞城。括地志：宋州虞城縣，舜後所封。外紀：本處虞之嬀汭，號曰有虞氏。**世紀：舜所營都，或言蒲坂，即河東縣。**今河中府南二里河東縣界蒲坂故城是也。或言平陽，今晉州城是也。或言潘，今上谷嬀州城是也。外紀：都蒲坂。

右虞十二州

禹貢冀兗青三州

書禹貢：禹敷土，隨山刊木，奠高山大川。傳：洪水汎濫，禹分布治九州之土，隨行山林斬木，通道高山、五岳、大川、四瀆，定其差秩，祀禮所視。

蔡氏集傳：敷，分也，分別土地，以爲九州也。奠，定也，定高山大川，以別州境也。

冀州。

錐指：傳曰：堯所都也。正義曰：史傳皆云堯都平陽。五子之歌云：惟彼陶唐，有此冀方。是冀州，堯所都也。又曰：兗州云濟、河，自東河以東也；豫州云荆、河，自南河以南也；雍州云西河，自西河以西也。明東河之西，西河之東，南河之北，是冀州之境也。

地理今釋：冀州，今山西之太原、平陽、汾州、潞安、大同五府，澤、遼、沁三州，直隸之順天、永平、保定、廣平、順德、宣化六府，及真定、河間二府，西北境大名府濬縣，西境盛京之錦州府，河南之懷慶、衛輝、彰德三府，其北直抵塞外陰山下之北〔一〕，

〔一〕「陰山」下，光緒本有「西起東受降城」六字及注文「今蒙古名薩爾兀村」八字。

東訖於大遼水也。

胡氏渭曰：堯都平陽，今山西平陽府臨汾縣西南平陽故城是也。冀西距河。河自今塞外東受降城南而東，至山西大同府廢東勝州界，折而南，經平虜衛及太原府之河曲、保德、興縣，汾州府之臨縣、永寧、寧鄉、石樓，平陽府之永和、大寧、吉州、鄉寧、河津、榮河、臨晉、蒲州，是爲西河，與雍分界。冀南亦距河。河自蒲州過雷首山，折而東，經芮城、平陸、垣曲及河南懷慶府之濟源、孟縣、温縣、武陟，衛輝府之獲嘉、新鄉、汲縣，是爲南河，與豫分界。冀東亦以河與兖分界。自周定王五年，河徙之後，禹河故道堙廢，而冀、兖之界難分。今案：漢志魏郡鄴縣下云：「故大河在東，句。北入海。故大河者，即王横所云『禹之行河水，本隨西山下東北去』者也。河自汲縣南，東北流，至黎陽縣西南，出大伾、上陽三山之間。大伾山一名黎陽山，今在濬縣東南二里，即賈讓所謂東山也。枉人山一名善化山，在縣西北二十五里，俗名上陽三山，即賈讓所謂西山也。濬縣舊志云：在縣西十里，蓋禹迹也。河徙由縣東，故稱此爲西河。自此而北，歷蕩陰、安陽、鄴縣、斥丘，東接内黄、魏縣。至列人、斥章之境，左會衡漳，經所謂「北過降水」也。應劭曰：斥章縣，漳水出治北入河。杜佑曰：漳水横流，至肥鄉縣界入

河。斥章，今曲周縣地；肥鄉，漢列人縣地，蓋漳水由二縣境注於河也。河自此東北入海。及定王時南徙，則衡漳東出循河故道而下，至東光縣西與大河合。王莽時河益徙而南，漳水遂專達於海。蓋禹河之故道也。以今輿地言之，濬縣、屬直隸大名府。湯陰、安陽、臨漳、並屬河南彰德府。成安、肥鄉、曲周、並屬直隸廣平府。平鄉、廣宗、鉅鹿、並屬順德府。南宫、新河、冀州、並屬真定府。束鹿、屬保定府。深州、衡水、武邑、武强、並屬真定府。阜城、獻縣、交河、滄州、青縣、静海、天津，並屬河間府。皆禹時冀東瀕河之地，中流與兖分界。王制謂之東河。「北播爲九河」，其經流爾雅謂之徒駭；又「同爲逆河，東至碣石入海」，後世謂之渤海者也。

蕙田案：冀之東、西、南皆距河，與雍、豫、兖分界處，胡氏考之詳矣。若冀之東北與青分界，及冀之北境則傳、記俱無可考。胡氏謂遼東爲青域，遼西爲冀域，而北當至陰山，近是。

既載壺口，治梁及岐。

錐指：傳曰：壺口在冀州，梁、岐在雍州，從東循山治水而西。正義曰：漢書地理志云：壺口在河東北屈縣東南。梁山在左馮翊夏陽縣西北。岐山在右扶風美

陽縣西北。然則壺口西至梁山，梁山西至岐山，從東而向西言之也。黄河之水注其中，如壺然。

地理今釋：壺口，今山西平陽府吉州西南七十里有壺口山，黄河之水注其中，如壺然。案：孔傳：梁、岐在雍州。今陝西西安府韓城縣西北九十里之梁山，鳳翔府岐山縣東北四十里之岐山也。蔡傳疑雍州之山不當載於冀州，指今山西汾州府永寧州東北之吕梁山，一名骨脊山者，爲梁山；汾州府孝義縣西之狐岐山，一名薛頡山者，爲岐山，然二山去河甚遠，不得謂河水所經。曾旼云：壺口、梁、岐一役也，其施功皆同時，不可分言於二州，故并言於冀州，得此可釋蔡氏之疑。

胡氏渭曰：吉州，漢北屈，韓城則夏陽，岐山則美陽也。尸子、吕氏春秋、淮南子皆言龍門未闢，吕梁未鑿，河出孟門之上。龍門之上口爲孟門，在今吉州西，西直陝西延安府之宜川縣；其下口即今河津縣壺口山盡處，近世亦謂之龍門者。西與韓城之龍門相對，上口至下口約一百六十餘里。三子所稱吕梁山，即禹貢之梁山也。春秋：成公五年，梁山崩。公羊曰：梁山，河上山。穀梁曰：壅遏河三日不流。水經：河水南至龍門口。注云：昔大禹導河積石，疏決梁山，謂斯處也。即經所謂龍門矣。冀州有三壺口。一在吉州西南，禹貢之壺口也。一爲汾陰縣西南

之平山，平水所出，亦名壺口山，又名姑射山。酈道元謬以爲尚書之壺口。一在長治縣東南。左傳哀四年：齊國夏伐晉，取壺口。杜注：潞縣東有壺口關。潞縣即今潞城縣，關以山爲名。此二山皆非禹貢之壺口也。雍州有二梁山。一在韓城縣西北，詩所云「奕奕梁山」也；一在乾州西北，西南接岐山縣界，即孟子云「太王居邠，踰梁山」者，非禹貢之梁山也。元和志誤以此山爲治梁之梁。壺口山，漢志在北屈縣東南。括地志云：在吉昌縣西南五十里。吉昌，今吉州也。後魏延興四年於此置定陽郡及縣。元和志云：北屈故縣在定陽郡二十里，正今州直北之地，山當在其西南。漢志云東南，誤也。梁山，漢志在夏陽縣西北，而諸志所言皆不同。蓋是山綿亘百里，自今郃陽縣西北，抵韓城縣西北之麻線嶺，皆梁山。然向南則益西而去河愈遠，唯韓城西北之山，首枕西河，北連龍門，當以是爲禹鑿之迹耳。

蕙田案：胡氏考梁、岐在雍州，較蔡傳爲優。

觀承案：治梁及岐，仍以冀州之吕梁、狐岐二山爲是。方序冀州，不應越冀而攙入雍州之山也。夫治水施功，當自下流始，則宜首事於兖。因尊帝都，故先冀，而下文即次以兖，可徵。何得既尊帝都，倏爾突入雍州上游？吾恐下流未

洩，而上游之水忽來，則帝都不將反爲其壑乎？則此亦統言壺口既載，而呂梁、狐岐諸山，亦經略而整理之，不必專以治河爲言也。即專主治河，亦不必專以河岸之山爲事也。即如其說，梁山枕河，而岐山在鳳翔，則去河亦已遠矣，何獨呂梁、狐岐宜以遠河爲嫌耶？

既修太原，至於岳陽。

錐指：傳曰：高平曰太原，今以爲郡名。岳，太岳，在太原西南。山南曰陽。正義曰：太原，原之大者，漢書以爲郡名，即晉陽縣是也。下文導山云「壺口、雷首，至於太岳」，知此岳即太岳也。地理志：河東彘縣有霍太山。周禮職方氏：冀州其山鎮曰霍山。即此太岳是也。

地理今釋：太原即晉陽縣也，今山西太原縣是。東北去太原府治四十里，蔡傳以爲今河東路太原府者，亦統同言之也。岳陽，太岳，一名霍太山，今爲中鎮，在山西平陽府霍州東三十里，山周二百餘里，南接岳陽、趙城二縣，北接靈石縣，東接沁源縣界。

胡氏渭曰：岳陽就附近山南者言之，則爲今岳陽、趙城二縣。蔡氏主岳陽一縣

固非，然經之所指亦不止此二縣。揚雄冀州牧箴曰「岳陽是都」，則堯都平陽，亦岳陽也。且如華山之陽，附近者爲商州，而山南之地非商州所可盡。衡山之陽，附近者爲衡陽縣，而荆之南界，非此縣所可盡。至若岷山之陽，更不知其所届，安得專指灌縣爲岷陽哉！夫岳陽亦猶是也，直抵南河又何疑焉？

閻氏若璩曰：後「至於太岳」，專指山言；此「至於岳陽」，「陽」字所包者廣。蓋「既修太原」二句，直舉一千餘里用功而言也。

蕙田案：岳陽，胡氏、閻氏之説是。

覃懷底績，至於衡漳。

錐指：傳曰：覃懷，近河地名。漳水横流入河，從覃懷致功至横漳。正義曰：地理志河内郡有懷縣，在河之北。蓋「覃懷」二字共爲一地，故云近河地名。「衡」即古「横」字，漳水横流入河，故云横漳。漳在懷北五百餘里。地理志：清漳水出上黨沾縣，濁漳水出長子縣，東至鄴縣，入清漳。

胡氏渭曰：懷縣故城在今河南懷慶府武陟縣西。衡漳一名降水，其入河在今直隸廣平府肥鄉、曲周二縣界，經所謂「北過降水」者也。漢志：鄴縣東有故大

河，北入海。又廣平斥章縣注：應劭曰：漳水出治北入河。通典云：衡漳入河，在肥鄉縣界。蓋河由鄴東而北，漳從鄴北横流至肥鄉、斥章二縣界入河。故酈氏以爲禹貢之衡漳也。以今輿地言之，濁漳水出山西長子縣發鳩山，縣在潞安府西少南五十里。東流經長治縣西，又東北經屯留、潞城、襄垣、黎城、平順，又東經河南林縣，至涉縣東南，清漳水注之。清漳出山西樂平縣沾嶺，縣在太原府平定州東南五十里。縣西南有沾縣故城。南流經和順、遼州、黎城，又東經河南林縣，至涉縣與濁漳合流。東經安陽、彰德府治。臨漳，在府東北八十里。又東北經直隸成安縣，在廣平府西南六十里。入肥鄉、曲周二縣界，肥鄉在府東南四十里，曲周在府東北四十里。禹貢之漳、降盡於此矣。

地理今釋：覃懷，今河南懷慶府地。通典云：懷州，禹貢覃懷之地是也。衡漳，清漳水，出今山西太原府樂平縣西南三十里沾嶺，水經注所謂「少山，大黽谷也」〔一〕，東南至河南彰德府涉縣交漳口，會濁漳水。又東北流入直隸界，至廣平縣分二支：一支東行入衛河，一支爲經流，東北行，經山東丘縣界，復分二支：一支北

〔一〕「大黽谷」，原作「大龜谷」，據光緒本、尚書地理今釋改。

行入大陸澤，一支爲經流，東北行，經直隸、清河、阜城、交河，至青縣合衛河，北流至天津西沽，合桑乾諸水，東行入海，所謂老漳河也。其一支入大陸者，亦東北行至天津西沽，合諸水入海，所謂新漳河也。濁漳水出今山西潞安府長子縣西五十里發鳩山，亦東南流至交漳口，會清漳。

觀承案：衡漳有清、濁二水，濁漳出山西長子縣西五十里之發鳩山，清漳出山西樂平縣西南二十里之少山，皆經潞安府入河南彰德府，至臨漳縣合流爲交漳口，由磁州入直隸境。陸清獻畿輔地圖記謂漳河自磁州三臺口爲二支：一支東流入成安縣，逕肥鄉抵曲周，合滏陽河；一支北流入邯鄲縣，逕永年至曲周，合滏陽河，歷雞澤、平鄉、任縣、隆平、寧晉，至冀州滙滹沱河。康熙中，漳河南徙，惟滹、滏滙流，今成安故瀆，土人稱古漳河，而廣平、丘縣、清河、南宫、武邑、武强、阜城、交河，皆有漳河舊瀆，稱老漳河。廣宗、鉅鹿亦有漳河舊瀆，稱小漳河。大抵古漳河、老漳河皆當日之經流，而小漳河則其支流也。又大名府有新舊二漳河，皆自魏縣流入新漳，又舊漳之支流也。

又案：舊時漳河自臨漳縣東北入直隸廣平府境，歷成安、廣平、肥鄉、曲周、

雞澤，還平鄉，合沙洺諸河，過南河，合澧河，至任縣，入大陸澤，歷隆平、寧晉、新河、南宫、冀州、衡水、武邑、武强、阜城、交河，合滹沱河，此其經流也。其自臨漳縣東入直隸大名府境，歷魏縣、大名東北入山東東昌府境，至館陶入衛河者，其支流也。今則經流幾絶，支流日盛。蓋自黄河南徙，漳行河之故道，漳復南徙，以支流爲經流，亦古今水道一大變更也。

又案：漳河，水經注亦曰衡水。今衡水縣，古時爲漳河下流，以此得名。下文導河云：北過洚水。水經注引地理志曰：洚水，發源屯留，下亂章津。是乃與章俱得通稱。方輿紀要：冀州有洚河枯瀆。又漳水至寧晉縣，歷南宫、冀州、衡水、武邑、武强，又名胡盧河。又新河縣長蘆水，即漳河支流也。武强縣有夾河，洚水别名也。括地志：濁漳水亦名柳河。歐陽忞曰：漳河過魏縣，亦謂之魏水。畿輔地圖記謂衛水爲直隸諸河之綱，直隸西南諸水莫大於漳與滹沱，而皆入衛。錐指謂：永濟渠即古之清河。漢志之國水，水經之清、淇二水，曹公自枋頭遏淇水爲白溝，一名白渠，隋導爲永濟渠，一名御河，今稱衛河者也。水經注：清河即淇河口也，蓋互受通稱耳。又云：白溝又東北，漳水注之，謂之利漕口，自下清漳、

過白溝、淇河，咸得通稱也。方輿紀要：衞河源出河南輝縣西北七里之蘇門山〔一〕，過衞輝府東北入直隸大名府濬縣境，謂之白溝，亦曰通濟渠，一名永濟渠，即隋大業中所開淇、衞諸水之下流也，亦曰御河，又曰清河。寰宇記：衞河、淇水合流，亦曰黎水，又曰濬水。今全漳皆入衞，至山東臨清州，合會通河，東北入於海。

恒、衞既從，大陸既作。

錐指：傳曰：二水已治，從其故道。大陸之地，已可耕作。正義曰：地理志云：恒水出常山上曲陽縣，東入滱水。衞水出常山靈壽縣，東入滹沱。大陸在鉅鹿縣北。釋地十藪云「晉有大陸」，孫炎等皆云今鉅鹿縣廣阿澤也。

胡氏渭曰：上曲陽，今爲曲陽縣，屬直隸真定府之定州，其故城在縣西。靈壽縣，今屬真定府，其故城在縣西北。恒即滱水，衞即滹沱也，古今異名耳。

地理今釋：恒水一名長溪，源出恒山，自直隸真定府阜平縣龍泉關北迤邐流經大派山，爲大派水，亦曰沙水。又東南至保定府祁州界，合磁河入於唐水。唐水即

〔一〕「衞河」，諸本作「御河」，據讀史方輿紀要卷一〇改。

滱水也。衛水今名雷溝河，出真定府靈壽縣良同村，南流至縣東南入滹沱河。大陸一名廣阿澤，跨今直隸保定府束鹿縣、元和志：大陸澤在深州鹿城縣南。順德府鉅鹿縣、元和志：大鹿澤一名鉅鹿澤，在邢州鉅鹿縣西北五里。真定府隆平縣、通典：趙州昭慶縣有大陸澤。元和志：廣阿澤在趙州昭慶縣東二十五里。寧晉縣、明一統志：寧晉縣有葫蘆河，即大陸澤。深州，通典：深州陸澤縣，禹貢大陸澤在此。元和志：深州陸澤縣南三里即大陸之澤。上承滹沱、滏陽、漳、唐諸河水，匯爲巨浸。又東北流爲新漳河，至大城縣爲子牙河，至天津衛入海。漢書溝洫志：禹之行河，水本隨西山下東北去。鉅鹿，正在西山之下，自是大河所經。程大昌以爲鉅鹿去河絶遠，未嘗逕邢以行，非也。當從孫炎之説爲是。

胡氏渭曰：周禮職方氏并州山鎮曰恒山，其川虖池、嘔夷。嘔夷即後世所謂滱水也。山海經曰：高是之山，滱水出焉，東流注於河。漢志代郡靈丘縣下云：滱河東至文安入大河，文安屬勃海郡。寰宇記云：文安故城在今縣東北三十里。過郡五，行九百四十里，并州川。禮記：晉人將有事於河，必先有事於惡池。注云：「惡」當爲「虖」，字誤也。山海經曰：大戲之山，滹池之水出焉。戰國策蘇秦説燕曰：南有嘑

沱、易水。漢志代郡鹵城縣下云：虖沱河東至參合入虖沱别，并州川。從河東至文安入海，過郡六，行千三百七十里。「參合」當作「參户」，蓋傳寫者因郡有參合而誤。參合在漢雁門郡平城縣東，今大同府陽和衛北。鹵城與參合大山隔絶，虖沱不得至其地。今河間府青縣南有參户故城。應劭云：平舒縣西南五十里有參户亭，故縣也。水經注：漳水自成平縣南，又東北，左會虖沱别河故瀆，又東北合清河，又東北逕章武故城西，枝瀆出爲䄔水，又東北逕參户亭，分爲二瀆，一水逕參户亭北，又東北逕平舒縣，注虖沱。蓋即漢志所謂東至參户，入虖沱别，從河東至文安入海者也。此即禹貢之恒、衛也，然禹主名山川，曲陽以下之滱，本名恒；靈壽以下之滹沱，本名衛。其出高是、泰戲者，則恒、衛之别源也。自周以虖池、嘔夷爲并州之川，其名著，而恒、衛之名遂隱。於是冀州二大川，以恒陽溪、雷溝河數十里之原委當之，蔡氏因目恒、衛爲小水，而經義不可通矣。

滱水出代郡靈丘縣西北高氏山，即嘔夷之水也。以今輿地言之，渾源、靈丘、廣昌、並屬山西大同府。曲陽、屬直隸真定府。唐縣、定州、慶都、祁州、博野、蠡縣、高陽、安州、新安、並屬保定府。任丘、屬河間府。文安，屬順天府。諸州縣界中，皆古滱水之所行也。宋初猶未改。自咸平中，何承矩興塘濼，以限契丹戎馬之足，於是始引水歸

北，而文安之瀆遂空。其後滹水仍自蠡縣改流，經肅寧、河間、雄縣、任丘以至文安，而不復北行。明時則又自雄縣改流入霸州保定界，爲玉帶河，不復入文安矣。此恒水下流變徙之大略也。滹沱，大川也。水經當自爲一篇。頃閱寰宇記鎮州真定縣蒲澤下引水經注云：滹沱河水東逕常山城北，又東南爲蒲澤，濟水有梁焉，俗謂之蒲澤口。又滋水下引水經云：滋水又東至新市縣，入滹沱河。又深州饒陽縣枯白馬渠下引水經云：滹沱河，又東有白馬渠出焉。又瀛州河間縣大浦淀下引水經注云：大浦下導，陂溝競奔，咸注滹沱，是故人因決入之處，謂之百道口。此四條，檢今本無之，則似水經元有滹沱水篇，宋初尚存，而其後散逸。滹沱原委，不可得詳，惜哉！歐陽玄補正水經序引崇文總目云：酈注四十卷，亡其五。蓋涇、洛、滹沱等篇皆在此五卷之中，今本仍爲四十卷，則後人析之以充其數耳。漢志代郡之鹵城，常山郡之蒲吾、靈壽、南行唐、新市，信都國之信都，河間國之弓高、樂成，勃海郡之成平、東光、參户、東平舒、文安，皆有滹沱河，弓高、樂成、參户又有滹沱別水，而發源經過之地未悉。今據元和志所載，以補水經之闕：滹沱水出代州繁時縣泰戲山，一名武夫山，在縣東南九十里。繁時，本漢葰人縣，屬雁門郡。漢末荒廢。晉改置繁時縣。周省，隋復置。葰音瑻。滹沱一

名泒水，許氏説文：泒水出葰人縣戍夫山。郭景純以爲鹵城縣武夫山，寰宇記以爲孤阜山，括地志以爲平山，蓋皆泰戲之别名也。**西南流逕唐林縣東**，縣東北至代州一百十里。本漢廣武縣，隋爲五臺、崞二縣地。今州西有廣武廢縣，蓋即唐林縣界也。**又西南逕崞縣東**，縣東北至代州五十里，水去縣二百步。**又西南逕秀容縣東**，縣爲忻州治，水去縣三十二里。**東轉逕定襄縣北**，縣西至忻州四十五里，今治即陽曲故城，水去縣五里。**又東逕五臺縣西南**，縣西北至代一百二十里，水去縣三十五里。**又東逕盂縣北**，縣西南至太原府二百二十里，水西自五臺縣界流入，南去縣百里。**又東南逕靈壽縣西南，衛水注之。**縣東至恒州五十里，水去縣二十里。縣志云：衛水在縣東十里，俗名雷溝河，源出縣東北十四里良同村，南流至縣東南，合滹沱河。**又東南逕真定縣北**，縣爲恒州治，水去縣一里。**又東南逕九門縣西**，縣西至恒州三十里，水去縣四十九里，今藁城縣西北二十五里有九門城。**又東南逕藁城縣東**，縣西北至州五十八里，水去縣二十九里。**又東逕鼓城縣北**，縣西至恒州九十五里，水去縣十三里。寰宇記云：隋開皇六年，分藁城地，置昔陽縣。十八年改爲鼓城。**又東逕深澤縣南**，縣西北至定州九十里，水去縣二十五里，即冰合渡光武處，俗謂之危渡口。**又東逕無極縣北**，縣北至定州八十里，水去縣三十里。**又東北逕鹿城縣西北**，縣東至深州二十五里，水去縣四十二里，與博野縣分水。寰宇記：滹沱河在博野縣東南三十五里。**又**

東逕安平縣南，縣東南至深州五十三里，水去縣二十三里。泒水今名礓河，西自定州義豐縣界流入。又東北逕饒陽縣北。縣西至深州三十里，水去縣四十五里。縣治晉魯口城也。公孫淵叛，司馬宣王征之，鑿滹沱入泒水以運糧，因築此城。蓋滹沱有魯沱之名，因號魯口。後魏道武皇始三年，車駕幸魯口，即此地也。自此以下當入瀛、莫二州境，而元和志亦闕。案：寰宇記瀛州河間縣西二十里，高陽縣東北十四里，莫州鄚南二里，霸州大城縣北一百三十里，文安縣西北三十里，皆有滹沱水。此即漢志所云「從河東至文安入海」者。以今輿地言之，繁畤、代州、崞縣、忻州、定襄、五臺、盂縣，並屬山西太原府。靈壽、真定、藁城、深澤、無極，並屬直隸真定府。束鹿、博野，並屬保定府。安平、饒陽，並屬真定府。高陽，屬保定府。任丘，屬河間府。大城、文安，並屬順天府。諸州縣界中，皆古滹沱水之所行也。宋初猶未改。自塘濼既興，引水歸北，而文安之瀆堙廢，遂以濼成今獻縣。之滹沱別水爲滹沱之正流，而故道不可復問。明天啓後，漸徙而南，至本朝順治二年，自束鹿南決入冀州，與漳水渾濤，而安平、饒陽之地，不復有滹沱矣。滹沱在河北群川中，溢決尤甚，未有數年不變，而從冀州合於漳水，亦猶黄河之與淮合，均爲古今水道之極變也。

觀承案：恒入滱，衛入滹沱，自古而然，諸書無異，獨錐指謂恒即滱，衛即滹沱，蓋以今恒水由唐縣入滱，衛水由真定縣入滹沱，源流甚近，不足當禹功荒度，故以蔡傳稱小水者爲非，不知滄桑異勢，泥今論古，多有未合。康熙二十三年，陸清獻宰靈壽，爲衛水尋源記，適歲旱源竭，以爲非但無唐虞之汎濫，比班孟堅、酈道元之時亦迥然不侔。又謂今松陽、淤泥、慈汊諸河皆近於衛，安知禹時不同滙於此？豈可據目前所見而遥斷數千年以前之形勢？此真大儒之言。胡氏又謂曲陽以下之滱，本名恒；靈壽以下之滹沱，本名衛，其出高是、泰戲者，乃恒、衛別源，言尤鑿空。考古者以清獻爲法可矣！

又案：山海經：高是之山，滱水出焉。水經注：滱水出代郡靈丘縣正北高是山，即嘔夷之水也。明史地理志：渾源州南有翠屏山，即高是山，嘔夷水出焉。其說與二經不同。讀史方輿紀要：唐河在唐縣西三十里，古嘔夷水也。與二經合。錐指引蔚州志謂州南七里有翠屏山，滱水出其東，即高是之別名，南接靈丘縣界。與明史又異。要當以山海經、水經爲正。

又案：地理今釋謂恒水自直隸真定府阜平縣龍泉關北流，經大泒山，爲大泒水，亦曰沙水云云，蓋本晁氏今之恒水西南流至真定府行唐縣，東流入於滋之説。考沙水發源山西繁畤縣白坡頭，流逕直隸阜平、曲陽、行唐、新樂。讀史方輿紀要：大泒山，在阜平縣西北五十里，稍東爲小泒山。泒音孤，以泒水所逕而名，是山以水爲名。畿輔通志：沙河流逕大泒山，又名泒水，是水以山爲名。二説雖不同，然恒與沙迥然兩水，固不可合而爲一也。

又案：滱水，今名唐河，出山西靈丘縣，入直隸廣昌縣，逕唐縣，過完縣、曲陽、定州至祁州，合滋、沙二水，過博野、安平、蠡縣、高陽，由安州入白洋淀。考水經叙滱水所逕，先曲陽，後唐縣，今唐河自入倒馬關，由唐縣北逕完縣西，又由完縣西逕唐縣南，再逕曲陽縣東，與昔少異，當是古今疆域不同故也。至山海經謂滱水入河，水經謂滱水入易，而今入淀，蓋滱自合滋、沙二水於祁，東逕博野、蠡縣，又東逕肅寧、高陽，自河間北流歸淀。明正德中，藺家圈口北決，遂由玉田緒口北入高陽，是爲馬家河，至安州之桐口村入淀，逕肅寧之河遂廢。康熙四年，又決布裏河，北流至安州之馮村入淀，馬家河上下流亦淤。畿輔通志謂唐河

故瀆在河間、任丘二縣境，此合易之故瀆也。自明迄今，入淀之處，又凡再徙，而入河故瀆，不可考矣！此恒水下流之變遷也。

又案：衛水出靈壽縣良同村，流四十里入滹沱。滹沱出山西太原府繁畤縣泰戲山，由雁門入直隸，流逕二省，幾及千里，大小判別，尤非恒、滱之比，故水經於恒、滱有通稱之説，而衛、滹沱不聞是也。陸清獻畿輔地圖記：滹沱河在真定府南八里，發源山西，流經直隸靈壽、平山，遶真定府城南，歷藁城、晉州束鹿至冀州，會滏、漳二河，過衡水、武邑、武强，至河間府獻縣爲二支，一東流爲鹽河，一南流交河縣，抵青縣岔河口入衛。水經注：漳水逕武邑郡南，又東逕武强縣北，又東北逕武隧故城南，白馬河注之。上承虖池，東逕樂鄉縣北、饒陽縣南，又東南逕武邑郡北，而東入衡水，謂之交津口，此滹沱、衡漳滙流處也。方輿紀要：衡漳、滹沱皆入大陸澤。正德十年，漳徙而南。明年，滹沱徙而北。萬曆中，滹沱復南徙武强，合漳河，後又滙漳、滏於冀州。今漳河南徙，已不復與滹沱滙，而滹沱至冀州入滏，以大就小，下流不暢，上流之勢彌横矣！

又案：方輿紀要：饒陽北有鐵燈竿河，滹沱自此決入蠡縣，與滋、沙、唐混

流，謂之鐵燈竿水，是則明代滹沱不徙南滙漳，且北滙唐矣！所謂決入蠡縣者，其支流而非經流也。方輿紀要又謂，晉州之鵶兒河，饒陽之饒河，皆滹沱支流云。

又案：滹沱南徙滙漳河，在順治初。漳河南徙，不復與滹沱滙，在康熙中。其入衛則如故，故陸清獻以衛、白二河爲直隸諸河之綱。百年來，水道變遷，不一而足，然今京北諸河，猶皆入白，京西南諸河，猶皆入衛，於至變之中有不變者存，豈非天地自然之道耶？

又曰冀州有三大陸：一在鉅鹿郡北。班固繫諸禹貢，又名鉅鹿澤。吕氏春秋云：趙有鉅鹿，又名廣阿澤。爾雅：晉有大陸。孫炎云：今鉅鹿縣廣阿澤是也。此真禹貢之大陸也。一在河内修武縣。古甯邑，秦置。修武縣其故城在今獲嘉縣西北。左傳定公元年：魏獻子田於大陸，還卒於甯。杜預云：大陸疑即吴澤陂，近甯是也。一在太原鄔縣。今爲介休縣地。班固云：九澤在縣北，是爲昭餘祁，并州藪。酈道元云：吕氏春秋謂之大陸是也。斯二者皆非禹貢之大陸也。

觀承案：大陸澤，雖指考之最悉，今在任縣境東北隅，纔八百頃耳。西南受

順、廣二府之水，北歸寧晉泊。泊之大，三倍於澤，相去三十餘里。其間村落碁布，秋水時至，常苦泛溢。考古時大陸澤，起自鉅鹿，訖於束鹿，中跨平鄉、任縣、隆平、寧晉、冀州、深州，而今止任、寧二邑，已分爲二。奪澤之地，以田以廬。水發無所容焉，得不爲民患？方輿紀要：胡盧河在寧晉縣東南二十里，即禹貢之大陸澤，今乃以澤歸任縣，而寧晉稱泊，亦流俗之譌也。

又案：禹時大陸爲河所經，故一曰大陸既作，一曰至於大陸，其不言澤者，舉澤不足以概大陸，舉大陸則澤在其中，省文也。爾雅：高平曰陸。河逕高平之地，瀦而爲澤，故又曰廣河澤，是則澤以地得名。胡氏釋禹貢，必謂是地非澤。固哉，高叟之爲詩也！

夾右碣石，入於河。

錐指：傳曰：碣石，海畔山。正義曰：地理志：「碣石山在北平驪城縣西南。」是碣石爲海畔山也。蘇氏曰：河自碣石山南，渤海之北入海。夾，挾也。自海入河，逆流而西，右顧碣石，如在挾掖也。

地理今釋：碣石。案：漢書地理志云：大碣石山在右北平郡驪城縣西南。武

帝紀注：文穎云：「碣石在遼西絫縣。」絫縣今罷入臨渝，此石著海旁，蓋驪城即今直隸永平府撫寧縣，絫縣即今昌黎縣，二縣壤地連接，杳無碣石踪迹，而海水蕩滅之説又荒誕不可信。考肇域志云：山東濟南府海豐縣有馬谷山，即古碣石。劉文偉亦以馬谷山在古九河之下，合於禹貢「入河入海」之文，斷爲碣石，無疑。近世論碣石者，惟此説庶幾近之。

蕙田案：碣石，自漢志後，其説不一。據漢志右北平驪成縣下云：大碣石山在縣西南。莽曰碣石。遼西郡絫縣下云：有碣石水南入官。不言有山。及文穎注武紀，始有絫縣之説，與班異。其地當在今昌黎縣東，絫縣故城之南。水經曰：碣石在遼西臨渝縣南水中。酈注云：大禹鑿其石，右夾而納河。秦始皇、漢武帝皆常登之。海水西侵，歲月逾甚，而苞其山，故言水中矣。又云：漢司空掾王璜言碣石在海中，信而有徵。胡朏明宗其説，辨論極詳，謂今海中無此山，碣石之亡，當在魏、齊之世，此主海水蕩滅之説者也。而元王充耘有合口御河入海處，石山聳立，俗呼爲竭石。明劉世偉又云：海豐縣北馬谷山，疑即古之碣石，胡朏明皆非之。至於括地志謂在盧龍縣南，唐志及寰宇記則又云石城縣有碣石，

都無足據，學者闕其疑，可也。

觀承案：碣石自當闕疑，夾右亦不可强解。然有一説，「夾」即古「陜」字，此蓋總序冀州貢道，西自陜右，東自碣石，俱已入於河，入河則達帝都矣！如西河、渭汭，總括雍州之例耳。此説固自可存。

胡氏渭曰：冀州爲中土，古軒轅、陶唐、有虞、夏后、殷人所都，及實沈、臺駘、孤竹之封皆在焉。春秋時可考者，晉、古實沈之虚，唐人是因以服事夏、商。及周成王滅之，以封弟叔虞爲唐侯，至子燮改名曰晉。魏、霍、冀、黎、書「西伯戡黎」即此。今爲黎城縣。揚、郇、或作「荀」。賈、沈、姒、蓐、黄、帝封臺駘于汾川，沈、姒、蓐、黄，實守其祀。潞、赤狄、邶、鄘、衛、始封在朝歌。邢、共、凡、原、雍、邘、虞、檀、温、中山、鼓、肥、鮮虞、薊、北燕、韓、無終、山戎，凡三十五國。戰國時屬燕、趙、魏，而秦、衛亦兼得其地。秦并天下，置三十六郡，此爲鉅鹿、邯鄲、上谷、漁陽、右北平、遼西、河東、上黨、太原、代郡、雁門、雲中、三川。北境是。漢武置十三州，此爲冀州、領郡國九。幽州、領郡國十。并州，領郡九。後漢、魏、晉並因之。晉冀州領郡國十三，幽州七，并州六。南北朝土地分裂，增置漸多，不可勝紀。唐承隋制，州即是郡。貞觀初，因山川形便，分天下爲十道。開元中，又

析爲十五道。此爲河北道之汲郡、衛州。鄴郡、相。廣平、洺。鉅鹿、邢。信都、冀。趙郡、趙。常山、鎮。博陵、定。河間、瀛。文安、莫。饒陽、深。上谷、易。范陽、幽。順義、順。歸化、分順州置。歸德、燕。嬀川、嬀。漁陽、薊。密雲、檀。北平、平。柳城營。等郡；河東道之河東、蒲州。絳郡、絳。陝郡、陝北境是。平陽、晉。高平、澤。上黨、潞。樂平、儀。陽城、沁。大寧、隰。文城、慈。西河、汾。太原、并。昌化、石。雁門、代。定襄、忻。安邊、蔚。馬邑、朔。雲中雲。等郡；又都畿之河内郡，懷州。關内道之單于大都護府。案以上通典所列，信都當全屬兖，鄴郡之内黄、堯城、臨河，汲郡之黎陽東境，當分屬兖。以今輿地言之，山西太原、平陽、汾州、潞安、大同五府，澤、遼、沁三州；河南則懷慶、衛輝、彰德三府；唯衛輝之胙城縣，舊在大河之南，當屬兖。直隸則順天、永平、保定、廣平、順德五府及真定、河間二府之西北境，當以漢時漳水故道爲界，水西屬冀，水東屬兖。大名府濬縣之西境，以宿胥故瀆爲界，西屬冀，東屬兖。又新置宣化府，舊爲萬全都司。及故遼東都司之西境，以大遼水爲界，西屬冀，東屬青。其北則踰塞，直抵陰山下，西起東受降城之北，東訖於大遼水，皆古冀州域也。

濟、河惟兖州。

錐指：傳曰：東南據濟，西北距河。渭案：濟自菏又東北會於汶，又北東入於海。此兖之東南與豫、徐、青分界處。河自大伾北過降水，至於大陸，又北播爲九河，同爲逆河，入於海。此兖之西北與冀分界處。東南據濟與豫分界，當自兖州府之曹州始。何以知之？案導水，濟入河，溢爲滎，東出於陶丘北，又東至於菏。菏澤在今定陶縣境，經繫諸豫。雷夏在今曹州境，經繫諸兖。故知二澤之間爲兖、豫之界也。濟水至曹州西分爲二水：一水東南流爲菏水，一水東北流入鉅野澤，爲濟瀆。春秋僖公三十一年：取濟西田。左傳云：分曹地，自洮以南，東傅於濟。酈道元云：濟水自是東北流出巨澤，即此地也。濟水又北過東昌府之濮州、范縣，東與徐分界；又北爲陽穀、茌平，東與青分界；轉東爲濟南府之齊河、濟陽、齊東、青城，又東爲青州府之高苑、博興、樂安，樂安縣東北一百十里有琅槐故城，漢屬千乘郡，濟水入海處也。南與青分界。今歷城以東有小清河，即濟水入海之故道，其北爲兖，南爲青也。西北距河，與冀分界。河自今河南衛輝府胙城縣北，東至直隸大名府濬縣大伾山西，折而北，經河南彰德府界中，又東北經直隸廣平、順德、真定、河間四府界中，東入於海。此禹河之故道，曲周以下即漢時漳水之所行也。

九河既道，

錐指：傳曰：河水分爲九道，在此州界平原以北是。正義曰：河從大陸東畔北行，而東北入海。冀州之東境至河之西畔，水分大河東爲九道，故知在兖州之界，平原以北是也。釋水載九河之名云：徒駭、太史、馬頰、覆釜、胡蘇、簡、絜、鉤盤、鬲津也。漢書溝洫志：成帝時，河隄都尉許商上書曰：古記九河之名，有徒駭、胡蘇、鬲津，今見在成平、東光、鬲縣界中。自鬲津以北至徒駭，其間相去二百餘里。是知九河所在，徒駭最北，鬲津最南。蓋徒駭是河之本道，東出分爲八枝也。許商上言三河，下言三縣，則徒駭在成平，胡蘇在東光，鬲津在鬲縣，其餘不復知也。爾雅九河之次，從北而南，既知三河之處，則其餘六者，太史、馬頰、覆釜在東光之北，成平之南，簡、絜、鉤盤在東光之南，鬲縣之北也。其河填塞，時有故道。鄭玄云：今河間弓高以東，至平原鬲津，往往有其遺處。夏氏曰：九河之名，出於一時之偶然，初無義訓。李巡、孫炎、郭璞皆附會曲爲之説。渭案：漢成平、東光屬勃海郡，鬲縣屬平原郡，弓高屬河間國。今直隸河間府交河縣東有成平故城，東光縣東有東光故城，阜城縣西南有弓高故城，山東濟南府德州北有鬲縣故城，皆漢縣也。蓋河自

大陸以北，禹疏爲九道，以殺其勢，然後恒、衛可得而治，大陸盡爲良田也。

地理今釋：案孔穎達九河疏，徒駭在成平，胡蘇在東光，鬲津在鬲縣，此祖漢許商「徒駭最北，鬲津最南」之言也。其餘六者，復據爾雅九河之次，謂太史、馬頰、覆釜在東光之北、成平之南，簡、絜、鉤盤在東光之南、鬲縣之北。蔡傳以太史河不知所在，又合簡、絜爲一，與孔疏異。今考直隸河間府滄州自唐迄元，滄州治清池縣。之西交河縣漢成平縣。之東北六十里有徒駭河。漢書地理志所謂「滹沱河」，民曰「徒駭河」是也。山東濟南府平原縣北有篤馬河，東北經陵縣、德平、商河、隋、唐爲滴河縣。樂陵諸縣界，其流或斷或續，相傳即馬頰河也。濟南府德州有覆釜河，東北至海豐縣入海。河間府東光縣東南有胡蘇河，東經寧津縣、唐臨津縣。滄州、漢饒安縣在州東南。慶雲縣隋、唐爲無棣縣。界，至海豐縣入海。河間府南皮縣城外有簡河、絜河，二河相去最近。濟南府樂陵縣東南有鉤盤河，自平原、德平二縣界流入至海豐縣，東入海。德州西南有鬲津河，東經吴橋、寧津、德平、樂陵、慶雲諸縣界，至海豐縣大沽口入海。其太史河，據齊乘，在清、滄二州之間。明一統志亦云：在南皮縣北。今其地雖無顯迹，然以孔疏參之，明一統志亦非無據。蓋九河故道自春秋時

已湮廢遷徙，漢唐以來，諸儒訪求古迹，就所見之斷港絶潢，指爲某河某河，似乎是非不可知。然河自大陸以北，順勢下趨，禹時九河自當在德州以上，河間數百里之地。考之於古，驗之於今，是亦可信也已。

閻氏若璩曰：余嘗往來燕、齊，西道河間，東履清、滄，熟訪九河故道，蓋昔北流衡漳注之。河既東徙，漳自入海，北流之漳，古徒駭河歟？踰漳而南，清、滄二州之南有古河，隄岸數重，地皆沮洳沙鹵，太史等河當在其地。滄州之南有大連澱，西踰東光，東至海，此非胡蘇河歟？澱南至西無棣縣百餘里間有曰大河，曰沙河，皆瀕古隄，縣北地名八會口，縣城南枕無棣溝，兹非簡、絜等河歟？東無棣縣北有陷河，闊數里，西通德、棣，東至海，兹非所謂鉤盤河歟？濱州北有士傷河，西踰德、棣，東至海，兹非鬲津河歟？士傷河最南，比他河差狹，是爲鬲津無疑也。此本夏彝仲之言。蔡氏集傳乃曰：自漢以來，講求九河，皆無依據。祖王横之言引碣石爲證，謂九河已淪於海。余案：禹貢文「北過降水，至於大陸，又北播爲九河，同爲逆河，入於海」，大陸在邢、趙、深三州之地，爾雅之廣阿澤也，去海岸已數百里，又東至海。中始叙九河，則大陸與九河相離千里，如是之遠而絶無表志，不合禹貢之文，

其不可信，一也。王横謂海溢出浸數百里，而青、兖營平郡邑不聞有漂没之處，而獨浸九河，其不可信，二也。今平原迤北清、滄之間，雖爲樹藝城邑相望，而地形河勢高隱曲折，往往可尋，但禹初爲九，厥後或三或五，遷變多寡不同，必欲按名而索，故致後儒紛紛之論。

胡氏渭曰：漢時言九河，以爲不可考者，平當云「九河今皆寘與「填」同。滅」，馮逡云「九河今既滅難明」，王横云「九河之地已爲海所漸」是也。然許商所言，實有其地，就三河推之，其餘大概可知，九河豈真湮滅無遺迹邪！而近世學者又患求之太詳，凡後人所鑿以通水，而被新河以舊號者，悉據以爲禹之九河。杜氏通典於許商所得之外，又得其三，鉤盤在景城郡界，馬頰、覆釜在平原郡界。惟太史、簡、絜三河未詳處所。而史記正義云：簡在貝州歷亭縣界。輿地廣記云：簡、絜在臨津。金地理志云：南皮縣有絜河。明一統志云：太史河在南皮縣北。則此三河者，亦皆犂然有其處所矣。以漢人所不能知，而一一臚列如此，可信乎，不可信乎？蔡傳云：或新河而載以舊名，或一地而互爲兩説，皆似是而非，無所依據。此言是也。求九河者，正不必尺寸皆合於禹之故道，亦不必取足於九。許商言「自鬲以北至徒

駭間，相去二百餘里，今河雖數移徙，不離此域」。韓牧以爲「可略於禹貢九河處穿之，縱不能爲九，但爲四五，宜有益」。此真通人之見。知此者，可與窮經，可與治水矣。

雷夏既澤，灉、沮會同。

錐指：傳曰：雷夏，澤名。灉、沮二水，會同此澤。正義曰：地理志云：雷澤在濟陰成陽縣西北。渭案：今山東兗州府曹州東北六十里有成陽故城，北與東昌府濮州接界。雷夏在曹之東北，濮之東南。史記云「堯作游成陽」，「舜漁於雷澤」，即此。灉、沮二水，漢志無文。括地志曰：雷夏澤在濮州雷澤縣郭外西北，通典：雷澤縣本漢成陽縣。元和志：雷澤縣西北至濮州九十里。案北齊廢成陽。隋復以其地，置雷澤縣。唐、宋因之。金又廢。今曹州東北六十里故雷澤城是。灉、沮二水在澤西北平地。元和志曰：灉水、沮水二源俱出雷澤縣西北平地，去縣十四里。又曰：雷夏澤在縣北郭外，灉、沮二水會同此澤。與孔傳符矣。

地理今釋：雷夏，今山東東昌府濮州東南有雷澤，接曹州界。水經注云：雷澤在大成陽故城西北十餘里，其陂東西二十餘里，南北十五里，即舜所漁也。元和

志：濰水、沮水俱在濮州雷澤縣西北平地，去縣四十里。九域志：濮州有沮溝，即禹貢「濰、沮會同」是也。宋時河決曹、濮間，濰、沮源適當其衝，久而泥滓填淤，二水遂涸。蔡傳乃欲以汳睢當之，非是。韓汝節云：汳睢在豫、徐之境，無與於兖州。而兖州自有濰、沮也。

浮於濟、漯，達於河。

錐指：傳曰：濟、漯，兩水名。正義曰：地理志云：「漯水出東郡東武陽縣，至樂安千乘縣入海，過郡三，行千二十里。」其濟則下文具矣。渭案：今山東東昌府朝城縣西有東武陽故城，青州府高苑縣北有千乘故城，皆漢縣。河謂南河之尾，漯首受河處也。孟子曰「禹疏九河，瀹濟、漯」，皆在兖域。而經於濟、漯不言施功，以貢道見之。曰「浮於濟、漯」，則二水之治可知矣。

地理今釋：漯，今山東東昌府朝城縣北有漯河。濟南府禹城縣西二里有漯河，一名源河，俗又名土河，東北入臨邑縣界。案朝城，漢之東武陽縣；高苑，漢之千乘縣；禹城，漢之高唐縣也。蓋漯水本出高唐，至千乘入海。自禹導河至大伾，始分河之一支。史記：禹厮二渠以引其河。注：其一則漯川。東北流，首經東武陽，至高唐合漯

水。自合漯水，則高唐以南、武陽以北之河皆被以漯名矣。故漢志於平原郡高唐注則云漯水所出，於東郡東武陽則云禹治漯水，東北至千乘入海。疏解漯水源流，固自瞭然。蔡傳未究斯旨，又誤解程大昌此河乃漢河，元非禹河之語，竟不知漯水所在。善乎！陳師凱書傳旁通曰：程氏之意非指漯爲漢河，蓋指漯入河處，所受河水乃漢以後所徙頓丘之河，非禹時澶相以北之河，其漯水仍以東武陽爲是也。

胡氏渭曰：兗州有古帝顓頊之虚，杜預曰：東郡濮陽縣，故帝顓頊之虚，故曰帝丘。鬲、觀、有窮、昆吾、韋、顧之封，皆在焉。春秋時可考者，衛、文公遷于楚丘，成公又遷于帝丘。郕、胙、燕，南燕，姞姓。凡四國。戰國時爲衛、魏、宋、齊、趙五國地。秦并天下，置東郡、碭郡、東北境是。齊郡、北境是。鉅鹿、上谷。二郡東境是。漢復置兗州，領郡國八。後漢、魏、晉並因之。唐爲河南道之靈昌、滑州。濮陽、濮。濟陽、濟。東平鄆。等郡；河北道之清河、貝州。魏郡、魏。博平、博。平原、德。樂安、棣。景城滄。等郡。案：以上通典所列，有當往屬者，東平之須昌、鉅鹿、宿城及壽張之東境，此爲東原大野之地。須昌、宿城、壽張三縣故城，並在今東平州界。鉅野故城在今鉅野縣西。魯郡之任城、龔丘，任城今爲濟寧州及嘉祥縣之東境，龔丘今爲寧陽縣，並在古濟水東。改屬徐；濟陰之南華，

在菏澤西，今爲東明縣。靈昌之匡城，在南華西，今爲長垣縣。改屬豫；濟陽之長清，今屬濟南府。及東阿之東境，今東阿縣是。平陰之北境，改屬青；其南境改屬徐也。平陰側岱跨南北，故分屬青、徐。又有當來屬者，冀域信都郡及鄴郡之内黄、堯城、臨河，内黄、堯城二縣故城，並在今内黄縣界。臨河故城在今滑縣北。汲郡之黎陽東境；其豫域則濟陰之乘氏也。乘氏在菏澤東，今爲曹州。以今輿地言之，河南衛輝府之胙城縣、胙城本在河南，自金明昌五年河徙出縣南，而縣始爲河北地。直隸大名府唯濬縣之西境當屬冀，長垣、東明二縣當屬豫。及真定、河間二府之東南境，當以漢時漳水故道爲界，東南屬兖，西北屬冀。山東則東昌府，其兖州府則曹州、陽穀、壽張、鄆城，濟南、青州二府則西北境，當以漢時濟水故道爲界，西北屬兖，東南屬豫、徐、青。皆古兖州域也。

海、岱惟青州。

錐指：傳曰：東北據海，西南距岱。顔氏師古曰：岱即太山也。渭案：成王賜太公履曰：「東至於海。」季札聞齊音曰：「表東海者，其太公乎？」齊湣王謂張儀曰：「齊僻陋，隱居東海之上。」是東據海也。而傳兼言北。楚子謂齊侯曰：「君處北海。」蘇秦説齊王曰：「北有勃海。」蓋自今成山以至樂安者是也。故云東北據海。

然自朝鮮以至日照皆青也，所遺多矣。專言東，則固可該琅琊與朝鮮也。地理志：岱在泰山郡博縣西北。今山東濟南府泰安州東南有博故城，山在州北五里，於故城爲西北也。公羊傳曰：越在岱陰齊。蘇秦説齊王曰：「南有泰山。」史記曰：泰山之陽則魯，其陰則齊。岱主南，言與徐分界也。而傳兼言西，則岱不足以表其界，蓋青西以濟爲兗界。齊語正封疆「西至於濟」，其明徵也。北自琅槐以西，亦以濟爲兗界。故王莽改漢齊郡曰濟南，而經不言濟者，蒙兗、濟、河之文，從可知也。傳兼言西，則欲密而反疏。甚矣，説經之難也！青之東境，登、萊二府之地斗入大海中，東西長八九百里，形如吐舌。史記齊世家云：齊自泰山屬之琅邪，北被於海，膏壤二千里。蓋并登、萊計之也。海水自日照縣東與徐分界。岱南與徐分界處，嘗考齊長城故址而約略得之。管子曰：長城之陽，魯也；長城之陰，齊也。是春秋時已有長城矣。竹書紀年曰：梁惠成王二十年，齊築防以爲長城。城緣河，徑泰山千餘里，東至琅邪臺入海。齊記曰：齊宣王乘山嶺之上築長城，東至海，西至濟州千餘里。水經注云：濟水自臨邑縣東，又北逕平陰城西。京相璠曰：平陰，齊地，在濟北盧縣故城西南十里，今長清縣西南二十五里有盧縣故城。南有長城，東至海，

西至濟。河道所由名防門，去平陰三里，齊侯塹防門即此也。其水引濟，故瀆尚存。又云：朱虛縣泰山上有長城，泰山，東泰山也，亦名小泰山，在臨朐縣南百里，朱虛故城在縣東。西接岱山，東連琅邪巨海，千有餘里，蓋田氏之所造。括地志云：長城西北起濟州平陰縣，緣河，歷泰山北岡上，經齊州、淄州，東至密州琅邪臺入海。臺在州治諸城縣東南百四十里琅邪山上。元和志云：故長城首起平陰北二十九里。通典云：盧縣有長城，東至海。蘇代説燕王曰：「齊有長城鉅防。」鉅防，即防門也。寰宇記云：諸城縣南四十里有長城，東南自海迆邐上大朱山，盡州南界二百五十里。大朱山南距琅邪臺六十里。今案：齊長城橫絶泰山，緜地千餘里，自平陰而東，歷肥城、在縣北。長清、在縣南。泰安、在州西北六十里。萊蕪、在縣北。淄川、在縣南。沂水、在縣北九十五里。臨朐、在縣南，又有穆陵關在大峴山上，西接沂水縣界。莒州，在州北。以訖於諸城，在縣南七十里。皆有故阯。此雖後人所築，然皆因岡阜自然之勢爲之，禹時青、徐分界，亦必以此也。青西及北以濟爲界。鄭漁仲云：不言濟者，以兖州見之也。案水經注濟水自臨邑，過平陰、盧縣、歷城、臺縣、梁鄒、臨濟、安平、樂安、利縣至琅槐入海。以今輿地言之，平陰、長清、齊河、歷城界中之大清河，及章丘、鄒平、長山、新

城、高苑、博興、樂安界中之小清河，即漢時濟水會汶入海之故道，古青、兖分界處也。　青之東北界無可考。　疏云越海而有遼東之地，恐未盡。　通典云：青州之界，東跨海，從岱山東歷密州，東北經海曲、萊州，越海分遼東、樂浪、三韓之地，西抵遼水。　此説近是。　然三韓地太遠，而玄菟不可遺。　竊疑漢武所開二郡，皆古嵎夷之地，在青州之域者，而三韓不與焉。　蓋嵎夷，羲和之所宅；朝鮮，箕子之所封，不應在化外。　先儒但云有遼東，非也。　漢書言東夷天性柔順，異於三方之外，故孔子悼道不行，設浮於海，欲居九夷。　後漢書言東夷率皆土著，喜飲酒歌舞，或冠弁衣錦，器用俎豆，所謂「中國失禮，求之四夷」者也。　觀其土俗，則青之東北界，不止於遼東明矣。　史記秦始皇本紀云：地東至海，暨朝鮮，北據河爲塞，並陰山至遼東。　朝鮮列傳云：自始全燕時略屬真番、朝鮮，爲置吏，築鄣塞。　秦滅燕，屬遼東外徼。　燕、秦之所經略，蓋禹貢嵎夷之地，唐一行所謂「北戒山河，抵恒山之右，乃東循塞垣，至濊貊、朝鮮，以限戎狄者」是也。　明遼東都指揮使司兼轄漢遼東、西二郡之地，都司城西四百二十里爲廣寧衛，本遼東無慮縣也。　衛西幽州域，衛東營州域，都司城東至鴨緑江五百六十里，與高麗分水。　太康地志云：樂浪遂成縣有碣石，長

城所起。通典云：在今高麗舊界。蓋即蒙恬所築起臨洮至遼東者也。東漢以來，故阯湮没，都司城北至三萬衛三百三十里，古肅慎氏地。衛西有開元城，金置會寧府，號爲上京。禹貢青州之北界當極於此。衛東北距長白山千餘里，其水北流爲混同江，南流爲鴨緑江。唐書東夷傳云：高麗馬訾水出靺鞨之白山，色若鴨頭，即此江也。都司城南至旅順海口七百三十里，去登州不遠，順風揚帆，信宿可達。明初，遼東士子附山東鄉試，後以渡海之艱，改附順天，猶周之并營於幽也。

嵎夷既略，

錐指：傳曰：嵎夷，地名。正義曰：即堯典「宅嵎夷」是也。金氏曰：青州實跨海而有東夷，兼堯命羲和宅嵎夷，以候正東之景，故特表於前。

濰、淄其道。

錐指：傳曰：濰、淄二水復其故道〔一〕。正義曰：地理志云：濰水出琅邪箕屋山，山見説文，班志無之，此誤增。北至都昌縣入海，過郡三，行五百二十里。淄水出泰

〔一〕「濰淄二水復其故道」八字，原脱，據光緒本、禹貢錐指卷四補。

山萊蕪縣原山，東北至博昌縣入海。今漢書本作「入泲」。渭案：都昌屬北海郡，博昌屬千乘郡，今山東青州府莒州東有箕縣故城，益都縣西南有萊蕪故城，博興縣東南有博昌故城，萊州府昌邑縣西有都昌故城，皆漢縣也。

日知録：顧氏炎武曰：濰水出琅邪郡箕屋山。在今莒州西北九十里。書禹貢「濰、淄其道」，左傳襄公十八年「晉師東侵及濰」是也。其字或省水作「維」，或省糸作「淮」，又或从心作「惟」，總是一字。

地理今釋：淄水出今青州府益都縣西南顔神鎮東南二十五里岳陽山，即原山也。其山接濟南府章丘、淄川、萊蕪三縣，淄水出於山之東谷，東北流至青州府壽光縣北，由清水泊入海。禹時淄水入海，不入濟。水經注叙述甚明。史記河渠書亦云禹治水之後，於齊，則通菑、濟之間，是二水不通可知。蔡氏因漢書「淄水入泲」一語，云「淄水東入濟」，非是。

萊夷作牧，

錐指：顔氏曰：萊夷，萊山之夷也。林氏曰：史記齊世家太公東就國，萊夷來伐，與之爭營丘。左傳夾谷之會，萊人欲以兵刼魯侯。孔子曰：兩君合好，而裔夷

之俘以兵亂之。萊之爲夷無疑矣。先儒但以爲地名，非也。渭案：今萊州、登州二府，皆禹貢萊夷之地。

浮於汶，達於濟。

錐指：正義曰：地理志云：汶水出泰山萊蕪縣原山，西南入濟。渭案：此經蒙究之文，曰達於濟，則由漯以入河可知矣。其東北境徑浮濟，不必從汶也。以今輿地言之，汶水自萊蕪，歷泰安、肥城、寧陽，至東平入濟，合流以注於海，此禹迹也。迨元人引汶絶濟，爲會通河。明永樂中又築戴村壩，遏汶水，盡出南旺以資運，而安山入濟之故道，填淤久矣。

地理今釋：汶水出今山東濟南府萊蕪縣，其源非一，合流於泰安州之靜安鎮，謂之大汶；又有小汶出新泰縣宫山之下，至徂徠山南入大汶。水經注：有牟汶、北汶、柴汶。汶水舊由安民亭合濟水，東北入海。自明永樂九年於東平州東六十里築戴村壩，盡遏汶水，出南旺，南北分流，南流達於濟寧州，會沂、泗諸水入淮者十之四；北流達於臨清州，會漳、衛諸水入海者十之六矣。

胡氏渭曰：青州有古爽鳩氏之虚，爲季萴、有逢伯陵、蒲姑氏之所因，及斟灌、

斟尋、寒、過之封皆在焉。春秋時可考者，齊、紀、譚、州、夷、介、萊凡七國。戰國時爲齊、燕二國地。秦并天下，置齊郡、琅邪、東境是。遼東。漢復置青州。領郡國六。後漢、魏並因之。領郡國五。晉分置平州，青州領郡國六，平州領郡國五。後改曰幽州。唐爲河南道之北海、青州。濟南、齊。淄川、淄。高密、密。東萊、萊。東牟登。等郡，河北道之安東都護府。案：以上通典所列高密之莒縣及諸城之南境，當往屬徐。又有當來屬者：兖域，濟陽之盧縣及東阿之東境，後漢穀城縣地，在濟東者即今東阿縣。平陰之北境；徐域，魯郡乾封、萊蕪之北境是也。以今輿地言之，山東登州、萊州二府，其青州府則益都、臨淄、昌樂、安丘、壽光、臨朐及諸城、高苑、博興、樂安之南境，濟南府則肥城、長清、歷城、章丘、鄒平、長山、新城、淄川及泰安、萊蕪之北境，兖州府則唯東阿及平陰之北境，三府之地，南以齊長城故址，與徐分界；西及北以漢時濟水故道，與兖分界。

其東北跨海，爲故遼東都司之東境及朝鮮國，皆古青州域也。

右禹貢冀兖青三州

五禮通考卷二百二

嘉禮七十五

體國經野

禹貢徐揚荆三州

書禹貢：海、岱及淮惟徐州。

錐指：傳曰：東至海，北至岱，南及淮。渭案：地理志：桐柏大復山在南陽平氏縣東南，淮水所出，東南至淮陵入海，「陵」當作「陰」，字之誤也。過郡四，行三千二百四十里。徐西不言所至。然爾雅云「濟東曰徐州」，則知其西亦距濟。海自江南山

陽縣東，折而西北，爲淮水入海之口，其北岸則安東縣也，是爲徐域。海自縣東而北歷海州東，中有鬱林山，亦名鬱州。北齊置東海縣。元和志云：本漢贛榆縣地，俗謂之鬱洲，亦謂之田横島。又北歷贛榆縣東，又東北歷山東日照縣東，又東北歷諸城縣東，至琅邪臺，過此則爲青域矣。徐北至岱，岱之西南爲東平，其南爲泰安，所謂「汶陽之田」者也。東南爲萊蕪、新泰、沂州、莒州、諸城，皆以長城故阯與青分界。淮水今自鳳陽府壽州界，州在淮南。東流經懷遠、五河、泗州南，又東北經淮安府清河縣南，與黄河合。又東經安東縣南，而東北入於海，中流與揚分界，故曰南及淮也。岱、濟之間，與兗分界，蓋在東平、汶上、鉅野之西。濟、淮之間，與豫分界，蓋在金鄉、碭山、宿州、懷遠之西。

淮、沂其乂，

錐指：正義曰：地理志云：沂水出泰山蓋縣臨樂子山，南至下邳入泗，過郡五，行六百里。淮出桐柏山，發源遠矣。於此州言之者，淮水至此而大，爲害尤甚，喜得其治，故於此記之。渭案：桐柏山在南陽平氏縣東南，其故城在今南陽府桐柏縣西北四十里。蓋縣故城在今青州府沂水縣西北。

地理今釋：沂水出今山東青州府沂水縣西北一百七十里雕崖山，接蒙陰縣界，南流至江南淮安府宿遷縣，北滙爲駱馬湖，又南入運河。

胡氏渭曰：蔡傳引曾氏曰：「徐州水以沂名者非一，酈道元謂水出尼丘山，西北徑魯之雩門，亦謂之沂水。水出太山武陽之冠石山，亦謂之沂水，而沂水之大，則出於泰山也。」案水經注出尼丘之沂水，流經魯縣故城南，北對稷門。稷門一名高門，亦曰雩門，水即曾點所浴也，西入泗水，與經文之沂無涉。水經注有小沂水者三，曾僅舉其一。沂水出泰山郡之蓋縣，今但云出於泰山，非也，疑脱「蓋縣」二字。

蒙、羽其藝。

錐指：正義曰：地理志云：蒙山在泰山蒙陰縣西南。羽山在東海祝其縣南。

渭案：今山東青州府蒙陰縣南有蒙陰故城，江南淮安府贛榆縣南有祝其故城，皆漢縣也。

胡氏渭曰：蒙山在今蒙陰縣南四十里，西南接費縣界。詩魯頌：奄有龜蒙。

論語：季氏將伐顓臾，孔子曰昔者先王以爲東蒙主。邢昺疏云：山在魯東，故曰東

蒙也。漢志：蒙陰縣有蒙山祠，顓臾國在山下。後魏志：新泰縣有蒙山。宋省蒙陰，後魏以其地改置新泰縣。劉芳徐州記：蒙山高四十里，長六十九里，西北接新泰縣界。元和志：蒙山在新泰縣東八十八里，費縣西北八十里；東蒙山在費縣西北七十五里，是謂蒙與東蒙爲二山也。齊乘曰：龜山在今費縣西北七十里，蒙山在龜山東，二山連屬，長八十里。禹貢之蒙、羽，論語之東蒙，正此蒙山也。後人惑於東蒙之說，遂誤以龜山當蒙山，蒙山爲東蒙，而隱没龜山之本名，故今定正之。邑人公鼐論曰：蒙高峰數處，俗以在東者爲東蒙，中央者爲雲蒙，在西者龜蒙，其實一山。龜山自在新泰，其北有沃壤，所謂龜陰之田，亦非即龜蒙峰也。參之以邢疏，東蒙即蒙山，非有二山明矣！漢志：祝其縣南有羽山。杜預左傳注亦云在祝其縣西南。縣之故城在今贛榆縣界。而隋志朐山縣有羽山。元和志云：羽山在朐山縣西北一百里。又云：在臨沂縣東南一百十里，與朐山縣分界。朐山今海州，臨沂今沂州也。近志郯城縣東北亦有羽山，接贛榆界。齊乘云：羽山舊在朐山縣東北九十里，今屬沂州，在東南一百二十里。時郯城未復，故在州境也。諸說不同，要之，此山在沂州之東南，海州之西北，贛榆之西南，郯城之東北，實跨四州縣之境也。明一

統志云在贛榆縣西北八十里，則誤矣！說者皆以此山爲舜殛鯀處，山下有羽潭，即左傳所云「其神化爲黄熊，入于羽淵」者也。愚謂此地太近，非荒服放流之宅。孔安國舜典傳云：羽山東裔在海中，今登州府蓬萊縣有羽山。寰宇記云：在縣東十五里，即殛鯀處。有鯀城在縣南六十里，以近殛鯀之地而名。此與孔傳謂在海中者合，當從之。齊乘：九目山東北二十里有龍山，又北即羽山。蓬萊新志云：在縣東南三十里。禹貢之羽在徐域，舜典之羽在青域，不可以無辨。

蕙田案：此辨蒙、羽二山是。

大野既豬，東原底平。

錐指：傳曰：大野，澤名。正義曰：地理志：大野澤在山陽鉅野縣北。東原即今之東平郡。蔡氏曰：東原在徐之西北，而謂之東者，以在濟東故也。渭案：今山東兗州府鉅野縣西有鉅野故城。何承天曰：鉅野湖澤廣大，南通洙、泗，北連清、濟，舊縣故城正在澤中是也。漢東平國治無鹽縣，其故城在今東平州東。周禮：兗州澤藪曰大野。夏元肅云：大野在徐之西，兗之東。周無徐州，故以屬兗。爾雅十藪魯有大野。左傳哀

十四年，西狩于大野，獲麟。杜注云在高平鉅野縣東北大澤是也。秦、漢之際稱鉅野澤。史記：彭越漁於鉅野澤中。後又稱巨澤，水經注濟水東北出巨澤。是皆大野矣。元和志云：大野澤在鉅野縣東五里，南北三百里，東西百餘里。近志云：鉅野澤在縣城北。案：鉅野故城在今縣西，而何承天云舊縣故城皆在澤中，則澤必不起自今縣之東北可知也。蓋此地屢遭河患。漢元光三年，河決濮陽瓠子，注鉅野，通淮、泗，後二十餘年始塞。自是之後，五代晉開運初、宋咸平三年、天禧三年、熙寧十年、金明昌五年，河皆決入鉅野，溢於淮、泗，或由北清河入海。自漢以來，衝決填淤，凡四五度，高下易形，久已非禹迹之舊。逮元至正四年，河又決入此地，鉅野、嘉祥、汶上、任城等縣皆罹水患，及河南徙，澤遂涸爲平陸，而畔岸不可復識矣。

又曰：吴氏澄曰：大野澤，俗稱梁山濼。于欽齊乘亦云澤即梁山泊也。梁山在壽張縣東南七十里，東平州西南五十里，東接汶上縣界，汶水西南流，與濟水會於山之東北，迴合而成濼。志云：大野澤之下流也，水常滙於此。金時河益南徙，梁山濼漸淤。

羽畎夏翟，嶧陽孤桐。

錐指：傳曰：嶧山之陽。正義曰：地理志云：東海下邳縣西有葛嶧山，即此山也。渭案：後漢郡國志：下邳東海縣有葛嶧山，本嶧陽山。劉昭補注云：山出名桐。伏滔北征記曰：今槃根往往而存。山在今淮安之邳州西北六里。林少穎云：嶧山即詩所謂「保有鳧、繹」。非也。渭案：漢志：東海下邳縣，葛嶧山在西，古文以爲嶧陽。魯國騶縣，故邾國，嶧山在北。「嶧」、「繹」，古字通，今兖州府鄒縣東南有嶧山，一名邾繹，亦曰鄒嶧，此皆鳧、繹之繹。左傳邾文公卜遷于繹，史記秦始皇刻石頌功德者也。水經注泗水歷下邳縣，逕葛嶧山東，即奚仲所遷之邳繹。元和志謂之嶧陽山。邳州新志云：俗名距山，以其與沂水相距也。此乃禹貢之嶧陽，漢志極其分明，林氏混而一之，大謬。蔡傳主葛嶧，而黄文叔以爲在鄒縣，非唯不見北征記語，亦不知有地理志矣！

泗濱浮磬，

錐指：泗濱，先儒但云泗水之涯，而不言在何縣。水經注：泗水自彭城又東南過吕縣南，水上有石梁焉，故曰吕梁。晉太康地記曰：水出磬石，書所謂「泗濱浮磬」者也。括地志亦云：泗水至彭城吕梁，出磬石，今徐州東南六十里有吕梁洪。

高誘淮南子注云：吕梁在彭城吕縣，石生水中，禹決而通之。蓋即磬石之所出也。金、元以來，泗殫爲河。明嘉靖中，惡其石破害運船，鑿之使平，而浮磬愈不可問矣。

淮夷蠙珠暨魚。

胡氏渭曰：淮南北近海之地，皆爲淮夷。書序曰：武王崩，三監及淮夷叛。又曰：成王東伐淮夷，遂踐奄。費誓曰：徂茲淮夷，徐戎並興。詩序：宣王命召公平淮夷，常武曰：率彼淮浦，省此徐土。又曰：截彼淮浦，王師之所。魯頌曰：奄有龜蒙，遂荒大東。至于海邦，淮夷來同。左傳僖十三年：淮夷病杞。此皆淮北之夷，在徐州之域者也。江漢之詩曰：江、漢浮浮，武夫滔滔。匪安匪遊，淮夷來求。春秋昭公四年：楚子召諸侯及淮夷會于申。此皆淮南之夷，在揚州之域者也。經所稱淮夷，乃淮北之夷。漢臨淮郡有淮浦縣，今爲安東縣，屬淮安府。淮水從此入海，即詩所謂淮浦矣。淮夷蓋在東方荒服之内，故亦謂之東夷。今淮、揚二府近海皆是也。

浮于淮、泗，達于河。

錐指：金氏曰：達于河。古文尚書作「達于菏」，説文引書亦作「菏」，今俗本誤作「河」耳。菏澤與濟水相通，而泗水上可以通菏，下可以通淮。徐州浮淮入泗，自泗達菏也。青州書「達于濟」，則達河可知。故徐州書「達于菏」，則達濟可知。渭案：菏謂菏澤，在今兖州府定陶縣東北。説文「菏」字下云：禹貢浮于淮、泗，達于菏。从水，苛聲。徐鉉音古俄切，隸从艸作「菏」，俗遂訛爲「荷」，又訛爲「河」也。許慎時，經猶作「菏」，而史記、漢書並作「河」，蓋後人傳寫之誤。濟水豬爲菏澤，此經蒙青之文曰「達于菏」，則由濟入漯可知矣！以今輿地言之，泗水出泗水縣，歷曲阜、滋陽、濟寧、鄒縣、魚臺、滕縣、並屬山東兖州府。沛縣、徐州、沛縣屬徐州，隸江南。邳州、宿遷、桃源，至清河縣入淮，並屬淮安府。此禹迹也。今其故道自徐城以南，悉爲黄河所占，而淮不得擅會泗之名矣。

胡氏渭曰：徐州有古大庭、少皞之墟，左傳：梓慎登大庭氏之庫。注云：大庭，古國名，在魯城内。或曰大庭，即炎帝也。劉楨魯都賦云：戢武器于有炎之庫。有緡、大彭、奄、邳之封皆在焉。春秋時可考者，魯、滕、茅、薛、徐、郳、莒、蕭、郯、遂、任、宿、須句、顓臾、鄫、鄅、陽、鄣、郳、後爲小邾。向、極、牟、鑄、鄟、邿、偪陽、根牟、鍾吾、甲父，凡二十九國。

戰國時屬魯，而宋、齊、楚亦兼得其地。秦并天下，置泗水、琅邪、西境是。薛郡。漢改置東海郡，復以其地爲徐州。領郡國四。後漢、魏、晉並因之。魏、晉領郡國七。唐爲河南道之彭城、徐州。臨淮、泗。魯郡、兖。東海、海。琅邪沂。等郡。案以上通典所列，唯魯郡乾封、萊蕪之北境當往屬青。其當來屬者，兖域東平之須昌、鉅野、宿城及壽張之東境，濟陽、平陰之南境，青域高密之莒縣及諸城之南境是也。以今輿地言之，江南徐州及鳳陽府之懷遠、五河、虹縣、泗州、宿州、靈璧，淮安府之桃源、清河、安東、邳州、宿遷、睢寧、海州、贛榆，山東兖州府則滋陽、曲阜、寧陽、鄒縣、泗水、滕縣、嶧縣、金鄉、魚臺、濟寧、嘉祥、鉅野、東平、汶上、沂州、郯城、費縣及平陰之南境，濟南府則新泰及泰安、萊蕪之南境，青州府則蒙陰、沂水、莒州、日照及諸城之南境，皆古徐州域也。

淮、海惟揚州。

錐指：傳曰：北據淮，南距海。渭案：海岸雖自東北迤西南，而經云「東漸于海」，則青、徐、揚之海，皆主東言可知也。傳於青兼言北，既爲失之。而於揚專言南，則失之愈甚。通典曰：揚州北距淮，東南距海。舊曰南距海，今改爲東南。自

晉以後，歷代史皆云五嶺之南至于海，並是揚州之地。案：禹貢物産貢賦，職方山藪川浸，皆不及五嶺之外。且荆州南境至衡山之陽，若五嶺之南在九州封域，則以鄰接宜屬荆州，豈有捨荆而屬揚？此近史之誤也。杜氏此言良是，改南爲東南，視傳爲優。其所距者，即秦、漢南海郡之揭陽縣，唐潮陽郡，今潮州府是也。南海郡治番禺，其極東界爲揭陽縣，王莽改縣曰南海亭。蓋至此始爲南海，而揭陽以北猶爲東海，故知揚州之海，經亦主東言也。淮水自今河南汝寧府息縣南，東流經光山縣北，是爲揚域。又東經光州北，又東經固始縣北，又東北經江南鳳陽府潁州北，又東經霍丘縣北、潁上縣南，又東經壽州北，與豫分界。又東北經五河縣東南，又東經泗州南、盱眙縣北，又東北經淮安府清河縣南，又東經山陽縣北，又東經安東縣南，而東北注于海，與徐分界。海自山陽縣東北，折而東南，歷鹽城、興化、如皋縣東，又南至通州東，爲江水入海之口，其南岸則太倉州也。自州東，又東南歷上海縣、金山衛東，又南歷浙江鎮海、象山縣，折而西，歷寧海縣東，又西南歷黄巖、太平、樂清、瑞安、平陽縣東，又南歷福建福寧州東，又西南歷羅源、連江、長樂、福清縣東，又西南歷莆田、惠安、同安縣南，又西南歷海澄、漳浦、詔安縣東南，又西

歷廣東澄海縣南，又西至潮陽縣南，揚州之海於斯極矣！昔周宣王命召公平淮夷，帥師自江、漢循流而下。故其詩曰：江、漢浮浮，武夫滔滔。又曰：于疆于理，至于南海。淮夷，淮南之夷。南海即揚東南所距之海。韓退之南海神廟碑云：廣州治東南海道八十里，扶胥之口，黄木之灣，此番禺之海也。潮州刺史謝上表云：州南近界，漲海連天，此揭陽之海也。詩所謂「至於南海」者，亦至揭陽而止耳，豈必踰嶺以至番禺哉！左傳僖四年：楚子使屈完言於齊侯曰：君處北海，寡人處南海。注云：楚界猶未至南海，因齊處北海，遂稱所近，蓋夸大之辭。其襄十三年，子囊述共王之德曰：撫有蠻夷，奄征南海。征與處不同。蓋楚至悼王時，吴起爲楚南收揚越，楚地始踰嶺而瀕南海，共王則征之而已，此却非夸大之辭。揚之南界，經無可見。據通典，以潮陽隸古揚州，蓋自江西大庾嶺東南，群山緜亘，以達于廣東潮州府之揭陽，即揚之南界也。大庾嶺在南安府大庾縣南八十里，縣本漢豫章郡南壄縣地。南接廣東南雄府保昌縣界。縣亦南壄縣地。水經注以爲五嶺之最東，亦名東嶠。漢書謂之塞上。南越相吕嘉破漢將軍韓千秋于石門，送漢節至于塞上，即此地也。後漢志名臺領山，唐以後又稱梅嶺，其西爲聶都山，贛水所出，與湖廣郴州宜章縣

接界。裴淵廣州記曰：五嶺，大庾、始安、臨賀、桂陽、揭陽也。此與水經注小異。桂陽即騎田，而無都龐，有揭陽。顔師古云：嶺者，西自衡山之南，東窮于海，一山之限耳，而别標名則有五，蓋依裴氏。五嶺訖揭陽。揭陽山一名揭嶺，在今揭陽縣西北百五十里，南北二支，直抵惠州府興寧、海豐二縣界。山南揭陽故城，漢縣也。今西自越城、騎田、萌渚陂陁相屬，直趨大庾嶺，又循脊而下，東包揭陽，屬之海堧，與江西、福建分險，唐一行所謂「南戒山河至衡陽，東循嶺徼達東甌、閩中，以限蠻夷」者是也。揚之西界，經亦無可見，今據通典所隸郡縣約略言之。蓋自河南光山縣與豫分界，其南爲湖廣之羅田、蘄水、蘄州、廣濟，踰江而南，則爲江西之瑞昌，又西南爲武寧、寧州、萬載、萍鄉、永新、永寧，又東南爲龍泉、崇義、大庾，皆與荆分界處也。

彭蠡既豬，陽鳥攸居。

錐指：傳曰：彭蠡，澤名。吴氏曰：彭蠡澤，跨豫章、鄱陽之境，廣數百里，受歙、信、饒、撫之水及洪東境之水。豬名鄱陽湖。流出名揚瀾、左蠡、虔、吉、袁、筠之水及洪西境之水皆會，過南康至湖口縣入江。渭案：地理志豫章彭澤縣西有彭

蠡澤，今江西湖口、彭澤、都昌三縣皆漢彭澤縣地。湖口、彭澤屬九江府，都昌屬南康府。吕覽云：禹爲彭澤之障，乾東土。謂斯役也。彭蠡澤後稱彭蠡湖，在今江西南昌府城東北一百五十里，饒州府城西四十里，南康府城東五里，九江府城東南九十里，周迴四百五十里，浸四郡之境，亦曰鄱陽湖，以中有鄱陽山而名。俗因號在都昌者爲東鄱湖，在南昌者爲西鄱湖。湖又隨地而異名，其在星子縣東南接南昌界者，曰宫亭湖。水經注云：廬山南嶺下有神廟，號曰宫亭廟，故彭湖亦有宫亭之稱。湖有落星石，周迴百餘步，高五丈。其在都昌縣西南者曰揚瀾湖，又北曰左里湖。通典云：地在章江之左，因名。元和志云：揚瀾湖北曰左里，一作左蠡，今縣西南九十里有左里城是也。其在餘干縣西北者曰擔石湖。通典云：鄱陽郡西百七十里至擔石湖是也。輿程記云：自湖口縣入彭蠡湖，經大孤山至南康府百二十里，又二百五十里至南昌府，自縣而東南渡湖抵饒州，凡三百七十里。鄱陽山本名力士山，亦名石印山，東南去鄱陽縣百五十里，漢爲歷陵縣地。湖中又有康郎山，在餘干縣北八十里，爲風帆之表幟。大孤山在九江府德化縣東南四十里，與南康

分界。水經注云：有孤石介立湖中〔一〕，周迴一里，竦立百丈，矗然高峻，特爲瓌異，疑謂此山。唐顧況詩「大孤山盡小孤出」，蓋彭澤縣之小孤山，與此遥相望也。鄱蠡所受有九水。劉歆云：湖漢等九水入彭蠡是也。或曰十川。酈道元云：贛水總納十川。漢志豫章郡贛縣下云：豫章水出西南，北入大江。雩都縣下云：湖漢水東至彭蠡入江。又有鄱水、餘水、脩水、盱水、蜀水、南水、彭水、盧水皆入湖漢水。湖漢水與豫章水源異而流同。彭水即豫章水之上源，非有二水，是湖漢、豫章與鄱、餘、脩、盱、蜀、南、盧爲九水也。水經注則湖漢、豫章總謂之贛水，出豫章南野縣西，一名豫章水。以今輿地言之，贛水自湖廣郴州宜章縣流入江西崇義縣界，歷上猶、南康、贛縣、萬安、泰和、廬陵、吉水、永豐、峽江、新淦、清江、豐城，至南昌入彭蠡湖。又北歷星子、都昌、德化、湖口注于大江。春夏時，彭蠡浩蕩無涯，霜降水涸，則贛川如帶而已。此水自昔有南江之稱。鄭康成説三江云：右會彭蠡爲南江。南史王僧辯傳：陳霸先自嶺南起兵討侯景，出南江，行至湓口。胡三省云：贛

〔一〕「介」，諸本作「界」，據禹貢錐指卷六改。

水謂之南江。唐張九齡都督洪州，有望南江入始興郡路詩。

三江既入，震澤底定。

錐指：正義曰：地理志云：會稽吴縣，故周泰伯所封國也。具區在西，古文以爲震澤。蘇氏曰：豫章江入彭蠡，而東至海爲南江。岷江，江之經流，會彭蠡以入海，爲中江。漢自北入江，會彭蠡爲北江。三江入海，則吴、越始有可宅之土，而水所鍾者，獨震澤而已。曾氏曰：具區之水，多震而難定，故謂之震澤。震即三川震之震，若今湖翻。底定者，言底于定而不震蕩也。易氏曰：三江自入于海，不通震澤，而經何以言震澤底定？蓋江、湖在今日雖無相通之勢，而當時洪水實有横流之理，想其際震澤與江水莽爲一壑。自大禹疏導而三江入海，震澤乃底於定，自然之勢也。見王天與尚書纂傳。渭案：蘇氏三江之説，人或疑之。及閲徐堅初學記引鄭康成書注以證三江曰：左合漢爲北江，右會彭蠡爲南江，岷江居其中，則爲中江。故書稱東爲中江者，明岷江至彭蠡與南北合，始得稱中也。始知蘇氏所説，東漢時固已有之。馬中錫云：斯言也，百世以俟聖人可也。

地理今釋：三江，孔安國、班固、鄭康成、韋昭、桑欽、郭璞、顧夷諸説不一。惟

鄭康成曰：左合漢爲北江，右合彭蠡爲南江，岷江居其中，則爲中江。故書稱東爲中江者，明岷江至彭蠡并與南北合，始得稱中也。融洽前後經文，確不可易。宋蘇軾實宗其説，蔡傳專主庾仲初吴都賦注，以松江、婁江、東江爲三江，力排蘇説。且曰：大江合漢與彭蠡之後，又千餘里而入海，不復可指爲三。不知三江云者，因上流有中江、北江、南江而言之，非截然指爲三也。蔡傳又云：禹貢無施勞者，雖大亦略。揚州大江無俟濬治，故在不書，不知禹貢所紀成功，而施功即在其中。當洪水氾濫之後，大江自彭蠡以東至入海處，其間豈無泥沙壅塞？謂之無施勞可乎？況管子、荀子、淮南子皆云「禹疏三江」，可證也。

胡氏渭曰：禹貢三江之不明，誤自班固始。漢志會稽吴縣下云：南江在南，東入海。毗陵縣下云：北江在北，東入海。今本漢書脱上一「北」字，此據宋本增入。後漢志亦云北江。丹陽蕪湖縣下云：中江出西南，東至陽羨入海，皆揚州川也。蓋北江爲經流，至江都入海。中江由吴松入海，南江合浙江入海，皆北江之枝瀆也。導水明言：漢自彭蠡東爲北江，江自彭蠡東爲中江，誠如班氏所言，則蕪湖之中江，何以知爲江水之所分？毗陵之北江，何以定爲漢水之所獨乎！以此當禹貢三江之二，雖

愚者亦知其非矣。職方氏：荆州曰其川江漢。揚州曰其川三江。此正與禹貢同。蓋荆州未會彭蠡，故但稱江、漢。及至揚州，則江、漢與彭蠡參會，故有三江之目。二經若合符節。或因職方與五湖連舉，又班志以蕪湖之中江、吴縣之南江爲揚州川，遂以三江口當之，大非。三江，孔穎達主班固，陸德明兼舉韋昭、顧夷而無所專主，蔡沈主庾仲初，歸有光主郭璞。今有要言不煩，可以折聚訟之紛紛者。南富順熊過云：黄帝正名，百物未嘗假借，後世乃通之耳。竊謂禹主名山川亦然。南方流水通呼爲江，北方流水通呼爲河，故傳記多隨俗之稱。而禹貢無所假借，唯水之出自河者衆，不可勝名，則總其數而謂之河，九河是也。衆水之會而入於江者，混爲一川，大小相敵，則亦總其數而謂之江，三江、九江是也。然漯亦河之别，而不名河，江之别曰沱，漢之别曰潛，則其名有所不輕與矣！而況松江爲震澤之下流，錢唐、浦陽之出自浙東者哉！夫江、河者，百川之宗也，非江而被以江名，是猶吴、楚僭王，春秋之所誅絶也。禹貢、職方豈有是與？總之，三江紀其合，不紀其分，苟以派别者當之，則必與導水之義有礙，故或以爲錯誤，或以爲衍文，而聖經亦不足信矣。諸説唯蘇軾同鄭康成爲無病，以其非異派也。先儒曾旼、程珌、易祓、夏僎、

程大昌、黄度、陳普、王充耘皆主蘇説，近世蔡傳單行，而鄭曉、周洪謨、馬中錫、邵寶、張吉、章潢、郝敬、袁黄亦以蘇説爲是，此心此理之同，終不容泯也。

觀承案：「三江既入」句，當另爲一條。三江者，以經證經，當是北江、中江、九江耳。禹貢諸水俱不稱江，惟此三水獨有江名，故至揚入海，雖合流已久，而尚别之爲三，所以存其源也。舊惟連「震澤底定」爲節，故蔡氏泥之，而取庾仲初婁江、東江、松江俱震澤下流之三水以解三江耳。不知禹貢規一州全勢以立文，非專作蘇州一郡志也。故當逐句讀斷，則先曰「彭蠡既豬」，而揚州西偏之水寧矣。次曰「三江既入」，而揚州北偏之水順矣。乃曰「震澤底定」，而揚州東偏之水亦平矣。三方循軌，而其南浙江諸水，則地偏勢急，而本無水患，而揚州全局，不了然在目也耶！似此説爲長也。

孔傳云：震澤，吴南太湖名。山海經：浮玉之山，北望具區。注云：太湖也。爾雅十藪，吴越之間曰具區。注云：具區，今吴縣西南太湖，即震澤也。今案：周禮揚州澤藪曰具區。班固以爲即震澤。蓋澤自吴西南境，東出爲松江，一名笠澤，在今吴江縣界，北去吴五十里。水經注云：笠澤在吴南松江左右。國語：越伐吴，

吴禦之笠澤，越軍江北、吴軍江南者是也。孔、郭指此爲太湖則誤矣。越絶書曰：太湖周三萬六千頃。水經注引韋昭曰：方圓五百里。盧熊蘇州府志引顔真卿石柱記曰：四萬八千頃。王鏊姑蘇志曰：東西二百餘里，南北一百二十里，占蘇、湖、常三州。今案：蘇之吴、吴江，湖之烏程、長興，常之宜興、武進、無錫，此七縣者，皆瀕太湖。楊脩五湖賦云：頭首無錫，足蹄松江，負烏程於背上，懷大吴以當胸。數言可作圖經也。湖中有七十二山，其最著者曰包山、夫椒山、胥母山、大雷山、小雷山、三山，其上源西北有宣、歙、金陵九陽江之水，由常州之百瀆以下，西南有苕、霅諸水，由湖州之七十二漊以入焉。其下流爲松江，江水東北流，岐分爲三江口。史記正義云：震澤在蘇州西南四十五里。三江者，在蘇州東南三十里，名三江口。一江西南上七十里至太湖，名曰松江，古笠澤江；一江東南上七十里至白蜆湖，名曰上江，亦曰東江；一江東北下三百餘里入海，名曰下江，亦曰婁江，於其分處，號曰三江口。松江東歷夏駕浦，又東爲青龍江，至南蹌浦口入海。而太湖枝津，則有崑山之劉家河，常熟之白茆港，兩縣境中又有三十六浦，在常熟者二十四，水入揚子江，在崑山者十二，水入于海，皆所以決壅滯而防泛濫，使民田無漂没之憂者也。

今東壩堅固，宣、歙、金陵九陽江之水，雖不入太湖，而東江久已淤塞，松江日漸淺隘，諸港浦亦多堙廢，湖水不能速達于海，事與禹時不同，此籌水利者所以汲汲於下流之疏濬與？周禮：揚州浸曰五湖。據國語、史記、吴越春秋則即是太湖。東通松江，南通霅溪，西通荆溪，北通滆湖，東連韭溪，吴郡續圖經云在嘉興〔一〕。凡有五道，故名五湖。韋昭曰：五湖者，胥湖、蠡湖、洮湖、滆湖，就太湖而五，實一湖也。前説較長。張勃、酈道元、張守節、陸龜蒙、李宗諤諸家之説，雖名稱各殊，道里互别，然皆在太湖上下二三百里之間。唯李善以洞庭、彭蠡、震澤、巢湖、鑑湖，司馬貞以具區、洮、滆、彭蠡、青草爲五湖。夫洞庭、青草在荆域，而以爲五湖之一，則顯與職方相背矣，不可從。韓非子謂洞庭爲五湖，猶言五渚耳。此洞庭自爲五湖，與揚之五湖無涉。具區、五湖明是兩處，而孔傳謂太湖名震澤，正義爲之辭曰：餘州浸藪各異，而揚州浸藪同處。論其水謂之浸，指其澤謂之藪，此説非也。葉少藴云：凡言藪者，皆人所資以爲利，故曰藪，以富得民，而浸則但水之所鍾也。揚州之藪爲震澤，

〔一〕「吴郡續圖經」，原作「吴郡俗圖經」，據光緒本、禹貢錐指卷六改。

今平望、八赤、震澤之間，（平望鎮在吴江南四十五里。八赤市在縣南二十里。震澤鎮在縣西南八十五里。）水瀰漫而極淺，其蒲魚蓮芡之利，人所資者甚廣，亦或可隄而爲田，與太湖異，所以謂之澤藪。然積潦暴至無以洩之，則隘而爲害，所以謂之震澤。黄子鴻申其義曰：今土人自包山以西，謂之西太湖，水始淵深；自莫釐武山以東，謂之南湖，水極瀰淺。蓋即古之震澤，止以上流相通，後人遂混謂之太湖，誤矣！渭案：此辨周官之藪浸，極明晰。蓋自莫釐武山以東，至平望、八赤之間，松江左右笠澤之地，皆古具區，禹貢謂之震澤者也。（鄭茝畦曰：烏程有震澤上下二鄉，今南潯上林、軋村濱湖一帶數十里皆是，亦即古具區，禹貢所謂震澤者也。故顔魯公作石柱記，其辭甚簡，必以震澤、太湖兩處見之。）

禹貢長箋：朱氏長孺曰：案職方具區即禹貢震澤。孔氏書傳、鄭氏周禮注所云在吴南者是也。但以爲即五湖，則未然。職方氏諸州皆有澤藪，不應揚州水國反獨無之。而與浸同處，孔、鄭所云吴南者，漢吴縣治之南也。吴縣治之南，爲今吴江至嘉興一帶，禹時懷襄未平，三吴一壑，具區當於其地求之。若五湖，即今太湖，自環吴縣境之西北，豈可合之爲一哉！具區之源當與太湖俱來苕、霅，而水草

所鍾，淺而易溢，太湖水西來氾濫，則澤水奔騰。震澤自底定之後，始可陂障，沮洳數十百里，民仰其利，故爾雅謂之藪，職方謂之澤藪，而五湖則別之曰浸，迨乎日久填淤，生殖漸繁，遂成沃壤。漢後諸儒求其地而不得，遂合五湖而一之，正義又曲爲之説，豈知三代以前固有澤浸不同者哉！

蕙田案：黄氏、朱氏、胡氏具區、震澤之辨，確不可易。

島夷卉服。

錐指：蘇氏曰：島夷績草木爲服，如今吉貝、木棉之類。渭案：地理志：樂浪海中有倭人，分爲百餘國，又會稽海外有東鯷人〔一〕，分爲二十餘國，皆以歲時來獻見。蓋即此之島夷已。

觀承案：卉即花也，乃木棉之正名。後人知自六朝時傳種中土，故所在多有，不知禹時島夷已製以爲服，故特別之曰卉服，而取其木棉之精者爲織貝，以入於貢篚也。

〔一〕「海外」，諸本作「海州」，據禹貢錐指卷六改。

胡氏渭曰：揚州有古汪芒氏之封，春秋時可考者，蓼、六、越、楚、東境是。吳、蔣、弦、黄、舒、宗、巢、舒庸、舒鳩、英、桐、鍾離、濮，左傳昭元年：吳、濮有釁。杜注云：吳在東，濮在南，今建寧郡南有濮夷。凡十七國。戰國時，初屬越，後楚滅越而有其地。秦并天下，置九江、鄣郡、會稽、閩中、南海。東境，今潮陽郡是。漢復置揚州。領郡國七。後漢、魏、晉並因之。晉領郡國二十二。唐爲淮南道之廣陵、揚州。淮陰、楚。鍾離、濠。壽春、壽。永陽、滁。歷陽、和。廬江、廬。同安、舒。蘄春、蘄。弋陽光。等郡，江南東道之丹陽、潤。晉陵、常。吳郡、蘇。吳興、湖。餘杭、杭。新定、睦。新安、歙。會稽、越。餘姚、明。臨海、台。縉雲、處。永嘉、温。東陽、婺。信安、衢。建安、建。長樂、福。清源、泉。漳浦、漳。臨汀、汀。潮陽潮。等郡，江南西道之豫章、洪。鄱陽、饒。潯陽、江。臨川、撫。廬陵、吉。宜春、袁。南康虔。等郡。案以上通典所列，無可更定者。以今輿地言之，浙江、江西、福建皆是。江南則江寧、揚州、廬州、安慶、池州、太平、寧國、徽州、鎮江、常州、蘇州、松江十二府，滁、和、廣德三州，其鳳陽府則鳳陽、臨淮、定遠、壽州、霍丘、盱眙、天長，淮安府則山陽、鹽城，河南則汝寧府之光州、光山、固始，湖廣則黄州府之羅田、蘄水、蘄州、廣濟、黄梅，廣東則潮州府，皆古揚州

域也。

荆及衡陽惟荆州。

錐指：傳曰：北據荆山，南及衡山之陽。正義曰：以衡之南無復有名山大川，可以爲記，故言陽，見其境過山南也。渭案：地理志：禹貢南條荆山在南郡臨沮縣東北，衡山在長沙國湘南縣東南。今湖廣襄陽府南漳縣有荆山，本漢臨沮地。衡州府衡山縣有衡山，本漢湘南地也。荆之北界判自南漳縣之荆山，山在縣西北八十里，漳水所出，其西爲遠安、興山，北與梁接界。荆山之西百餘里爲景山。水經：沮水出漢中房陵縣。注云：出沮陽縣西北景山，即荆山首也。故淮南子曰：沮出荆山。元和志云：沮水出房州永清縣西南景山，永清本漢房陵縣地也。縣南一百一十三里，有建鼓、馬騣二山，並高峻。又竹山縣西南三十五里有白馬塞山，孟達歎爲金城千里，蓋皆景山之餘脈矣。南漳以東爲荆門、鍾祥、京山，元和志：大洪山在京山縣西北二百里，孤秀，爲衆山之傑。及隨州之南境廢光化縣地。光化故城在今隨州東南三十餘里，唐隨州管縣四。通典云唯光化爲荆域，餘皆屬豫。又東爲應山縣，縣北有義陽三關，一曰平靖關，一曰黄峴關，一曰武陽關，即古之大隧、直轅、冥阸也。左傳定四年：

吴伐楚，自淮涉漢。楚左司馬戌請還塞大隧、直轅、冥阸，自後擊之。大隧即武陽，直轅即黄峴，冥阸即平靖也。三關又總名曰城口，楚史皇所謂塞城口而入也。「冥」亦作「黽」，又作「鄳」，皆讀若盲。又東爲黄安縣，有大活關、白沙關，又東爲麻城縣，有穆陵關、陰山關。諸關依山爲阻，與荆山東西準望相直，皆荆、豫接界處。荆之南界，越衡山之陽，大抵及嶺而止。史記曰：秦有五嶺之戍。晉地理志曰：自北徂南，入越之道，必由嶺嶠，時有五處，故曰五嶺。據水經注：五嶺，大庾最東，爲第一嶺，在揚域，餘皆屬荆；第二騎田嶺，在郴州南；即黄岑山，亦名黄箱山，今謂之臘嶺，郴水所出，高千餘丈，南接廣東陽山縣界，北寒南燠，氣候頓殊。第三都龐嶺，在衡州府藍山縣南；亦稱都龐嶠，即黄檗山。龐音龍。水經注作部龍。南接廣東連州界。鄧德明謂都龐在九真，大謬。第四萌渚嶺，在永州府江華縣南；亦稱萌渚嶠，即古臨賀嶺，又名白芒嶺，今名桂嶺，高三千餘丈，南接廣西平樂府賀、富川二縣界。第五越城嶺，在桂林府興安縣北，五嶺之最西嶺也。亦稱越城嶠，又名始安嶠。嶺北一百三十里，接寶慶府城步縣界。經曰衡陽，未知所極。然酈氏有言，古人云五嶺者，天地以隔内外。見水經温水注。韓退之曰：衡之南八九百里，地益高，山益峻，水清而益駛。其最高而横絶南北者，嶺。中州清淑之氣，于是焉窮。藉此表界，差

爲近理耳。荆之東界，準揚約略言之，蓋自麻城、黄岡，踰江而南爲武昌縣，又西南爲通山、咸寧、崇陽、通城，又南爲瀏陽、醴陵、攸縣、茶陵，又東南爲興寧、桂東、桂陽，又西南爲宜章，皆揚分界處也。荆之西界，經無可見，今據戰國時巴、楚分地約略言之，蓋自巴東，踰江而南爲建始、施州、麻陽、沅州，又東南爲黔陽、靖州通道，以訖於興安，與貴州、廣西接界。

江、漢朝宗于海，

錐指：傳曰：二水經此州而入海。渭案：揚之三江入海無壅，故禹於此州疏江決漢，至大别合流，雖去海尚遠，而有朝宗之勢。説者謂紀此以該彼，非也。江水自四川夔州府雲安縣東流，經奉節、巫山，又東出巫峽至巴東縣入荆域。又東經歸州、夷陵、宜都、枝江、松滋、江陵、公安、澧州、華容至安鄉，會洞庭之水。又東經巴陵、沔陽、臨湘、嘉魚，又東北至江夏西，與漢陽分界。漢水從西北來注之。漢水自襄陽府宜城縣南流入荆域，又南經鍾祥、荆門，又東南經潛江、景陵、沔陽，又東經漢川，又南至漢陽與江水會，又東歷武昌、大冶至興國。其北岸爲黄州府之麻城，與揚接界，此禹在荆時所治也。

九江孔殷，

錐指：孔傳云：江于此州分爲九道。正義曰：傳以江是此水大名，謂大江分而爲九，猶大河分爲九河也。潯陽記有九江之名，雖名起近代，義或當然。陸氏釋文曰：九江，潯陽地記云：「一曰烏白江，二曰蚌江，三曰烏江，四曰嘉靡江，五曰畎江，六曰源江，七曰廩江，八曰提江，九曰箘江。」張須元緣江圖云：「一曰三里江，二曰五州江，三曰嘉靡江，四曰烏土江，五曰白蚌江，六曰白烏江，七曰箘江，八曰沙提江，九曰廩江，參差隨水長短，或百里，或五十里，始于鄂陵，終于江口，會于桑落州。」太康地記曰：「九江，劉歆以爲湖漢九水，入彭蠡澤也。」渭案：秦始皇滅楚，以其都壽春，置九江郡。太史公曰：余南登廬山，觀禹疏九江。淮南子曰：禹鑿江而通九路。地理志廬江潯陽縣下云：禹貢九江在南，皆東合爲大江。王莽改豫章曰九江郡，柴桑縣曰九江亭。應劭曰：江自潯陽分爲九。郭璞江賦曰：流九派乎潯陽。自西漢以迄東晉，皆言大江至潯陽分爲九江，禹之所疏鑿。而潯陽記、緣江圖又備列其名。元和志云：江州潯陽郡，禹貢揚、荆二州之境，揚州云「彭蠡既豬」，今州南五十二里彭蠡湖是也。荆州云「九江孔殷」，今州西北二十五里九江是也。彭蠡以東爲揚州界，九江以西爲荆州界，此亦遵舊説。九江，孔、鄭異義而不言其處所，諸家皆謂在潯陽。其以洞庭爲九江者，自宋初胡旦始，而晁以道、曾彦和皆從之。朱子九江辨曰：九江，若曰派別爲九，則江流上下洲渚不一。今所計以爲九者，若必首尾短長均布如一，則横斷一節，從別爲九，一水之間當有一洲，九江之間沙水相間，乃爲十有

七道，于地將無所容。若曰參差取之，不必齊一，則又不知斷自何許，而數其九也。況洲渚出没，其勢不常，江陵先有九十九洲，後乃復生一洲，是豈可以爲地理之定名乎？此不可通之妄説也。若曰旁計横入小江之數，則自岷山以東入于海處，不知其當爲幾千百江矣，此又不可通之妄説也。且經文言「九江孔殷」，正以見其吐吞壯盛、浩無津涯之勢，決非尋常分派小江之可當。又繼此而後及夫沱、潛、雲夢，則又見其決非今日江州甚遠之下流，此又可以證前二説者爲不可通之妄説也。九江即洞庭，既有山、水二經爲根據，而又得朱子此辨，其不在尋陽亦明矣！

曾氏説九江，一曰沅，二曰漸，三曰無，四曰辰，五曰叙，六曰酉，七曰湘，八曰資，九曰澧。朱子考定九江，去無、澧二水，而易以瀟、蒸，一曰瀟江，二曰湘江，三曰蒸江，四曰濱江，五曰沅江，六曰漸江，七曰叙江，八曰辰江，九曰酉江。案朱子據導江文，江先合澧而後過九江，故不數澧。然澧實會南江以東注洞庭，非上流自入江也，安得而不數？「無」字誤作「元」，朱子以爲亡是水，故置之。古無瀟水，酈道元云：瀟者，水清深也。湘中記曰：湘川清，照五六丈下，見底石如摴蒲，是納瀟湘之名矣。然則瀟湘猶言清湘，非別有瀟源。隋、唐以後，始謂瀟水出九疑山，北合湘水，是曰瀟湘耳。武陵、零陵、長沙之水，皆入沅、湘，如蒸水者頗多。金吉甫云：郴水亦入湘，舊不列九江，未知與漸、叙二水大小若何？然則朱子所更定，亦未有以見其爲必然也。善乎，林少穎之言曰：九江之名與其地，世久遠，不可强通。然各自别源，而下流入江，則可以意曉也。斯真通人之見。傅同叔云：九江不必求其有九，如太湖一湖而得名五湖，昭餘祁一澤而得名九澤，皆不可以數求也。此説本程泰之，恐又不然。當時必實

有九水會同，故以爲名。但水道通塞離合，古今不常，自戰國時唯有湘、沅、資、微、澧而名之五渚矣，況後世乎！與其出此入彼，不若闕疑之爲得耳。

王氏鳴盛曰：宋儒所據以辨尋陽之九江者，其一則水經云：江水東至長沙下雋縣北，澧水、沅水、資水合，東流注之。酈道元云：凡此諸水皆注于洞庭之陂。然據桑、酈説，不足九數，彥和乃益以漸、無、辰、叙、酉、湘，無論雜湊杜撰。且道元明云是乃湘水，非江川也。是湘又爲澧、沅、資等之經流，今欲成九數，强之使與齊列。朱子又去無、澧二水，易以瀟、蒸。澧乃水經所有，因與經「又東至于澧，過九江」之文不合，遂爲删去，無水因其字可疑，亦并遭删。至于古無瀟水，瀟湘猶言清湘，而蒸水，金吉甫亦疑之，九峰又去瀟、蒸，益以澧、元。偏檢群書，别無元水。漢志武陵無陽縣：無水首受故且蘭，南入沅。或有作「潕」、「㵲」者。當因「無」轉爲「无」，「无」轉爲「元」。是宋儒所説。彼一九江，此一九江，迄無定論。林少穎、傅同叔、程泰之則儱侗泛指，不列九名，朏明遂謂不若闕疑之爲得。夫因九江之無考，欲舉而歸之洞庭，因洞庭之九水不可定，遂欲舉而歸之闕疑，何如仍用注疏之爲安也？其一則山海經云洞庭之山，帝之二女居之，是常遊于江淵。澧、沅之風，交瀟湘之淵，是在九江之

間，似可引據。然郭景純傳引地理志：九江今在尋陽南，江自尋陽而分爲九，皆東會于大江，書曰「九江孔殷」是也。景純江賦云「流九派于尋陽」正指此，則安知所謂九江者，非神女出遊所至之地，而遽違景純舊説乎？又彦和引楚地記，巴陵瀟湘之淵在九江之間。徧檢隋經籍、唐藝文及鄭氏藝文略地理門，如豫章記、尋陽記、九江新舊録、洞庭譜、巴陵古今記等書，無不備載，獨無所謂楚地記者，特取山經之文，隱其名，别撰楚地記之目，而又妄加巴陵二字耳。朏明未審，疑楚地記本之山經者，非也。是則彦和等説之所據，細爲紬繹，皆成子虚亡是，又何足依據哉！導江文云：過九江，至于東陵。案漢志：廬江郡金蘭西北有東陵鄉，淮當作「灌」。水出。水經：江水又東逕西陵縣故城南。括地志：西陵故城在黄州黄岡山西二里。酈注：史記「秦昭王遣白起伐楚，取西陵」者也。下云：又東過蘄春縣南，又東過下雉縣北，刊水從東陵西南注之。酈注：水出廬江郡東陵鄉，江夏有西陵縣，故是言東矣。尚書云江水過九江至于東陵者也。又云：灌水導源廬江金蘭縣西北東陵鄉大蘇山。褚先生所謂「神龜出于江、灌之間」，書「九江納錫大龜」，謂此。廬江郡常歲生龜，長尺二寸者二十枚，輸太卜官。朏明以蓼縣在光州固始北，灌水出金蘭西北、東陵鄉東

北，至蓼縣入決水。則金蘭在固始西南，直黄梅之北。其説頗精。乃欲從宋儒説，復以三事折之。東陵去江太遠，一非也；江自巴陵至沙羡即迤北，使東陵在金蘭，則是先迤北而後至東陵，二非也；「江、漢朝宗」盡之矣，復出「九江孔殷」，不亦贅乎，三非也。案：湖源而論，以黄梅西北推之，似東陵去江本遠，然江過下雉北，而刊水即從東陵西南注江，則去江固不甚遠也。至古人書法，原無一定，先言至東陵，而後總之以迤北；先言朝宗，而繼言九江孔殷，無所不可。若先言入海，而其下復言洞庭，不更顛倒乎！朏明又以九江即春秋江南之夢，而下云「雲土夢作乂」，不更複疊乎？是可知廬江、東陵與江夏、西陵相爲東西，亦確有可據矣！彦和云：巴陵與夷陵相爲東西，夷陵亦曰西陵，則巴陵爲東陵可知。案：「巴陵爲東陵」，此言經史所無，固不足辨，況巴陵之名，晉太康元年所立，而沈休文宋書州郡志云：夷陵，漢舊縣，吴改曰西陵。則禹時尚不知後世有西陵、巴陵之名，而以此證巴陵即東陵，可乎？

蕙田案：九江有三説，一以爲在尋陽，一以爲湖漢九水，一以爲洞庭湖。主湖漢者，始於劉歆，而太康地記引之。夫湖漢受鄱、餘、修、淦、盱、蜀、南、彭八

水，由彭蠡以入江，與江之經流，本不相涉。且經云「過九江」，而後云「東迆北，會于滙」。如歆所云，則九江即滙矣，其非禹貢之九江，不待辨也。主尋陽者，出于漢書地理志，自唐以前，儒者皆從之。主洞庭者，出于胡旦、晁説之、曾旼，而朱子、蔡傳皆用其説，胡朏明亦篤信之。兩説相持，迄無定論。今以經文證之。經云：「江、漢朝宗于海，九江孔殷。」江、漢合而東流至尋陽，始别爲九。經所云「朝宗」者，荆江之上流；所云「孔殷」者，荆江之下流；而後云「沱、潛既道」，則江、漢之支流也。先後次第，經文歷歷不紊。若洞庭又在漢口之上游，不得先云「朝宗」，後云「孔殷」也。經云：「九江納錫大龜。」通典云：「廣濟縣蔡山出大龜。」書云「九江納錫」即此，褚先生亦云神龜出于江、灌之間。灌水出東陵鄉，而南距大江，故云江、灌之間。而洞庭不聞有之也。經云：「過九江，至于敷淺原。」漢志以豫章歷陵縣之傅陽山當之。胡朏明引孫放廬山賦「臨彭蠡之澤，接平敞之原」，以爲即廬山東南之麓，瀕于彭蠡澤者，其地與尋陽不遠，亦當爲尋陽之九江也。經云「過九江，至于東陵」。考水經，江水東逕下雉縣北，刊水從東陵西南注之。酈注云：江夏有西陵縣，故是言東矣，尚書「過九江，至于東陵」者也。漢

西陵縣在今黄州府蘄州西，下雉縣在今武昌府興國州東，然則東陵直蘄州之東，當在今廣濟縣境，而與隔江興國州東境南北相直也。漢書地理志：廬江郡金蘭西北有東陵鄉，淮當作「灌」。水出。水經注：灌水導源廬江金蘭縣西北東陵鄉大蘇山。金蘭故縣，今雖無考，然東陵在蘄州之東，而金蘭又在其東南，其地當近黄梅，去東陵不遠也。胡朏明以金蘭在固始西南，既屬臆測，而又謂金蘭之東陵去江六百餘里，不更誣乎！宋儒主洞庭者，以東陵爲巴陵，然巴陵之名，古所未有，指爲東陵，更屬附會。且經云：又東至于澧，過九江，澧水東注洞庭，爲九水之一。而又别云「九江」，不已複疊乎？至于九江之名，尋陽記、緣江圖所載不同，大率起于後代，固未可盡信。然緣江圖云始于鄂陵，終于江口，會于桑落洲。鄂陵，今武昌縣，武昌縣非武昌府治。桑落洲，今在九江府城東北。是則今之武昌縣以東、九江以西，皆古九江故道矣！淮南子：禹鑿江而通九路。説苑：禹鑿江而通九派。太史公曰：余登廬山，觀禹疏九江。而孔安國亦云：江于此州分爲九道。在漢以前，九江故道尚存，故言之鑿鑿如此。夫大江分而爲九，猶大河分爲九河也。九河、九江其故道俱無存者，論者不以疑九河，而獨疑九江之難信，何

哉？宋儒主洞庭者，以山、水二經爲根據。水經云九江地在長沙下雋縣西北，東陵地在廬江金蘭縣西北。今武昌府蒲圻、通城二縣，漢下雋縣地。洞庭湖乃在其西南，不得云西北也。至于東陵，則又不從水經，而别以巴陵當之。然巴陵在下雋之上游，即以東陵爲巴陵，當先云東陵而後云九江矣。山海經之文，説經者所不道，其云「澧、沅之風，交瀟湘之淵，是在九江之間」。郭景純注云：九江今在尋陽南。又引禹貢「九江孔殷」以證之，則郭亦不以洞庭爲九江矣！山經又云：湘水出，舜葬東南陬，入洞庭，下沅水，入下雋西，合洞庭中。則洞庭自洞庭，九江自九江，在山海經亦未嘗合而爲一也。然則宋儒所據二經之文，又惡足信哉？總之，以九江爲洞庭，於古既無可據，又與導江之文不合，自當從古注疏，以在尋陽者爲是。或疑尋陽爲揚州之境，不屬荆州。案元和志云：江州尋陽郡，禹貢揚、荆二州之境，彭蠡以東爲揚州界，九江以西爲荆州界。則二州分界，固自截然。況漢之尋陽，本在江北蘄春郡界，而九江之分，始於鄂陵，尚在尋陽以西，其在荆州之境明甚，又何疑焉？胡朏明錐指于水道極爲精核，獨此一條尚有遺議，今備載諸説，復爲辨正如右。後之言九江者，庶有考云。

沱、潛既道，

錐指：傳云：沱，江別名。正義曰：導江言「東別爲沱」，是沱爲江之別名也。一在江北，寰宇記「江自枝江縣百里洲首派別，北爲内江」者是。一在江南，水經注「夷水出魚復縣，江至夷道縣北，東入江」者是。潛水或云在今安陸府鍾祥、潛江二縣境，然漢東之地津渠交通，未知孰爲古潛水。黄文叔云自後世通渠漢川、雲夢之際，禹迹固多湮没，誠然。水經注：江水自夷道縣北，今宜都縣西有夷道故城。又東逕上明城北，晉荆州刺史桓沖築此城，移州治焉，在今松滋縣界。江汜枝分，東入大江，縣治洲上，故以枝江爲稱。今枝江縣東北六十里有百里洲，延袤百里，與江陵分轄。枝江故城在縣東。地理志曰「江沲出西南，東入江」是也。志無「南」字，疑此衍。江水又東會沮口，又南逕江陵縣南，縣江有洲，號曰枚迴洲，洲在縣西南六十里。「枚」或作「枝」。江水自此兩分而爲南、北江。寰宇記云：百里洲首派別，南爲外江，北爲内江。王晦叔云：枝江縣百里洲，夾江、沱二水之間，其與江分處謂之上沱，與江合處謂之下沱。渭案：南江在古時爲岷江之經流，北江爲沱。南江自枝江縣南，又東逕公安縣西，又東南流爲涔

水。隋志松滋縣有涔水，蓋東與公安接界。九歌：望涔陽兮極浦，横大江兮揚靈。王逸注云：涔陽，江碕名，附近郢，即此水之北也。涔水入澧州界，爲四水口，歷州之東北，又東南合澧水，經華容縣南入赤沙湖，又東南逕安鄉縣西，而東南入洞庭湖，與北江會，此即禹導江，「東至于澧，過九江，至于東陵」之道也。北江自枝江縣北，又東逕松滋縣北，又東逕江陵縣南，又東逕公安縣北，又東逕石首縣北，又東逕監利縣南，夏水出焉。北江又東至巴陵縣西北，會洞庭之水，此即江北之沱，寰宇記所謂內江者也。其後北江之流漸盛，而南江日微，世反以南爲沱，北爲江，説者遂謂「東至于澧」不可解，以澧水北去江二百餘里故也。

地理今釋：荆州之沱有二説。漢書地理志云：南郡枝江縣，今屬湖廣荆州府。江沱出西，東入江。顏師古曰「沱即江別出」者也。水經：江水東逕上明城北。注云：其地夷敞，北據大江，江汜枝分〔一〕，東入大江，縣治洲上，故以枝江爲稱，是古枝江縣有沱水也，今不可考。又孔穎達正義引鄭注云：華容有夏水，首出江，尾入沔，

〔一〕「江」，原作「之」，據光緒本、尚書地理今釋改。

此所謂沱也。夏水自今荆州府江陵縣東南，首受江水曰中夏口，經監利縣沔陽州界入漢水，以其冬竭夏流，故名夏水。其在梁州者，則今四川成都府郫縣沱江。是江在縣北六里，一名郫江，至瀘州入大江，其上流爲成都府灌縣，蔡傳所謂「永康軍導江縣」也。潛水一在今安陸府潛江縣東，由蘆洑腦分流遶城東南，一支通順河入沔陽州境，今淤；一支南流至拖船埠入漢水，此荆州之潛也。禹貢錐指曰：韻會潛水伏流也。荆州之潛，雖不如龍門石穴之奇，亦必漢水伏流，從平地涌出，故謂之潛。今漢水之分流者，名蘆洑，宜取伏流之意，以爲古潛水庶幾得之。蓋禹時本自伏流涌出，復入于漢，及乎後世通渠漢川、雲夢之際，則開通上源，以資舟楫之利，禹迹遂不可知耳！一在今四川保寧府廣元縣，亦名龍門，水自朝天驛北穿穴而出，入嘉陵江，此梁州之潛也。郭璞爾雅音義云：有水從漢中沔陽縣南流至梓潼、漢壽，入大穴中，通峒山下，西南潛出，一名沔水，舊俗云即禹貢「潛」也。又四川順慶府渠縣東有潛水。渠縣，蔡傳所謂渠州流江縣也。

雲土夢作乂。

錐指：傳曰：雲夢之澤，其中有平土丘，水去可爲耕作畎畝之治。正義曰：此

澤既大，其内平土有高丘也。渭案：雲土夢，漢書作「雲夢土」，史記、水經注並作「雲土夢」。沈括筆談云：石經倒「土夢」字。唐太宗得古本尚書，乃「雲土夢作乂」，詔改從古本。雲夢，澤名也。方八九百里之中〔一〕，有澤，有湖，有土，而江、沱、潛、漢，亦灌注于其間。職方主藪澤，禹貢主土田。「雲夢」，經傳諸書有合稱者，有單稱者。周禮：荆州藪澤曰雲夢。爾雅十藪：楚有雲夢。吕覽、淮南子同。戰國策：楚王遊於雲夢，結駟千乘。宋玉高唐賦曰：楚襄王與宋玉遊於雲夢之臺。司馬相如子虚賦曰：雲夢者，方八九百里。此合稱雲夢者也。左傳定四年：楚子涉雎，濟江，入于雲中。此單稱雲者也。宣四年，邧夫人棄子文于夢中。昭三年，楚子以鄭伯田江南之夢。宋玉招魂曰：與王趨夢兮課後先。此單稱夢者也。單稱特省文耳。雲可該夢，夢亦可該雲，故杜元凱注夢中云：夢，澤名。江夏安陸縣東南有雲夢城，則夢在江北。注雲中云：入雲夢澤中，所謂江南之夢，則雲在江南。注江南之夢云：楚之雲夢，跨江南北。則南雲、北夢，單稱合稱無所不可，絶無江北爲

〔一〕「方」，原作「古」，據光緒本、禹貢錐指卷七改。

云：「此澤亦有單稱雲，單稱夢，經之『土』字在二字之間，蓋史文兼上下也。」司馬貞史記索隱亦云：「雲、夢本二澤，人以其相近，或合稱雲夢。」宋沈括、羅泌、易祓、郭思、鄭樵、洪邁、洪興祖等襲其説而爲之辯曰：「雲在江北，夢在江南。」而古注棄若塵羹矣！蘇子瞻申疏意云：「雲與夢，二土名也。」而云雲土夢者，古語如此，猶曰玄纖縞云爾。此於文義頗不順，故王氏更爲之解曰：「雲之地土見而已，夢之地則非特土見，草木生之，人有加功乂之者矣！」蔡氏云：「雲夢之澤，地勢有高卑，故水落有先後，人工有早晚也。」自後無不遵此説。今案史記賈誼傳云：「長沙卑濕。」巴陵故長沙下雋地也，諸湖萃其西南，安得爲特高？江北雖亦有湖澤，然楚都及漢東諸國皆在焉，豈反卑於江南？此事理之難信者。若從石經本，則傳云澤中有土，可以耕作，義甚愜當。愚嘗反復于斯，而覺太宗此一改殊多事，不若仍舊之爲得也。

地理今釋：漢書地理志云：南郡華容縣，見前沱水注。雲夢澤在南，荆州藪。編縣今安陸府荆門州。有雲夢宮。又江夏郡西陵縣今黄州府麻城縣。有雲夢宮。水經注云：雲杜縣今安陸府京山縣。東北有雲夢城。又夏水東逕監利縣今屬荆州府。南，縣土

卑下，澤多陂陁，西南自州陵，今安陸府沔陽州。東逕于雲杜、沌陽，今漢陽府漢陽縣。爲雲夢之藪。杜預云：枝江縣、今屬荊州府。安陸縣今屬德安府。有雲夢。蓋跨川亘隰，兼包勢廣矣！元和志云：雲夢澤在安陸縣南五十里。又云：雲夢澤在雲夢縣今屬德安府。西七里。然則東抵蘄州，西抵枝江，京山以南，青草以北，皆爲古之雲夢。正義所謂雲夢一澤，而每處有名者也。

胡氏渭曰：荊州之建國，春秋時可考者，楚、夔、聃、權、邔、與「鄖」同。州、左傳桓十一年：州、蓼伐楚師。杜注云：州國在南郡華容縣東南，今爲監利縣地。羅、貳、軫，凡九國。戰國時屬楚，而韓、秦亦少得其地。秦并天下，置南郡、黔中、長沙、南陽。東境是。漢復置荊州。領郡國八。後漢、魏、晉並因之。晉領郡十九。唐爲山南東道之江陵、荊州。竟陵、復。富水、郢。齊安、黃。漢陽、沔。夷陵、峽。巴東歸。等郡；江南西道之江夏、鄂。巴陵、岳。長沙、潭。衡陽、衡。零陵、永。江華、道。桂陽、郴。邵陽、邵。武陵、朗。澧陽澧。等郡；黔中道之黔中、黔。寧夷、思。涪川、費。盧溪、辰。盧陽、錦。靈溪、溪。潭陽、巫。清江、施。播川、播。夜郎、珍。義泉、夷。龍標、業。溱溪溱。等郡；又淮南道之安陸、安。義陽，申。及嶺南道之連山連。等郡。案：以上通典所

列，連山郡當出隸古南越，騎田嶺北爲桂陽，嶺南爲連山。連山亦古南越地，不當入荆域。黔中、寧夷、涪川、播川、夜郎、義泉、溱溪七郡，皆梁南徼外蠻夷，非古黔中地，不在九州之限。元和志云：黔州本漢涪陵縣理。晉永嘉後，地没蠻夷，經二百五十六年，至周保定四年，涪陵蠻帥田恩鶴以地内附，因置奉州。建德三年，改爲黔州。大業三年，又改爲黔安郡，因周隋州郡之名，遂與秦漢黔中地犬牙難辨。其秦黔中郡所理，在今辰州西二十里黔中故郡城是。漢改黔中爲武陵郡，移理義陵，即今辰州敘浦縣是。後魏移治臨沅，即今州是。今辰、錦、敘、獎、溪、澧、朗、施等州，寔秦、漢黔中之地，而今黔中及夷、費、思、播隔越峻嶺，東有沅江水及諸溪並合，東注洞庭湖，西有延江水，一名涪陵江，自牂柯北歷播、費、思、黔等州，北注岷江。以山川言之，巴郡之涪陵與黔中故地炳然分矣〔一〕。然則此五州及珍、臻二州，皆梁南徼外蠻夷，今敘、瀘、重、夔之江南諸縣及遵義府是也。其東有峻嶺爲限，荆不當越此，而西斗入六七百里，總因黔中名亂，嶺東嶺西諸州混而爲一道，杜氏遂有此誤。敘州即巫州，獎州即業州也。又有當來屬者，豫域，襄陽之南漳，漢東之光化，及南越始安郡全義縣嶺北之地是也。全義今爲興安縣，屬廣西桂林府。文獻通考云：自荔浦以北爲楚，以南爲越。今靜江有中州清淑之氣，荔浦相距纔百餘里，遂入瘴鄉，是天所以限楚、越也。此

〔一〕「故」，原作「古」，據味經窩本、乾隆本、光緒本、禹貢錐指卷七改。

蓋就當時風氣言之。近志遂以桂林、平樂二府爲禹貢荆州之域，恐未必然。杜氏以始安、平樂屬古南越爲是，唯全義縣嶺北之地當入荆域。以今輿地言之，湖廣武昌、漢陽、安陸、荆州、岳州、長沙、衡州、常德、辰州、寶慶、永平十一府，郴、靖二州，施州衛，其襄陽府則唯南漳縣，德安府則安陸、雲夢、孝感、應城、應山，及隨州之南境廢光化縣地，黄州府則黄岡、麻城、黄陂、黄安，四川則夔州府之建始，廣西則桂林府之全州，本漢零陵縣，屬零陵郡。隋改置湘源縣，唐屬永州，五代晉改曰清湘，于縣置全州，明省縣入，又改屬桂林。及興安縣嶺北之地，縣在府東北一百二十里，越城嶺在縣北三里。皆古荆州域也。

右禹貢徐揚荆三州

五禮通考卷二百三

嘉禮七十六

體國經野

禹貢豫梁雍三州

書禹貢：荆、河惟豫州。

錐指：傳曰：西南至荆山，北距河水。曾氏曰：臨沮之荆山，其陰爲豫州，其陽爲荆州。渭案：河，南河也。其不言南者，蒙上「至于南河」省文也。荆山主南言，傳不當兼西，亦猶青之岱主南言，不當兼西也。豫之南界，亦判自南漳縣之荆

又山，西起保康，歷宜城、棗陽及隨州之北境故隨縣地。州之南境廢光化縣境，入荆域。又東爲信陽、羅山，皆與荆接界處也。　豫北濱冀之南河，其西與華陰接。華陰，雍域也。案：職方豫州山鎮曰華山。通典云：即今華陰郡山。連延東出，故屬豫州。九域志云：華山四州之際，東北冀，東南豫，西南梁，西北雍，十字分之，四隅爲四州也。豫之北界，由華山而東爲閿鄉、靈寶、陝州、澠池、新安、洛陽、孟津、鞏縣、汜水、河陰、滎陽、滎澤，又東北爲陽武、延津，皆在南河之南。陽武，自元時河從原武決而東南流，始爲河北地。又東北抵濬縣大伾山，冀、兖、豫三州之交也。　豫東接兖、徐、揚三州之界，自封丘而東爲長垣、東明，又東爲考城、定陶、曹縣、城武、單縣，與兖接界；又南爲夏邑、永城、亳州、潁州，又東爲潁上、蒙城，皆在淮北，與徐接界；自潁州以西爲商城、息縣、真陽，踰淮而南爲信陽，與揚接界。　豫西自閿鄉以南爲盧氏，鄖縣及鄖西之東境，故鄖縣地，與雍、梁接界，豫居中央，爲輻輳之地。　接界者七州，唯青爲兖、徐所隔，與豫不相接云。

伊、洛、瀍、澗，既入于河。

錐指：傳曰：四水合流而入河。　正義曰：地理志云：伊水出弘農盧氏縣熊耳

山，東北入洛。洛水出弘農上洛縣冢領山，東北至鞏入河。瀍水出河南穀城縣潛亭北，東南入洛〔一〕。城，志作「成」。潛，志作「轡」。澗水出弘農新安縣，東南入洛。伊、瀍、澗三水入洛，合流而入河。傅氏曰：導洛言東北會于澗、瀍，又東會于伊，序水之次第。此言伊、洛、瀍、澗，乃治水之先後。渭案：漢上洛縣即今陝西西安府商州治。盧氏、新安二縣，今屬河南府。穀城故縣在今洛陽縣西北。今盧氏、嵩縣、伊陽、伊陽屬汝州，以伊水與嵩縣分界。洛陽界中，皆伊水之所經也。商州、盧氏、永寧、宜陽、洛陽、偃師、鞏縣界中，皆洛水之所經也。近世乃過汜水縣北入河，則洛口又移于東矣。

地理今釋：伊水出今河南河南府盧氏縣熊耳山，縣志：謂伊水出悶頓嶺之陽者，古熊耳盤基甚廣，悶頓亦熊耳也。至偃師縣南入洛。洛水出今陝西西安府雒南縣冢嶺山，至河南鞏縣東北入河。瀍水出今河南府洛陽縣西北穀城山，至縣東入洛。澗水出今河南府澠池縣東北白石山，至洛陽縣西南入洛。

〔一〕「南」，原脱，據光緒本、禹貢錐指卷八補。

胡氏渭曰：洛誥：周公曰：「我乃卜澗水東，瀍水西，惟洛食。」謂王城也。「我又卜瀍水東，亦惟洛食。」謂下都也。漢志：瀍水出河南穀城縣瞽亭北，東南入雒。後漢志：瀍水出河南穀城縣。劉昭引博物記曰：出瞽亭山。括地志云：故穀城在河南縣西北十八里苑中，西臨穀水。左傳定八年：周大夫儋翩叛，單子伐穀城。即此。漢置穀城縣〔一〕，魏省入河南縣。自故縣西北又三十二里有穀城山，東連孟津縣界，即博物記所謂瞽亭山也。水經：瀍水出河南穀城縣北山，東與千金渠合，又東過洛陽縣南，又東過偃師縣，又東入于洛。注云：縣北有瞽亭，瀍水出其北梓澤中，歷澤東而南，水西有一原，其上平敞，古舊「瞽」訛爲「舊」。亭之處，潘安仁西征賦所謂「越街郵」者也。瀍水又東南流，注于穀。穀水自千金堨東注，謂之千金渠也。渭案：王城即郟邑，漢爲河南縣，其故城在今洛陽縣西北。後漢志云：河南，周公所城雒邑也。春秋時謂之王城。下都即成周，漢爲洛陽縣，河南郡治，其故城在今洛陽縣東北二十里。後漢志云：雒陽，周時號成周。二城東西相去四十里，而今洛陽縣居其中。隋大業初，營新都，始移二縣于都城内。金又省河南

〔一〕「置」，諸本脱，據禹貢錐指卷八補。

入洛陽。古時澗水經河南故城西入洛，瀍水經河南故城東入洛，故澗水東、瀍水西爲王城，而瀍水東爲下都，洛誥之文甚明也。自周靈王壅穀水，使東出於王城之北，則其勢必入于瀍水而合流，歷王城之東，以南注于洛。時二水猶未經洛陽城也。迨東漢建都於此，自河南縣東十五里之千金堨，引水繞都城南北以通漕，而瀍水始與穀水俱東注矣。古時瀍不合澗，亦不過洛陽縣南，而東至偃師也。

滎波既豬，

錐指：正義曰：沇水入河，溢爲滎。滎是澤名。鄭云：今塞爲平地，滎陽民猶謂其處爲滎澤，在其縣東。馬、鄭、王本皆作「滎播」，謂此澤名滎播。渭案：地理志：沇水出河東垣縣王屋山，東南至武德入河，軼出滎陽北地中，蓋即滎澤，經所謂溢爲滎也。今河南開封府滎澤縣，本漢滎陽縣地，隋分置滎澤縣，澤在其縣南。而班云出縣北，鄭云在縣東者，蓋滎陽故城在今縣西南，班、鄭據以爲言。澤起縣北，歷其東也。滎澤故城在今縣北五里，隋置，明洪武八年爲河水所圮，移今治。

地理今釋：滎波即滎澤，在今河南開封府滎陽縣南三里古城村。案孔安國傳云：滎澤波水，已成遏豬。正義曰：鄭云「今塞爲平地，滎陽民猶謂其處爲滎澤，在

其縣東」，蓋濟水伏流地中，絶河而南溢爲巨澤。禹貢錐指云：閻百詩云：案馬、鄭、王本「波」並作「播」，伏生今文亦然。孔安國解作一水，非二水，以爲二水自顔師古始。宋林之奇本之，引周職方豫州其川熒、雒，其浸波、溠，爾雅水自洛出爲波，別熒、波爲二水。蔡氏因之。然案圖究義，一爲濟之溢流，一爲洛之支流，以熒、波爲二水，終無是處。傅氏寅曰：上文言導洛，此則專主導濟言，不當又泛言洛之支水。職方所記山川，非治水次第，不必泥也。山海經：婁涿之山，波水出於其陰，北流至於穀水。今本作「陂」。郭璞云：世謂之百答水，非屬波水，證一；惟酈注引作「波」。然亦出於山，不出於洛，非屬波水，證二；水經：洛水又東，門水出焉。注云：爾雅所謂「洛別爲波」也。惟此堪引。然余考門水下流爲鴻關水，今謂之洪門堰，在商州洛南縣東北，至靈寶縣而入河。何曾見水豬爲澤乎？非屬波水，證三。百詩此論精覈，且職方「豫州之波」出魯山縣，鄭注謂即熒播，固非。而洛南之波水，則與熒澤相距五六百里，中隔大山，豈可總撮而言之曰「熒、波既豬」乎？其説極詳，引之以證林氏之失。

導菏澤，被孟豬。

錐指：正義曰：地理志云：菏澤在濟陰定陶縣東，孟豬在梁國睢陽縣東北。左傳、爾雅作孟豬，周禮作望諸，聲轉字異，正是一地也。周禮：青州澤藪曰望諸。此乃屬豫者，周無徐，徐并於青，青在豫東，故得兼有孟豬。定陶，今屬山東兖州府之曹州，其故城在今縣西北四里。睢陽，今爲商丘縣，河南歸德府治，其故城在今治南二里。通典云：菏澤在曹州濟陰東北九十里故定陶城東北。宋州虞城縣有孟豬澤。元和志云孟諸澤在虞城西北十里，周迴五十里，今在商丘東北，接虞城界也。

地理今釋：菏澤，古濟水所滙，當在今山東兖州府曹州東南及定陶縣界。孟豬，周禮作望諸，史記作明都澤，今河南歸德府商丘、虞城二縣界有孟諸臺。寰宇記云：虞城孟諸澤俗呼爲眉臺，蓋澤中有臺也。

胡氏渭曰：周禮青州澤藪曰望諸。爾雅十藪，宋有孟豬。左傳僖二十八年〔一〕：楚子玉夢河神賜以孟諸之麋。文十年，宋道楚子田孟諸。杜預曰：宋大藪也。水

〔一〕「二十八年」，諸本作「十八年」，據春秋左傳正義卷一六改。

經注云：尚書曰導菏澤，被孟豬。孟豬在睢陽縣東北。闞駰十三州記曰：不言入而言被者，明不常入也。水盛方乃覆被矣。寰宇記云：虞城孟豬澤，俗呼爲湄臺，蓋澤中有臺也。渭案：今虞城縣西北十里有孟諸臺，接商丘縣界，即此。爾雅：水草交曰麋。麋，古「湄」字。臺蓋以孟諸之麋得名也。自元至元二十三年以後，歸德府城南北屢被黄河衝決，禹迹不可復問。然余考漢書梁孝王傳，築東苑方三百里，則孟諸澤皆在其中矣。孝王大治宫室、臺榭、陂池，高高下下，澤形盡失。故酈元於睢陽故城絶不言孟諸，而叙臺池甚詳，蓋澤之畔岸蕩夷無存久矣！元和志云周迴五十里，亦彷彿言之耳。

又曰：豫州有古太皞、祝融之虚，及帝嚳、成湯所都，虞、舜後，即少康所都。戈、邛、封、葛、三鬷諸國皆在焉。春秋時可考者，管、蔡、郜、曹、鄭、東虢、西虢、凡、蔣、祭、杞、宋、焦、申、許、蓼、左傳哀十七年：楚子穀曰：「武王克州、蓼。」即此。漢志：南陽縣，故廖國。密、隨、厲、唐、戴、沈、息、房、周語：内史過曰：「昭王娶于房。」後漢志：汝南吴房縣，故房國，楚靈王所滅。滑、鄫、鄀、穀、鄧、賴、項、頓、胡、江、黄、道、柏、州來、絞、蠻、陸渾，凡四十一國。戰國時屬宋、魏、韓，而秦、楚亦兼得其地。秦并天下，置三

川、碭郡、潁川、南陽、東境、北境是。南郡。北境是。漢復置豫州。領郡國五，其今河南府、陝郡、弘農之地，則屬司隸；陳留、濟陰之地，則屬兗州。後漢爲司隸、治河陽。豫州。治譙，領郡國六。魏因之。晉分置司州。領郡十一，豫州領郡國十。唐爲都畿之河南府洛州。陝郡、陝南境。臨汝、汝。滎陽鄭。等郡；河南道之陳留、汴。睢陽、宋。濟陰、曹。譙郡、亳。潁川、許。淮陽、陳。汝陰、潁。汝南豫。等郡；山南東道之淮安、唐。南陽、鄧。襄陽、襄。漢東、隨。武當均。等郡，及河東道之弘農郡。虢。案：以上通典所列，濟陰之乘氏，當往屬兗；襄陽之南漳、漢東之光化，當往屬荆。又有當來屬者，兗域靈昌之匡城，梁域上洛之上津東境廢長利縣地是也。以今輿地言之，河南則河南、開封、歸德、南陽、汝寧五府及汝州，直隸則大名府之東明、長垣，山東兗州府之定陶、曹縣、城武、單縣，江南則鳳陽府之潁州、潁上、太和、亳州、蒙城，湖廣則襄陽府之襄陽、光化、宜城、棗陽、穀城、均州，鄖陽府之鄖縣、保康及鄖西之東境，德安府隨州之北境，皆古豫州域也。

華陽、黑水惟梁州。

錐指：傳曰：東據華山之南，西距黑水。曾氏曰：華山之陰爲雍州，其陽爲梁

州，則梁州之北，雍州之南，以華爲畿，周禮注：畿，限也。而梁實在雍州之南矣。薛氏曰：梁州北界華山，南距黑水。黑水，今瀘水也。酈道元説黑水亦曰瀘水、若水、馬湖江，出姚州徼外吐蕃界中，東北至叙州宜賓縣入江也。渭案：華即西岳華山。地理志京兆華陰縣南有太華山，在今陝西西安府華陰縣南八里。華陽，今商州之地是也。黑水，諸家遵孔傳謂出雍歷梁入南海，爲二州之西界，故其説穿鑿支離，不可得通。唯韓汝節疑梁州自有黑水爲界，與導川之黑水不相涉，而不謂薛士龍已先得之。蓋古之若水，即禹貢梁州之黑水，漢時名瀘水，唐以後名金沙江，而黑水之名遂隱。然古記間有存者，地理志滇池縣有黑水祠，一也；山海經黑水之間有若水，二也；水經注自朱提音殊時。至僰道有黑水，三也；輿地志黑水至僰道入江，四也。今瀘水西連若水，南界滇池，東經朱提、僰道，其爲梁州之黑水無疑矣，故斷從薛氏。以南北易孔傳之東西，亦甚明確也。姚州，本漢弄棟、青蛉、遂久三縣地，弄棟屬益州郡，青蛉、遂久屬越嶲郡。今爲雲南之姚安府。宜賓，本漢僰道縣，犍爲郡治。今爲四川叙州府治。孔疏云：周禮職方氏華山在豫州界内。此梁州境，東據華山之南，不得其山，故言陽山之西，則雍州境也。竊謂職方九州之山川與禹貢不同，

雍既有嶽山爲鎮，故華屬豫。今以禹貢之太華爲豫州山，彼兗之鎮曰岱，亦將以禹貢之岱爲兗州山乎！其不可也明矣。蓋境上之山，非一州所得專。青、徐共是岱，荆、豫共是荆，而太華則雍、梁、豫共之。華北爲雍，華南爲梁，華東爲豫。豫雖不言西界，觀雍、梁可見也。九域志云：華山四州之際，東北冀，東南豫，西南梁，西北雍，十字分之，四隅爲四州。此言實獲我心。然冀境三面距河，華山在河外，冀又與三州微別耳。漢志：若水出蜀郡旄牛縣徼外，南至大莋入繩。今黎大所南有旄牛故城，即漢縣。師古曰：西南之徼，猶北方塞也。繩水出越巂郡遂久縣徼外，東至僰道入江，行千四百里。巂，先蕊反。今建昌衛治，即漢越巂郡邛都縣也。遂久，蜀漢改屬雲南。水經注：若水出蜀郡旄牛徼外，東南至故關爲若水。司馬相如傳曰：略定西南夷，邊關益斥，西至沫若水。又曰關沫、若，是若水故有關也。山海經曰：南海內，黑水之間，有木名曰若木，若水出焉。若水沿流，間關蜀土。黃帝長子昌意降居斯水爲諸侯，娶蜀山氏女，生顓頊於若水之野。若水東南流，鮮水注之，一名州江大度。漢志：鮮水出旄牛徼外，南入若水。又南逕越雋邛都縣西，有巂水。漢武帝置越巂郡，治邛都縣。言越此水，以章休盛也。縣故邛都國，越巂水即繩若矣。又有温水，冬夏常熱，昔李驤敗李流于温水是也。案此温水源流不遠，非

漢志牂柯鐔封縣下之温水，東至廣鬱入鬱者。金吉甫謂漢志以「瀘」爲「温」，字從省誤，非也。邛都，唐爲巂州越巂縣，今建昌衛四川行都司治，領營四：會川、鹽井、冕山、越巂。**又南逕大莋縣入繩。**繩水出徼外。山海經曰：巴遂之山，繩水出焉。東南流逕髦牛道，至大莋與若水合，自下亦通謂之繩水。**又南逕會無縣，**元和志：會川縣北至巂州三百七十里，本漢會無縣也。今爲會川營地。**與孫水合。**孫水出臺登縣，一名白沙江，南流逕邛都縣。司馬相如定西夷，橋孫水即此。又南至會無入若水也。漢志：臺登縣，孫水南至會無入若，行七百五十里。元和志：巂州臺登縣正南微西至州一百七十里。念諸水本名繩水，流入瀘水，在縣西北七百里，自羌戎界流入長江，水本名孫水，出縣西北胡浪山下。今冕山營東北有孫水。**繩水南經雲南郡之遂久縣，蜻蛉水入焉。**縣本屬越巂，蜀漢建興三年分益州永昌，置雲南郡，以遂久來屬。蜻蛉水出蜻蛉縣西，東逕其縣下，又東注于繩水。漢志蜻蛉縣禺同山有金馬、碧雞。**又逕三絳縣西，**三絳一曰小會無。**又逕姑復縣北，**對三絳縣。**淹水注之。**淹水出遂久徼外，東南至蜻蛉縣，又東過姑復縣南，東入于若水。案漢志會無、臺登、遂久、蜻蛉、三絳、姑復並屬越巂郡。**又東與毋血水合，**漢志：益州郡弄棟縣東農山，毋血水出，北至三絳南入繩，行五百一十里。毋音無。**又東涂水注之，**漢志：牧靡縣南臘，涂水所出，西北至越巂入繩，過郡二，行千二十里。**又東北至犍爲朱提縣西爲瀘江水。**後漢書：建武十九年，

武威將軍劉尚擊西夷反者棟蠶，度瀘水入孟州郡。注云：瀘水，一名若水，出旄牛徼外，經朱提至僰道入江。在今嶲州南。朱提，山名。應劭曰：在縣西南，以氏焉。犍爲，屬國也，在郡南千八百許里。建安二十年，立朱提郡，治縣故城。尋廢。諸葛亮南征復置。自梁、陳已來，不復賓屬。隋開置恭州，唐改爲曲州。元和志云：曲州南北四百里，東西七百里，窮年密霧，未嘗覩日月輝光，樹木皆衣毛深厚，時時多水濕，晝夜沾洒，上無飛鳥，下絶走獸。惟夏月頗有蝮蛇，土人呼爲漏天也。郡西南二百里，得所綰堂琅縣。西北行上高山，羊腸繩屈八十餘里，或攀木而升，或繩索相牽而上，緣陟者若將階天。案：後漢志無堂琅，蓋省入朱提也。劉昭曰：朱提縣西南有堂琅山，多毒草。盛夏之月，飛鳥過之不能得去。有瀘津，東去縣八十里，水廣六七百步，深十數丈，晉明帝大寧二年，李驤等侵越嶲，攻臺登縣。寧州刺史王遜遣將軍姚岳擊之，戰于堂琅。驤軍大敗，追之，至瀘水，赴水死者千餘人。兩岸皆山，高數百丈，瀘峰最爲高秀，孤高三千餘丈。是山晉太康中崩，震動郡邑。水之左右，馬步之徑裁通，而時有瘴氣，三月四月經之必死，非此時猶令人悶吐，五月以後，行者差得無害，故諸葛亮表言五月渡瀘也。自朱提至僰道有水步道，有黑水、羊官水。三津之阻，行者苦之。又有牛叩頭、馬搏頰坂，其艱嶮如此也。若水逕越嶲之馬湖縣，又謂之馬湖江，馬湖縣今爲四川之馬湖府。

繩水、瀘水、孫水、淹水、大渡水隨決入而納通稱。是以諸書録記群水，或言入若，又言注繩，亦咸言至僰道入江。華陽國志云：僰道治馬湖江，會水通越嶲。正是異水沿注，通爲一津，更無別川可以當之。今案府縣圖志，若水在建昌衛，俗名打沖河，自冕山營西徼外，營故寧番衛，在建昌衛東北。東南流，至衛西鹽井營東南，與雲南金沙江合。營在衛西。元和志：嶲州昆明縣東北至州三百里，本漢定筰縣也，出鹽鐵，夷皆用之。漢將張嶷殺其豪率，遂獲鹽鐵之利。鹽井在縣城中，取鹽先積柴燒之，以水洗上，即成黑鹽。凡言筰者，夷人于大江水上置藤橋，謂之「筰」，其大筰、定筰皆是。近水置筰橋處。「筰」與「笮」同。金沙江源出吐蕃界，至共龍山犛牛石下，南流漸廣，本名犛水，後訛爲麗水，東南流，經麗江府北，又東經姚安府北，即鹽井衛東南。合打沖河，又東合瀘水，又東經會川營南〔一〕，通典：衛川縣有瀘水，「五月渡瀘」即此。元和志：嶲州南至瀘渡四百五十里。又東至東川府西，折而東北，經烏蒙府西北，又東北經馬湖府南，又東經叙州府南，而北入大江。雲南無水路，行者以爲艱。惟由蜀浮金沙江，可以直達南中。明正統、嘉靖、隆慶時，屢議開通而不果行。至天啓

〔一〕「會川營」，諸本作「衛川營」，據禹貢錐指卷九改。

時，安酋倡亂，貴陽道阻，復議開通。按察使莊祖誥議云：自金沙江巡檢司開，由白馬口歷普隆、紅巖石、刺鮓至廣翅塘皆祿勸州地。其下有三灘，水溢没石，乃可放舟，涸則躋岸纜空舟以行。又歷直勒村，罵刺、土色，皆會禮州地，其下有雞心石，石如堆者三，纍纍江中，舟者相水勢緩急可行。又歷踏照、亂得、頭峽、刺鮓至粉壁灘甚駛，皆東川地。又歷驛馬河、新灘至虎跳灘、陰溝洞，皆巧家地。虎跳湍瀉陡石，不可容舟。陰溝二山頹集，水行山腹中，皆從陸過灘，易舟而下。又歷大小流灘，爲蠻夷司地。又歷黄郎、木舖、貴溪寨、業灘至南江口，爲烏蒙府地，始安流。自廣翅塘至南江，木商行之可十日。又至文溪、鐵索、江邊數灘，歷麻柳灣、教化巖，爲馬湖府地。又歷洩灘、蓮花三灘、會溪石角灘，至敘州府。其説甚詳晰。鹽井營東南，蓋即漢大筰縣界，繩、若合流處。若爲建昌衛西之打沖河，繩則姚安府北之金沙江也。此水禹無可致力，不用循行，故所道唯雍州之黑水。「瀘」本作「盧」，如盧弓、盧矢、盧橘之類，皆訓黑。劉熙釋名：土黑曰盧。沈括筆談云：夷人謂黑爲盧。漢中山盧奴縣有盧水。酈道元云：水黑曰盧，不流曰奴。尤盧水爲黑水之切證也。牧誓八國有盧人，疑即居盧水上者。其字後加水作「瀘」。章懷太子注後漢書云：瀘水一名若水。則瀘、若似非異源。而酈元引益州記曰：瀘水源出曲羅舊，下三百里曰瀘水，兩峰有殺氣，暑月舊不行，故武侯以夏渡爲艱。瀘水又下合諸水而總其目焉，故有瀘江之名矣。據此，則瀘水自出曲羅舊，

其地當在若水之東，下流合若水，故若水兼瀘水之目，所謂隨決入而納通稱者也。元和志云：嶲州西瀘縣東北至州二十七里，本漢邛都縣地。瀘水在縣西一百十二里，水峻急而多石，土人以牛皮作船而渡，一船勝七八人。蓋即曲羅舊出之瀘水也。考其源流，不出漢越嶲、犍爲二郡界。而杜氏通典云：吐蕃有可跋海，去赤嶺百里，方圓七十里，東南流入西洱河，合流而東，號漾濞水，又東南出會川爲瀘水。瀘水即黑水也。程大昌、金履祥之説，皆出於此。漾濞水見唐書，在今大理府西百里，西洱河即葉榆河也，出大理鄧川州點蒼山，滙爲巨湖。周三百里，亦曰西洱海。今案水經注：葉榆河出益州郡葉榆縣。縣東有葉榆澤，葉榆水之所鍾也。其水自縣南枝分，東北流逕遂久縣東、姑復縣西，與淹水合。淹水雖合繩、若入蜀江，而葉榆初無黑水之名也。何以知爲黑水之源？其經流則自邪龍縣東南流，逕滇池縣南，又東與盤江合，又東南至交趾麋泠縣入海。此與會川相去懸絶，並不合繩、若入蜀江，安得謂樣濞水東南出會川爲瀘水，即滇池縣所祠之黑水哉！杜説非是。又案水經注：永昌郡有蘭蒼水，出博南縣。漢武帝時通博南山道，渡蘭倉津，土地絶遠，行者苦之。歌曰：漢德廣，開不賓，度博南，越倉津。其水東北流，逕不韋縣

與類水合，又東與禁水合，又北注瀘津水。然則此蘭倉水仍東北合瀘水入蜀江也。若今之所謂瀾滄江，元人指以爲禹貢之黑水者，則東南流至交趾入海，與梁州絶無交涉影響，附會之談，殊不足信。漢志：滇池澤在滇池縣西北，有黑水祠。後漢志：縣北有黑水祠。或以爲武帝開置益州郡始立之，非也。使帝知郡界有黑水而立此祠，則班史必知其所在而能言之矣。竊謂此祠蓋彼中相承已久，黑水即金沙江，東經會無縣南，南直滇池縣，縣故滇王國，於其北立祠祭之宜矣。自周衰以迄漢初，聲教阻絶，故尚書家莫能言梁州黑水之所在，千載而下，尚賴有此祠可以推測而得之。語云「天子失官，學在四夷」，又云「禮失而求之野」，此亦其一端也。杜佑以漾濞水經會川縣者爲黑水，樊綽以麗水合瀰諾江者爲黑水，程大昌以西洱河貫葉榆澤者爲黑水，元人則以瀾滄江至交趾入海者爲黑水，而明李元陽引張立道之事以爲證。此皆轉相附會，以求合于入南海之文，非實有所驗也。以是爲雍界之黑水，吾不敢知。如謂梁界之黑水亦即斯川，則梁州奄有雲南，極於交趾。以一州而兼數州之地，何至若是之廣遠？此可以理斷之，而信其必不然者也。

地理今釋：梁州黑水即今雲南之金沙江，其源發於西蕃諾莫渾五巴什山，分支

之東曰阿克達毋必拉，南流至塔城關入雲南麗江府境，亦曰麗水。東南流至姚安府大姚縣之左却鄉即苴却營。北，打沖河自鹽井衛來會之，打沖河出自西蕃界，在崑崙東南百里，二源同發名查褚必拉，蒙古謂之七察兒哈那，平地水泉數十泓，沮洳觱沸，散若列星，滙而南流，有支河十二道，左右流入之，至占對安撫司，入四川界南流，東折繞鹽井衛之東北，又南至烏喇猓果入金沙江。又東入四川，逕會川衛南，又東至東川府，西折而東北流逕烏蒙府西北、馬湖府南，又東逕叙州府南入岷江。

胡氏渭曰：梁北自洛南、商州、鎮安，並屬西安府。以西爲洋縣，城固、褒城、鳳縣、並屬漢中府。兩當、徽州、成縣並屬鞏昌府。及唐宕、疊二州之地，北與今岷州、洮州二衛接界，衛屬臨洮府。又西爲西傾山南，唐松州徼外羈縻之地，貞觀二年，於松州置都督府，督羈縻二十五州。其後多至百有四州，悉生羌都落。皆與雍接界。其間大山長谷遠者或數百里。終南山東連二華，竦峙長安之南，有子午道直達漢中，岡巒綿亘，歷盩厔，至武功、郿縣爲太一山，亦名太白山，駱谷、斜谷之口皆當其地，又西過寶雞，訖於隴首山之深處，高而長大者曰秦嶺。西京記云：長安正南山名秦嶺，東起商、洛，西盡汧、隴，東西八百里是也。關中指此爲南山，漢中指此爲北山，斯實雍、梁之大限

矣。寶雞西南爲鳳縣，即漢故道縣，屬武都郡。縣東北大散嶺與寶雞分界，嶺上有大散關，當秦、隴之會，扼南北之交，雍、梁有事，在所必爭。又西爲徽州，州東南有鐵山，懸崖萬仞。劉子羽曰：蜀口有鐵山棧道之隘是也。州西有木皮嶺，甚高險，唐黄巢之亂，王鐸置關於此，以遮秦、隴。又西爲成縣，縣有鷲峽、羊頭峽、龍門戍，皆在仇池山北，北兵攻仇池，必由此入。又西爲洮州衛之西傾山，山東北去衛四百餘里，屬雍州，其南則屬梁州，所謂「西傾因桓是來」者也。以上諸山皆隴、蜀阸塞。西傾與華陽，東西準望相直。曾彦和云〔一〕：梁北雍南，以華爲畿。不兼言東，最得經旨。而林少穎以爲華山在梁、雍之東，當云梁之東北，雍之東南，以華爲畿。夫兼言東則不足以該其西，是謂欲密而反疎。林氏蓋習聞西南距岱之説，而不知其非，故有此論。梁東自洛南、商南以南，二縣並屬西安府。爲鄖西之西境，故上津縣地。上津，唐屬商州，其故城在今鄖西縣西北一百十里。又南爲房縣，鄖西、房縣並屬鄖陽府。與豫接界。又南爲竹山縣，屬鄖陽府。又南爲巫山縣，屬夔州府。與荆接界。梁南

〔一〕「曾彦和」，原作「曹彦和」，據光緒本、禹貢錐指卷九改。

自宜賓以西至會川，諸州縣凡在瀘水、馬湖江之北者，皆梁域。宜賓以東至巫山諸州縣，凡在大江之北者，皆梁域。蓋大江既合瀘水，亦得互受通稱。故隋改江陽縣曰瀘川，置瀘州治焉。其縣南大江，寰宇記謂之瀘江。瀘水即黑水，則梁左之南鄙亦當以此水表界也。或曰：梁州之水，莫大於江，經曷不界以江？曰：江自岷山導源，大勢皆南行，至敘州始折而東。苟界以江，則江右之地，悉遺之域外矣。故言黑水可以見左界，而言江則不可以該右界也。梁西自西傾山歷唐羈縻州以南，爲當州、奉州、柘州，又西南爲始陽鎮，又南爲雅州、黎州，又西南爲嶲州，皆與蠻夷接界。今松潘衛、威州、天全六番招討司、雅州、黎大所及越嶲冕山營之北境、鹽井營之西境是也。唐當州在今松潘衛西南三百里，州治通軌縣。隋志縣有甘松山。元和志云：甘松嶺在嘉城縣西南十五里。唐開元十九年，吐蕃請互市於甘松。宰相裴光庭曰：甘松嶺，中國之阻，不如許赤嶺。即此也。赤嶺在今陝西西寧衛界。奉、柘二州在今疊溪、威州之西。奉州西七十里有的博嶺，韋皋嘗分兵出此圍維州。柘州西北百里有大雪山，一名蓬婆山。杜甫詩：「已收滴博雲間戍，欲奪蓬婆雪外城。」是蓬婆又在滴博之西也。威州北有高碉山。山上有薛城廢縣，唐維州治，亦曰姜維城。邊略

云：自松達茂不三百里，夷碉棊布，山巖如蜂房。宋史有碉門，元有碉門宣撫司，即今天全六番招討司也。蓋夷碉起自松州，訖於始陽，故謂之碉門矣。廣韻無「碉」字，不知其音。今案後漢書：冉駹夷皆依山居止，累石爲室。高者至十餘丈，爲邛籠。注云：今彼土夷人呼爲彫也。蓋「碉」本作「彫」，後改从石作「碉」耳，音當與彫同。唐雅州治嚴道縣，領羈縻、吐蕃四十六州，黎州治漢源縣，管羈縻州五十七，並蠻夷部落。寰宇記云：雅州西去大渡河五日程，羌蠻混雜，連山接野，鳥路沿空，不知里數。黎州西至廓清縣一百八十里，其城西臨大渡河，河西則生羌蠻界，高山萬重，更無郡縣。今黎大所北有邛來山、九折坂。後漢永平中，白狼、槃木、唐菆等百餘國，舉種奉貢，越山坂繦負而至，皆旄牛徼外蠻夷也。嶲州即今建昌衛。通典云：南至姚州界五百六十里，西至磨迷生蠻六百六十里，昔司馬相如略定西南夷，關沬、若，徼牂牱，鏤靈山，橋孫水，蓋皆在此地矣。

岷、嶓既藝，

錐指：傳曰：岷、嶓，皆山名。地理志云：崏山在蜀郡湔氐道西徼外，江水所出。縣有蠻夷曰道。今四川松潘衛即漢湔氐道也。山在衛西北。後魏地形志：華陽

郡嶓冢縣有嶓冢山，漢水出焉。括地志云：嶓冢山在梁州金牛縣東二十八里。今在陝西漢中府寧羌州北九十里。州本漢廣漢郡葭萌縣地也。

地理今釋：嶓冢有二，一在陝西漢中府寧羌州北九十里，東漢水所出；即導漾之嶓冢。一在鞏昌府秦州西南六十里，西漢水所出。二山南北相去三四百里，而支脈隱然聯屬，郡縣志所謂「隴東之山皆嶓冢」是也。

沱、潛既道。

錐指：正義曰：鄭注梁州云：二水亦謂自江、漢出者。郭璞爾雅音義云：沱水自蜀郡都安縣湔山與江別而東流。又云：有水從漢沔陽縣南流，至梓潼漢壽入大穴中，通峒山下，西南潛出，一名沔水，舊俗云即禹貢潛也。渭案：地理志：禹貢江沱在蜀郡郫縣西，東入大江。此即今之郫江。郭氏所謂沱也。括地志云：潛水一名復水，今名龍門水，源出綿谷縣東龍門大石穴下。元和志云：龍門山在利州綿谷縣東北八十二里，潛水所出。此即郭氏所謂潛也。今成都府灌縣東有都安故城，漢中府沔縣東南有沔陽故城。漢壽，晉改曰晉壽，其故城在今保寧府昭化縣東南。綿谷亦晉壽地，今爲廣元縣。河渠書：蜀守冰鑿離碓，辟沫水之害，穿二江成都

之中。溝洫志同，「碓」作「崔」。注引杜預益州記云：二江者，郫江、流江也。隋經籍志有益州記三卷，李氏撰，而無杜預之書。李氏者，李膺也。梁益州別駕。初學記引任豫益州記曰：郫江者，大江之支也。亦曰涪江，亦曰湔水，在蜀與洛水合。又劉逵蜀都賦注丙穴下、劉昭注補郡國志廣都縣下並引任豫益州記。此杜預當是任豫，「豫」通作「預」，「任」與「杜」字形相似而誤。揚雄蜀都賦曰：兩江珥其前。應劭風俗通曰：李冰開成都兩江，溉田萬頃。左思蜀都賦曰：帶二江之雙流。常璩華陽國志曰：李冰壅江作堋，穿郫江、檢江，即流江。別支流雙過郡下。蓋自漢以來，皆以郫江爲沱水，流江爲大江。水經所叙江水自都安以至成都者，考其原委，皆流江也。然流江實非大江。江原縣鄣水，江原，今崇慶州。應劭曰：鄣音壽。近世謂之大皁江者，元和志：鄣江，一名皁江。蓋「壽」音轉爲「皁」。則岷江之正流也。而班氏以爲首受江，故鄭康成云：沱之類。鄣與郫俱爲沱，而流江於是乎爲大江矣！推尋事理，李冰所穿之二江，一是流江，乃冰所創造；一是郫江，即禹貢之沱。時必淤淺，冰復從而濬之，遂并數爲二江。兹二江者，或稱内江、外江，或稱南江、北江，彼此參錯，未知誰是。其湔水不經成都縣界。元史河渠志以郫、湔爲冰所穿之二江，大謬。郫江之爲沱水無疑矣。然世皆以灌縣西南至廣都北岸合

流江者爲郫江之起止，今成都城東南岸曲有合江亭，郫江入流江處也。則所行不過三百餘里。今案漢志：緜虒縣，湔水東南至江陽入江，江陽，今瀘州。行千八百九十里。水經注云：緜、雒二水與湔水合，亦謂之郫江。郫江者，沱水也。既與湔水渾濤，則直至瀘州入江矣。安得以五城水口之枝津，爲沱水西合大江之正道哉？水經注云：湔水東絶緜、洛，逕五城界，至廣都北岸，南入于江，謂之五城水口。蓋禹治梁州，特紀沱、潛。潛自廣元至巴縣入江，行千餘里；沱自灌縣至瀘州入江，行千五百餘里〔一〕。群流湊集，源遥波濬，雖江、漢之别，而實爲州界兩大川，荒度之功，不遺餘力，此沱、潛所以與岷、嶓並志也。

蔡、蒙旅平。

錐指：傳曰：蔡、蒙，二山名。正義曰：地理志云蒙山在蜀郡青衣縣。順帝改曰漢嘉縣。蔡山不知所在。蘇氏曰：蒙山，今曰蒙頂。渭案：今雅州北有青衣廢縣，蒙山在州南。

〔一〕「餘」，諸本脱，據禹貢錐指卷九補。

地理今釋：蔡山，宋葉少藴謂即周公山，在今四川雅州東五里。蒙在今雅州名山縣西五里，接雅州及蘆山縣界。

蕙田案：蔡山，正義云：「不知所在。」胡朏明謂當是今之峨嵋山。以爲周公山者，葉少藴及明一統志也。

和夷底績。

錐指：正義曰：和夷，平地之名。蘇氏曰：和夷，西南夷名也。渭案：水經注引鄭説云：和夷，和上夷所居之地。和水即涐水，和、涐聲相近，字從而變。地理志云：青衣縣，禹貢蒙山谿大渡水東南至南安入渽。渽水出汶江縣徼外，南至南安，東入江，過郡三，行三千四十里。「渽」乃「涐」字之誤，説文：涐水出蜀汶江徼外，東南入江。从水我聲。徐鉉音五何切，故知「渽」當作「涐」。和夷者，涐水南之夷也。汶江，今茂州。南安，今嘉定州。水經：江水東南過犍爲武陽縣，故城在今眉州北。新津、仁壽、井研三縣，皆武陽地〔一〕。青衣水、沬水從西南來合而注之。此即二水會涐水

〔一〕「地」，諸本作「也」，據禹貢錐指卷九改。

入江處也。酈注云：江水自武陽東至彭亡聚曰外水，又東南逕南安縣西，有熊耳峽，連山競險，接嶺爭高。縣治青衣江會，衿帶二水矣。縣南有峨眉山，有蒙水，即大渡水也，水發蒙溪東南流，與涐水合。水出徼外，逕汶江道。吕忱曰：涐水出蜀，許慎以爲涐水也，從水我聲。南至南安入大渡水，大渡水又東入江也。班固謂大渡入涐，道元謂涐入大渡。然涐水源長，當以漢志爲正。道元敘涐水甚略，自漢志「涐」誤作「溾」，而師古曰音哉，世遂不知有涐水，且不知溾水之所在，徒以其下流與南安之沫水號爲大渡者，合而入江，因目涐水曰大渡河。元和志云：黎州西至廓清城一百八十里，其城西臨大渡河，河西生羌蠻界。黎州，本漢沈黎郡旄牛縣地。唐置黎州治漢源縣，今黎大所南三十里，漢源廢縣是也。又云：通望縣北至黎州九十里，大渡水經縣北二百步。通望，本漢旄牛縣，隋爲大渡戍，尋置陽山縣，唐改曰通望，今黎大所東南通望故城是也。旄牛故城在所南，牧誓有髳人，蓋國于此也。李膺益州記云：羊膊嶺水分二派，一南流爲大江，一西南流爲大渡河。王應麟地理通釋云：大渡河一名羊山江，源出鐵豹嶺。嶺即岷山羊膊嶺之異名也。大渡河即涐水，羊膊嶺即汶江徼外之山，涐水所出。以今輿地言之，涐水自茂州徼外，南流經黎大所西，舊有黎州所、大渡所，本

朝并爲一，曰黎大所，附屬雅州。折而東，經所南，又東經建昌衛越嶲營北，南去營二百二十里，歷鬼皮落野夷界，水勢浩大，煙瘴特甚。又東經峨眉縣南，又東至嘉定州南，合青衣、沫水，又東入大江。此水之南，蓋即經所謂和夷也，禹導和水使入江，而其地已底績矣。或曰：何以知不在山北？曰：古者桓有和音，故鄭康成破「和」爲「桓」。晉地道記云：梁州自桓水以南爲夷，書所謂「和夷底績」。此説是也，但不當破「和」爲「桓」耳。方輿勝覽云：大渡河於黎州爲南邊要害之地。唐時太渡之戍一不守，則黎、雅、邛、嘉、成都皆擾。建隆三年，王全斌平蜀，以圖來上，議者欲因兵威復越嶲，藝祖以玉斧畫此河，曰外此吾不有也。於是爲黎之極邊。曩時河道平廣，可通漕舟，自玉斧畫河之後，河之中流忽陷下五六十丈，河流至此澎湃如瀑，從空而落，舂撞怒號，波濤洶湧，船筏不通，名爲噎口，殆天設險以限羌蠻也。政和末，大理通貢有上書，乞於大渡河外置城邑，以便互市。詔問得失，知黎州宇文常言：太祖觀地圖畫大渡河爲境，歷百五十年無恙。今若於河外建城邑，開邊隙，非中國之福也。議遂寢。以是知大渡河南，當爲禹貢外薄之地，唐韋皋拒吐蕃，李德裕拒南詔，皆扼此水爲險要。和夷在大渡河南、馬湖江北，爲宋祖玉斧畫而棄之者無疑

矣。馬湖江即古若水、漢瀘水，禹貢梁州之黑水也。

地理今釋：和夷，案水經注引鄭説云和夷所居之地。和即和川水，在今四川雅州滎經縣。寰宇記謂滎經縣北九十里有和川水，從羅巖古蠻州來也。蔡傳以夷爲嚴道今滎經縣，宋曰嚴道。以西之夷道，滎經以西無夷道。非是。時瀾書説云：嚴道以西地名和川，夷人所居。乃爲得之。

觀承案：和夷之解極是，與島夷、萊夷、淮夷一例，是禹貢之書法也。蔡氏以夷爲嚴道以西之夷道者，即令果有其地，亦不足據矣。

西傾因桓是來，

錐指：傳曰：西傾，山名。桓水自西傾山南行，因桓水是來，浮于潛。地理志云西傾山在隴西臨洮縣西南。夏氏曰：西傾，後世所謂强臺山，其南桓水出焉，一名白水。渭案：今陝西洮州衛，本漢臨洮縣地。唐爲臨潭縣，屬洮州。括地志云：西傾山在臨潭縣西南三百三十六里。西傾之戎在山之西南，唐爲吐蕃地，北連吐谷渾，西接党項。党項，故析支也。山海經曰：白水出蜀，而東南注于江。郭璞云：色微白濁。今在梓潼白水縣，從臨洮之西西傾山來，經沓中，東流過陰平，至漢

壽縣入潛。酈道元云：桓水自西傾至葭萌入于西漢，即鄭玄之所謂潛水者也。今白水自洮州衛流經文縣、平武、龍安府治。劍州至昭化縣東，入西漢水。此即禹貢之桓水，西傾之戎所因以來者也。

地理今釋：西傾山一名嵹臺山，在今陝西鞏昌府洮州衛西番界，延袤千里，外跨諸羌。桓水一名白水，出今陝西岷州衛東南分水嶺，至四川保寧府昭化縣東，入西漢水。西漢水出秦州嶓冢山，上流爲犀牛江，下流爲嘉陵江。

浮于潛，逾于沔，入于渭，亂于河。

錐指：傳曰：漢上曰沔，越沔而北入渭，浮東渡河。正絶流曰亂。正義曰：下傳云：泉始出山爲漾水，東南流爲沔水，至漢中東行爲漢水。是漢上曰沔也。渭案：地理志：渭水出隴西首陽縣西南鳥鼠同穴山，東至船司空入河。河謂西河。水經注云：西漢即潛水，自西漢遡流而屆于晉壽界，阻漾枝津，南歷岡穴，迤邐而接漢，沿此入漾。書所謂「浮潛而逾沔」矣。歷漢川至南鄭縣，屬于褒水，遡褒暨于衙嶺之南，溪水支灌于斜川，「水支」本作「川皮」，字之誤也。屆于武功而北達于渭水。此乃水陸之相關，川流之所巠，復不乖禹貢入渭之宗，實符尚書亂河之義也。林、蔡

所引皆有脱誤，謹依原文備録于此。南鄭，今爲漢中府治，其故城在縣東北。武功故城在鳳翔府郿縣東四十里，渭水之南。漢志右扶風武功縣下云：斜水出衙嶺山，北至郿入渭。褒水亦出衙嶺，至南鄭入沔。案衙嶺山在今郿縣西南三十里，俗呼馬鞍山。褒、斜本谷名。李善西都賦注引梁州記云：萬石城泝漢上七里有褒谷，萬石城在今漢中府褒城縣東。南口曰褒，北口曰斜，長四百五十里。溝洫志曰：作褒斜道五百餘里。曹孟德以此谷爲五百里石穴。孔穎達云漢在渭南五百餘里。皆與梁州記合。程大昌謂漢中北距斜口八九百里，妄也。水經注：漢水自西樂城北，城在今沔縣東南，漢水南岸。又東合褒水，水東北出衙嶺山，東南經大石門，歷故棧道下谷，又東南逕三交城，城在褒城縣西北，以三水之會名〔一〕。又東南得丙水口，水上承丙穴，穴出嘉魚，故左思稱「嘉魚出于丙穴」，良木攢于褒谷」。又東南歷小石門，門穿山通道，六丈有餘。蜀都賦曰「岨以石門」即此。門在漢中之西，褒中之北。案今褒城縣西北十五里箕谷口，有石如門，曰石門。又東南歷褒口，即褒谷之南口。北口曰斜，所謂北出褒。又南逕褒縣故城東，褒中縣也，本褒國。案褒中故城在褒城縣南。

〔一〕「三」，原作「山」，據光緒本、禹貢錐指卷九改。

又南流入于漢。渭水自郿縣故城南，城在今郿縣東北十五里，渭水之北。又東逕武功縣北，斜水自南注之。水出縣西南衙嶺山，北歷五丈原東，原在郿縣西三十里，渭水南。亦謂之武功水，諸葛亮表云「臣遣虎步監孟琰據武功水東」是也。以今輿地言之，褒谷口在褒城縣北十里，斜谷口在郿縣西南三十里。褒水自衙嶺南流，經褒城縣東，又南入于漢。斜水自衙嶺北流，經郿縣東，又東北入于渭。褒之流長，而斜之流短，兩谷高峻，中間褒水所經，皆穴山架木而行，名曰連雲棧，陸贄所云「緣側徑於嶺嵒，綴危棧於絶壁」者也。酈元云：自西漢泝流而至晉壽，阻漾枝津南。枝津即郭璞所云「水從沔陽縣南流至漢壽」，寰宇記所謂「三泉故縣南，大寒水西流」者也。以歷岡穴，迤邐而接漢。岡穴，即郭璞所謂峒山、括地志所謂龍門山大石穴者也。以今輿地言之，浮嘉陵江至廣元縣北龍門第三洞口，舍舟從陸，越岡巒而北，至第一洞口，出谷乘舟，至沔縣南，經所謂「浮潛而逾沔」也。自沔入南鄭縣界，抵褒城東，歷褒水、斜水，至郿縣東北入渭，沿流而東歷武功、興平、盩厔、鄠縣、咸陽、長安、高陵、咸寧、臨潼、渭南、華州、朝邑，至華陰縣之渭口，絶河流而東抵蒲州，經所謂「入渭而亂河」也。自蒲州並東岸而行，至榮河縣北，泝汾水而上，歷河津、稷山、絳州、

太平、襄陵，至臨汾縣，是爲平陽，堯之所都。此梁州入西傾之貢道也。

地理今釋：沔水一名沮水。漢書地理志：武都郡沮縣沮水出東浪谷。沮縣即今陝西漢中府略陽縣也，東南至沔縣，西南入漢水，名曰沮口。

胡氏渭曰：梁州有古蜀山氏、蠶叢氏之國，又玄囂、昌意所封，及牧誓所稱庸、蜀、羌、髳、微、盧、彭、濮諸國皆在焉。春秋時可考者，庸、巴、濮、麇、褒，凡五國。戰國時屬秦，而楚亦兼得其地。秦并天下，置漢中、巴郡、蜀郡、隴西、南境是。內史。南境是。漢改置益州。領郡八。漢志云改梁曰益。魏分置梁州。晉初因之，益、梁二州並領郡八。後又分益州南境置寧州。領郡四。唐爲山南西道之漢中、梁州。洋川、洋。通川、通。潾山、渠。南平、渝。清化、巴。始寧、壁。咸安、蓬。符陽、集。巴川、合。河池、鳳。順政、興。益昌利。等郡；山南東道之房陵、房。南賓、忠。南浦、萬。雲安夔。等郡；劍南道之蜀郡、益。唐安、蜀。濛陽、彭。德陽、漢。通義、眉。梓潼、梓。巴西、綿。普安、劍。閬中、閬。資陽、資。臨邛、邛。通化、茂。交川、松。越嶲、嶲。南溪、戎。遂寧、遂。仁壽、陵。犍爲、嘉。盧山、雅。瀘川、瀘。陽安、簡。安岳、普。江源、當。陰平、文。同昌、扶。油江、龍。臨翌、翌。歸誠、悉。靜川、靜。蓬山、柘。恭化、恭。維

川、維。雲山、奉。和義、榮。盛山、開。南充、果。洪源、黎。雲南姚。等郡；又京畿之上洛、商。安康，金。隴右道之武都、武。同谷、成。懷道、宕。合川，疊。黔中道之涪陵、涪。南川南。等郡。案以上通典所列，雲南、涪陵、南川三郡乃梁南徼外蠻夷，不在九州之限。其雲安之建始縣當往屬荆，上洛之上津東境廢長利縣地當往屬豫，而黔中、寧夷、涪川、播川、夜郎、義泉、溱溪七郡列在荆域者，雖附近蜀江之南，亦係徼外蠻夷，不在九州之限。以今輿地言之，陝西漢中府興安州及西安府之商州、洛南、山陽、鎮安、商南，鞏昌府之鳳縣、兩當、徽州、成縣、階州、文縣，湖廣鄖陽府之房縣、竹山、竹溪及鄖西縣之西境；四川則成都、保寧、順慶、龍安、馬湖五府，潼川、嘉定、邛、眉、雅五州，及叙州、瀘州、重慶，夔州之江北諸州縣，松潘衛、疊溪營、天全六番招討司、黎大所、建昌衛，皆古梁州域也。其遵義府、永寧衛及東川、烏蒙、鎮雄故烏撒。三府並在瀘水之外。雲南郡，唐於昆明之弄棟川置，即今姚安府，其非梁域，又不待言矣。

黑水、西河惟雍州。

錐指：傳曰：西距黑水，東據河。龍門之河在冀州西。正義曰：河在雍州之

東，而謂之西河者，以冀州西界。故王制云：自東河至於西河，千里而近。是河相對而爲東西也。渭案：黑水，水經注云：出張掖雞山，南流至燉煌，過三危山，南流入于南海。括地志云：源出伊州伊吾縣北百二十里，南流絶三危山，在沙州燉煌縣東南四十里。二説未知孰是。通典云：孔、鄭通儒，莫知其所。或是年代久遠，遂至湮涸，無以詳焉。河經龍門而南，至於華陰爲西河。左傳昭公十三年：晉叔魚謂季孫曰：將爲子除館于西河。禮記：子夏退而老于西河之上。史記：魏武侯浮西河而下，封吴起爲西河守。皆此水也。

地理今釋：雍州黑水出陝西甘肅塞外，南流至河州，入積石河，今俗名大通河是也。案括地志云：黑水出伊州伊吾縣北，東南流至鄯州，又東南至河州入黄河。今黑水上源爲流沙壅塞，已無遺迹可考。其下流爲大通河，在瓜州之南，歷西寧衛，東南至河州入河。西寧即唐之鄯州。則括地志之説與今圖合。又案河之積石，北則大通河入之，南則大夏河注之，二水入河之口，南北相值。後人或遂指大夏爲黑水絶河而南之迹，不知大夏雖在黄河之南，實仍在南山之北，且其源自南而北，與山南入海之水絶不相通。

胡氏渭曰：黑水，今不可得詳。據括地志言，出伊吾，南流絶三危山，則當自燉

煌北大磧外流入郡界，南經白龍堆東、三危山西，又南經吐谷渾界中，又南經吐蕃界中，繞出河源之外而入于南海。梁州之黑水別是一川，非爲雍西界者也。西河東與冀分界，自今榆林衛故勝州東北，折而南，且西經府谷、神木，又西南經葭州、吴堡，又南經綏德、清澗、延川、延長，又東南經宜川，並屬延安府。又南經韓城、郃陽、朝邑，以至于華陰，並屬西安府。與豫接界。河行凡一千七百餘里。雍之南界自華陰太華山以西爲華州、渭南、藍田、鄠縣、盩厔，並屬西安府。郿縣、寶雞，並屬鳳翔府。皆以南山與梁分界。又西爲鳳縣，有大散嶺，又西爲徽州，有鐵山、木皮嶺，又西爲成縣，有鷲峽、羊頭峽、龍門戍，並屬鞏昌府。又西爲岷州衛，又西爲洮州衛，有西傾山，皆與梁分界處也。詳見梁州。自西傾又西歷吐谷渾，南至大積石。自積石又西歷吐谷渾南，党項、白蘭之北，至於黑水。吐谷渾，本遼東鮮卑種也，東晉初徙居枹罕。宋景平中，其子孫有阿豺者，升西彊山，觀墊江源，則其地南至西傾矣。又數傳爲夸吕，始自號可汗，治伏俟城，在青海西十五里。據有甘松之南，洮水之西，南極於白蘭，其地東西三千里，南北千餘里。党項羌在古析支之地，漢時燒當羌亦嘗居之。白蘭者，羌之别種也，其地皆與吐谷渾接。吐谷渾在河、湟之間，即

先零、燒當諸羌故地。積石在其西南，南枕賜支河曲，禹導河自此始。則湟水之南，積石之北，西傾之西，其爲雍州之域無疑矣。雍之北界，經無可見，約略言之。自今塞外東受降城之西，與冀分界。元和志云：東受降城在勝州榆林縣東北八里。又西四百里爲中受降城，元和志云：南至麟州四百里。又西四百餘里爲西受降城。元和志云：在豐州西北八十里。唐景龍二年，張仁愿所築。南直今榆林衛，黄河經三城之南，謂之北河。河北有陰山，爲華夷大限。侯應曰：北邊塞至遼東外有陰山，東西千餘里是也。又西爲高闕山，戰國時，趙築長城並陰山下，至高闕爲塞。及秦始皇斥逐匈奴，城河上爲塞，又使蒙恬度河取高闕、陶山、北假中，築亭障以逐戎人是也。其地又有光禄塞、雞鹿塞、漢受降城，皆雲中、五原二郡境也。又西爲河西四郡之北鄙，漢太初中收匈奴休屠、渾邪王地，置武威、張掖、酒泉、敦煌，以通西域，隔絶羌胡往來。武威姑臧縣北三百里有白亭軍。元和志云：在馬城河東岸，天寶十年，哥舒翰置，因白亭海爲名也。張掖東北一千五百餘里有地曰居延。元狩二年，霍去病出北地二千餘里，過居延。太初三年，使路博德築居延澤上，今甘州衛塞外居延故城是也，亦曰居延塞。元爲亦集乃路。地理志云：在甘州北一千五百里，城東北

有大澤，西北俱接沙磧，乃漢居延故城。明洪武初，馮勝拔肅州，進至掃林山亦集乃路是也。合黎山在張掖縣西北二百里，弱水由此東北入居延澤。遮虜障在肅州酒泉縣北二百四十里，李陵與單于戰處。敦煌，即今廢沙州衛。衛北抵大磧，磧外即古伊吾盧地。唐置伊州，今爲廢哈密衛也。自雲中至敦煌六郡，皆古雍州之城，後爲戎翟所據，至秦、漢始收復者。其北皆臨大磧，大磧即沙幕，漢人謂之幕，唐人謂之磧。東西數千里，南北遠者千里，無水草，不可駐牧，雖禽獸亦不能居之。

弱水既西，

錐指：傳曰：導之西流，至于合黎。渭案：地理志：張掖删丹縣，桑欽以爲道弱水自此，西至酒泉合黎。今陝西行都司之山丹衛，故删丹縣也。

地理今釋：弱水，今陝西山丹衛漢删丹縣。城西有山丹河，古弱水也。法顯佛國記謂之流沙河。出衛西南窮石山，正流西至合黎山與張掖河合，又東北至甘州衛北，迤邐流至塞外入居延澤，其餘波溢入流沙也。

涇屬渭汭。

錐指：傳曰：屬，逮也。水北曰汭，言治涇水入于渭。地理志云：涇水出安定

涇陽縣西笄頭山，東南至馮翊陽陵縣入渭，行千六十里。渭案：涇陽故城在今陝西平涼府平涼縣西南，笄頭山在縣西一百里。陽陵故城在今西安府高陵縣西南三十里〔一〕。説文：汭，水相入也。左傳閔公二年：虢公敗犬戎于渭汭。杜預曰：水之隈曲曰汭。

地理今釋：涇水出今陝西平涼府平涼縣西南笄頭山，亦名崆峒山。東至西安府高陵縣，西南入渭水。渭水出今陝西臨洮府渭源縣西鳥鼠山，東至西安府華陰縣東北入河。汭水出今平涼府華亭縣，有二源，北源出湫頭山之朝那湫，南源出齊山，至縣東與北河合。又東至涇州，西北入涇水。

胡氏渭曰：蔡傳云：涇、渭、汭，三水名。屬，連屬也。涇水連屬渭、汭，三水也。黄東發非之曰：古説涇入於渭水之内，而「漆沮既從，灃水攸同」，皆主渭言之，文意俱協。若以汭爲一水而入涇，則「涇屬渭汭」者，是涇既入渭，汭又入涇，下文「漆沮之從，灃水之同」，孰從孰同耶？職方氏「其川涇、汭」。易氏解云：汭非禹貢

〔一〕「三十里」，諸本作「二十里」，據禹貢錐指卷一〇改。

之汭。禹貢言汭皆水内，此川名。鄒季友亦曰：涇水先會汭水，後入渭水，則經當言涇屬汭、渭，不當先渭而後汭，況下文即有「渭汭」字，不可異説。一言破的，蔡説可以永廢矣！

漆沮既從，

錐指：傳曰：漆沮之水，已從入渭。顔氏曰：漆沮即馮翊之洛水。渭案：地理志：沮水出北地直路縣西，東入洛。洛水至馮翊褱懷同。德縣東南入渭。直路縣自後漢已廢，其故城在今延安府鄜州中部縣西北二百里。褱德，今西安府同州之朝邑縣也。縣西南四十三里有懷德故城。水經注云：渭水東過華陰縣北，洛水入焉。闞駰以爲漆沮之水。華陰縣北，即懷德縣南也。導渭傳云：漆、沮，二水名，亦曰洛水，出馮翊北。正義云：地理志：漆水出扶風漆縣。依十三州記漆水出岐山，東入渭，則與漆沮不同矣。此云會于涇，又東過漆沮，是漆沮在涇水之東，故孔以爲洛水，一名漆沮。水經：沮水出北地直路縣，東入洛。又曰：鄭渠在太上皇陵東南，濁水入焉，俗謂之漆水，又謂之漆沮，其水東流，注于洛水。志云：在馮翊懷德縣，東南入渭。以水土驗之，與毛詩古公「自土沮、漆」者别也。彼漆即扶風漆水，

彼沮則未聞。渭案：此説是也。本疏引扶風漆水，蓋未定之論，失於刊正耳。詩大雅：民之初生，自土漆、沮。傳云：沮水、漆水也。周頌：猗與漆、沮，潛有多魚。傳云：漆、沮，岐周二水也。此皆謂扶風之漆、沮。而林少穎以「猗與漆、沮」釋「漆沮既從」，恐非。小雅：瞻彼洛矣。傳以爲宗周溉浸之水，亦不言洛即漆沮。謂漆沮亦曰洛水，實自安國書傳始，而闞駰、酈道元從之，孔穎達復援以釋詩，于是洛與漆沮合而爲一水矣。其濁水上承雲陽大黑泉，名漆沮水者，乃土俗之稱。而洛水之爲漆沮，則先儒皆以爲然，故顔師古注漢書亦用其説。然直路之沮，自櫟陽縣界合濁水〔一〕，分爲二水，一循鄭渠而東注洛，其間二百餘里，實鄭國之所鑿。漢志云沮入洛，亦據既有鄭渠後言之耳。自鄭渠一廢，而濁水絶于三原，沮水不抵富平，可見此水在古時元合濁水，至櫟陽入渭，而不與洛通也。程大昌雍録謂禹貢漆沮，惟富平石川河正當其地，確不可易。

地理今釋：漆水源出陝西西安府同官縣北高山，流經縣城東，合同官水，西南

〔一〕「濁水」，原作「蜀水」，據光緒本、禹貢錐指卷一〇改。

至耀州，屬西安府。與沮水合。沮水出陝西延安府中部縣，西南流經宜君、屬延安府。同官二縣境，至耀州城南，會漆水，東流入富平縣屬西安府。界，名石川河，又南流至臨潼縣屬西安府。北交口鎮入渭水。

灃水攸同。

錐指：傳曰：灃水所同，同之於渭。地理志：灃水出扶風鄠縣東南，北過上林苑入渭。渭案：鄠縣今屬陝西西安府，其故城在今縣北二里，上林苑在今長安縣西南，灃水至咸陽縣西南入渭。詩曰：豐水東注，維禹之績。言同於渭也。灃，一作「豐」，又作「酆」。漢志：扶風鄠縣，古國，有扈谷亭。扈，夏啓所伐。酆水出東南，又有潏水，皆北過上林苑入渭。水經無灃水之目，其附見渭水篇中者曰：渭水自槐里縣故城南，槐里今爲興平縣，在西安府西少北一百里。又東合甘水，水出南山甘谷，北流至鄠縣，合澇水入渭。甘誓云「大戰于甘」，即此地。又東，豐水從南來注之。地説云：渭水與豐水會于短陰山内。水會無他高山異巒，所有唯原阜石激而已。漢書音義張揖曰：酆水出鄠縣南山酆谷，北入渭。長安志：豐水出長安縣西南五十五里終南山豐谷，其源闊一十五步，其下闊六十步，水深三尺，自鄠縣界來，終縣界，由馬坊

村入咸陽，合渭水。咸陽縣在西安府西北五十里。昔文王作豐，武王治鎬，詩詠其事。鄭康成云：豐在豐水之西，鎬在豐水之東。

地理今釋：灃水源出今陝西西安府鄠縣東南終南山，自柴閣而下，至咸陽縣東南，入渭水。

荆、岐既旅，終南、惇物，至于鳥鼠。

錐指：傳曰：此荆在岐東，非荆州之荆。終南、惇物、鳥鼠，三山名。正義曰：治水從下，自東而西，先荆後岐，荆在岐東也。地理志云：禹貢北條荆山在馮翊懷德縣南。三山空舉山名，不言治，意蒙上「既旅」之文也。地理志云：扶風武功縣有太一山，古文以爲終南；垂山，古文以爲惇物，皆在縣東。渭案：鳥鼠在今陝西臨洮府渭源縣西，渭水出焉。

地理今釋：終南山在今陝西西安府長安縣南五十里，東至藍田縣，西至鳳翔府郿縣，綿亘八百餘里。惇物山，漢書地理志右扶風縣武功注：大壹山，古文以爲終南；垂山，古文以爲惇物，皆在縣東。武功，今陝西鳳翔府郿縣。考圖志不載是山，胡渭禹貢錐指以爲太乙之北峰在縣東四十里者是也。

原隰底績，至于豬野。

錐指：傳曰：下隰曰隰。豬野，地名。正義曰：地理志云：武威縣東北有休屠澤，古文以爲豬壄澤。鄭玄以爲詩云「度其隰原」即此原隰是也。原隰，豳地，從此致功，西至豬野之澤也。渭案：今西安府邠州及三水縣，皆豳地。漢武威縣屬武威郡，今爲陝西行都司鎮番衛地。休屠澤在衛東北。音除。

三危既宅，三苗丕叙。

錐指：傳曰：西裔之山已可居，三苗之族大有次叙。正義曰：左傳稱舜去四凶，投之四裔。舜典云：竄三苗于三危。是三危爲西裔之山也〔一〕。地理志：杜林以爲敦煌郡即古瓜州。昭九年左傳云：先王居檮杌于四裔，故允姓之姦，居於瓜州。杜預云：允姓之祖與三苗俱放于三危。瓜州，今敦煌也。傳氏曰：三危既宅，此治黑水之成功也。渭案：漢敦煌，唐分爲瓜、沙二州。水經注云：三危山在敦煌縣南。括地志云：在沙州敦煌縣東南四十里，山有三峰，故名，亦名卑羽山，今爲嘉

〔一〕「西」，原作「四」，據光緒本、禹貢錐指卷一〇改。

峪關外廢沙州衛地。衛本屬行都司，後棄之化外。治黑水及三危而止，兼有濬畎澮之事，故言山以包之。自豬野至黑水，中隔弱水，弱水先已治，故豬野功畢，即繼以黑水也。三苗，今爲湖廣岳州府地。吴起曰「三苗之國，左洞庭，右彭蠡」是也。舜臣堯竄其君及民於三危，至是禹安定之。正義云：三危山必是西裔，未知山之所在。鄭玄引地記書曰：三危之山在鳥鼠之西，南當岷山，則在積石之西南。地記乃妄書，其言未必可信。要知三危之山，必在河之南也。渭案：水經注兩引山海經，以證尚書之「三危」。一云：三危之山，三青鳥居之，廣圓百里，在鳥鼠山西。見第四十卷末。一云：三危在燉煌南，與岷山相接，山南帶黑水。見第三十一卷江水。輿地記略同。鳥鼠之西，南當岷山，則在今臨洮府南、岷州衛北矣。又云在積石之西南，殊不可曉。山南帶黑水，蓋以扶州之黑水出素嶺山入白水者當之也。妄言無疑。三危山，自當以在沙州者爲是。後魏書太平真君六年，討吐谷渾。杜豐追被囊，度三危，至雪山，即沙州之三危也。肅州舊志云：白龍堆沙東倚三危，北望蒲昌，是爲西極要路。推其地望，可以得三危之形勢矣。

浮于積石，至于龍門西河，會于渭汭。

錐指：傳曰：積石山在金城西南，河所經也。沿河順流而北，千里而東，千里而南，龍門山在河東之西界。正義曰：地理志云：積石山在金城河關縣西南羌中。龍門山在馮翊夏陽縣北。渭案：漢河關縣在今陝西西寧衞西南塞外。夏陽，今西安府之韓城縣也。「會於渭汭」，今韓城縣北、龍門山南是其地也。

地理今釋：積石山在今河州北一百二十里。水經注謂之唐述山，括地志云：山勢峭拔，下臨黄河。其西五十里有積石關，唐置積石軍於此。山海經云積石山在金城河門關西南境中。漢之河關縣，今之河州。杜佑通典云：禹施功自積石山而東，今西平郡龍支縣今西寧衞地，與河州接界。界山是也。案諸家言積石者，多以此爲小積石，别有大積石，去此尚千餘里。其説蓋本於漢書西域傳謂「河源出于闐，北流與葱嶺河合，東注蒲昌海，潛行地下，南出于積石，爲中國河」之文。其實禹施功之始即此積石，更無所謂大積石也。歐陽忞輿地廣記云：班固所載張騫窮河源事，乃意度之，非實見蒲昌海與積石通流。其言甚正。蓋河源在吐蕃境，漢時吐蕃未通中國，武帝以于闐山出玉，案古圖書乃名河所出爲崑崙，後人遂并積石，亦失其實耳。于闐東流之水，古名玉河，葱嶺之水，名新頭河，見法顯佛國記，總與河源無涉。至水經并云積石在葱嶺

之北，則又失之遠矣。或議杜佑主龍支之積石，謂因唐置積石軍于澆河故城而誤。考後漢書郡國志：隴西郡河關縣積石山在西南。又桓帝紀：燒當羌叛，段熲追擊于積石。注：即禹貢導河積石，在鄯州龍支縣南。是河州積石之名，非始于唐矣。蔡氏據杜氏説，釋經最當。龍門山在今陝西西安府韓城縣東北五十里大河之西，東與壺口隔水相望。

織皮崑崙、析支、渠搜，西戎即叙。

錐指：顔氏曰：崑崙、析支、渠搜，三國名也。渭案：三國皆西戎，而西戎不止于三國，三國乃西戎之大者，皆來入貢，則其餘無不賓服，故曰「西戎即叙」。

地理今釋：崑崙，西戎國，蓋附近崑崙山者。案鄭康成云：衣皮之民居此。崑崙、析支、渠搜，三山之野者，是崑崙、析支、渠搜皆本山名，而因以爲國號也。析支，今西蕃，在陝西臨洮府河州西。應劭曰：禹貢析支屬雍州，在河關之西，東去河關千餘里。羌人所居，謂之河曲羌也。唐書党項傳曰：党項，漢西羌别種，其地古析支，東距松州，西葉護，南舂桑、迷桑等羌，北吐谷渾、渠搜、涼土。異物志云：古渠搜國在大宛北界。隋書西域傳云：鏺汗國文獻通考云：鏺汗國東去瓜州五千五百里。

都葱嶺之西五百餘里，古渠搜國。渠搜當在西域，非朔方也。傅寅禹貢集解云：陸氏曰：漢志朔方郡有渠搜縣，武紀云「北發渠搜」是也。然考漢朔方之渠搜，非此所謂渠搜，此亦當是金城以西之戎也。後世種落遷徙，故漢有居朔方者，當禹時渠搜，居朔方則不應浮積石，陸説非也。

胡氏渭曰：雍州爲奧區神皋，后稷始封於邰，一作「駘」，又作「斄」。公劉處豳，太王徙岐，文王作豐，武王治鎬，及扈、崇、密、須之封皆在焉。春秋時可考者，虢、文王弟所封曰西號。周、召、畢、豐、鄭、初封咸林之地，漢爲鄭縣，屬京兆，今華州是。秦、芮、梁、崇、密、驪戎、白狄、晉，西境是。凡十四國。戰國時屬秦，而魏、趙亦兼得其地。秦并天下，置内史、上郡、北地、九原、隴西、雲中。西南境，唐榆林郡是。漢以其地之西偏，置涼州，領郡十，漢志云改雍曰涼。而三輔則領於司隸。後漢並因之。魏分置秦州，晉又分置雍州。領郡國七，治京兆。涼州領郡國八，治武威。秦州領郡六，治上邽。唐爲京畿之京兆府、雍州。華陰、華。馮翊、同。扶風、岐。新平、邠。等郡；關内道之汧陽、隴。安定、涇。彭原、寧。安化、慶。平涼、原。靈武、靈。五原、鹽。寧朔、宥。洛交、鄜。中部、坊。延安、延。咸寧、丹。上郡、綏。銀川、銀。新秦、麟。朔方、夏。九原、豐。榆

林、勝。安北大都護府，分豐、勝二州界置。等郡；隴右道之天水、秦。隴西、渭。金城、蘭。會寧、會。安鄉、河。臨洮、洮。和政、岷。寧塞、廓。西平、鄯。武威、涼。張掖、甘。酒泉、肅。晉昌、瓜。燉煌、沙。伊吾、伊。交河、西。北庭、庭州後爲都護府。安西都護府。等郡。案以上通典所列，伊吾、交河、北庭、安西自古爲戎狄，不在禹貢九州之限。又河、湟之間，吐谷渾故地，未嘗爲郡縣，故不入雍域。以今輿地言之，陝西臨洮、平涼、慶陽、延安、鳳翔五府，其西安則唯商州、洛南、山陽、鎮安、商南，鞏昌府則唯鳳縣、兩當、徽州、成縣、階州、文縣爲梁域，餘皆屬雍。又榆林衛、寧夏衛、寧夏中衛，又靖遠、岷州、洮州三衛，行都司所領甘州、莊浪等諸衛所，其在化外者，南至西傾、積石，西踰三危，北抵沙漠，皆古雍州域也。

右禹貢豫梁雍三州

五禮通考卷二百四

嘉禮七十七

體國經野

禹貢隨山濬川

書禹貢：導岍及岐，至于荆山，逾于河。

錐指：傳曰：三山皆在雍州。河謂梁山龍門西河。正義曰：地理志云：吴岳在扶風汧縣西，古文以爲汧山。岐山在美陽縣西北。荆山在馮翊懷德縣南。蔡氏曰〔一〕：逾

〔一〕「蔡氏」，原作「蘇氏」，據光緒本、禹貢錐指卷一一上改。

者，禹自荆山而過於河也。孔氏以爲荆山之脈逾河而爲壺口、雷首者，非是。渭案：導者，循行之謂。導山猶云隨山。蔡氏云〔一〕：自此以下至敷淺原，皆隨山之事是也。導山時尚未施功，先儒皆以此爲通水，曰導山之澗谷而納之川，殊失經旨。汧縣，今爲鳳陽府之隴州，州南三里有汧縣故城。岍、岐、荆並在河西、渭北，禹首導此三山而逾河以抵壺口，則冀州之所先治者，其規畫早定于胸中矣。「岍」一作「汧」，說文有「汧」字，而無「岍」字。汧縣，唐爲汧源縣，隴州治，明省縣入焉。周禮雍州山鎮曰嶽山。漢志以吴山爲雍州山。是吴山即嶽山也。爾雅：河南華、河西嶽、河東岱、河北恒。朱長孺云：商、周之世，疑以岍爲西嶽，故爾雅、職方皆名嶽山。吴山，漢志雖云在縣西，而岡巒綿亘，延及其南，與嶽山只是一山。自周尊岍山曰嶽山，俗又謂之吴山，或又合稱吴嶽。史記遂析嶽山與吴嶽爲二山，而岍山之名遂隱。其實此二山者，周禮總謂之嶽山，禹貢總謂之岍山，當以漢志爲正。蔡傳引晁

〔一〕「蔡氏」，諸本作「蘇氏」，據禹貢錐指卷一一上改。

氏説〔一〕，又謂今隴山、天井、金門、秦嶺皆古之岍山。不知何據。漢志美陽縣下云：禹貢岐山在西北中水鄉，周太王所邑。詩曰「率西水滸，至於岐下」，又曰「彼徂矣岐，有夷之行」是也。水經注：岐水逕周城南，城在岐山之陽而近西，所謂居岐之陽也，非直因山致名，亦指水所稱矣。又歷周原下，北則中水鄉成周聚，故曰有周也。水北即岐山矣。今案岐山，一名天柱山，其峰高峻，狀若柱然。國語：周之興也，鸑鷟鳴於岐山，故俗呼爲鳳凰堆。山之南，周原在焉，詩所稱「周原膴膴」者也。東西橫亘，肥美寬平，在今岐山縣東北四十里。荆山有三：一在雍域裒德，北條之荆，大禹鑄鼎處也；一爲荆、豫界臨沮，南條之荆，卞和得玉處也；一在豫域，與禹貢無涉。漢郊祀志公孫卿曰：黄帝采首山銅，鑄鼎於荆山下。案唐志虢州湖城縣有覆釜山，一名荆山。元和志：山在縣南，即黄帝鑄鼎處。晉灼以爲在馮翊懷德縣，非也。湖城，元省入閿鄉縣，山今在縣南二十五里。縣屬河南府陝州。韓愈詩云「荆山已去華山來，日照潼關四扇開」，李商隱詩云「楊僕移關三百里，可能全是爲

〔一〕「蔡傳」，原作「蘇傳」，據光緒本、禹貢錐指卷一一上改，下同。

荆山」，即此山也。蔡傳以此爲北條之荆，因晉灼而誤。

壺口、雷首，至於太岳。

錐指：傳曰：三山在冀州太岳上黨西。正義曰：地理志云：壺口在河東北屈縣東南，雷首在河東蒲坂縣南，太岳在河東彘縣東，是三山在冀州，以太岳東近上黨，故云在上黨西也。渭案：漢上黨郡，今山西潞安府是。蒲坂，今爲平陽府之蒲州，其故城在州東南，漢縣，舜所都也，餘見冀州。

胡氏渭曰：雷首山在今蒲州南，一名首陽山。詩唐風「采苓采苓，首陽之顛」。論語伯夷、叔齊餓于首陽之下。馬融曰：首陽山在蒲坂河曲之中。寰宇記云：首陽即雷首之南阜也。或稱首山，漢地理志蒲反有首山祠。郊祀志黄帝采首山銅即此。亦稱獨頭山，闞駰曰：首陽山一名獨頭山，夷、齊所隱也。又名襄山，穆天子傳云：東巡自河首襄山。又名薄山，穆天子傳云：登薄山寘軨之隥。史記封禪書云：薄山者，襄山也。又名堯山，漢地理志蒲反有堯山。水經注云：雷首山臨大河，北去蒲坂三十里，俗亦謂之堯山也。又名中條山，元和志云：雷首一名中條，在河東縣南十五里，永樂縣北三十里。寰宇記云：中條山在芮城縣北十五里，亦曰薄

山也。又名陑山，寰宇記云：堯山在河東縣南二十八里，即雷首山，山有九名，亦即陑山。湯伐桀，升自陑，注在河曲之南，即此也。括地志云：此山西起雷首，東至吴坂，長數百里，隨地異名。通典云：雷首在今河東縣。此山凡有八名：歷山、首陽山、薄山、襄山、甘棗山、中條山、渠豬山、獨頭山也。蒲州新志：首陽山在州南四十五里。又中條山在州東南十五里，山狹而長，西起雷首，迤邐而東，直接太行，南跨芮城、平陸，北跨臨晉、解州、安邑、夏縣、聞喜、垣曲諸境，凡數百里。中條之北有數峰，攢立拱對，州城在州南十五里，中高旁下，俗名爲筆架山。又南五里爲八盤山，又南十里爲麻谷山，又南爲鳳凰山，去州七十里，與潼關相對，爲中條南麓盡處。今據雷首之脈爲中條，東盡於垣曲，王屋在焉。禹至此顧不東行，而北抵太岳，蓋以帝都爲急也。太岳即霍山，又名霍太山，在平陽府霍州東三十里，及岳陽縣西北九十里，趙城縣東北四十五里。周禮冀州山鎮曰霍山，漢志河東彘縣有霍太山在東，冀州山是也。爾雅：西方之美者，有霍山之珠玉，亦稱景霍。晉語：宰孔曰：景霍以爲城。韋注云：景，大也。大霍，晉山名，今在河東彘。史記周武王滅殷，飛廉先爲紂使北方，還，無所報，乃爲壇於霍太山而致命焉。水經注：汾水

南過永安縣西，故彘縣也。又東與彘水合，水出東北太岳山，禹貢所謂岳陽，即霍太山矣。山有岳廟，甚靈。汾水又南逕霍城東，故霍國也。又逕趙城西南，穆王以封造父，趙氏自此始。元和志：霍山一名太岳，在霍邑東三十里，今州治即霍邑故城也。新志云：山高百餘丈，長八十里，周二百餘里，南接趙城、岳陽，北跨靈石，今謂之中鎮。渭案：隋開皇十四年，詔以霍山爲冀州鎮，歷代因之，號曰中鎮，蓋即古之中岳也。降而爲鎮，爲嵩高所壓耳。閻百詩曰崧高維嶽，謂崧然而高者，維是四嶽之山，非以太室山爲嶽，名曰崧高也。爾雅撰於三百篇後，緣此遂實指嵩高爲中嶽。太史公又出爾雅後，并補注堯典曰：中嶽，嵩高也。是殆忘却禹貢之太岳矣。或將堯有二中岳邪？漢武登禮太室，易曰嵩高，中岳名益顯，皆爲爾雅所誤者。或曰：然則周竟無中嶽乎？予曰：周仍以唐虞時太岳爲中岳矣，觀職方河内曰冀州，鎮曰霍山可知。蓋自有宇宙便有此山，黄帝正名百物，蚤已定五嶽之稱。禹主名山川，又從而奠之。下迄周、秦，悉不敢移。豈有如武帝以衡山遠移南嶽之祀于灊霍山者乎！予最愛鄭康成注大司樂四鎮五嶽，取諸職方九州之山而偏足，少嫌其以嶽山爲西嶽，而不以霍山爲中嶽，又嫌其大宗伯注乃襲爾雅雜以嵩高，忘却大司

樂注，殆由未善讀崧高之詩也哉！

蕙田案：閻氏以太岳即古之中岳，其説甚辨。

底柱、析城，至於王屋。

錐指：傳曰：此三山在冀州南河之北，東行。正義曰：地理志云：析城在河東濩澤縣西，王屋在河東垣縣東北。地理志不載底柱。底柱在大陽關東，析城之西。渭案：濩澤，今爲山西澤州之陽城縣，其故城在縣西三十里。垣縣，今爲平陽府絳州之垣曲縣，其故城在縣西四十里。大陽，今爲解州之平陸縣，其故城在縣東北。皆漢縣也。大陽關在今河南府陝州東，王屋山在今懷慶府濟源縣西北唐王屋縣地，西與垣曲接界。

地理今釋：底柱山在今河南河南府陝州東四十里大河中，西北去山西平陽府平陸縣五十里。析城山在今山西澤州陽城縣西南七十里。王屋山在今河南懷慶府濟源縣西北九十里，接山西平陽府垣曲縣及澤州陽城縣界。山有三重，其狀如屋。

太行、恒山，至於碣石，入於海。

錐指：傳曰：此二山連延，東北接碣石而入滄海。正義曰：地理志云：太行山在河内山陽縣西北，恒山在常山上曲陽縣西北。太行去恒山太遠，恒山去碣石又遠，故云此二山連延，東北接碣石而入滄海也。渭案：山陽，今爲河南懷慶府之修武縣，其故城在縣西北。上曲陽，今爲直隸真定府定州之曲陽縣，其故城在縣西。地理志：河内壄王縣西北有太行山。山陽縣北有東太行山。壄王，今爲河内縣，其故城即今懷慶府治。孔疏引山陽而遺壄王，非也。恒山北岳，在今曲陽縣西北。碣石見冀州。海在碣石之東，逾河爲禹渡河，則入海亦禹涉海也。

地理今釋：太行山延袤千餘里，起於河南懷慶府濟源縣，迤而東北，跨山西、河南、直隸界。

胡氏渭曰：太行，列子作太形，則「行」讀如字亦可，故陸氏兼存之。太行，一名五行山。淮南子：武王欲築宫於五行之山。高誘注云：太行山也。河圖括地象曰：太行，天下之脊。漢志以在壄王者爲太行，而在山陽者爲東太行，其太行之支峰乎？又案金史地理志云：濟源縣有太行山，以沁水爲界，西爲王屋，東爲太行。則此山實起於濟源，蓋自河南懷慶府入山西澤州，迤而東北，跨陵川、壺關、平順、

潞城、黎城、武鄉、遼州、和順、平定、樂平，以及河南之輝縣、武安，直隸之井陘、獲鹿，諸州縣界中，皆有太行山，延袤千餘里焉。林少穎曰：太行在今懷州之北，連亘數州，爲河北脊，以接恒岳。程子謂太行千里片石，衆山皆石上起爾。朱子語録曰：太行山一千里，河北諸州皆旋其趾。潞州上黨在山脊最高處，過河便見太行在半天，如黑雲然。舜典：十有一月，朔，巡狩至於北岳。傳云：北岳恒山。周禮：正北曰并州，其山鎮曰恒山。注云：在上曲陽。爾雅：恒山爲北嶽。管子曰：恒山北臨代，南俯趙。漢書：恒山北岳，在常山郡上曲陽縣西北，有祠，并州山。張晏曰：恒山在西，避文帝諱，故改曰常山。大同府渾源州南二十里亦有恒山。水經注云：嶂縣南面元嶽，即此山也。州本漢雁門郡繁峙、嶂二縣。古北岳恒山，歷代史志皆云在上曲陽，並無異論。自宋世以恒山没於遼，從曲陽望祀之。因廢曲陽之恒山，而指此爲禹迹。近志謂與在曲陽西北者實一山。然州距大茂約三百餘里，雖或峰巒相接，未可强合爲一也。北岳在曲陽，又何疑焉？閻百詩云後之建都于燕者，以爲曲陽在南，渾源少北，於方位宜。余案孔氏詩崧高疏曰：若必據所都以定方位，則五岳之名，無代不改。何則？軒居上谷，處恒山之西；舜居蒲阪，在華陰之

北。豈當據己所在改岳祠乎？此名儒之言也。金世宗大定間，或言今既都燕，當别議五岳名，不得仍前代。太常卿范洪輒援崧高疏數語以對，事遂寢。明弘治六年，兵部尚書馬文升建言北岳當改祠渾源，下禮部議，侍郎倪岳持不可，乃止。修渾源州舊廟，而祭祀仍在曲陽。神宗十六年，大同巡撫胡來貢疏請改北岳，沈文端鯉爲宗伯，覆疏詳駁，議者口塞。

西傾、朱圉、鳥鼠，至于太華。

錐指：傳曰：西傾、朱圉、鳥鼠，三者雍州之南山，至于太華，相首尾而東。正義曰：地理志云：朱圉在天水冀縣南。鳥鼠東望太華大遠，故傳云「相首尾而東」也。曾氏曰：岍與西傾皆北條山，故西傾不言導，其文蒙於導岍。渭案：今鞏昌府伏羌縣南有冀縣故城，即漢縣也。西傾、鳥鼠、太華並見前。西傾在鳥鼠之西南，鳥鼠，渭水所出，朱圉、太華皆在渭水之南。

地理今釋：朱圉山在今陝西鞏昌府伏羌縣西南三十里。

熊耳、外方、桐柏，至于陪尾。

錐指：傳曰：四山相連，東南在豫州界。正義曰：地理志云：熊耳山在弘農盧

氏縣東；嵩高山在潁川密高縣，古文以爲外方；桐柏山在南陽平氏縣東南；横尾山在江夏安陸縣東北，古文以爲陪尾。是四山接華山而相連，東南皆在豫州界也。朱氏鶴齡曰：凡言「至于」者，以相去之遠也。太華去鳥鼠遠，故曰「至于」。則陪尾亦應遠。觀經文導淮，自桐柏東會于泗、沂，其爲徐州之陪尾明矣。渭案：盧氏，今屬河南府。密高，今爲登封縣地。平氏，今爲南陽府桐柏縣，其故城在縣西北四十里。安陸，今屬湖廣德安府。泗水，今屬山東兖州府，本漢魯國卞縣，陪尾山在縣東也。

地理今釋：熊耳山在今河南府盧氏縣西南五十里，接陝西西安府商州晉上洛縣。界。熊耳雖有東西異名，其實一山，故郭璞云在上洛，班固云在盧氏。蔡傳以班固爲非，非也。外方，今中嶽嵩山，在河南河南府登封縣北十里，西接洛陽縣，北接鞏縣，東接開封府密縣界，綿亘一百五十里。桐柏山在今河南南陽府桐柏縣東一里，東南接湖廣德安府隨州，西接襄陽府襄陽縣界。陪尾山在今山東兖州府泗水縣東五十里。案孔傳云：淮出桐柏，經陪尾。今德安府安陸縣北有横山。漢志所謂横尾山，古文以爲陪尾者也。淮水不經此山下。吴澄書纂言曰：唐志：泗水

縣有陪尾山，泗水出焉。蓋此是也。以横尾爲陪尾者，非是。

胡氏渭曰：漢書武帝紀：元封元年，登禮嵩高，置奉邑，名曰崇高。地理志：潁川密高縣，武帝置，以奉太室山，是爲中岳。有太室、少室山廟。古文以密高爲外方山也。左傳昭四年：司馬侯曰：四嶽、三塗，陽城、太室。太室即嵩高也。於四嶽外別言之，亦可見嵩高時不爲嶽矣。爾雅嵩高爲中嶽，蓋後人所附益耳。後漢書：熹平五年，復密高爲嵩高。韋昭曰：嵩高有太室、少室之山，山有石室，故名。戴延之西征記曰：東曰太室，西曰少室，相去十五里〔一〕，嵩高其總名也。元和志云：嵩高山在告成縣西北二十三里，唐改陽城縣曰告成，其故城在今登封縣東南四十里。登封縣北八里，高二十里，周一百三十里；少室山在告成縣西北五十里，登封縣西十里，高六十里，周三十里。渭案：古時皆指嵩高爲太室，而韋昭、戴延之則兼二室並稱。然前賢題咏猶以太室稱嵩山，而少室則仍其本名，故有嵩少之目。其山東跨密縣，西跨洛陽，北跨鞏縣，綿亘百五十里。太室中爲峻極峰，左右列峰各十二，

〔一〕「十五里」，光緒本、禹貢錐指卷一一上作「十七里」。

凡二十四。少室峰三十六。先儒皆以嵩高爲外方。金吉甫曰：嵩高世名中嶽，安得與江夏内方相爲内外哉？據唐志陸渾山一名方山，蓋古外方云。此説非是。嵩高，當禹時未爲中嶽，即爲中嶽，而仍名外方，與東岱、西華、南衡、北恒一例，理無可疑，且陸渾、方山亦何以知其爲外方乎？詩大雅：崧高維嶽，峻極于天。兼五嶽言之。爾雅釋山曰：山大而高，崧。郭璞注云：今中嶽嵩高山。蓋依此名。邢昺疏云：李巡曰：高大曰崧。此則山高大者自名崧，本不指中嶽。今之中嶽名嵩高，或取此文以立名乎？無正文，故云蓋以疑之，是亦不以詩之「崧高」爲中嶽也。自劉熙釋名云「嵩」字或爲「崧」，則二字通作一字，世遂以降神生甫專歸之中嶽，文士錯解，貽誤至今，間有能正之者，反以爲非也。

導嶓冢，至於荆山。

錐指：傳曰：漾水出嶓冢，在梁州。經荆山，荆山在荆州。正義曰：梁州云「岷、嶓既藝」，是嶓冢在梁州也。渭案：後魏地形志：華陽郡嶓冢縣有嶓冢山，漢水出焉。唐六典山南道名山曰嶓冢。嶓冢縣故城在今陝西漢中府沔縣西南四十里，西南接寧羌州界。山今在州北九十里。荆山在今湖廣襄陽府南漳縣西。通典

云：南漳，漢臨沮地，有荆山也。嶓冢山，孔傳不言所在之郡縣，而正義引地理志以實之，曰隴西郡西縣嶓冢山，西漢水所出，夫此水即嘉陵水之上源，非禹貢之所謂「嶓冢導漾，東流爲漢」者也。而班固以西縣之嶓冢爲禹貢之嶓冢，謬矣。自是以後，言嶓冢者，率依班氏。如張衡西京賦云「終南、太一連岡乎嶓冢」，潘岳西征賦云「面終南而背雲陽，跨平原而連嶓冢」。玩其辭意，皆主隴西而言。司馬彪郡國志亦云：漢陽郡西縣有嶓冢山。無異議也。自後魏正始中，析沔陽地置嶓冢縣，以表其山，而名始著。酈道元卒於孝昌二年，上距正始置縣之時，凡二十餘歲，本朝典故，生所親見，而注水經不言，豈事在成書之後，不及追改？抑亦因其晚出而疑之乎？然漾水注引漢中記曰：嶓冢以東，水皆東流，嶓冢以西，水皆西流，故俗以嶓冢爲分水嶺。作者亦似知班志之謬，而以禹貢嶓冢爲當在漢中也者。不然，於漢中記奚爲詳及隴西之山邪？由此觀之，則魏收以前已有知嶓冢在漢中者，不待地形志出而後知也。穎達豈未之考乎？然班志雖以西縣嶓冢爲禹貢之山，而養水則自繫氏道之下，不言出某山。「養」與「漾」通，或作「瀁」。自水經云漾水出氏道縣嶓冢山，而氏道亦有嶓冢矣。常璩華陽國志云：東源出武都氏道縣漾山，爲漾水。而氏

道之嶓冢且有漾山之目矣。郭璞注山海經云：嶓冢，今在武都氐道縣南。酈道元注水經云：東西兩源，俱出嶓冢，而同爲漢水。則似一山跨二縣之境，而在西縣者爲西源，在氐道者爲東源矣。輾轉迷惑，愈久愈譌，説經者不能出其窠臼，而禹貢之嶓冢幾不可問矣！西縣故城在今秦州西南，氐道今不知所在。蓋自晉永嘉之亂，隴西没於氐、羌，郡縣荒廢。常璩、郭璞皆云氐道屬武都，而晉志武都郡無之，則此縣之不可考久矣。要之，二縣在隴西，皆古雍州域也。而禹貢嶓冢乃梁州之山，不應闌入雍域，故唯魏收所言爲得其實。秦州之嶓冢與寧羌之嶓冢，南北相距五六百里。

地理今釋：荆山在今湖廣襄陽府南漳縣西少北八十里。昭四年左傳荆山「九州之險」，指此。

内方，至於大别。

錐指：傳曰：内方、大别，二山名，在荆州，漢所經。正義曰：地理志云：章山在江夏竟陵縣東北，古文以爲内方山也。地理志無大别。鄭玄云：大别在廬江安豐縣。杜預解春秋云：大别闕，不知何處。或曰大别在安豐縣西南。左傳云：吴

既與楚夾漢，然後楚乃濟漢而陳，自小別至於大別。然則二别，近漢之名，無緣得在安豐。如預所言，雖不知其處，要與内方相接，漢水所經，必在荆州界也。蘇氏曰：二别山皆在漢上。蔡氏曰：内方在今荆門軍長林縣，大别在今漢陽軍漢陽縣。渭案：地理志六安國安豐縣下云：禹貢大别山在西南。鄭、杜説所自出。正義謂志無大别，何也？安豐，後漢屬廬江郡，其故城在今江南廬州府霍丘縣西北。竟陵故城在今湖廣安陸府鍾祥縣南。長林故城在今荆門州東。漢陽縣即今漢陽府治，大别山在其東北，水經注所謂翼際山也。左傳定四年：自小别至于大别。杜預云：禹貢漢水至大别南入江。然則此二别在江夏界。水經注云：江水東經魯山南，古翼際山也。元和志：魯山一名大别山。

地理今釋：内方山在今湖廣安陸府鍾祥縣西，周迴百餘里，接荆門州界。大别山一名魯山，在今湖廣漢陽府漢陽縣東北半里，漢水西岸。

岷山之陽，至於衡山。

錐指：傳曰：岷山，江所出，在梁州。正義曰：梁州云「岷、嶓既藝」，是岷山在梁州也。地理志云：衡山在長沙湘南縣東南。曾氏曰：岷、嶓皆南條山，故岷山不

言導，其文蒙於導嶓冢也。吴氏曰：蜀以西近江源者，皆爲岷山，連峰接岫，青城、天彭諸山之所環繞，皆岷也。岷山之陽，其山非一。衡山，南岳也，在衡州衡陽縣北七十里，南一峰曰峋嶁山。自縣西北以至湘南縣東南，皆衡山也。渭案：岷山，地理志云：在蜀郡湔氐道徼外。湔氐道，今爲四川松潘衛，山在衛西北。衡山縣本漢湘南縣，今屬湖廣衡州府。唐志衡山縣有南岳祠。元和志云：岳廟在縣西三十里。衡陽，今府治也。古今言岷山者凡四處。一在今四川松潘衛，衛東南去布政司七百六十里。史記作汶山，封禪書云：自華以西名山七，有瀆山，蜀之汶山也。漢書地理志云：岷山在湔氐道西徼外，江水所出。蜀志：秦宓曰：蜀有汶阜之山，江出其腹。華陽國志云：岷山一名沃焦山，其跗曰羊膊，江水所出。任豫益州記云：大江泉源始發羊膊嶺下，東南下百餘里至白馬嶺，而歷天彭闕。水經注云：岷山在蜀郡氐道縣，即瀆山也，又謂汶阜山，在徼外，江水所導。隋志汶山在汶山郡左封縣。唐悉州治，東至翼州一百九十里，今疊溪營西有廢翼州。此皆謂在松潘者也。一在今成都府之茂州。州本冉駹國，漢以其地置汶山郡，治汶江縣。晉改曰廣陽，隋又改曰汶山。山海經注云：岷山在廣陽縣。水經注云：汶水出汶江道徼外崏山玉輪

坂下。元和志云：汶山縣有汶山，即岷山，去青城山百里。天色晴明，望見成都，即隴山之南首。張栻西岳碑云：岷山在茂州列鵝村，其踋曰羊膊也。輿地廣記云：岷山在汶山縣西北，俗謂之鐵豹嶺。王氏地理通釋云：大渡河，一名羊山江，源出鐵豹嶺，嶺即羊膊之異名也。此皆謂在茂州者也。一在成都府之灌縣，縣本漢緜虒、郫、江原三縣地，周武帝分江原置青城縣，因山爲名。元和志云：青城山在蜀州青城縣西北三十二里。杜光庭成都記云：岷山連峰接岫，千里不絶，灌縣青城山乃其第一峰也。縣志云：汶山在縣北三十里。蓋即青城矣。一在今陝西岷州衛。衛本漢隴西郡地。西魏置溢樂縣，今衛治即其故城。括地志云：岷山在岷州溢樂縣南，連綿至蜀幾二千里，皆名岷山。元和志云：山在溢樂縣南一里。此皆謂在岷州衛者也。然則岷山最大，志家各就其所在言之。陸游曰：自蜀郡之西，大山廣谷，谽谺起伏，西南走蠻箐中，皆岷山也。薛季宣曰：今自岷、洮、松、疊以南，其大山峻嶺，班班可考者，皆岷山之隨地立名者耳。此説是也。觀漢志云山在徼外，則固不可以湔氐一縣限之矣。大抵岷山北起於溢樂，實跨古雍州之境，而南則訖於青城，綿地千餘里，與太行伯仲。或專指在松潘，亦非篤論。然大江所出，則必直氐道西

徼外者也。舜典：五月南巡守，至於南岳。傳云：衡山也。後漢志長沙郡湘南縣下云：衡山在東南。劉昭曰：郭璞云：山別名岣嶁。湘中記云：遥望衡山如陳雲，沿湘千里，九向九背，迺不復見。水經注云：湘水北逕衡山縣東，山在西南有三峰，一名紫蓋，一名容峰。此處恐有脱誤。盛弘之荆州記云：衡山有三峰，一名紫蓋，一名石囷，一名芙蓉。容峰最爲竦傑，自遠望之，蒼蒼隱天，故羅含云望若陳雲，非清霽素朝，不見其峰。丹水湧其左，醴泉流其右。山經謂之岣嶁山，爲南嶽也。山下有舜廟，南有祝融冢。衡山東南二面臨映湘川，自長沙至此七百里中，有九向九背，故漁者歌曰：帆隨湘轉，望衡九面。山上有飛泉，下映青林，直注山下，望之若幅練矣。徐靈期南岳記云：南岳周迴八百里，回雁爲首，嶽麓爲足。嶽麓在長沙，故唐志潭州湘潭縣有衡山。長沙記云：衡山軒翔，聳拔九千餘丈，尊卑差次七十二峰，最大者五：芙蓉、紫蓋、石廪、天柱、祝融，祝融爲最高。韓退之曰：五岳於中州，衡山最遠。南方之山，巍然高而大者以百數，獨衡爲宗。顧遴遊衡山記云：登祝融之顛，俯視四極，蒼然一色。山川雜陳，瑣細莫辨。風自遠來，其力甚勁，候與地下絶殊。比曉觀日出海，體象洞見，近若疆中，東餘游氛，浩漫無際。

過九江，至於敷淺原。

錐指：傳曰：敷淺原一名傅陽山，在揚州豫章界。正義曰：地理志：豫章歷陵縣有傅陽山，古文以爲敷淺原。渭案：漢志傅易山，傅讀曰敷，今注疏本作「博」，字之誤也。晁以道云：饒州鄱陽縣界中有歷陵故縣及傅陽山，其説蓋近是。通典云：江州潯陽縣有蒲塘驛，即漢歷陵縣也。驛前有敷淺原，原西數十里有敷陽山。渭案：唐武德八年，於潯陽縣置蒲塘驛，後改爲塲。五代時，楊吴升爲德安縣，今治故驛也。杜佑以驛爲漢歷陵縣，不知何據，豈因王莽改歷陵曰蒲亭，而遂以蒲塘附會邪？黄子鴻深疑之，嘗爲之辨曰：漢志豫章郡領歷陵縣，晉志歷陵與餘汗、鄡陽俱割屬鄱陽郡，而柴桑則屬武昌郡，不應歷陵反出柴桑之西也，因謂晁氏云歷陵在鄱陽者爲是。且曰吴志歷陵有石印山，即今饒州府之鄱陽山，亦歷陵在鄱陽之一證也。今案鄱陽山在府治鄱陽縣西北一百五十里鄱陽湖中，亦名石印山。鄱陽縣故城在今府城東六十三里〔一〕，三國吴至隋皆爲鄱陽郡治。唐移於今所。然則府城

〔一〕「六十三里」，光緒本、禹貢錐指卷一一上作「六十里」。

西當即爲故歷陵地，敷淺原蓋在鄱湖之西，落星之畔也。説文：原，高平之野，人所登。原固有山體，故謂之傅陽山，猶彊梁原亦稱華原山。杜氏析山與原爲二處，非也。

朱子九江彭蠡辨曰：今之所謂敷淺原者，爲山甚小而庳，不足以有所表見，而其全體正脈，遂起而爲廬阜，則甚高且大，以盡乎大江、彭蠡之交，而所以識夫衡山東過一支之所極者，唯是乃爲宜耳。又答程泰之書曰：詳經文，敷淺原是衡山東北一支盡處，意即今廬山。若如晁氏説以爲江入海處，所過之水又非特京口而已。是其意以廬阜爲敷淺原也。然此山高峻，似不可名之曰原。金吉甫云：敷，古文作「傅」。傅陽山在廬阜之西南，則是敷淺原之陽也。蓋廬山雖高，而其中原田連亘，人民奠居，所以有敷淺原之名，是亦善解矣。然原田連亘，要不過山中高平之地耳。若此者不一而足，安得舉體而名之曰原？王耕野云：敷淺原恐非廬山。高平曰原，而又名敷淺，則必平曠之地，不爲高山可知。近朱長孺亦曰：傅陽山，漢志得之，古文可據也。朱子疑庳小不足表識，繹敷淺之名，正不當求之高大。蓋傅陽在古本高平之地，後人名之爲山耳。導江、漢之山至大別、敷淺原而即止者，以江、漢至此合流赴海，不煩殫力隨刊，況導水合舉，源流可以互見，豈必求之山脈盡處

邪？此説是也。今案水經注引孫放廬山賦曰：潯陽郡南有廬山，臨彭蠡之澤，接平敞之原。是廬山下固有平原也。山今跨德化、星子二縣之境，南唐改尋陽縣曰德化，今爲九江府治。宋升德化之星子鎮爲縣，今爲南康府治，縣以落星石得名。水經注云：廬山之南湖中有落星石，周迴百餘步，高五丈。今在城南五里湖中。梁書：王僧辯破侯景于落星灣。即此地。星子舊以爲漢鄡陽地，然鄡陽故城在今鄱陽縣西北一百二十里，鄱湖之東北，則都昌爲是，星子似非其地。竊疑星子地本歷陵，而敷淺原即孫放所謂平敞之原，乃廬山東南之麓瀕于彭蠡澤者。蓋柴桑故城在德化縣南九十里，故蒲塘驛今爲德安縣，在德化縣西南一百五十里，此必漢柴桑地，西連武昌郡界，故晉以柴桑屬焉。而歷陵與鄡陽俱屬鄱陽郡，歷陵在柴桑之東，鄡陽之西，則唯星子可以當之。歷陵故治當在湖西今星子縣地，其境則跨湖而東。宋元嘉初廢歷陵，蓋舉石印以東併入鄱陽，而其西則併入柴桑，故星子鎮屬德化耳。廬山盤基廣大，其陽必有平敞之原，但曠衍無奇，選勝者所不道，而志家又因仍舊説，不能詳考指言其狀耳。以此求之，庶不失朱子之意，而又不即以高山爲平原，犯學者之所疑。準諸地望，揆諸經旨，視晁氏爲少優云。

地理今釋：敷淺原，蔡傳遵用師説指廬阜爲敷淺原，而復以無可考據爲疑，何

也？廬阜在今江西九江府德化縣南，山北隸南康府星子縣。

蕙田案：敷淺原，漢志以爲豫章歷陵縣之傅陽山。水經亦云在歷陵縣西南。蔡後世求歷陵者，或于德安，或於鄱陽，皆無定論。獨朱子欲以廬山當敷淺原。九峰書傳主德安而兼存朱子之説，蓋疑而未決。胡朏明錐指前後亦有兩説，然當以後説爲長。蓋以星子當歷陵，既與漢志相合，而孫放廬山賦亦云臨彭蠡之澤，接平敞之原，則敷淺原實當爲匡廬之支隴。朱子之説本非無據。至德安之傅淺原，出於後人附會，而鄱陽則又無山可以當之，皆不足信。

導弱水，至於合黎，

錐指：傳曰：合黎，水名，在流沙東。正義曰：顧氏云：地説書合黎，山名，但此水出合黎，因山爲名也。鄭玄亦以爲山名。地理志張掖郡删丹縣，桑欽以爲導弱水自此，西至酒泉合黎。又居延縣有居延澤在東北，古文以爲流沙。如志之言，酒泉郡在張掖郡西，居延屬張掖，合黎在酒泉，則流沙在合黎之東，與此傳不合。案經弱水西流，水既至於合黎，餘波入於流沙，當如傳文合黎在流沙之東，不得在其西也。蘇氏曰：合黎，山名。易氏曰：甘州即漢張掖郡，弱水出删丹縣南山下，

合黎山在張掖縣西北二百里，俗名要塗山。薛氏曰：弱水出吐谷渾界窮石山，自删丹西至合黎山，與張掖河合。渭案：導亦循行之謂，與導菏澤之導異。禹治水或躬親其事，或遣官屬往治之，及九州功畢，其水之大而切於利害者有九，禹舟行從源至委，核其治否，故謂之導，非疏瀹決排之謂。先儒皆以導爲治，夫治河先積石，治江先岷山，有是理乎？經旨鬱而不明，可歎也。張掖郡今爲甘州衛，陝西行都司治。酒泉郡今爲肅州衛。删丹縣，即今山丹衛。居延故城在甘州衛東北塞外，其澤曰居延海。弱水正流出合黎峽口，而東北注之，非經所謂流沙也。

地理今釋：合黎山亦名要塗山，在今陝西甘州衛西北四十里，緜延而西，接高臺、鎮彝二所界。

餘波入於流沙。

錐指：傳曰：弱水餘波，西溢入流沙。顔氏曰：流沙在燉煌西。林氏曰：弱水溢其餘波，以被於流沙，猶導菏澤，被孟豬也。薛氏曰：流沙，大磧也，在沙州西八十里，其沙隨風流行，故名。陳氏曰：弱水之正者入合黎，其餘則入于流沙也。金氏曰：大抵西北之地，多是沙磧，史書所謂河沙諸國，佛書所謂沙界恒河沙是也。

沙則水滲而下，如沙州以西，山北之地，即連流沙。弱水滲其下也。鄭氏曉曰：弱水正派至於合黎，過此無事疏鑿矣。其餘波入于流沙，聽其流衍耳。志合黎見其經流有所歸，志流沙見其支流有所洩。渭案：弱水入流沙，而謂之餘波。蓋時遇衍溢，則分泄於流沙，不常入也。其正流自合黎山峽口，東北入居延澤，故此云餘波。

地理今釋：流沙在今陝西嘉峪關外索科鄂模即居延澤，漢志古文以爲流沙。以北，東至賀蘭山，西至廢沙州界，幾南北千餘里，東西數百里。其沙隨風流行，隨處有之。

導黑水，至於三危，入於南海。

錐指：林氏曰：三危距南海凡數千里。禹導黑水至三危，即得其故道，遂從此以達南海。蓋其間數千里，不加人功修治，故經載此水至於三危，即曰入於南海也。薛氏曰：黑水至沙州燉煌縣，經三危山，流出徼外。書謂南流入海，其當時之所見邪？夏之西境，極於流沙，而知黑水之所歸，則當時即叙之戎，大略爲可知也。渭案：黑水、三危並見雍州。梁之黑水，別是一川，非界雍之西者。黑水自三危以北，杜氏謂今已堙涸。自三危以南，則水行徼外，不可得詳，亦莫知其從何處入南

海也。南海，自揭陽以西至象林皆是，經所謂海，盡東海也。唯黑水所入爲南海，故言南以別之。

地理今釋：三危山在大河南，今陝西岷州衛塞外古疊州西西蕃界中，雲南麗江府北。河圖括地象云：三危在鳥鼠西南，與汶山相接，黑水出其南。鄭玄云：南當岷，則在積石西南是也。案：今雲南大理府雲龍州西有三崇山，一名三危，瀾滄江經其麓，有黑水祠，或以爲即古三危也。然其地太南，似未爲的，姑存備考。導川黑水，即今雲南之瀾滄江，其源發於西蕃諾莫渾五巴什山分支之西曰阿克必拉，南流至你那山，入雲南界；東岐一支爲漾備江，即程大昌所謂葉榆河。東南流分注大理府之西洱海，經流入順寧府境；其正支南行絶雲龍江，而東南至雲州；屬順寧府。北之分水嶺仍與漾備江合，又南流至阿瓦國入南海。案金沙、瀾滄，一爲梁州之黑水，一爲導川之黑水，然皆非四大水之黑水也。昔人謂蕃名山川皆以形色，西南夷地水色多黑，故悉蒙黑名，如打沖、金沙、瀾滄，俱得稱黑水也。而真黑水之源，去瀾滄之西三百餘里，蕃名哈拉烏蘇色禽，經蒙蕃、怒彝、猓猓界，由緬甸入南海，即佛書所謂黑水出阿耨達山即大崑崙山，在今達賴喇嘛界。東是也，禹迹之所不至。蓋中國在阿耨達之

東，故名震旦，所入大水，唯黄河一支，可見黑水出阿耨達之東，實在中國之西南，未嘗流入内地，故從古無人知其源委也。黑水之辨，諸家紛如。今考地圖，禹貢之黑水有三，正不必强合。水經注所謂黑水出張掖雞山，今甘州。至於燉煌，今廢沙州。此雍州之黑水也；漢書地理志犍爲郡縣南廣注云：汾關山，符黑水所出，南廣，今南溪縣。北至僰道入江。今叙州府。唐樊綽亦以麗江爲古黑水，云：羅些城北有三危山，羅些城在今麗江府北境。其水從山南行上出吐蕃界。薛季宣謂瀘水爲黑水，今打沖河。引酈道元説，黑水亦曰瀘水，即若水，出姚州徼外吐蕃界中，山海經黑水之間有若水是也。以麗江之説爲非，不知打沖河至大姚縣，即合金沙江會流入岷江。薛氏之説原與漢志相合，此梁州之黑水也；宋程大昌以瀾滄江爲黑水，李元陽黑水辨亦云：隴蜀無入南海之水，唯滇之瀾滄足以當之。而元史載勸農官張立道使交趾，並黑水以至其國。吴任臣山海經注亦以瀾滄爲古黑水。此導川之黑水也。蓋雍州之黑水，其源在黄河之北，梁州及導川之黑水，其源皆在黄河之南，有截然不相紊者，第以張掖、燉煌尚在内地，可以尋源而求，而推其委，而不得遂託爲越河伏流之説。夫崑崙爲地軸，其山根連延，起頓包河，南接秦隴，直達長安，爲南山黑

水。自燉煌而南，縱可越大河之伏流，其不能越河以南之南山也明矣。若狃于雍州「三危既宅」之説，此是言雍州分域以内，今終南、鳥鼠皆在河之南，而三危更在鳥鼠之南，書疏鄭康成引地記云：三危在鳥鼠之西，南當岷山。要知禹貢導川之三危，必在河之南，非竄三苗之三危也。其與雍州之黑水又何涉邪？然主瀘水、麗江、瀾滄之説者，亦皆以意度，未能確指水之分合，不知瀘水、麗江源異而流同，麗江、瀾滄源近而流别。分合言之，梁州之黑水有兩支，而與導川之黑水實出一地也，而古未有及之者，蓋以二水僻在蕃界，隔蔽南山阻奥，從古未通中國，即魏之法顯，唐之玄奘，元世祖之南征，丘處機之西遊，皆繞出崑崙以外，歷西域諸國，至於滇南，總未嘗經其地。但從入中國之支流，以古今分域配之，料約爲某水某水而已。今海内一統，西南徼外咸入版圖，爰遣使臣，偏歷其地，究源討委，寫圖以誌，支派經絡，瞭如指掌，諸家浮説有折衷矣。

李氏紱黑水考：禹貢之水，不趨東海者二，弱水西行，而黑水入南海也。程氏論黑水三條未能得黑水之實，其駁隋志扶州黑水是矣。扶州黑水既合白水，注嘉陵江，以入岷江，與禹貢「入南海」之文全異，自不得指爲禹貢之黑水也。其駁孔氏

穎達所引酈氏水經注，則實未審漢四郡之形勢，與黄河經行之地。孔氏之説雖有可駁，而所駁之者未中其窾，則孔固失矣，而程亦未爲得也。水經謂黑水出張掖雞山，南流至燉煌，過三危山，南流入於南海。程氏謂其説雖出許慎，而道元增益以「入南海」句。「入南海」乃禹貢本文，增無害也，杜佑誤合於南廣之符黑水，則佑自失耳，酈不失也。孔氏疑黑水不能越黄河而南，謂自積石以西，河多伏流，故得越河入南海。程氏詆其巧而駁其誤，謂張掖者甘州，而燉煌者沙州，甘、沙之水皆入積石河，河流既東，已非南向。又河源出于闐南山之北，是山岡麓東行，南接秦隴，直達長安，幾近萬里，何理可以越之而入南海至河之下流與？甘、沙對岸爲秦河南地，其大川爲洮，洮既北入於河，縱有伏流，不能逆行南上，其説似辯而實非也。考漢武所開四郡，並在黄河之西，惟武威爲今涼州，與黄河稍近。由涼州西北行至甘州，去黄河已一千四百餘里，又西行四百餘里爲肅州，則漢之酒泉也，去黄河近二千里，由肅州出嘉峪關西北行千三百餘里，而後至哈密，由哈密西北行八百里而至吐魯番，吐魯番西二百餘里爲玉門關，又西二百餘里爲陽關。考漢書，燉煌郡所屬龍勒縣，陽關、玉門關在其地，杜、林以燉煌爲古瓜州地，生美瓜，則舜竄三苗之地，

所謂與允姓之戎，同居瓜州者也。瓜州之西爲沙州，唐書稱沙州燉煌郡，黑水所經之三危山在焉。今方輿路程圖，河源當西十九度，而陽關當西二十六七度之間，是黑水所經，在河源崑崙西，偏千六百里之遠，距黄河東北行之道已二三千里，若洮河在陜西内地，則相距六七千里矣。蓋黑水在甘州發源時，已與黄河下流相遠，其流至三危，則繞出河源崑崙之西，河流已無庸度越，況洮水與秦隴諸山又豈能限之也哉！至謂「甘、沙之水並入積石河」，則甚不然。沙州之水距黄河絶遠，固無入黄河之理，即甘肅之水亦無入黄河者。考古地圖，甘、涼之間，惟浩亹水由湟水入河，今方輿圖所載惟涼州以南，有大通河及莊浪河，由苦水堡入於黄河而已。若涼州以北，則皆西北流，無入黄河者，況甘、沙二州之水絶遠者哉！古今山川異名，固難求其必合，然方隅形勢，猶可尋也。張掖雞山之水，漢唐諸史俱無其名，以今方輿路程圖考之，甘州惟有一大川名曰黑河，發源於馬營墩堡山中，西北行四百餘里至古城堡，抱甘州城東北，歷黑泉諸堡，西北行六百餘里至金塔寺堡，出長城外，北行四百里至都崑崙河，又百餘里入於索科鄂謨。鄂謨者，池澤之名，疑即舊圖所謂蒲昌海者，其地在哈密之南，瓜州之東，甘州之水無大於此者。既有黑河之名，所歷

又以黑泉名堡，豈即許慎所謂雞山黑水者耶？或疑其水既西北行又入於沙澤，無入於南海之迹，未敢遽指爲禹貢之黑水。然三危之山，漢書、唐書咸以爲在燉煌，燉煌爲古瓜州地，三苗所居，實生美瓜，今瓜之美無出哈密右者，蓋哈密即古瓜州也，其西有大鳴沙山。至唐武德二年，始分爲沙州，而以燉煌爲之屬縣。三苗、三危既在其地，則舍甘州黑河，别無所謂禹貢之黑水矣！其水雖入於沙澤，無南行之迹，然甘肅瓜州之地數千里皆沙也，地稍低者即滙爲澤，而水入焉。案舊輿圖西番之西，大流沙之南，湧出一澤，名曰嘉河。南流爲潞江，至永昌騰越境内稱爲南金沙江，由阿瓦、緬甸入於南海，其水盛大深黑，人有稱爲黑水河者。以今方輿路程圖考之，則嘉湖即今西番大池名哈拉努爾色楞格者，其水流爲大川，南行千九百里，經鄂欺拉達巴罕，名黑水江；入怒彝境，又南行六百里入雲南境，經怒山之西，更名怒江；又南行八百里經永昌府西境，更名潞江；又南行三百里至潞江安撫司，其地當騰越州正東三百餘里，皆雲南内地，土人稱爲南金沙江。自騰越西南行三百里入阿瓦界，經緬甸凡千餘里入於南海。若以甘州黑河爲黑水之源，此黑水江爲黑水之委，則北起雍州之西北，南盡梁州之西南，其爲二州之界，可無遺憾。而

三危、三苗俱在瓜、沙二州，更無疑竇。若疑甘州黑河既西北流，其入沙之地，當經度之四十一度，而嘉湖當三十一二度，中間相距近二千里，入彼出此，恐難確定。然沇水逾河至溢爲滎澤，又出陶丘北，東西相距六七百里，其水無色可辨，神禹尚能定其爲沇水所溢，況黑水與他水不同，顔色深黑，南北相望，禹豈不能確定其源流乎？程氏大昌以葉榆水指爲黑水，謂榆葉漬水而黑，固出臆揣，數千里大川豈木葉所能黑？滇池黑水祠去勞、廣諸水甚遠，考水經，葉榆澤在漢益州郡葉榆縣，經不韋縣入牂牁郡，過交趾麋泠縣入海。自源竟委，無一字及於黑水，似難憑信。不韋爲古哀牢國，以今方輿路程圖考之，蓋即所謂瀾滄江也。其水發源西番阿克必拉，疑即古之勞水，南行千六百里始名瀾滄江，迤蒙番東境，又南行千里入雲南小甸，又南行八百里經永昌府西境，則哀牢山在焉，又南行千六百里經永順、威遠二府，至車里宣慰司名九龍江，入阿瓦、老撾二國境，入於南海。其水源委甚長，似足以當黑水，然自發源以至雲南，行三千餘里，並無黑水之名，至西洱河來會，洱河之源始稱黑水，其源近出雲南，與雍州絶遠，中隔岷、峨諸山，亦無與甘州黑水相通之理，必非禹貢之黑水，程氏乃以爲足界兩州，誤亦甚矣！程氏又謂葉榆在蜀正西，

東北距宕昌不遠。宕昌即三苗種類，以爲與三危之叙、三苗相應，則其誤尤甚。夫三危之在燉煌，三苗之在瓜州，自古訖今別無異説，燉煌、瓜州在雍州西北，宕昌在雍州西南，相去二千餘里，妄指宕昌以爲三苗，又用三苗以影附三危，豈有當哉！禹貢謂「黑水、西河惟雍州」，西河者，龍門之河，以其在冀州之西也。然西河僅足界雍州東面，若以葉榆、瀾滄爲黑水，遠在雍州西南境外，是雍州西北南三面俱無疆界，必不然矣。如以絶無黑水之名之瀾滄江爲足以當黑水，又不如徑指潞江爲黑水，其源流既與瀾滄相等，又實有黑水江之名，尚略有依據也。

右禹貢隨山濬川

五禮通考卷二百五

嘉禮七十八

體國經野

古大河終

書禹貢：導河積石，至于龍門。

錐指：傅氏曰：自積石至于龍門，計應三千餘里。龍門而上，積石而下，禹功所不加也。

南至于華陰。

錐指：河自龍門南流，至華州北而東行。易氏曰：河自龍門口又二百里，至陝州之西北，對河爲華州華陰縣。蔡氏曰：華陰，華山之北也。

東至于底柱。

錐指：傳曰：底柱，山名。河水分流，包山而過山，見水中若柱然，在西虢之界。渭案：西虢，今河南府之陜州是也，底柱在州東四十里黄河中。

又東至于孟津。

錐指：傳曰：孟津，地名，在洛北，都道所湊，古今以爲津。正義曰：在孟地置津謂之孟津。傳云地名，謂孟爲地名耳。杜預云：孟津，河内河陽縣南孟津也。在洛陽城北，都道所湊，古今常以爲津，武王渡之。渭案：河陽本晉邑，漢置縣，屬河内郡，其故城在今河南懷慶府孟縣西南三十里。

東過洛汭，至于大伾。

錐指：傳曰：洛汭，洛入河處。山再成曰伾，至於大伾而北行。正義曰：洛入河處，河南鞏縣東也。鄭玄云：大伾在修武、武德之界。張揖云：成皋縣山也。漢書音義有臣瓚者，以爲修武、武德無此山也，成皋縣山又不一成。今黎陽縣山臨

河，豈不是大伾乎？瓚言當然。程氏曰：黎陽山在大河垂欲北趨之地。經之於河，方其自南而東，嘗即華陰以記折東之始。今其流東已遠，垂欲折北，亦當以地之極東者記之。參揣其叙，則黎陽實爲惬當，而成皋則爲太早也。渭案：鞏縣，漢屬河南郡，其故城在今河南府鞏縣西南三十里。修武、武德，漢屬河内郡。修武故城在今衛輝府獲嘉縣西北，武德故城在今懷慶府武陟縣東。成皋，漢屬河南郡，其故城在今開封府鄭州汜水縣西北。黎陽，漢屬魏郡，其故城在今大名府濬縣東北，大伾山在縣東南二里。

地理今釋：大伾山亦名黎山，在今直隸大名府濬縣東南二里，周五里。

北過降水，至於大陸。

錐指：傳曰：降水，水名，入河。渭案：宋張洎云降水即濁漳也。字或作「絳」。地理志上黨屯留縣下云：桑欽言絳水出西南，東入海。酈道元引此文作「入漳」，云：絳水發源屯留，下亂漳津，與漳俱得通稱也。通典云：漳水横流而入河，在今廣平郡肥鄉縣界。大陸，地名，見冀州。河渠書云：禹道河至於大伾。以爲河所從來者高，水湍悍，難以行平地，數爲敗，乃廝二渠，以引其河。北載之高地，過降水，

至於大陸。二渠，其一爲漯川，自黎陽大伾山南東北流，至千乘入海。其一則河之經流，自大伾山西南折而北，爲宿胥口，又東北逕鄴縣東，至列人、斥章縣界，合漳水，是爲北過降水。溝洫志：王横曰：禹之行河水，本隨西山下，東北去。周譜云「定王五年，河徙」，則今所行非禹之所穿。宜更開空，使緣西山足，乘高地，而東北入海，即此道也。水經所叙漳水，自平恩以下，皆禹河之故道。河自斥璋又東北逕平恩、曲周，以至鉅鹿，其西畔爲大陸也。漢鉅鹿縣，唐爲平鄉、鉅鹿二縣，屬邢州，今屬順德府。鉅鹿故城即今平鄉縣治。

地理今釋：降今本作「洚」。水出今山西潞安府屯留縣西南八十里盤秀嶺，至潞安府潞城縣入濁漳水，而濁漳水由是亦名降矣。

胡氏渭曰：禹河自汲縣東北流入黎陽縣界，至大伾山西南折而北，爲宿胥口。蘇代曰：決宿胥之口，魏無虚、頓丘。虚在朝歌界，今濬縣西南有古朝歌城，本殷虚。頓丘在黎陽界。今濬縣西有頓丘故城，本衛邑。時河已徙而東，宿胥口塞，故秦欲決之以灌二邑。水經河水注云：自淇口東至遮害亭，亭在濬縣西南五十里。又有宿胥口，舊河水北入也。淇水注云：淇水東流逕枋城南，在今濬縣西南，即淇門渡也。右合宿胥故

瀆。瀆受河於頓丘縣遮害亭東、黎山西，句。北會淇水處，立石堰遏水，令更東北注，魏武開白溝，因宿胥故瀆而加功，故蘇代曰決宿胥之口，魏無虚、頓丘，即指是瀆也。淇水又東北逕雍榆城南，在濬縣西南。又東北逕同山東，在濬縣西南四十五里。又北逕白祠山東，歷廣陽里，逕顓頊冢西，元和志：顓頊陵在頓丘縣西北三十五里。又北逕頓丘縣故城西，在濬縣西。又東北逕枉人山東、牽城西，湯陰縣志云：枉人山在縣東南二十五里，與濬縣接界。又東北逕石柱岡，枉人山北連跨巨岡，石柱之類也。又東過内黄縣南，爲白溝也。即漢志清河。今案：宋李垂上導河形勢書，請自汲郡東推禹故道，出大伾、上陽三山之間，復西河故瀆，酈道元所謂宿胥故瀆也。濬縣舊志：故瀆在縣西十里，亦曰西河。蓋禹迹漢時則流經縣東，又縣北四十里有齊村〔一〕，相傳亦黄河故道也。然淇水自東過内黄縣南爲白溝，而向北之河道，不可得聞。據本注云：内黄縣故城右對黄澤，即賈讓所見内黄界中有澤，方數十里，環之有隄者也。内黄故城在今縣西

〔一〕「齊村」，禹貢錐指卷一三中作「大齊村」。

北，澤大方數十里，當接安陽縣界，疑此地亦禹河之所經，河徙乃鍾爲黄澤耳。昔殷王河亶甲居相，其子祖乙圮焉，而又遷。書序：仲丁遷於囂，河亶甲居相，祖乙圮於耿。傳云：相，地名，在河北。祖乙，亶甲子，圮於相，遷於耿。河水毁曰圮。通典：相州治安陽縣，殷王河亶甲居相，即其地。元和志：相州内黄縣東南十三里有故殷城，河亶甲居相築此。則禹河出内黄、安陽之間明矣。自此而北，則爲鄴東之故大河。洹水注云：洹水出山〔一〕，逕鄴縣南，殷墟北。竹書紀年曰：盤庚即位，自奄遷於此，遂曰殷也。據書序，盤庚所遷之殷在河南，與竹書異。孔穎達云：盤庚後王或有從河南亳地遷於洹水之南者，非盤庚也。今案楚語：白公子張曰：昔殷武丁能聳其德，至於神明，以入於河，自河徂亳。韋昭云：從河内徙都亳也。此必盤庚後王有自亳遷於奄者，又有自奄遷於鄴南之殷者。故武丁即位時，殷都仍在河北，尋復徂亳，蓋亦圮而遷焉。殷本紀曰：武乙復去亳徙河北，即紂都朝歌也。武丁自鄴南復遷於亳，至武乙則又自亳遷於朝歌。淇水注引晉書地道記謂武丁遷居沬邑。蓋誤以武乙爲武丁耳。禹河行臨漳之東又明矣。

〔一〕「山」，原作「上黨」，據味經窩本、乾隆本、光緒本、禹貢錐指卷一三中改。

自此東北歷成安至肥鄉而合漳，是爲「北過降水」也。漳、絳至此并爲河矣。及河南徙，漳、絳循河故道而下，故東川復有漳、絳之目。水經注：漳水自斥漳縣南，至銅馬祠東，寰宇記：銅馬祠在鉅鹿北七里。皆漢鉅鹿縣境也。昔殷王祖乙遷於邢，杜佑云即邢州，今爲順德府，蓋亦瀕河之地，故其後盤庚又圮，而遷於亳、殷。書序：祖乙圮於耿，作祖乙〔一〕。傳云：圮於相，遷於耿。殷本紀云：祖乙遷於邢。其說不同。按：耿在漢河東皮氏縣，今爲河津縣地。傳直以圮爲遷，未安。從史記較長。抑或序「圮於耿」下脱「遷於邢」三字。皇極經世云：祖乙踐位，圮於耿，徙居邢。此説是也。仲丁、河亶甲、盤庚皆爲遷事作書。祖乙但圮而不遷，何用作書？其爲遷邢而作無疑矣。禹河行鉅鹿之東，又明矣。以今輿地言之，河自濬縣西南折而北，歷内黄、並屬直隸大名府。湯陰、安陽、臨漳、並屬河南彰德府。魏縣、屬直隸大名府。成安、肥鄉、曲周、並屬廣平府。平鄉、廣宗至鉅鹿縣，並屬順德府。大陸澤在焉。此即禹河「北過降水，至於大陸」之故道也。

又北播爲九河，

〔一〕「作」，原作「又」，據味經窩本、乾隆本、光緒本、禹貢錐指卷一三中改。

錐指：傳曰：北分爲九河，以殺其溢，在兖州界。渭案：徒駭與冀分水，八枝皆在兖域。

同爲逆河，入于海。

錐指：傳曰：同合爲一大河，名逆河，而入于渤海。蘇氏曰：逆河者，既分爲九，又合爲一，以一迎八，而入于海，即渤海也。薛氏曰：河入海處，舊在平州石城縣，東望碣石，其後大風逆河，皆漸于海，舊道堙矣。渭案：石城縣，唐初析平州盧龍縣地置，其故城在今直隸永平府灤州南三十里。

蕙田案：「東過洛汭，至於大伾；北過洚水，至於大陸；又北播爲九河，同爲逆河，入于海」，此廿九字中，盡豫、兖、冀三州境内河所經行處矣。洛汭在孟津之東，即今鞏縣洛水從南來入河處也。大伾在今濬縣。洚水即清、濁二漳水，肥鄉、曲周之境，漳水入河處也。大陸，地名，亦澤名，在今鉅鹿縣，河從此東北行，即分而爲九。九河在周已無其迹，今著書家旁稽博考，略得其概，終不能一一實指其地。惟北爲徒駭，即經流。南爲鬲津，當不謬耳。逆河即九河會爲一河，入海處，以海潮逆上故名，當在今天津以東，久爲海水所没，無其地矣。禹河初行之

地，此止就孟津以下言之。在當時爲冀、豫、兖三州之境。以今地理言之，則洛陽、鞏縣、原武、陽武、胙城皆在河之南，濬縣、内黄、魏縣、元城、南宫、冀州皆在河之東，衡水、武邑、交河、滄州又在河之南，武陟、獲嘉、新鄉皆在河之北，衛輝、湯陰、彰德、臨漳、成安、肥鄉、曲周、鉅鹿、新河皆在河之西，束鹿、深州、武强、獻縣、大城、青縣、天津皆在河之北。此神禹初平水土，大河所行境界也。

附黄河考：

河源發于崑崙。

禹貢曰：導河自積石。司馬遷云：言九州山川，尚書近之矣。今曰河源發於崑崙者，從其可信者言之也。爾雅：河出崑崙虚。淮南子：崑崙之墟，河水出其東北陬。水經注亦曰：崑崙墟，河水所出。自古言河源者，皆推本于崑崙。史記大宛傳：漢使窮河源，河源出于闐。天子按古圖書，名河所出山曰崑崙。漢書西南夷傳：河兩源，一源葱嶺，一出于闐。鄭樵遂謂河有三源，一出葱嶺，一出于闐南山，其正源自崑崙。又山海經、洛書緯及扶南傳皆曰河出崑崙。唐史：長慶中，劉元鼎爲盟會使，言河之上流由洪濟橋亦曰洪濟城，

在陝西西寧衛。西南行千三里〔一〕，水益狹，冬春可涉〔二〕，夏秋乃勝舟。其南三百里有三山，中高而四下，曰紫山，直大羊同國，今在西番朵甘衛。古所謂崑崙者也，虜曰悶摩黎山，東距長安萬五千里〔三〕，河源其間，流澄緩下，稍合衆流，水色赤〔四〕，行益遠，他水并注則濁，河源東北直莫賀延磧尾，今西番火州境有莫賀城。隱測其地，蓋劍南之西。元志：至元十七年，命招討使都實求河源。實還報，謂河源出吐蕃朵甘思西鄙，有泉百餘泓，沮洳散涣，弗可逼視，方可七八十里，登高望之，如列星然，是爲星宿海也，番名火敦腦兒。群流奔湊，連滙二澤，番名阿剌腦兒。東流曰赤賓河，益引而東。凡二三百里，群川次第流合焉，其流浸大，遂名黄河，然水淺可涉。又東一二百里，岐爲九渡河，通廣五七里。又東五百里，水益濁，土人抱革囊，乘馬以渡。自是經兩山峽間，廣可一里二里或半里，其深叵測。至朵甘思東北有大雪山，番名亦耳

〔一〕「千三里」，禹貢錐指卷一三上作「二千里」。
〔二〕「冬春」，禹貢錐指卷一三上無「冬」字。
〔三〕「萬五千里」，禹貢錐指卷一三上、新唐書吐蕃傳下無「萬」字。
〔四〕「水色赤」，禹貢錐指卷一三上、新唐書吐蕃傳下無「水」字。

麻不剌，譯言騰乞里塔。其山最高，多積雪，即崑崙也。自九度水至崑崙約二十日程，崑崙山麓綿亘五百里，河隨山足而東，河源考：河水北行至崑崙，轉西北流，又折而過崑崙北，乃折而東北流。又東北流千餘里，有細黃河自西南來注之，番名納鄰哈剌。又東北四五百里至貴德州，在西寧衛西南。又四百餘里至積石州，即禹貢導河之處矣。自發源入中國，計六千餘里，南北溪澗，絡繹灌注，莫知紀極。崑崙之西，人鮮少山平，水漫其東益高地，漸下至積石，方林木暢茂，世言河九折，彼地有二折焉。王氏鏊嘗言：天下之山起于崑崙，天下之水亦宜出于崑崙。漢張騫歷西域諸國甚久。東漢之世，大秦、條支、安息，至于海濱四萬里分〔一〕，重譯貢獻。甘英嘗窮臨西海而還，皆未覩所謂崑崙者。元使所言，何崑崙之近乎？恐未可以一人之言廢千古之論也。夫張騫固已鑿空，甘英亦非專使，考劉元鼎之説，參以都實所見，河源庶幾可考。又曰河源本在西南。張騫求之西北，所謂差之毫釐，謬以千里者歟！

地理今釋：崑崙山在今西蕃界，有三山，一名阿克坦齊禽，一名巴爾布哈，一名

〔一〕「分」，禹貢錐指卷一三上作「外」，疑是。

案漢書地理志：金城郡臨羌縣西北至塞外有西王母石室，西有弱水、崑崙山祠。此蔡傳所據以爲崑崙在臨羌者也。然漢志言西有崑崙山祠，非言山在縣界。漢臨羌縣在今陝西西寧衛西，崑崙山不當若是之近。通典云：吐蕃自云崑崙山在國中西南，河之所出。唐書吐蕃傳云：劉元鼎使還，言自湟水入河處，西南行二千三百里，有紫山，直大羊同國，古所謂崑崙，蕃曰悶摩黎山，東距長安五千里，河源其間，蓋即今之枯爾坤也。元史河源附録云：吐蕃朵甘思東北有大雪山，名亦耳麻不莫剌，其山最高，譯言騰乞里塔，即崑崙也。案：此即今蕃語所稱阿木你馬勒産母孫大雪山也，在星宿海東，其山緜亘三百餘里，上有九峰最爲高大，黄河經其南，又遶其東北，梁寅所謂「河遶山之三面，如玦然」者，但如其言，則崑崙轉在河源下流，似未爲的。案地圖，河出今西番巴顔喀拉山東，名阿爾坦河，東北流三百餘里，合鄂敦塔拉諸泉源，大小千百泓，錯列如星，元史所謂呼敦諾爾，即星宿海也。瀝爲查靈、鄂靈二海子，各周三百餘里，東西相距五十餘里。元史所謂「瀝二巨澤」，名阿喇諾爾也。折而北，經蒙古托羅海山之南，轉東南流千餘里，南北受數十小水，經烏藍莽乃山下，有多母打禿昆多倫河、多

拉昆多倫河自東南來入之。元史所謂納琳哈剌、額爾瑪出二水也。自此折而西北，流三百餘里，前後小水奔注，不可勝計，繞阿木你馬勒産母孫山之東，即元史所謂崑崙山也。流百五十餘里，有齊普河、呼呼烏蘇河自西來入之，又迤邐東北流三百餘里，會跆克圖、衮俄、羅濟諸水，歷歸德堡，元史作貴德州。經積石山，至陜西臨洮府河州入中國界，過蘭州，又折而東北，經寧夏衛流出塞外，河以内爲河套地。又東南至延安府府谷縣入塞，河以東爲山西界。南流至潼關衛，又折而東，由河南、山東界至江南淮安府安東縣入海。

胡氏渭曰：崑崙，國名，蓋附近崑崙山者。傳記言崑崙凡四處。一在西域。山海經云：崑崙墟在西北，河水出其東北隅。釋氏西域記謂之阿耨達山。水經注云：按山海經自崑崙至積石一千七百四十里。又引涼土異物志曰：葱嶺之水，分流東西，西入大海，東爲河源。禹紀所云崑崙者是也。一在海外。大荒經云：西海之南，流砂之濱，有大山，名曰崑崙，其下有弱水之淵環之，此山與條支、大秦國相近。禹本紀云「去嵩高五萬里」者是也。一在酒泉。漢志金城臨羌縣西北有西王母石室，西有弱水、崑崙山祠。崔鴻十六國春秋云：張駿時，酒泉太守馬岌上言，酒泉南山即崑崙之體，周穆王見西王母，樂而忘歸，謂此山也。上有石室、王母堂，珠璣鏤飾，焕若神宫。禹貢崑崙在臨羌之西，即此明矣。括地志云：在酒泉縣西南八十里，今肅州衛西南崑崙山是也。一在吐蕃。通典云：吐蕃自云崑崙山

在國中西南，河之所出。唐書吐蕃傳云：劉元鼎使還，言自湟水入河處，西南行二千三百里，有紫山，直大羊同國，古所謂崑崙，虜曰悶摩黎山，東距長安五千里，河源其間是也。渭按：酒泉在雍州之域，不可謂西戎。西海距玉門、陽關四萬餘里，而崑崙更在西海之南，去積石太遠，其非禹貢之崑崙國甚明。西域、吐蕃未知孰是，吐蕃悶摩黎山以劉元鼎言計之，東北距大積石不過千餘里，浮河甚便。然自唐以前未有言崑崙在羌中者，何可深信？西域之崑崙，據山海經云至積石一千七百餘里，則浮河亦不難。蓋崑崙與析支、渠搜皆在雍州之外，禹治雍，身歷其境，三國聞風慕義，爭先入貢，其過化存神之妙有如此也。

蕙田案：崑崙國，見于禹貢，而崑崙山爲河源，見于山海經、爾雅、淮南子、涼土異物志、桑欽水經，若其得之目擊者，則唐書吐谷渾傳載任城王道宗、侯君集次星宿川，望積石，覽觀河源。吐蕃傳：劉元鼎使還，言自湟水入河處，西南行二千三百里，有紫山，直大羊同國，古所謂崑崙，虜曰悶摩黎山，東距長安五千餘里，河源其間。元史地理志載招討使都實求河源，在土番朵甘思西鄙，有泉百餘泓，名火敦腦兒，譯言星宿海。東北有大雪山，名亦耳麻不莫剌，譯言騰乞里塔，即崑崙也。地理今釋：崑崙山在今西番界，有三山，一名阿克坦齊禽，一名巴爾布塔，一名巴顏喀拉，總名枯爾坤，譯言崑崙也。在積石之西，河源所出。劉元

鼎所見悶摩黎山，蓋即今之枯爾坤也。由此觀之，則崑崙山當以唐書吐蕃傳爲定，蓋在西域之西南明矣。夏西戎，即唐吐蕃，今之西番也。禹貢「崑崙、折支、渠搜」，顏氏云：崑崙國蓋附近崑崙山者。崑崙即在雍州之外，則劉元鼎所云「東距長安五千餘里」者近是，而非如山海經、水經所云矣。案：山海經之言崑崙也，一曰槐江之山，丘時之水出焉，西南四百里曰崑崙之丘；又曰海内崑崙之墟在西北，又曰西海之南，流沙之濱，赤水之後，黑水之前，有大山，名曰崑崙墟，在西北，去嵩高五萬里，地之中也。蓋山海經多出僞撰，止因禹貢有崑崙之名，而附以荒誕不經之語。水經則又因山海經而附會之，與史記禹本紀「去嵩高五萬里」者，皆與大荒經相類，乃胡朏明一一求其地以實之，愚矣。

觀承案：爾雅「河出崑崙墟」，此言原不謬。崑崙、析支、渠搜，本見於禹貢，所謂「河源於崑崙」者，即此崑崙也。導河只云自積石者，就施功之始言之，非以爲源也。西戎在崑崙之域者，即以山名其國。但崑崙甚大，綿地甚遠，後人窮河源而以爲是星宿海，非崑崙，不知仍在崑崙之域耳。崑崙第統言之，星宿則別言之，其實一也，故唐書吐谷渾傳及吐蕃傳劉元鼎所言爲得其實。而元史地理志

都實求河源，亦隱與之合也。蓋崑崙即在雍州之外，劉元鼎所云「東距長安五千餘里」者近是。若山海經及史記禹本紀「去嵩高五萬里」者皆荒誕不經之論，而禹貢錐指更一一求其地以實之，亦穿鑿附會之甚已。

至積石而入中國。

積石山在西寧衛西南百七十里，大河經其下，即禹迹所陟。

胡氏渭曰：河自大積石山東北流，逕陝西西寧衛西南塞外，至河州西七十里入塞。衛在行都司東南七百餘里，黄河西自塞外流入，經衛之東南，與河州分水。州在臨洮府西一百八十里，西至生番界七十里，有小積石山，兩崖如削，河流其中，西南去大積石山千餘里。

又東經河州城北。

元志：大河自積石州東流循河，而行五日至河州安鄉關關在州西北百里。是也。今大河經州北六十里，有大夏河，經州東三十里又北入于河。大夏河或云即灕水，至蘭州境入河。

又東北流經蘭州城，又東經金縣北。

大河自河州東北流至蘭州境，其西則湟水合浩亹河流入焉，其南則洮河流入

焉。又東北經州城境二里，金城關在焉，爲河津之要隘。　又東北經金縣北六十里，流入亂山中，危湍仄澗，凡二百餘里，而入靖虜衛界。

又東北經靖遠衛北，又東北經寧夏中衛南。

大河自金城亂山中而來，瀉落平川，奔流洶湧，烏蘭橋之險在焉。　又東北出衛城北一里，山峽險隘，河經其中，懸流數仞。　又東北二百餘里，經寧夏中衛南十五里，地勢稍平而河流益盛矣。

又東北經靈州所北，又東北經寧夏衛東南。

大河自中衛而東幾三百里，經靈州所城北，其地亦謂之河曲。　蓋河自積石至中衛大抵東北流，中衛至靈州所正東流，由靈州至寧夏，則益折而北，故曰河曲也。經寧夏衛東南四十里，益引而北，入廢豐州界。

又東北入榆林西境出塞，經三受降城南又東折，而南經榆林之東。

大河在榆林衛北千餘里，自寧夏衛東北流六百餘里，經古豐州之西又北折而東，經三受降城南，三城相距凡八百里，至廢東勝州西，廢東勝州在山西大同府西境大河之濱，與榆林東故勝州隔河相望，正當大河折旋之處。　乃折而南，其西則榆林之東境，其東則

山西大同府朔州之西境也。又南至黄甫川，黄甫川近在榆林東境。西爲延安府府谷縣境，東爲太原府河曲縣境，其間回環曲折幾三千里，古爲朔方地，今謂河套。

又南經府谷縣東，又經神木縣南而入葭州境，經州城東，河之東岸爲山西河曲縣及保德州暨興縣之境。

大河在府谷縣城東百步，西南流入神木縣境，經縣南三十里，又南經葭州城東一里，而山西之河曲縣北去黄甫川二十餘里，隔河相望也。西南去府谷百餘里，縣濱河爲險，而保德州西臨大河，與府谷縣隔河相對，府谷在黄河東北岸，保德州在黄河西南岸，河自黄甫川而下，皆迤邐西南流也。又南百五十里則岢嵐州興縣也。縣西去大河五十里，與葭州濱河爲界。

又南經吴堡縣東，又南經綏德州東。河之東岸爲山西臨縣及永寧州寧鄉縣之境。

大河自葭州而南八十里，經吴堡縣城東一里，又南百六十里經綏德州東境，西去州城百二十里。而山西之臨縣北去大河二十里，與吴堡縣接界。永寧州則西去大河百十里，志云：自州城渡河至綏德州二百五十里。寧鄉縣西去黄河七十里，皆綏德州濱河爲

境也。

又南經青澗縣東，又南經延川縣及延長縣東，河之東岸爲山西石樓縣及永和縣、大寧縣之西境。

大河在青澗縣東百里，無定河自西北流入焉。又南經延川縣東四十五里，又南經延長縣東三十餘里，而山西之石樓縣西距大河百里，永和縣西距大河五十里，西北接延川縣境。大寧縣西距大河七十五里，西北接延長縣境。津流相通，一葦可航也。

又南經宜川縣東，河之東岸爲山西吉州及寧鄉縣之西境。

大河在宜川縣東八十里，而山西之吉州西距大河七十里，與宜川接界。孟門山、壺口山皆在其地，爲河津險要。又南爲寧鄉縣，西距大河八十里，又西南接韓城縣界，緣河兩岸，群山列峙，稱險固焉。

又南經韓城縣東，又南經郃陽縣東，河之東岸爲山西河津縣及滎河縣、臨晉縣之西境。

大河在韓城東北八十里，龍門山在焉。大事記：周威烈王十三年，晉河岸傾壅龍門，至于底柱。吕氏云：自春秋以後，河患之見于史傳，蓋始于此。又南流經梁

山東，山在韓城縣南十九里。春秋成五年，梁山崩，壅河三日不流，即此矣。又南經郃陽縣東南四十里，而山西之河津縣，即古耿邑也，商祖乙都耿，圮于河水，書有盤庚之誥是矣。今縣西去大河三十里，亦有龍門山與韓城之龍門對峙，所謂禹鑿龍門，河經其中者非與？又南經滎河縣城西，城去大河不及一里，汾水自西北流入焉。又南經臨晉縣西三十里，渡河而西又三十餘里，即郃陽縣也。臨晉有吴王渡，郃陽有莘峪渡，俱河津濟處。

胡氏渭曰：以上禹導河積石，至于龍門之所經也。

又南經朝邑縣東，又南經華陰縣東北，而渭水入焉。河之東岸爲蒲州城西，又南過雷首山西，乃折而東也。

大河自郃陽縣南百二十里，而經朝邑縣東三十五里，河濱有臨晉關，又南五十餘里至華陰縣境，則華山當其衝，潼關在焉。關西去華陰縣四十里。又渭水流經華陰縣北，至縣東北五十里而入于河，即禹貢導渭入河處也。而山西之蒲州，大河自臨晉縣境南流五十餘里，經其西門外有蒲津關，亦曰臨晉關，與朝邑縣臨晉關夾河相對，爲自古設險之處。又沬水流入焉。經雷首山西山在蒲州原南二十五里。折而東，

其地亦謂之河曲，春秋時，秦、晉戰于河曲是也。河流自東勝州折而南，幾千八百里，自壺口、龍門以至于潼關，兩岸重山，翼帶深險，而華山復横亘其南，岡巒盤固，河於是復折而東。河山之勝甲天下矣。

胡氏渭曰：此河水南至華陰之所經，雍州文所稱龍門、西河者也。

又曰：穿渠引水非古也，自溝洫之制廢，而灌溉之事興，利於田而河則病矣。關中引水溉田，自鄭國渠始。及漢武時用鄭當時言，穿渠引渭以漕，且溉南山下。用番係言，引汾溉皮氏、汾陰下，引河溉汾陰、蒲坂下。又用嚴熊言，引洛溉重泉以東，爲龍首渠。宣房既塞，用事者益爭言水利，朔方、西河、河西、酒泉皆引河及川谷以溉田。關中則有靈軹渠、成國渠、漳渠、六輔渠、白渠，皆溉田各萬餘頃。它小渠及陂山通道者，不可勝言。故王莽時，大司馬長史張戎議曰：水性就下，行疾則自刮除成空而稍深，河水重濁，號爲一石水而六斗泥。今西方諸郡以至京師東行，民皆引河、渭山川水溉田〔一〕。春夏乾燥，少水時也，故使河流遲，貯淤而稍淺，雨多

〔一〕「水」，諸本脱，據禹貢錐指卷一三補。

水暴至則溢決，而國家數隄塞之，稍益高於平地，猶築垣而居水也。可各順從其性，毋復灌溉，則百川流行，水道自利，無溢決之害矣。蓋河水多泥，急則通利，緩則淤澱。今滎陽之下，既有鴻溝，華陰以上，復有諸渠，分水太多則河流日遲，河身日高，故水暴至不能容。漢人知此者鮮，唯戎知之。

又東經閿鄉縣北，又東經靈寶縣北，河之北岸爲芮城縣南境。

大河在閿鄉縣北七里，又東經靈寶縣北十里，而山西之芮城縣負山面河，南距大河二十里，與閿鄉縣夾河相望三十里。蓋河自雷首西麓而南，經芮城西二十里，稍南即折而東，芮城當其曲折之間，而閿鄉縣亦爲大河東折之衝，東至靈寶縣七十餘里，西距潼關六十里，踞高臨深，爲險塞。

又東經陝州城北，又東經澠池縣及新安縣北，河之北岸爲平陸及垣曲縣境。

大河在陝州城北，自靈寶縣東流六十里，至州城西北三里，大陽津在焉，亦曰茅津。河津要地也。又東四十餘里爲底柱山，控扼中流，波濤怒湍，舟船經此，稱爲艱阻。又東百餘里經澠池縣北境，大河南去縣城六十餘里。又東百里爲新安縣境，大河南去縣城四十餘里。陵阪、陂陀津途遥隔，故二邑無濱河之稱也。而山西之平陸縣城去

大河東南，距陝州不過五十六里，南北往來常爲津徑。又東二百餘里至垣曲縣南二十里，岡阜逶迤，與河南岸兩相倚阻，皆利涉之所也。

胡氏渭曰：以上河水東至底柱之所經也。

又東經河南府北，河之北岸爲濟源縣南境。

大河在河南府城北二十里，繞北邙山之麓，北邙山在府城北十里。層巒疊阜，屹然保障。志云：大河自芮城閿鄉縣而東，河之北岸則中條，以接王屋，南岸則崤函，以接北邙，夾河翼帶，並趨而東，雖底柱扼塞中流，而旁無潰決之患，則以岡陵包絡，有自然之險固耳。而濟源縣南距大河七十里，西鄰垣曲，南衛洛陽。唐史：聖曆二年，河溢，漂濟源民舍千餘家，或以爲山水暴發，非河患也。

又東經孟津縣北，河之北岸爲孟縣南境。

大河在孟津縣北五里，北岸至孟縣三十里，今孟縣西南至孟津縣五十餘里，蓋嘉靖中，孟津益徙而西也。即古之孟津也，河橋在焉，河陽三城置于此。宋史：乾德三年〔一〕，孟

〔一〕「三年」，諸本作「二年」，據宋史河渠志一改。

州水漲，壞中渾橋。金史：大定十一年，河決王村，南京孟、衛州界多被其害。王村，今山東濮州治也。孟州即今孟縣，南京即今開封府，蓋下流壅，故倒灌上流也。明嘉靖十七年，河漲，孟津縣圮于水。蓋河自孟津而上，多循山麓行，至孟津，兩岸平闊，河勢漸張，潰溢之患，于是乎見端矣。夫決在下流，河之患猶淺；決在上流，河之患乃深。孟津，河行平陸之上流也，河患及此，下流之壅閼必日甚，横決必且益多矣。

胡氏渭曰：以上河水又東至孟津之所經也。

又東經鞏縣北，洛水入焉。河之北岸爲温縣之境，濟水入焉。

大河在鞏縣北十里，西去孟津縣八十里。洛水自西南流入焉。又東經温縣南二十里，濟水入焉。導川里道紀：自鞏縣東北至温凡四十里。宋太平興國二年，河決孟州之温縣。蓋河既出險就平，復南納洛川之注，北并濟水之流，縱横震盪，勢不能已，疏道無方，鞏洛而下，禹貢舊迹安得不月異而歲不同哉！

又東經氾水縣北，又東經滎陽縣北，河之北岸爲武涉縣之南境。

大河在氾水縣北一里，里道紀：渡河西北至温縣二十五里。又東經滎陽縣北二十五里。洪武十五年，河決滎陽，命修塞之。正統十三年，河復決滎陽，經曹濮衝張秋，

在山東東阿縣。潰沙灣東堤，沙灣在山東壽張縣。奪濟汶入海。尋自開封西南，經陳留，自亳入渦河，又經蒙城，至懷遠縣入淮，陳留縣屬河南開封府，亳州蒙城縣、懷遠縣俱屬鳳陽府。而開封城遂在河北，久之始復故道，而武涉南去大河五十里，西南與滎陽縣接境，沁水自北來至縣南入于大河。沁水入河之處，舊名沁黄口，今曰南賈口。宋熙寧十年，河溢懷州黄沁口，即其地也。

又東經河陰縣北，又東經滎澤縣北，河之北岸爲獲嘉縣之南境。

大河在河陰縣北十五里，里道記：自河陰縣渡河至武涉縣五十六里。縣西二十里有石門，即古之滎口。秦始皇二十三年，攻魏，引河溝灌大梁。漢王横言：秦攻魏，決河灌其都，決處遂大，不可復補。即此也。後漢初，河自滎陽決入汴。河陰，故滎陽地。永平十三年，詔修汴渠隄，自滎陽東至千乘海口千餘里，蓋始功于此。自河陰而東三十里，經滎澤縣北五里，滎澤地稍下，古滎水所鍾也。唐開成三年，河決，浸鄭州外城。五代漢乾祐三年，河決鄭州。周廣順二年，河復決于鄭州。説者曰自滎澤縣決而南也。五代史云：河決原武。或曰當古滎澤。顯德初，遣使修塞決河。又五代史：周廣順中，河決河陰。宋太平興國二年，河決于滎澤。熙寧十年，河復決滎澤。元延祐

十年，河決滎澤之塔海莊東堤，塔海莊在縣東南七里。久之始塞。明正統十三年，河決滎陽，既而自孫家渡決而南，孫家渡在縣東南五十里。河南徙，久之始塞。弘治五年，河大決于封丘。撫臣徐恪請開孫家渡，從之，既而復塞。河渠考：先是弘治二年，河決原武，命户部侍郎白昂治之。昂于滎澤縣楊橋開支渠，引中牟、尉氏決河，由陳、潁至壽州達淮。楊橋在縣東南，與孫家渡相近，蓋引決河使入正統時南決舊道也。至是河流横潰張秋，決口塞而復決。恪上言：決河湍悍之勢，未可遽回。今自滎澤孫家渡口，舊河東經朱仙鎮，下至項城、南頓，猶有涓涓之流，若疏之由泗入淮，可殺上流之勢。又黄陵岡有賈魯，舊河南經曹縣梁靖口，下通歸德卞家道口。今梁靖以北淤塞將平，計功力之施，八十餘里，若疏而濬之，使由徐入淮，以殺下流之勢，則決口可塞，運道可完也。時多從其策。而衛輝府之獲嘉縣南去大河六十里，與滎澤、河陰接壤。宋太平興國三年，河決懷州之獲嘉，蓋亦隄防之處矣。

又東經原武縣北，陽武縣南。

大河在原武縣北二十里。五代周廣順中，河決原武，尋遣使修塞。又顯德六年，鄭州奏河決原武。宋元豐元年，河復決於此。五年，又決下流，納梁山濼。梁山濼在山東壽張縣。宋志：河決原武，埽溢入利津河，陽武溝、刁馬河歸納梁山濼，利津等河皆在陽武以東。明洪武十四年，河決原武及祥符、中牟。二十四年，河決原武黑陽山，在縣北二十

里。東經開封城北五里，又南行至項城，經潁州潁上縣，東至壽州正陽鎮，正陽鎮在壽州西六十里。全入于淮，而河之故道淤塞，疏，久之乃復舊。弘治三年，河復決原武，支流爲三，一決封丘金龍口，亦作荆隆口。漫祥符及長垣，北直長垣縣。下曹濮，衝張秋長隄；一出中牟，下尉氏；一汜濫于蘭陽、儀封、考城、歸德入宿州，詔白昂修塞之。河渠考：昂爲户部侍郎，奉命治河，築陽武長堤，以防張秋之決。引中牟決河，出滎澤陽橋，下達于淮，濬宿州古卞河，達泗州。又濬睢河，自歸德飲馬池，中經符離橋至宿遷縣入漕河，上築長隄，下修減水閘。又疏月河十餘，以殺其勢，塞決口三十六，由河入汴，汴入睢，睢入泗，泗入淮，淮達海，水患少息。昂又以河南入淮非正道，恐不能容，乃復自魚臺，歷德州，至吴橋修古河隄。又自東平北至興濟鑿小河十二道，引水入清河及古黄河入海。河口各作石堰，以時啓閉。昂意蓋欲于東北分其流〔一〕，于南東疏其淤也。未幾，河復決徙，昂所規畫，一時皆廢。吴橋、興濟，今直隸屬縣也。而陽武南距大河十餘里，舊時大河經城北，與衛輝府之新鄉、汲縣接境，自決塞不時，河遂徙而南。周廣順二年，河決陽武，尋修塞之。時又決常樂驛，或曰驛在陽武西。宋乾德三年，

〔一〕「東北」，明史河渠志一作「南北」。

河決陽武。開寶五年，復決陽武。金大定十年，河決陽武之白溝。白溝在縣東南三里。明昌五年，河決陽武故堤，決口地名光禄村。灌封丘而東。元至元二十五年，陽武諸處河決。泰定三年，河決陽武，漂居民萬六千五百餘家，尋復塞治。明洪武一十五年，河決陽武。天啓元年，河決陽武縣脾沙堌，在縣東南二十里。由封丘、曹單至考城，復入舊河。自河出陽武之南，而新鄉、汲縣、胙城之境，皆去河漸遠，禹迹之益不可問也，自陽武之決塞始也。

大河舊道在陽武縣北，又東經延津縣北，又東經胙城縣北，河之北岸爲新鄉縣及汲縣之境。

此大河舊道也。舊志云：河在陽武縣北二十三里，河之北岸爲新鄉縣境，縣南去大河三十里。明昌中，河決陽武，入封丘，于是河益東南下。金史：貞祐四年，延州刺史温薩可喜言：近世河離故道，自衛東南流，由徐、邳入海，以此河南之地爲狹。臣竊見新鄉縣西，河水可決，使東北流，其南有舊堤，水不能溢，行五十餘里與清河合，則由濬州、大名、觀州、清河、柳口入海，此河之舊道也，皆有古堤，補其罅漏足矣。如此則山東、大名等路，皆在河南，而河北諸郡亦得其半，退足以爲備禦之計，進足以杜恢復之圖。議者以河流東南已久，決之非計，遂寢。清河謂水口，柳

口即今古直河也〔一〕。元至元九年，河決新鄉，元史云：河決新鄉、廣盈、倉南河北岸。蓋是時河猶出陽武、新鄉間也。由陽武而東二十里，逕延津城北十七里。延津，古酸棗也。漢文帝後元年，河決酸棗，東潰金隄，東郡大興卒塞之。五代周廣順二年，河決酸棗。顯德初，遣使修塞。明成化一十四年，河溢延津。明年，復自縣南流入封丘，其舊流則自延津折而東，北經汲縣東南十七里，又北逕胙城縣北一里。里道記：延津縣東北至縣城四十五里。宋熙寧四年，河溢衛州王供埽。舊志云：在州東三十里。十年，復溢王供埽及汲縣上下埽。金大定一年，河決衛州及延津縣，瀰漫至歸德府。二十六年，河決衛州堤，壞其城，泛濫及于大名。先是，胙城隸開封府，泰和八年，以限大河，改屬衛州。貞祐三年，徙州治于宜封、新城，以胙城爲倚郭。胙城爲河北縣自金始也。

又東北經濬縣之南，滑縣之北。

大河舊在濬縣城南一里，河之南岸即滑縣界。里道記：滑縣西北至濬縣四十里，濬縣

〔一〕「水口」、「古直河」，讀史方輿紀要卷一二五作「淇水口」、「直沽口」。

南至胙城縣五十里。大河經其間，北曰黎陽津，南曰白馬津，自昔津濟之要，今變爲平陸矣。漢建始四年，河決東郡金隄。顏氏曰：在今滑州界。唐元和八年，河溢瓠子，東泛滑，距城十二里，鄭滑帥薛平，魏博帥田弘正，共發卒鑿黎陽山，東復入故瀆。故瀆在黎陽西南，時河流南徙，薛平請于田弘正，共發卒鑿古河十四里，逕黎陽山，東會于故瀆，自是滑無水患。開成三年，河決，浸滑州外城。乾寧三年，河漲，將毁滑州，朱全忠決爲二河，夾城而東，爲害滋甚。石晉天福五年，滑州河決。九年，滑州河決，侵汴、曹、單、濮、鄆五州之境，環梁山，合于汶，大發數道丁夫塞之。五代漢乾祐元年，河決滑州之魚池店。在州西。周廣順一年，河決滑州靈河諸處，靈河廢縣在今滑縣東南六十里。五代史：廣順中，河決靈河、魚池、六明鎮諸處。蓋皆在今滑縣境内。命王浚修塞之。三年，義成帥白重贊奏塞決河。宋乾德四年，滑州河決，壞靈河大堤。太平興國三年，河又決滑州之靈河。八年，大河決滑州之韓村，在州東北。泛澶、濮、曹、濟，東南流至彭城入於淮。九年，河復決滑州之房利。亦在州東北。既而巡河官梁睿言：滑州土脈疏，岸善隤，每歲河決南岸，害民田。請于迎陽埽鑿渠引水，凡四十里，至黎陽合河，以防暴漲。從之。既而渠成，又命鑿河開渠，自韓村埽至州西鐵狗廟五十餘里，復合于河，以分水勢。迎陽在州東北，大河北岸。

大中祥符四年，河決通利軍，今濬縣。合御河，壞州城田廬。州城即濬州城。天禧三年，滑州河溢城西北天臺旁，俄復潰于城西南岸，漫溢州城，歷澶、濮、曹、鄆，注梁山泊；又合清水、古汴渠，此清水謂泗水也。東入于淮，州邑罹患者十二三，詔發丁夫塞治。四年，河復決于天臺山。天聖五年，塞河成，以其近天臺山麓，名曰天臺埽。自是以後，滑州之患大抵移于澶州矣。元和三年，河復決于蘇村，在濬縣東北，然其爲害甚鮮。重和初，詔于滑州、濬州界萬年堤，廣植林木，以護堤岸，以壯地勢。河自大伾以上，猶禹貢時大河經流也。大伾山在濬縣東二里。漢賈讓欲決黎陽遮害亭，亭在濬縣西南五十里。放河使北入海，西薄大山，東薄金堤，勢不能遠泛濫，此即司馬遷河渠書所稱「禹以爲河所從來者，高水湍悍，難以行平地，數爲敗，乃釃二渠，以引其河北，載之高地」之說也。其後王橫亦言，禹行河水，本隨西山，下東北去，宜更開空，使緣西山足，乘高地而東北入海，迺無水災。宋李垂祖其說，欲引河自大伾而北，載之高地。其後孫民先亦主是說。元豐中，陳祐甫亦請修復禹故道，夫滑州河患莫甚于宋之天禧以前，於此時引河去北，未爲不可。其後河亦益徙而北，出于信都、勃海間，故道庶幾可復矣。乃謀國者，方且人持一說，非迂疏拂逆之計，則因循苟且之見而已矣。

胡氏渭曰：以上河水東過洛汭，至于大伾之所經也。

又曰：凡二水並行，一盛則一微，自然之勢也。宋元祐初，蘇轍上疏有云：黄河之性，急則通流，緩則淤澱，既無東西皆急之勢，安有兩河並行之理？此格言也。蓋上流宜合而不宜分，合則流急而沙去，分則流緩而沙停，而禹顧於大伾之南，釃爲漯川者，則以河勢欲東，不得不分之以泄其怒。以漯川一道，分河流十之一二，不使指大如股，亦未爲害耳。及周之衰，王政不修，水官失職，諸侯各擅其山川，以爲己利。於是滎陽下引河爲鴻溝者，自是以後，日漸穿通，枝津交絡，宋、鄭、陳、蔡、曹、衛之郊，無所不達。至定王五年，河遂南徙，無他，河水之入鴻溝者多，則經流遲貯，不能衝刷泥沙故也。宿胥之塞，寔鴻溝致之。不然，禹功歷千歲而不敝，何獨至春秋一旦變遷也哉！

又東北經開州南長垣縣及東明縣之北。

大河舊在開州城南，漢之濮陽，宋之澶州，皆其地也。漢元光三年，河水徙從頓丘東南流，既而決瓠子，在今州西南二十五里。東南注鉅野，鉅野澤在山東鉅野縣。通于淮、泗。此爲黄河入淮之始。丘氏以宋熙寧十年爲黄河入淮之始，誤也。上使汲黯、鄭當時

興人徒塞之，輒復壞。元封二年，自臨決河塞之，作瓠子之歌是也。五代周廣順三年，澶州河溢。宋乾德三年，河決澶州，東滙于鄆濮，壞民田舍。五年，河復決濮陽，命潁州團練使曹輪往塞之。淳化四年，河復決澶州，陷北城，壞廬舍七千餘區。景德元年，河決澶州横隴埽，在州東。自是遂爲故道，所謂横隴河也。四年，又壞澶州五八埽。在州西南。大中祥符七年，河決澶州大吴埽。在州東。天聖六年，又決州之王楚埽。在州西南。景祐元年，復決于横隴埽。慶曆八年，又決州之商胡埽。在州東北三十里。自是遂爲故道，所謂商胡河也。宋志：商胡決河自魏，北至恩、冀、乾寧入海，爲北流。其二股河自魏、恩東至德、滄入海，爲東流。嘉祐元年，河復決于六塔河。六塔河在州東北十七里，自商胡東南通横隴河之渠也。先自皇祐二年，河決館陶縣之郭固。四年，塞郭固而河勢猶盛，議者請于澶州開六塔河以披其勢。于是遣使相度，詣銅城鎮海口，以約古道高下之勢。歐陽修以塞商胡，開横隴，回大河于故道，計一千餘里，役鉅費煩，速宜停罷。李仲昌等固謂開六塔河，使歸横隴。時横隴湮塞已二十年，商胡復決數歲矣。賈昌朝等又欲移決河于京東故道，歐陽修曰：六塔止是别河下流，已爲濱、棣、德、博諸州患，若全回大河，其害必甚，故道不可復，不待智者而知也。至是遂塞。商胡北流入六塔河，河不能容，是夕遂決，河北被患者數千里。銅城鎮在濱州海

口。熙寧四年，河溢澶州之曹村。在州西南。十年，大決于曹村，澶淵北流斷絶，河道南徙，東滙于梁山、張澤濼，梁山濼見前張澤濼，或曰即今山東汶上縣之南旺湖。分爲二派，一合南清河入淮，一合北清河入海。南清河，今泗水也。北清河，大清河也。灌郡縣四十五，濮、濟、鄆、徐更甚。元豐元年，決口塞，改曹丘埽曰靈平。築堤，斷河流，復歸北。三年，澶州孫村、陳埽及大吴、小吴埽復決。孫村等埽俱在州東。四年，小吴埽復大決，自澶注入御河，恩州危甚。五年，河溢内黄，決大吴埽，以紓靈平水患。放之使北也。蓋自河入御河之後，而宋澶州之患稍緩，至金大定以後，河益徙而南，澶州之流遂絶。明正統十三年，河決滎陽，自陽武衝入故道，直至州治南。又東抵濮州，壞張秋隄，入海，後復塞治。蓋瓠子、靈平之舊迹，皆不可復識矣。

開州之東北，爲清豐縣之西，内黄縣之東。

大河舊道在内黄縣東南，及清豐縣西南，水經注：大河故瀆，東北逕戚城西，又經繁陽故城東、陰安故城西是也。戚城在開州，繁陽在内黄，陰安在清豐縣。漢時河皆經此。元光三年，河徙從頓丘東南流，頓丘，今清豐縣境是也。後決塞不時，故道廢。宋時，澶州河屢決，河復行北道。開寶八年，河決澶州之頓丘。太平興國二年，河復決于頓丘。元

祐八年，河溢内黄埽。元符二年，河決内黄口，灌邢、洺諸州，而東道之流遂絶。

又東北經南樂縣及大名縣、元城縣之東。

水經注：大河故瀆經昌樂故城東，即南樂也。宋時大河亦逕此。嘉祐五年，韓贄請分浚二股、五股諸河于縣境，以減下流恩、冀之患。治平元年，始命都水監浚治。熙寧初，河自恩、冀北注，議者請開二股河，漸閉北流。三年，張鞏等奏大河東徙，北流淺小，請閉北流。從之。未幾，河自其南四十里許家港東決〔一〕，汎濫大名、恩、德、滄、永静五州軍境。詔遣官相度。六年，王安石奏自大名之東南開修直河，狹大河還二股故道〔二〕，於是河勢增漲。十年，河遂大決于澶州。此即宋人回河之誤也。而大名元城縣亦皆大河所經也。唐開元十四年，魏州河溢。宋嘉祐七年，河決大名第五埽。元豐七年，河溢元城埽，決横堤，冀、洺、北京皆被其害。八年，河決大名之小張口。宋時以大名爲北京，隄防障遏，無歲不講也。

〔一〕「決」，諸本作「北」，據宋史河渠志一改。
〔二〕「狹」，讀史方輿紀要卷一二五作「使」。

又東經館陶縣西，又北經臨清州及高唐州之境，又北經清河縣南。

大河故道自元城冠縣間入館陶界。冠縣、館陶俱山東屬縣。漢溝洫志：自塞宣房後，河復北決于館陶，分爲屯氏河。東北經魏郡、清河、信都、勃海入海，廣深與大河等，因其自然，不隄塞也。屯氏河在館陶縣。元帝永光五年，河決清河靈鳴犢口，而屯氏河絶。廢靈縣鳴犢口，今在直隸清河縣。成帝建始二年，河復決于館陶，所決之河亦名屯氏別河。及東郡金隄，泛濫兖、豫，入平原、千乘、濟南，凡灌四郡三十二縣。又鴻嘉四年，勃海、信都河水溢溢，灌縣邑三十一。新莽始建國三年，河決魏郡，泛清河以東數郡。漢所稱魏郡，大約主館陶以北言之。漢書：先是莽恐河決，爲元城冢墓害，及決東去，元城不憂水災，故遂不隄塞。水經注：大河故瀆經甘陵故城南，甘陵亦在清河縣。又東北經靈縣故城南，今廢靈縣在博平縣境，似不在甘陵東北也。河瀆于縣，別出爲鳴犢河，又東逕鄃縣故城東，鄃縣，今高唐州夏津縣也。漢志云鄃居河北，即此。此即漢時河所出之道。宋皇祐二年，河決館陶縣之郭固。在縣東北。四年塞之。即宋史所稱郭固塞而河勢猶盛，議者請開澶州六塔河。熙寧四年，北京新隄第四、第五埽決，漂溺館陶、永濟、清陽以北，永濟廢縣在今臨清州西。仁宗皇祐元年，河合永濟渠，注乾寧軍。縣以永濟

渠而名也。清陽廢縣亦在清河縣。下屬恩、冀，合于御河。五年，河溢于夏津。而清河即宋之恩州也。熙寧元年，河溢恩州烏欄堤。在州東。是年，又決冀州棗强埽，北注瀛州。既又溢瀛州樂壽埽。元祐四年，又溢冀州南宫等五埽。時都水監言：前二年，河決南宫下埽，三年決上埽，今四年決宗城中埽。蓋皆自恩州決而北也。政和二年，河決冀州棗强埽。都水孟揆言：棗强東堤決溢，其漫水行流，多鹹鹵及積水之地。不犯州軍，止經數縣地，分迤邐接御河，歸納黄河。今欲自決口上恩州之地水堤爲始，增補舊堤，接續御河東岸，簽合大河。從之。宣和三年，河決恩州清河埽。蓋自内黄決後，河出清河之北，至此下流澌壅，故上流復決河，又從瀛、冀而西南矣。

又東經德州西，又東北經景州及滄州之境，入于海。

德州，漢平原郡界也。河之故道本在平原以北，漢以前大概從魏郡、清河、信都、勃海界入海，皆與平原接境，不徑至平原也。武帝建元三年，河水溢于平原。成帝建始三年，河決館陶，遂溢入平原、千乘、濟南界中。河平三年，河復決平原，流入濟南、千乘，復堤塞之。東漢永平中，河流合汴，泛濫兖、豫，明帝使王景治之，

絶水立門，河、汴分流，自滎陽東至千乘海口千餘里，十里立一水門，令更相回注，無復潰漏之患。然則河經平原以南，自漢建始、中始而永平以後，嘗爲河之經流矣。後漢以及南北朝時，大河決塞，史多失于記注。水經注：大河故瀆逕平原故城西，又北逕修縣故城東，修縣在今直隸景州。又東北至東光縣故城西，東光，今直隸屬縣。而合于漳水。此亦約言西漢時大河所經之處也。元時河仍自千乘入海，不至東光合漳也。宋自熙寧以後，主回河之説，滄、景常多水患。元豐四年，河溢滄州南皮上、下埽，又溢清池，又溢永靜軍阜城下埽。既而河流益北，大抵合御河、西山諸水，自深州、武强、瀛州、樂壽埽至清州，獨流砦三叉口而入于海。

開州之東爲觀城縣及朝城縣南，河之南岸，濮州之北。

水經注：大河逕衛國縣南，衛國縣即今觀城縣。鄄城縣北。鄄城舊縣，濮州治也。疑東漢以後，大河故道即出於此。五代晉開運三年，河決澶州、臨黄。漢天福十二年，河決觀城界楚里村堤，在縣西南。東北經臨黄、觀城二縣。臨黄廢縣今在觀城縣。宋開寶五年，河決濮陽。濮陽即今濮州。明道二年，移朝城縣于社婆村，移而北也。避河患也。明正統十三年，河決滎陽，衝曹、濮。弘治三年，河復決原武，衝曹、濮。濮

州蓋舊道所經，常爲東下之衝矣。

又東經范縣北，莘縣及聊城縣之南。

大河故道在范縣之北，倉亭津在焉。津在今縣東北。舊經云：自范縣渡河而北六十里，即莘縣是也。而聊城，故博州治，今東昌府治焉。開元十年，博州河決。五代晉天福四年，河決博州，即此也。

又東經東阿縣北，博平縣及茌平縣南。

東阿，自昔大河之衝也，南漲則漘東平，東溢則浸濟南。五代梁末，唐遣李嗣源取鄆州，守楊劉。今在東阿縣。梁人攻楊劉，決河口以限晉兵。決口益大，連年爲曹、濮患。同光二年，命婁繼英督汴、滑兵塞之，未幾復壞。晉天福二年，河決鄆州。自東阿決而南。開運三年，河決楊劉，西入莘縣，廣四十里，自朝城北流。自東阿決而西也。周顯德初，命宰相李穀治隄。自陽穀抵張秋口遏塞之。宋乾德二年，河決鄆州之竹村。在州西北。三年，鄆州河決。太平興國七年，河漲，凌鄆州，城將陷。咸平三年，河決鄆州王陵埽，在州西。浮鉅野，入淮、泗，水勢悍激，侵迫州城。明道二年，廢鄆州土橋渡以避水，渡在州東，是時河流漲入小清河，濟南、淄川皆被其患，後河勢益趨

而北，鄆州之患始少。此五代及宋鄆州水患也。而博平、茌平爲大河東出之道矣。大抵東阿以東，往往挾濟而流，又東北以達于海也。

又東經長清縣北，禹城縣南。長清以西，古大河所經也，碻磝津在焉。南北朝時，大河皆經此矣。

又東經歷城縣北，臨邑縣南。臨邑東有四瀆津，大河故道所經。唐五行志永徽六年，齊州河溢，即此地也。

又東北經商河縣北，武定州南。此昔時大河所經也。唐長壽二年，河溢棣州。又開元十年，棣州河決。太和二年，河決，壞棣州城。宋祥符四年，河決棣州聶家口。在今武定州西南二十里，舊州之西南。五年，又決于州東南李氏灣。六年，徙州治而北，以避河患。自是澶、滑之間，大河屢溢，而棣州之流漸絶矣。

又東經濱州境，合清河以入海。

水經注：河水東逕濕沃津，今蒲臺縣。又東經千乘城北，又東過利城北，利城，今博興縣，譌爲黎城。又東北濟水從西來注之，又東北入于海。

夫水流變遷，其詳不可得而知。今大清河自蒲臺、利津縣東北入海，惟小清河則經青州府博興、樂安縣境而後入于海。或謂宋初，大河東行，大抵從濱州境合于大清河。或謂大清河，即東漢以來大河經流之處。水經注有南北二濟，無大、小清河之名，其所言北濟者，大概與小清河相參錯。或大清河即大河故瀆，河遷而濟水注其中與？夫自東漢至隋、唐，水之侵齧漲溢，豈能盡免？而由平原、千乘間以入海，則未經變異也。然則治河如王景，其成法詎不足遵與？自梁、晉夾河之戰，苟且目前，横挑大釁，梁段凝決河引水，以限晉兵，謂之護駕水，此五代以後潰決之患所由致也。延及宋季，横決無已，金、元河患皆與國爲終始。水經諸書既未能條貫源流，兼綜終始，史家紀載，又往往參差同異。兹略舉往迹，爲之差次，古今之變，覽者亦可知其梗概矣。

右古大河終

今大河

大河今自陽武縣南，又東逕開封府城北，封丘縣南。

大河今在開封府城北十里。宋元符三年，河決開封之蘇村。舊志云：府西三十餘

里有蘇村。元至元二十三年，河決開封、祥符等郡縣十五處。皇慶三年，河決開封、陳留等縣。延祐七年，河決開封縣蘇村及七里寺諸處。泰定二年，河溢汴梁。三年，復壞汴梁樂利隄，發民夫築塞。明洪武七年〔一〕，河決開封隄。十六年〔二〕，又決開封東隄，自陳橋至陳留。陳橋在府東北一十里。二十年，河復決開封城。三十年，河溢開封。正統十三年，河決滎陽，尋自滎澤縣孫家渡決而東南，開封遂在河北，景泰中始復。河渠考：國初開封城北去大河四十里。洪武二十四年，河決原武，而東經城北五里，至此遂出府南築塞，以後大河經城北不過十數里。天順五年，河溢，決開封府北門。弘治三年，河決開封，南入淮。成化十四年，河決開封府西杏祀營〔三〕。在府西二十里。神宗十七年，河決府西北劉獸醫等隄十餘處〔四〕。劉獸醫隄在府西北三十五里。四十四年，河

〔一〕「七年」，明史河渠志一作「八年」。
〔二〕「十六年」，明史河渠志一作「十七年」。
〔三〕「杏祀營」，明史河渠志一作「杏花營」。
〔四〕「劉獸醫」，明史河渠志二作「獸醫口」。

決開封陶家店、張家灣〔一〕，陶家店在府西北二十里，張家灣在府西北十五里。由護城隄下，經陳留等處，入亳州渦河。是冬，決口淤，河復舊道。崇禎十五年，賊決開封西北朱家寨，在城西北十七里。城陷。大河自陳、潁諸州漫入淮、泗。蓋大河出陽武之南，開封城外皆爲漫淫沮洳之場矣。而河北之封丘縣南去大河五十一里，舊時大河在縣西北四十餘里。金明昌五年，河決陽武，灌封丘而東，此封丘、陽武在河北之始也。元至大二年，河決封丘。順帝至元初，河復決于封丘。弘治二年，河決原武，其支流決封丘荆隆口，在縣西南三十餘里。漫祥符，下曹、濮，衝張秋。五年，河復決于荆隆口，濱儀封之黄陵岡，更犯張秋，壞會通河，尋命劉大夏治之。志云：縣東南有陳橋集，在縣東南四十餘里，與祥符縣接界。東連馬家口，西抵荆隆口，爲大河衝要。神宗十五年，河復決于荆隆口，長垣、東明幾于陷溺，堤防切焉。自陽武而入封丘，河益東南流荆隆口，直東則經長垣、東明，出曹、濮，直趨大清河矣。較之出徐、沛，合淮、泗以入海者，道爲徑易。夫河行之道宜直不宜紆，入海之口宜近不宜遠，河

〔一〕「張家灣」，諸本作「張灣」，據小字注文及明史河渠志二改。

之兩岸宜闊，而歸流宜深，歸流即俗語所謂落槽也。渾水則宜置斗門，且多置之，用王景更相迴注之意，使不至旁溢，河未必不可東也。雖然，大河東，則會通河廢；會通河不廢，則大河不可得而東，兩者不並立矣。

又東經陳留縣及蘭陽縣之北，河之北岸爲長垣縣之境。

大河在陳留縣北三十里，河防考：大河北岸有陳留寨、銅瓦廂，爲黄河衝激之處，屬陳留界内。又東三十五里至蘭陽縣，縣北去大河十五里。大河舊在縣北三十餘里。志云：大河經陳留、蘭陽而東，水流溢溢，衝激曹、鄆。嘉靖七年，于縣北開趙皮寨白河一帶，以分殺水勢。十三年，河決趙皮寨口，南入淮。既而河流遷徙，趙皮寨口復塞。十九年，兵部侍郎王以旂于縣東開李景高支河，在縣東北十里。引河由蕭縣出徐州小浮橋，凡六百餘里，以濟二洪之涸，時河決睢州而南也。未幾復淤。神宗十七年，河決李景高口，入睢、陳故道，決河故道也。尋塞之。而長垣縣南數里有河隄，舊爲大河所經，即弘治中，劉大夏所築大行隄也。河防考：長垣縣南隄長九十七里，而與封丘縣新豐村接界〔一〕，

〔一〕「而」，讀史方輿紀要卷一二六作「西」。

隄外有淘北河，相傳即黄河故道。今縣去大河六十里而遥矣〔一〕。

又東經儀封縣北，河之北岸爲東明縣界。

大河，今在儀封縣北二十里。元至元二十三年以後，河屢決汴梁路。河出蘭陽、儀封之南。大德元年，河決杞縣蒲口，儀封西南至杞縣九十五里，蒲口在杞縣東北。二年，蒲口復決，漂溺歸德屬縣田廬。三年復決，蒲口、歸德郡縣皆罹水災。明洪武十六年，河決開封東隄，尋決杞縣，入于巴河。弘治二年，河決原武，分流，泛濫于儀封、考城、歸德，趨宿州。五年，河決封丘荆隆口，潰儀封黄陵岡，在縣東十里。衝張秋。而河北之東明，西接長垣，東南舊有長堤爲河流所逕，今河益引而東南，東明去河遠矣。

又東南逕睢州及考城縣之北，又東南逕歸德府北，河之北岸爲曹縣界。

大河南至睢州七十里。明嘉靖十九年，河決睢州野雞岡，在州北六十餘里，其旁決處曰孫繼口。由渦河逕亳州入淮。徐州吕梁、百步二洪皆涸，尋修塞之。又逕考城

〔一〕「去」，諸本脱，據讀史方輿紀要卷一二六補。

縣南，去縣三里，縣境右爲河流之衝也。河防考：大河北岸有芝麻莊，陳隆口爲縣境隄防要地。又東南逕歸德府北，南去府城三十里。自元以前，歸德去河遠，患頗少。元至元二十三年，河衝決河南郡縣，歸德始被其患。大德二年，河決蒲口。三年，復決蒲口，侵歸德郡縣。至大二年，河決歸德。是時河南徙，歸德常在河北，至順以後，河漸決而北，歸德仍在河南。明洪武二十三年，河決歸德，命修塞之。自正統以後，河決而南，歸德又在河北。正德以後，則仍在河南，其新集口及丁家道口，皆河濱衝要也。新集口在府北三十里，稍東即丁家道口。嘉靖三十七年，新集河淤，河流於是一變。四十四年，河淤益甚，而運河大受其病，未幾，河復決新集塞龐家屯〔一〕，在府東北。東出飛雲橋。神宗二十九年，河決蒙城集東南蕭家口，蒙城集在府東北三十里，以故蒙城而名。河復南徙，而曹縣在歸德府西北百里，南至大河五十餘里，縣爲河流南下之衝，一有潰決，縣輒當其患。金大定八年，河決李固渡，在縣西。水潰曹州城，分流于單州之境。今曹縣，故曹州也。單縣，故單州也。自宋時大河北決以後，尋復徙而南。金史所

〔一〕「新集塞」，讀史方輿紀要卷一二六作「新集寨」。

載河患，始見于此。二十九年，河復溢于曹州小堤之北。元至順元年，河決曹州北魏家道口。至正四年，河北決白茅堤，在曹縣西北七十餘里，與東明縣接界。又北決金堤。在濮州西南，亦曰老堤。五年，河復決濟陰。即曹州。九年，白茅河東注沛縣，遂成巨浸。乃命賈魯治之，疏塞並舉，河復故道，南滙于淮，又東入于海。二十六年，河復自州境北徙，東明、曹、濮，下迄濟寧，民皆被害。明洪武元年，河決曹州，從雙河口入魚臺。正德四年，河決曹縣楊家口，在縣西。犇流曹、單二縣境，東達王子河，故河在單縣，東接豐縣境。抵豐、沛，舟楫通行，遂爲大河。七年，始塞之。河臣劉愷築大隄，自縣西北魏家灣，東至雙堌集，亘八十里。趙瓚繼其職，復增築三十里，曹、單始平。八年，河復決曹縣。嘉靖七年，河復決曹縣楊家口。二十六年，河決曹縣，衝魚臺之谷亭。三十七年，河復自曹縣境東北出，衝單縣之東南，蓋歸德府北之新集淤，而河流四溢也。自嘉靖以前，曹縣河患稱爲首衝，幾與宋之澶、鄆同一轍矣。曹縣河患，論者謂始于金之大定中，非也。後漢永平中，詔書稱河、汴分流，復其舊迹，陶丘之北，漸就壞墳。然則曹州于漢世，已曾爲沮洳之場矣。大約濬、滑、澶、濮、曹、單數州縣間，大河東出，實爲要膂之地，疏濬無方，病必先見。自古及今，其得免于墊溺者幾希矣。

又東爲虞城縣及夏邑縣之北，河之北岸爲單縣之境。

大河在虞城縣北三十里，又東逕夏邑縣北二十二里。嘉靖十三年，河自蘭陽趙皮寨南決入淮，運河淤，二洪涸，繼而自夏邑縣太丘、回村等集〔一〕，太丘集在縣東北三十里，接永城縣界，又西即回村集。衝激數口，轉向東北，流經蕭縣城，南出徐州小浮橋，濟二洪之涸，運道得以不阻，趙皮寨尋塞。而單縣南去大河二十餘里，去夏邑縣八十餘里，亦河流之衝也。嘉靖六年，河決單縣，衝入沛縣。九年，河由單縣侯家村，在縣東南。決魚臺塌場口，衝谷亭。塌場口在魚臺縣南四十里。神宗二十一年，河決單縣西南黄堌口，近虞城縣界。決而東北也。一出徐州小浮橋，一出舊河達鎮口閘。舊河，沛縣南舊運河也。鎮口閘在徐州之茶城。二十五年，河復大決于黄堌口。二十九年，河決單縣之蒙墻寺。三十年，河復決單縣之蘇莊，在縣東南。沖魚臺、豐、沛。明年，復決蘇莊，衝入沛縣太行堤，在縣西北。灌昭陽湖，入夏鎮，横衝運道，于是泇河之議起。蓋河患之劇，曹、單其最矣。

〔一〕「回村」，原作「白村」，據光緒本、明史河渠志一改。

又東爲碭山縣之北，又東流經豐縣之南。

大河在碭山縣北二十里，爲豐、沛上游。縣西北有堅城集，爲單縣接境之處，舊築斜壩于其東，以防墊溢。又西劉霄等口，亦爲河流衝要。志云：大河舊經縣南三十里。嘉靖三十八年，河流北徙，始出縣北，又東經豐縣南二十里，又東入蕭縣界。

又東逕沛縣之南，蕭縣之北。

大河在沛縣南五十餘里，此隆、萬間河流也。初，大河自豐、碭間，經蕭縣，沛去河遠，雖有衝決之虞，而非經流之所也。正德四年，河決曹縣，直達豐、沛，既又決城南飛雲橋，入運河。嘉靖二年，河決沛縣。六年，河自曹、單境，衝縣東北雞鳴臺。七年，河決而南，縣北廟道口在縣西北三十里。淤三十餘里。八年，飛雲橋之水北徙魚臺縣之谷亭，舟行閘面。九年，沛縣北境之水決魚臺塌場口，衝谷亭，水經三年不去。十三年，廟道口復淤。三十七年，歸德新集口淤，大河散溢，支流衝入飛雲橋。四十四年，大河淤塞，自蕭縣趙家圈泛濫而北，至曹縣南棠林集，復分二股，南股遶沛縣戚山在縣西南三十里。楊家集，亦在縣西南。入秦溝在徐州東北三十里。

至徐；北股遶豐縣華山，在縣東南三十八里，由山東其村集漫入秦溝〔一〕，接大、小溜溝，大溜溝在徐州北五十里，亦曰南溜溝。小溜溝在州北六十里，亦曰北溜溝。溢入運河至徐。其北股又自華山而東北分爲一大股，出飛雲橋，散爲十二股，縱横以入漕河，至湖陵城口，在沛縣北五十里。又逾河，漫入昭陽湖，從沙河，灌二洪，浩渺無際，而河變極矣。明年，河復決沛縣南二三等鋪，衝入運河，亦由湖陵城口入湖陂。是時河臣朱衡、潘季馴方改濬新河。既而縣東馬家橋堤成，馬家橋在沛縣東南四十里。障水南趨，横流復定。而蕭縣在大河南五十里，亦隆、萬間河流也。舊時大河自縣西六十里之趙家圈，經冀門集，在今縣北西十三里。出徐州之小浮橋，皆安流無恙。嘉靖三十七年，大河北徙，其後東西靡定，一變爲溜溝，再變爲濁河，濁河在徐州西北二十餘里。又變爲秦溝。嘉靖末，大抵自縣西北崔家口右城集、雁門集北，陳溝、梁樓溝、胡澱溝東，下小浮橋逕行，陸地水深或僅一二尺，比之故道高三尺有餘，停阻泛濫，蕭縣境内一望瀰漫，城内城外皆爲澤國。隆慶四年，決溢崔家口。五年，河臣潘季馴上

〔一〕「其村集」，讀史方輿紀要卷一二六作「馬村集」。

言：大河原自新集口，經虞城、夏邑之北，碭山之南，至蕭縣冀門，出小浮橋。其後河流遷徙，行水之處俱係民間住址，陸地水不能刷，衝不成槽。雖一望茫然，而深不及尺，且大勢盡趨濁河，出小浮橋者不過十之一二，決裂之患，正恐不免。日者臣由夏鎮歷豐、沛至崔家口，復自崔家口歷河南至新集口，則見黄河大勢，已直趨潘家口。鄉老言去此十二三里，自丁家道口以下二百二十餘里，舊河形迹見在，可開。臣即自潘家口歷丁家道口、馬牧集、韓家道口、司家道口、牛黄堌、趙家圈至蕭縣一帶，皆有河形，中間淤平者四分之一，河底俱係漫沙，見水即可衝刷，莫若修而復之。河之復，其利有五：從潘家口出小浮橋〔一〕，則新集迤東河道俱爲平陸，曹、單、豐、沛，永無昏墊，一利也；河身深廣，受水必多，每歲可免汎溢之患，虞、夏、豐、沛之民，皆得安居，二利也；河從南行，去會通河甚遠，閘渠無虞，三利也；來流既深，建瓴之勢，導滌自易，則徐州以下，河身亦必因而深刷，四利也；小浮橋來流既遠，則秦溝可免復衝，茶城永無淤塞，五利也。報可。既而季馴以言去，遂中止。

〔一〕「出」，諸本脱，據讀史方輿紀要卷一二六補。

神宗五年，河衝蕭縣。三十二年，河臣李化龍言：河自開封、歸德而下，合運入海，其路有三：由蘭陽出茶城、徐、邳名濁河，爲中路；由曹、單、豐、沛出飛雲橋、秦溝名銀河，爲北路；由潘家口入宿遷，出小河口，名符離河，爲南路。南路近陵，北路近運，惟中路既遠于陵，亦濟于運，前興濬未竣，今自堅城以至鎮口，河形宛然，宜仍舊開濬。從之。三十四年，河工成。自碭山朱旺口至小浮橋，袤百七十里，河歸故道。自是蕭縣去大河十五里而近，而沛縣去河益遠。

又東經徐州之北，又東南經靈壁縣之北。

大河在徐州城東北，今爲漕、黄交會之衝，咽喉重地也。嘉靖八年，河決州北大溜溝。三十二年，河決州東南之房村，在州東南五十里。旋塞之。四十四年，河由秦溝衝茶城，運道大阻。神宗元年，河決房村。三十三年，河決州北境之蘇家莊，淹豐、沛，黄水逆流，灌濟寧、魚臺、單縣，而魚臺尤甚。于是吕梁河澁。明年復故。三十九年，河決狼矢溝，在州東二十里。塞之。明年，又決三山，在州東南二十里。灌睢寧諸處，出白洋小河，復合正河，尋塞之。四十四年，復決狼矢溝，由蛤、蝘、周、柳等湖，蛤湖、蝘湖與周湖、柳湖俱在邳州西北。入泇河，出直口，直河口也。復與黄會，既而

復故。天啓三年，河決徐州青田、大龍口，尋塞之。四年，黄水大漲，灌州城，乃遷州治于雲龍山，而靈壁縣亦大河所經也。大河在縣東北五十餘里。隆慶四年，河決縣西北之雙溝。神宗十七年，河又決雙溝單家口。四十二年，河決靈壁縣之陳鋪，決口旋淤，河流復故。天啓元年，河決雙溝黄鋪水，由永姬湖在睢寧縣境。出白小河口，仍與黄會，白洋河在宿遷縣。故道湮涸，復築塞之。

又東南經睢寧縣北，邳州城南。

大河在睢寧縣西北五十里。隆慶四年，河決睢寧之曲頭集，曲頭集、王家口、馬家淺、新安集一帶，皆縣北境之要口。築塞之。而邳州，尤大河之襟要也。大河在州城南二里。城北有沂河，從山東沂州界南，流逕城下，分東西流，南入大河。又州西北有泇河，亦自山東嶧縣界流入境，會沂水入于河。隆慶六年，邳州河決。神宗二年，河決邳州。三年，邳州河溢。是時河決崔鎮，逆灌邳、徐。既而潘季馴濬塞之，河復舊道。十七年，季馴于河南岸睢寧界上，築洋山至土山横堤，以防横溢，河安流。三十二年，泇河成，而黄、運分爲兩途矣。

又東逕宿遷縣南，又東逕桃源縣北。

大河在宿遷縣南十里，東流爲小河口，睢水入大河之道也。又東逕桃源縣城

北，西北四十里曰崔鎮口。隆慶五年，河決，運河淺阻。神宗六年，河臣潘季馴始修塞之。神宗二十六年，于縣境開新河，分導黃河入海，既而復塞。

又東南經清河縣南，而淮河來合焉。

大河在清河縣治南一里，淮水自西南來合焉。縣當淮、黃交會之衝，形勢特重。志云：黃河經流，即泗水舊道也。泗水亦名南清河，縣因以名。縣西三十里有三汊河口，泗水至此分爲大、小二清河，大清河逕縣治東北入淮，俗謂爲老黃河，今湮。其小清河在縣治西南入淮，即今之清口也。

又東逕淮安府城北，又東經安東縣南而入于海。

河、淮合流，經淮安府城北五里。永樂十四年，平江伯陳瑄經理漕渠于北河南岸，淮人謂黃河爲北河，淮河爲南河，亦曰外河，而漕河爲裏河。築堤四十餘里。隆慶三年，河溢，自清河抵淮安城西，淤三十餘里，決方、新二壩，二壩在府城西北三十里，清江浦隄之東。出海，平地水深尺餘。四年，淮決高堰，河決崔鎮，在桃源縣。横流四溢，連年不治。神宗六年，河臣潘季馴培高堰以障淮水之東，塞崔鎮以防大河之北，而黃、淮復合，是時亦增築清江浦、新城及鉢池山、柳浦灣迤東堤岸，稱爲完固。十四年，河

決范家口，在府城東北。水灌淮城，全河幾奪。又決天妃壩，即清江浦口舊壩也。淤福興等閘，尋塞治之。二十三年，河、淮決溢，邳、泗、高、寶諸處，皆患水災。按臣牛應元言：治河在闢清口浮沙，次疏草灣下流，達伍港灌口，廣其渡入海；治淮在開周家橋，達芒稻河入江。河臣楊一魁亦議先分黄，次導淮。分黄則開黄家嘴新河，分洩黄水。導淮則闢清河積沙數十里，又于高堰旁若周家橋、武家墩稍引淮支流，分入江海，水患稍息。天啓元年，河決王公堤。堤在清江浦北岸，逼鄰大河。志云：自淮安西門外抵清江浦約三十里，内外二河僅隔一堤，相距不過尋丈。王公堤勢最危急，二瀆南徙，衝刷日甚，捲埽堤壩，不可不密也。河渠考：天啓元年，淮安淫雨連旬，黄、淮暴漲，水灌淮安城，小民蟻城垣而居。郡守宋統殷等力塞王公堤，患始殺焉。三年，復決磨盤莊，在城西二十餘里。蓋淮郡爲漕、淮、黄綰轂之口也，而安東城在黄、淮北岸，海口漸近，上流無壅，水自犇趨以赴海矣。

右今大河

禹貢隨山濬川

地志：大河之流，自漢至今，流移變異，不可勝紀。然孟津以上，則禹迹宛然，

以海爲壑，則千古不易也。由孟津而東，由北東以趨于海，則澶、滑其必出之途。由南道以趨于海，則曹、單其必經之地。衝澶、滑必由陽武之北，而出汲縣、胙城之間；衝曹、單必由陽武之南，而出封丘、蘭陽之下。此河變之託始也。由澶、鄆而極之，或出大名，歷邢、冀，道滄、瀛以入海。或歷濮、范，趨博、濟，由濱、棣以入海。由曹、單而極之，或溢鉅野，浮濟、鄆，謂濟寧東平。挾汶、濟以入海，或經豐、沛，出徐、邳，奪淮、泗以入海，此其究竟也。要以北不出漳、衛，南不出長、淮，中間數百千里，皆縱横糜爛之區矣。又自古大河深通，獨爲一瀆，今九河故道既湮滅難知，即歷代經流亦填淤莫據。太抵決而北則掩漳、衛，決而東則侵清、濟，決而南則陵淮、泗。昔人謂河不兩行，余謂自漢以來，河殆未嘗獨行矣。

胡氏渭曰：河一過大伾而東，不決則已，決則東南注于淮，其勢甚易。丘文莊以宋熙寧十年河決爲入淮之始，非也。先是天禧三年，河決滑州，歷澶、濮、曹、鄆，注梁山濼，合清水、古汴渠東入于淮矣。又先是咸平三年，河決鄆州，浮鉅野，入淮、泗矣。又先是太平興國八年，河大決滑州，泛澶、濮、曹、濟，東南流至彭城，入于淮矣。溯而上之，則漢元光三年，河決濮陽瓠子，東南注鉅野，通于

淮、泗矣。但皆未幾即塞，其歷久而不變，至今五百餘歲。河、淮并爲一瀆，則自金明昌五年始。

蕙田案：此言淮、河合瀆之始。

又曰：元末，河復北徙，自東明、曹、濮下及濟寧，而運道壞。明洪武初，命徐達自曹州東引河，至魚臺入泗，以通運。永樂九年，又命宋禮自曹疏河，經濮州東北，入會通河，是北流猶未絶也。迨遷都之後，仰給於會通者重。始畏河之北，北即塞之。弘治中，兩決金龍口，直衝張秋。議者爲漕計，遂築斷黄陵岡支渠，而北流於是永絶。始以清口一綫，受萬里長河之水，陽武以下，河之所經，繕完故隄，增卑倍薄，但期不害於漕，而漢之下策，轉爲明之上策矣。至於黄、淮既合，則唯以堰閘爲務。堰者，高家堰；家，一作「加」。閘者，淮南諸湖閘口也。堰閘以時修固，則淮不南分，助河衝刷黄沙，使海口無壅。潘氏季馴論治河之要曰：河之性宜合不宜分，宜急不宜緩，合則流急，急則蕩滌而河深；分則流緩，緩則停滯而沙淤。此以隄束水，借水攻沙，爲以水治水之良法也。又曰：通漕於河，則治河即以治漕。會河於淮，則治淮即以治河。合河、淮而同入於海，則治河、淮即以治海。自漢以來，治河者莫不以

分水爲長策，唯張戎之論不然，潘公深得其意。觀其所言，若無赫赫之功。然百餘年來，治河之善，卒未有如潘公者。蓋會通必不可廢，則河唯宜注淮以入海。雖有賈魯之才智，亦無所施。故邵文莊有「治之以不治，乃所以深治之」之說。古語云「守病不治，常得中醫」，此之謂也。

地志：自古及今，治河之說，亦紛如矣，然終未有奇策秘計也，其稍異者亦曰移河而北載之高地耳。夫宋人回河而東爲千古之誚，今遽欲回河而北，不復蹈前轍乎？或曰別穿漕渠，無藉于河，河必無如我何。夫漕渠縱無藉于河，河可任其横決乎？淮、濟諸州之民何罪，而盡委之谿壑乎？且自禹貢以至于今，大河常爲轉輸之道，置河而言漕，不猶因咽而廢食乎？或曰棄地以畀河，使遂其游蕩。夫九州之內，莫大於海，乃舍其歸宿之地，而于都邑閭井間，別求一貯水之壑，此更不通之論也。然則治河者將如何？曰：人事修舉而已矣。所謂人事者，疏也，濬也，隄也，塞也，無不可用也。上流利用疏，暴漲利用疏。漢桓譚新論曰：河水濁，一石水，六斗泥，而民僅引河溉田，令河不通利。至三月，桃花水至則決，以其噎不利也。可禁民勿復引河，此即後人河不兩行之左證也。賈讓以多開水門爲中策，而說者非之，

似矣。然今榆林、寧夏以西皆引河灌溉，有沃饒之利，誠上流多爲支分，稍殺其悍激之勢，未必非利也。至漫漶四出之日，濬塞之功茫然莫措，于是多爲支派，平其泛濫，而後隨宜致功，軌之于正，疏可偏廢乎？歸流宜用濬，農隙水涸時宜用濬，河出險就平，中土夷曠，孟、鞏而東，曾無崇山巨陵爲之防，重陂大澤爲之節，惟恃河身深闊，庶幾順流無阻，安可不察其堙障，急爲蕩滌？又北方土皁，水流迅直，霜降水涸，往往曾不容舫。及伏秋淫潦，百川灌輸，澒洞之勢一瀉千里，使不于淺涸無事時預爲經理，使深廣如一，忽然犇潰而後圖之，其有濟乎？河流散漫宜用堤，地勢卑薄宜用堤，蓋河流易遷，任其浸淫，無以約之，則變且不測。隄以束之，使順隄直趨，無從旁溢，所謂因其勢而爲之防，非逆其流而爲之障也。若其沙土疏薄，形勢卑窪，則必當規其遠近，隨其夷險，多方以制其侵囓，禦其犇衝。若以勞費爲虞，是厝火于積薪之下也。故道當因則新口宜塞，正流欲利則旁支宜塞。歐陽子謂故道不可復，亦謂故道之湮滅難返者耳。若源流未改，而忽以一時之衝溢，遂棄舊道于不問，將隨其決裂，何所底止？又水之横潰，多在上流，惟下流淤，然後上流潰，亦必上流緩，然後下流淤。此上流謂近海口之上流。近海之處，正當厚其力而迸其勢，

不當多爲之途，以弱其力也。如草灣河、新黄河之類，非治河勝策也。所謂塞亦可用者，非乎？要以與時變通，因端順應，本之以已饑已溺之心，揆之于行所無事之智，河未必終于不可治也夫！

蕙田案：以上兩條，論治河之要。

胡氏渭曰：天官書曰：中國山川東北流，其維首在隴、蜀，尾没於勃、碣。漢書天文志云：勃海碣石。一行言山河兩戒，以河、濟爲北紀，江、淮爲南紀。由此觀之，禹河從勃、碣入海，上應天文，下協地理。漢武帝所謂聖人作事，爲萬世功，通於神明，恐難改更者也。殷本紀載湯誥之言曰：東爲江，北爲濟，西爲河，南爲淮，四瀆已修，萬民乃有居。四瀆之由來尚矣。爾雅江、河、淮、濟爲四瀆。四瀆者，發源注海者也。劉熙釋名曰：瀆，獨也，各獨出其所而入海也。自王莽時，河徙，從千乘入海，而北去碣石遠矣。然猶未離乎勃海也。自金明昌中，河徙，而河半不入勃海矣。元至正中，又徙，而河全不入勃海矣。河南之濟久枯，河或行其故道，今又與淮渾濤而入海，淮不得擅瀆之名，四瀆亡其二矣。世習爲固然，恬不知怪。愚嘗爲杞人之憂，萬一清口不利，海口愈塞，加之以淫潦，而河、淮上流一時並決，挾阜陵、

洪澤諸湖，衝蕩高堰，人力倉卒不能支，勢必決入山、鹽、高、寶諸湖，而淮南海口沙壅，更甚於曩時，怒不得泄，則又必奪邗溝之路，直趨瓜洲，南注于江，至通州入海，四瀆并爲一瀆，拂天地之經，奸南北之紀，可不懼與？欲絶此患，莫如復禹舊迹。然河之南徙日以遠矣，濬、滑、汲、胙之間無河，新鄉、獲嘉亦無河矣，賈讓、李垂之策，將安所用之？或曰：金温薩可喜請於新鄉縣西決河水，使東北合清河，至清州柳口入海，其説不可行乎？曰：今新鄉流絶，欲自武陟之東，濬其故道，約一百三四十里，更於新鄉縣西決河，使東北流，鑿生地五十里，勞費不訾，民何以堪？且滎陽以下，每決必潰右隄，未聞有決左隄而北者，疑此地北高南下，新鄉縣西之故道去清河雖近，未必能導之使北也。

蕙田案：此言河不可使北。

又案：爲淮、揚籌水患者，皆言挽河北行，使淮自淮而河自河，則無潰決之患，不知自周至金，河未嘗與淮合，而河患不已，則河之善決，豈待與淮合而後其勢始暴哉？今竟移河北去，淮離河則淮害息，而河之爲害於他處，必有如前代者。其費水衡之錢，貽赤子之患如故耳。況今日之河，必不可遷之使北者，以其

一河，河入運，則運道必廢，其利害有什百于河決者，豈可輕議！況河之故道，自禹至金，其迹有五，將盡舍不用而別開一道耶？抑即就此五道之中，擇而復之耶？復禹時故道，則必開武陟、原武、獲嘉、陽武、新鄉之地使成河，而後引河入衛，衛河即清水。禹時清但入河，在今日，則必由衛河以達漳河矣。由衛入漳，東由天津入海矣。復周時故道，則自衛輝以東，必更開濬、滑、開州之地使成河，鑿宋商胡故道，過大名，入衛河以北矣。復漢時故道，則自開州以東，必更開清豐、觀城、范縣、東阿、平原、德州之地使成河，引河至蒲臺、利津以入海矣。宋與周，二路相去不遠，故不另出。復金時北流故道，則必開新鄉、胙城、長垣、曹、鄆、壽張之地使成河，引河至東平，入大清河以入海矣。掘地則數千百里，歷州郡以數十計，無論人力，必不能勝，即使能勝，能保河之必如人意，驅之即行，行之無變乎？即衛河、漳河、大清河，皆今日之巨川也，問其身之寬深，隄岸之堅固，能容全河之水，而不虞其氾濫乎？此大禹值此，亦不敢毅然爲之而略無所顧慮也。禹之治河也，自積石、龍門以至洚水、大陸，必當時河形本屬如是，禹特因而疏浚利導之，必非河欲東而挽

之使西，河既南而遏之使北也。河之南徙，已非一日，又安能另尋一路，使之安流順軌而北去哉？

右禹貢隨山濬川

五禮通考卷二百六

嘉禮七十九

體國經野

禹貢隨山濬川

書禹貢：嶓冢導漾，東流爲漢。

錐指：傳曰：泉始出山爲漾水，東南流爲沔水，至漢中東流爲漢水。易氏曰：漾水東流百八十里，經興元之南鄭縣，名漢水。黄氏曰：漢有沔、漾之名，皆東漢水也。地理志：西漢水出西縣嶓冢山，南入廣漢白水，蓋潛漢也，經不著其所出。自

古皆以爲東、西兩漢俱出嶓冢，則或然矣，而西漢固無沔、漾之名。地理志：漾水出隴西氐道，至武都爲漢。武都東漢水受氐道水名沔，是則沔、漾俱爲東漢也。獨氐道、武都脈絡不通，川渠阻隔，武都受漾爲不可據。而桑欽遂徙氐道漾水爲西漢之源，由是愈紛錯。酈道元委曲遷就，通之以潛伏之流，證之以難驗之論，更覺齟齬。故當盡廢諸説，而一之以經文。杜佑通典：秦州上邽縣嶓冢山，西漢水所出，經嘉陵曰嘉陵江，經閬中曰閬江。漢中金牛縣嶓冢山，禹導漾水，東流爲漢水，亦曰沔水。其説爲可據。渭案：嶓冢見導山。魏地形志：華陽郡嶓冢縣有嶓冢山，漢水出焉。元和志：嶓冢山在興元府金牛縣東二十八里，漢水出焉。經南鄭縣南，去縣一百步，禹貢「嶓冢導漾，東流爲漢」是也。南鄭，今陝西漢中府治，其故城在今府城東北。嶓冢故城在今沔縣白馬城東南五里。上邽故城在今鞏昌府秦州西南。金牛舊縣在今漢中府寧羌州西北。其嶓冢山在今沔縣西南，接寧羌州界。漢郊祀志：秦祠沔於漢中。地理志：漢中有沔陽縣。武都下云：東漢水一名沔。則沔、漢互稱，其來已久。而沮縣下又云：沮水出東狼谷，南至沙羨南入江。荆州川。案：周禮荆州川曰江漢，而無沮，是沮即沔也。水經注：沔水出武都沮縣東狼谷

中，一名沮水。闞駰曰：以其初出沮洳然，故曰沮水，縣亦受名焉。導源南流，泉街水注之。水出河池縣，東南流入沮，會于沔。元和志：沮水出興州順政縣東北八十二里。按沮縣故城在今漢中府略陽縣界，晉永嘉後没于氐羌，縣廢。後魏改置武興縣，又僑置略陽縣，西魏改略陽曰漢曲，隋改曰順政，唐爲興州治，宋復改順政曰略陽。今在寧羌州北二百二十里。河池，今徽州，屬鞏昌府。泉街水在略陽縣北。東南逕沮水戍，在略陽縣東南。沔縣志云：沮水在縣西七十里，與略陽接界。又東南流注漢，所謂沔漢者也。尚書曰：嶓冢導漾，東流爲漢。山海經所謂漢出鮒嵎山也。東北流，得獻水口，庾仲雍云：是水南至關城，合西漢水。又東北合沮口，漢水自寧羌州東北流，逕沔縣故大安軍南，又東北至青羊驛，沮口在焉。宋開禧二年，金人陷大散關，叛將吴曦退屯罝口，旋還興州。罝口即沮口也。同爲漢水之源。故孔安國曰漾水東流爲沔，蓋與沔合也，至漢中爲漢水，是互相通稱矣。班固曰：東漢水一名沔。鄭康成曰：或謂漢爲沔。如淳曰：北方人謂漢水爲沔水。以今輿地言之，漾水出寧羌州北嶓冢山，寧羌在漢中府西北三百八十里。東北流，逕沔縣西南，合沔水，又東逕沔縣南，沔縣在府西少北九十里。又東逕褒城縣南，在府西北四十里，沔水去縣二十四里。又東逕南鄭縣南，爲漢水，水去縣三里。經所謂「嶓冢導漾，東流爲漢」者也。陸氏游曰：嘗登嶓冢山，有泉涓涓出山間，

是爲漢水之源。此務觀入蜀，塗歷金牛，目驗而得之。涓涓細流，安國傳所謂「泉始出山爲漾水」者也。新城王尚書士禎，昔典試四川，撰蜀道驛程記，其言嶓漢最爲詳覈。記曰：出沔縣西門，曲折行亂山中，沔水流經其中，略如棧道，但山庳無林木，沔流舒緩，不及褒水湍悍耳。西涉沮水，抵大安驛，有土城廢址，宋置大安軍。沔、沮之間，闊者未丈許，狹者才二三尺，沙石磷磷，深不没踝。自大安西南，亂山益稠，至金牛驛北，望見嶓冢山，峨然雲表，一小水自西東流，即所謂「嶓冢導漾」者也。水纔濫觴，不没鳧雁，合五丁峽水，東流爲沔，其流始大。金牛驛西三里，稍南入五丁峽，一名金牛峽，在寧羌州北二十里〔一〕。峽口懸崖萬仞，陰風颯然，水自峽中噴薄而出。寧羌州在亂山中，無城堞，本沔縣羊鹿坪地。明洪武中，以山寇作亂，置寧羌衛于此。成化中，即衛建州治。自州行十里，渡水過百牢關，關下有分水嶺，嶺東水皆北流。至五丁峽北，合漾水入沔。嶺西水皆南流，逕七盤關龍洞，合嘉陵水爲川江。常璩言沔出嶓冢，合白水爲西漢，明與導漾之文相悖。按：通典嶓冢山

〔一〕「二十里」，光緒本、禹貢錐指卷一四上作「三十里」。

有二：一在天水上邽，一在漢中金牛。雍大記云：西漢水在西和縣，源出嶓冢山，東流西流與馬池水合。此乃上邽之嶓冢，在今秦州。又云：漢江源出沔縣嶓冢山，東流入金州，此乃金牛之嶓冢。禹貢「嶓冢導漾」乃沔縣之嶓冢，非秦州之嶓冢。知嶓冢有二，則東西二漢源流各自了然。漾之與沔，本爲一流，與隴西之嶓冢都無交涉，常氏之誤可不辯而明矣。公使車閱歷較陸氏所得更備，且大有裨于經學，故掇其要著於篇。禹貢以嶓冢繫梁州，而漢志嶓冢在雍域之隴西，一誤也；禹貢云嶓冢導漾，而漢志嶓冢所出爲西漢水，其漾水則出氐道，二誤也；禹貢之潛，乃漾水枝津，西出爲西漢水，而漢志西漢水出西縣之嶓冢，三誤也；漢志不言漾水出何山，而水經云出氐道縣嶓冢山，是氐道亦有嶓冢，四誤也；漾者，東漢之源，而續水經者，以西漢接漾水爲一川，五誤也；漾、沔枝津皆自東入西，而酈注從舊説，云西漢水至葭萌入漢，六誤也；川流離合，地上灼然可見，而酈注惑闟駰之説，以爲原始要終，潛流或一，故東西俱受漢漾之名，七誤也。群言殽亂，學者靡所折衷。今説漢水，當排棄諸家，專主禹貢，以沮、沔爲漢之别源，以西漢爲漾之枝津，而氐道水則存而不論，是亦理亂絲、解連環之術也。

地理今釋：漾水出今陝西漢中府寧羌州北嶓冢山，東至漢中府南鄭縣南，爲漢水，亦名東漢水，東流至白河縣入湖廣界，又東流經鄖縣至均州，又東南流歷光化、穀城二縣至襄陽縣東津灣，折而南流，經鍾祥縣至潛江縣大漢口，復東流，經漢川縣至漢陽縣漢口，合岷江。

又東爲滄浪之水。

錐指：林氏曰：張平子南都賦云：流滄浪而爲隍，廓方城而爲墉。李善注引左氏傳：屈完所謂楚國方城以爲城，漢水以爲池，則是滄浪即漢水也。蓋漢水至于楚地，則其名爲滄浪之水也。易氏曰：漢水自興元南鄭縣，又七十二里至城固縣北，又三百里至洋州興道縣南，又五百里至金州西城縣北，又六百八十里至均州武當縣西北四十里，水中有滄浪洲，又名滄浪水。渭案：武當，漢屬南陽郡，今爲均州，屬湖廣襄陽府。地説曰：水出荆山，東南流，爲滄浪之水。是近楚都。故漁父歌曰：滄浪之水清兮，可以濯我纓；滄浪之水濁兮，可以濯我足。余案尚書禹貢言「導漾水，東流爲漢，又東爲滄浪之水」，不言過而言爲者，明非他水決入也。蓋漢沔水自下有滄浪通稱耳，纏絡鄢、鄀，地連紀、郢，咸楚都矣。以今輿地言之，漢水

自南鄭縣南，又東逕城固縣南，城固在漢中府東少北七十里，水去縣四里。舊志云：縣東二里有飲馬灘，每子午二時，潮響如雷。又五里爲上濤、下濤。龍亭廢縣在縣東龍亭山下，即龍下也。**又東逕洋縣南，**洋縣在府東南一百二十里，水去縣二里。**又東逕西鄉縣東北，**西鄉在府東南二百二十里。**又東南逕石泉縣南，**石泉在興安州西二百五十里，水去縣五十步。**又東逕漢陰縣南，**漢陰在州西少北一百六十里，水去縣八十里。**又東逕紫陽縣南，**紫陽在州西南一百八十里。州志云：有怯灘在縣西十五里，水陡如鬭。又大力灘在縣西八里，兩岸夾石，左右有兩石觜，最爲舟楫患。又石梁灘在縣西，當任河水口。中宮灘在縣東南一里，極高險，中流有柱石，怒濤之聲如雷。長灘在縣東四里，近汝河灘，不甚險，商舟停集，漁火絡繹，皆漢水所經也。**又東北逕興安州北，**州志云：州境漢江多灘，麩灘、串灘、二郎灘爲險，而神灘尤甚。明成化十三年，知州鄭福於冱冬時，用火燒石，疏鑿以殺其勢，舟行利焉。神宗十一年，漢水溢壞州城，公私廬舍皆盡，溺死者數千人。州東一里有長春堤，成化八年爲水衝壞，十五年，鄭福增築高堅。神宗二十年，復加修築。**又東逕洵陽縣南，**洵陽在州東一百二十里，水在縣南門外。**又東逕白河縣北，**白河在州東南二百七十里〔一〕。

〔一〕「二百七十里」，原作「一百七十里」，據味經窩本、乾隆本、光緒本、禹貢錐指卷一四上改。

又東逕鄖西縣南，鄖西在湖廣鄖陽府西一百四十里，水去縣五十里。又南逕鄖縣南，明成化十二年，置鄖陽府，治鄖縣。舊志云：漢江自城西遶城南，寶蓋、天馬諸山，皆錯列漢濱。又東逕均州北，均州在襄陽府西北三百九十里，水去州四十里。經所謂「又東爲滄浪之水」者也。

地理今釋：滄浪水，湖廣襄陽府均州北四十里。

過三澨，至于大別，南入于江。

錐指：傳曰：三澨，水名，入漢。大別，山名，觸山迴南入江。易氏曰：漢水自滄浪洲，東南流三百六十里，至襄陽府襄陽縣，又三百二十里至郢州長壽縣，又三百里至復州景陵縣，又東至漢陽縣大別山之東北入江。渭按：説文：澨，埤增水邊土，人所止也。大別見導山。水經第四十卷末言禹貢山水澤地所在，曰三澨池之南，在邔縣之北。池，今作「地」，爲是。然自酈元時已譌，觀注云池流可見。傳寅集解引此亦作「池」，明「地」字乃近世所改。「之南」上恐有脱文。酈注云：尚書曰：道漢水，過三澨。地説曰：沔水東行，過三澨，合流觸大別山陂。故馬融、鄭玄、王肅、孔安國等咸以爲三澨水名也。許慎言：澨者，埤增水邊土，人所止也。案：春秋傳：文公十六年，楚軍次于句澨，以伐諸庸。宣公四年，楚令尹子越師于漳澨。定公四年，左司馬戌敗吳師于雍澨。昭公二十三年，司馬薳越縊于蓬澨。今左傳本作「薳澨」，蓋以上有「薳」字而誤。服虔或謂之邑，或謂之地。京相璠曰：杜預亦云水際及邊地也。今南陽、淯陽二縣之間，淯水之濱，有南澨、北澨矣。而諸家之論，水陸相半，又無山源出處之所，津途關路，惟鄭玄、劉澄之言在竟陵縣界。經云邔縣北池。然池流多矣，論者疑焉，而不能辨其所在。渭按：左傳澨有五。睢澨，宋地，故酈注不引。今就其所引者論之，不知何者可當禹貢三澨之目。蔡傳以漳澨、薳澨與汊水爲三澨，而句澨、雍澨，其地皆有可考，却不數。韓汝節宗之，以汊澨、漳澨、薳澨爲三澨。汊澨古無此名，薳澨不知所在，紛紛推測，終無定論，所可知者，三澨爲漢水之三大防，其地當有名川來入漢，上不越滄浪，下不踰大别而已。愚意三澨當在淯水入漢處，一在襄城北，即大隄；一在樊城南；一在三洲口東，皆襄陽縣地，在邔縣之北也。言在竟陵者非是。以今輿地言之，漢自均州北，又東南逕光化縣西南，光化在襄陽府西北一百八十里，水去縣十五里。又東南逕穀城縣東北，穀城在府西一百二十里，水去縣二十五里。又東南逕襄陽縣北，縣爲襄陽府治，東南三十里漢水中有龍尾洲。縣志云：漢水重濁，與大河相似。襄陽實當其衝，爲患最劇。自唐以來，皆築隄遶城，以防潰決。明正統、嘉靖間，兩被漂溺，皆以大隄廢損故也。又云：

嘉靖四十五年，漢水溢樊城，城北舊有大隄，城南面江一帶，皆甎城，盡潰決。議者謂樊城潰，則襄城無患，於是疏塞不蚤，樊城之富庶漸衰。又東南逕宜城縣東，宜城在府東南一百二十里，水去縣二里〔一〕。又南逕鍾祥縣西，鍾祥爲安陸府治。又南逕荆門州東，荆門在府西九十里，水去州一百二十里。又東南逕京山縣西南，京山在府東一百五十里。又東逕潛江縣北，潛江在府南少東二百十里，水去縣二十里。又東逕景陵縣南，景陵在府東南二百十里，水去縣五十里。又東逕沔陽州北，沔陽在府南少東三百三十里，水去縣一百里。州志云：漢水由荆門州界，折而東，大小群川咸滙焉，勢盛流濁，浸淫瀠決，爲患無已。而潛江地居汙下，遂爲衆水之壑，一望瀰漫，無復涯際。漢水經其間，重湖浩渺，經流支川不可辨也。蓋漢水爲湖北之害，而襄、郢二州爲甚。潛江又承襄、郢之委流，當漢江曲折迴合之處，瀦爲大澤，勢不能免矣。而景陵、沔陽又潛江之委流也。今沔陽四境，唯湖陂連亘幾數百里，皆爲漢水所滙。蓋漢水性曲，往往十里九灣。語曰：勁莫如濟，曲莫如漢。郢、沔之間，波流迴盪，自必豬爲藪澤，小民見填淤之利，復從而隄防之。爲民牧者，又不講于節宣之宜，疏瀹之理。歲月之間，苟幸無事，大水時至，則委之洪濤中耳。又東逕漢陽縣北，縣爲漢陽府治，水去縣三里。又東至大别山，折而南，是爲漢口，經所謂「過三澨，至大别，南入

〔一〕「二里」，光緒本、禹貢錐指卷一四上作「四里」。

于江」者也。隄防考云：舊時漢水從黄金口入排沙口，東北折抱牯牛洲，至鵝公口又西南轉，北至郭師口，對岸曰襄河口，約長四十里，然後下漢口。成化初，忽于排沙口下、郭師口上直通一道，約長十里，漢水徑從此下，而故道遂淤。今魚利略存，不通舟楫，俗呼爲襄河，以上流自襄陽來也。按漢水本東行，觸大别之陂，而南回入江，今則自郭師口以上決而東，逕大别山，復入江，非復古之夏汭矣。漢志云：東漢水一名沔，過江夏，謂之夏水，入江。又云：沮水南至沙羨南入江，過郡五，武都、漢中、南陽、南郡、江夏。行四千里，蓋曲莫如漢，故其所行有若是之遠也。

地理今釋：三澨，案説文云：澨，埤增水邊土，人所止也。王逸注：西澨。杜預注：漳澨。或云水涯，或云水邊。蔡傳以三澨爲水名，恐非。

東滙澤爲彭蠡，東爲北江，入于海。

錐指：傳曰：滙，迴也。以東迴爲彭蠡大澤。朱子曰：彭蠡之爲澤，實在大江之南。然以地勢北高而南下，故其入于江也，反爲江水所遏，而不得遂，因却而自瀦，以爲是瀰漫數十百里之大澤。程氏曰：通禹貢一書，水之以小注大，則爲入水，力稍相參配，則爲會。而滙之爲義，唯此有之。以其力大而相衝蕩，其狀回復宛轉，無有此受彼聽之别，故與他水合併爲一者，不同也。傅氏曰：三江相會而南，不能以敵中北西來之勢，中北遏南而南，相與迴旋，而爲一大澤者，其來久矣。今禹本其有澤之因，故歸之于漢，曰東滙澤爲彭蠡，而于江，亦曰會于滙也。黄氏潤玉曰：叙江、漢皆言東者，主岷、嶓居西而云，非指曲折所向爲文也。吴氏曰：漢既入江，與江混爲一水，而又曰「東爲北江，入于海」，有似别爲一水然，何也？蓋漢水源遠流大，可亞于江，兩相匹配，與他小水入大水之例不同，故於荆州言朝宗于海，必以江、漢並稱，蓋曰江之入海，非獨江水，實兼漢水。江固爲江，漢亦爲江也，故漢得分江之名，而爲北江。記其入海者，著其爲瀆也。三瀆皆自爲一瀆，惟江與漢共爲一瀆，導水九條，始之以二水，終之以二水，而中間記四瀆：其一，河一瀆也；其二，漢與江一瀆也；其三，濟瀆；其四，淮瀆。河瀆非無它水入之，然皆小水入大水，故河得以大併小，而專爲瀆。江、漢體勢均敵，二水合流，所以如此其大，不以漢附于江，而泯其入海之實。故于漢于江並言入海，而同爲瀆也。若漢不爲瀆，則「東爲北江，入于海」七字衍文，而其序當殿導洛之後矣。傳云：自彭蠡，江分爲三，入震澤，遂爲北江而入海。下傳又云有北，有中、南可知。是以北江、中江、南江爲三江也。今按禹貢三江只是一江，而昔之言三江者不一。漢志毗陵之北江，蕪湖之中江，吴縣之南江，皆曰揚州川，蓋主職方而爲言。然周之三江與古之三江，豈容有二？群言淆亂，班固襍採入志耳。吴越春秋所謂三江之口者，酈元言雖稱相亂，不與職方同，可以正班固之失。夫職方之三江，即禹貢之三江也。既不與職方同，則亦與禹貢異。而蔡傳專主庾仲初之三江，不已謬乎！諸言北江者，皆謂由毘陵縣北入海，此即㴋氏道下所謂「東南至江都入海」者也。安國傳乃言江入彭蠡分爲三，入震澤，自震澤遂爲北江而入海，則北江直是松江，吾不知其爲何説矣。總之，大江與震澤本不相通，説者據後世溝通江湖之遺迹，命之曰中江、南江，而以大江爲北江，與此二水並列而爲三。班固不察，遂以爲職方之三江，而禹貢之三江亦從此訛矣。郭璞以岷江、松江、浙江爲三江，視班固差長。然異源各派，即與導漾、導江之義有礙，求合於禹貢，舍康成、子瞻無可從者矣。

李氏紱三江考：三江者，中江、北江、九江也。江本水名，中江是也。漢水入江以後曰北江，彭蠡上流九水相會曰「滙而入江」，以後則曰九江，皆因江得名者也。故禹貢諸水皆直稱水名，無稱某江某河者。桑欽水經則稱某水，江曰江水，河曰河水，各爲水中之一名，而他水不得而冒稱也。水經所載水名百一十有九，惟沿江、漸江、斤江三水有「江」字，然亦稱曰某江水，未嘗直以爲江也。孔氏穎達傅會鄭氏之說，謂江南人呼水無大小皆曰江，程氏大昌駁之，云南人呼小水爲江，特後世語耳，古何嘗有是？由程氏言之，是禹貢無其水者，固不得列於三江，禹貢雖有其水而未嘗有江名者，亦不得列於三江，斷然而無疑者也。韋氏昭以三江爲松江、錢唐江、浦陽江，近日吴中如顧氏炎武知辯江爲水名矣，其釋三江，亦依傍韋氏之說，不知此皆禹貢所無之水，又不得以江名者，不當列於三江也。孔氏安國謂自彭蠡，江分爲三，以入震澤，遂迤北而入海。班氏固謂南江自震澤東南入海，中江自蕪湖東至陽羨入海，又一江自毘陵北東入海。三家之説皆與今水道不合。雖古今之水間有遷徙，然荆、揚塗泥之地，與北方不同，斷不至參差如是，故程氏大昌譏爲全不知東南地理，且彭蠡無江名，南江亦臆説，所謂禹貢雖有其水，而未嘗以江名，則亦不得列於三江者也。王氏安石之說，誤會「既」字之義，牽連震澤。竊意後人有用韋氏説，妄指婁、淞、浙三水爲三江者，亦由「既」字誤之耳。不知程氏引「弱水既西」、「彭蠡既瀦」二「既」字駁之，確知下文不相聯綴，此蓋無庸辯者，惟顔氏師古以爲中江、南江、北江，蘇氏軾因之以「北江、中江」之文，推彭蠡爲南江。程氏亦亟取之，謂於地則有考，以經則相應，最爲愜當。然猶疑南江之説，求之經文之外，故學者信而不堅，余直斷以九江入之，則三江皆出於經文，學者可以堅信而無疑矣。然九江之説未定，則猶恐其信而不堅也。謂江至荆州而分爲九渚，孔氏安國之説，然鄭康成已不用之矣。水經注贛水下引劉氏歆謂湖漢九水，入於彭蠡，故言九江。班氏地理志與應氏劭之釋漢志，則皆謂江至廬江、尋陽分爲九派。至張僧監尋陽記始列九名，曰申，曰烏蜯，曰烏白，曰嘉靡，曰畎，曰源，曰廩，曰提，曰菌。樂史寰宇記、李宗諤九江圖皆本僧監之説，程氏則曰九不必實指其數，如五湖實一湖也，九澤實一澤也。又謂班氏地理志於廬江之尋陽曰，禹貢之九江在南，皆東合爲大江。而司馬遷之觀九江亦於廬山乎？求之，合漢世，知古者其書多同，故九江之在尋陽，後世主信者多，衆論雖不同，然皆以九江在尋陽之地，故吾以爲劉氏歆説可用，而程氏之駁非也。九江會於彭蠡則曰滙，既入於江則曰九江，猶漢水未入江則曰漢，既入江則曰北江也。中江、北江、九江，三者皆見於經，則三江之名可定矣。而蔡傳據楚地記以洞庭爲九江，晁氏説之雜引山海經、博物志、水經、地記以助之。然後九江之名亂。彼以經文「過九江至於東陵」爲證，然經不又云「過九江至於敷淺原」乎？程氏謂東陵，今世無有定地，曾氏以巴陵爲東陵，絶無根據。而敷淺原在今德安。按水經云：江水東過下雉縣北，刊水從東陵西南注之，又東左得青林口。注云：水出廬江郡之東陵鄉。尚書云江水過九江，至於東陵者也。東陵在廬江，則九江爲尋陽九江無疑矣。世之左祖洞庭之説者，謂「九江孔殷」之文，在荆而不在揚，廬江則屬揚，不知尋陽在荆揚之交者也。故晉人割廬江之尋陽，武昌之柴桑，合爲尋陽郡，是九江在荆之極東，而未絶乎荆也。且洞庭在漢水入江之上，凡叙水者先上游而後及末，故先曰「江漢朝宗于海」，而後曰「九江孔殷」，則九江爲尋陽之九江亦明矣。九江之説明，然後三江之説定，故因論三江而併及之。

張氏吉江漢辨：江、漢二條，朱、蔡皆以彭蠡乃江西湖漢所豬，無仰江、漢之滙，江、漢並持東下，又不見北江、中江，執是以疑經之誤，説甚備。愚嘗親歷其地，以經文證之，始知無誤也。夫滙本訓迴，乃下流汎濫，他水勢不得泄，于是迴旋渟蓄，豬而爲澤之謂也。今春夏之間，江、漢水漲，則彭蠡之水鬱不得流而逆注倒積，漭爲巨浸，雖無仰于江、漢之入，然實因其下流充牣，故湖水壅淤，阻抑而不能出，方能成其澤爾，非謂江、漢之水截入澤内而爲滙也。若其截入爲澤，則但如他條曰至曰入可也，何必變文言滙哉！此東滙澤爲彭蠡東迆北，「會」爲「滙」，本無誤矣。漢水不言會者，爲江水所隔，與彭蠡不相接也。江水不言彭蠡者，與漢互見也。迨夫二水漸消，則彭蠡之水溢出大江，循南岸而行，與二水頡頏趨海，所謂其北則江、漢之濁流，其南則彭蠡之清漲是也。第江水濬發，最在上流，其次則漢水自北岸而入，三水並持東下，則江爲中江，漢爲北江，而彭蠡入江並流爲南江者，不言可知，非判然異派之謂也。此東爲北江，東爲中江，入於海亦無誤，朱、蔡皆不能無疑于斯，何歟？況經文簡奥，其言南入于江，東滙爲澤，蓋亦無遠不包，而曰南曰東，與今水道曲折迆邐勢正相符，今却云經文與今水道全然不合，此不可曉也。又江水自東陵而下，漢水自漢陽而下，其勢皆漸趨東北湖口爲江。漢所滙之處，正在東陵、漢陽東北，與經文亦合，今却云于漢水宜改南滙彭蠡，于導江宜改南會于滙，此又不可曉也。若夫所謂横截而南入于鄱陽，又横截而北流爲北江，又謂至此而後，一先一後而入彭蠡，既滙之後，又復循次而出，以爲二江，此自説者之誤，非經文誤也。蓋經意以爲漢雖入江，自循北岸以達于海，故有「東滙北江入海」之文。朱子偶未之思，以爲二水既合，則有江無漢，故既疑其誤，而復取鄭樵之説，以「東滙澤爲彭蠡，東爲北江，入于海」十三字爲衍文。蔡氏篤信朱子，不復別求其説，遂立論以疑經，皆非也。或曰南之有江，猶北之有河也。渭水、洛水皆入河，不曰中河、北河，安知中江、北江之説不爲誤乎？是不然。河源遠出閼磨黎山，自積石、龍門而下，氣勢雄猛，流波洶激，而渭、洛近出鳥鼠、熊耳，不數百里，遂達河，幾不自見，安得與河爲敵？若漢源出嶓冢，與江源既不甚相遠，而其通流之地，大小雖殊，終不相遠，則漢雖入江，猶得紀其爲滙爲江入海之實，夫豈過乎？河可以包渭、洛，而江不得以包漢，故兗州則曰「九河既道」，不兼言渭、洛，荆州則曰「江、漢朝宗」，對舉二水言之，經之立義精矣。

張氏叙九江三江辨：禹貢三江、九江之聚訟也久矣。自朱子作九江彭蠡辨，而九江之爲洞庭，已確乎可信，惟三江之名，尚未折中爾，於是説者群然爭勝，三江之名遂有五，而九江之名亦有三。夫山川名號，古今每多重襲，九江何妨有三？然以豫章與尋陽之水爲九江，縱證據紛羅，終是漢人之九江，而非禹貢之九江也。九江既非，而欲以是合之江、漢爲三江，或別援他水爲三江，雖其數適符，亦是後人之三江，而非禹貢之三江也，何也？禹貢「九江孔殷」、「九江納錫大龜」，俱在荆州，則是荆州之九江矣。夫荆州之九江則非洞庭之九水，而有何水足當其名者哉！若豫章則屬揚州，尋陽雖在揚之極西，亦究是揚而非荆也。或乃恐其説之戾於經，因并割此一隅之地，强而委之於荆，即如其説，亦祇荆之末梢下流而已。禹貢聖筆宜規全勢以立文，豈有方序荆州，置其上流莫大之水不記，反記其末梢下流，可荆可揚，幾同甌脱之地，以備數者哉！且其説尋陽之九水也，不過曰大江至此分而爲九，蓋即是江、漢之水也。夫如是，則「江、漢朝宗于海」一語，已足包之矣，何煩重累其詞？豈復成聖經之體耶？夫江、漢之水跨越三州，綿歷四千餘里，非荆一州之所可擅也。惟洞庭、九江圓周八百餘里，乃一州中權絶大之水，而爲荆州之所獨，後世荆、湖南北路由之而分，今之湖廣，分省亦以湖而别。彼震澤、彭蠡之小于洞庭多矣，而揚州尚兩序之而不一漏，乃序荆州而反遺此水，可乎哉？顧朱子直以洞庭爲九江，則其意雖是，而源流尚未分明耳。洞庭者，九江之委，乃湖也，而非江也。九江應是湘江云爾。湘水發源于桂林之耶薑山，合辰、沅、潰、澧、溆、酉、蒸、郴之八水而爲江，此余曾目驗而定者，與記、志所分九水，小異而大同也。會其全則曰九江，統於一則曰湘江。導山云：岷山之陽，至于衡山。夫衡山去洞庭且八九百里矣，以其在湘江西岸，爲湘所隔，故東行者必須渡湘而過，經乃直曰「過九江」，而不曰「湘江」，是九江即湘江之明證也。蓋言湘江不足以包洞庭，言洞庭亦無以見湘江，故經惟稱九江。導水云：又東至于澧，過九江。澧即今澧州之地，以水名地，而非水也。洞庭即在澧之東，故至澧而曰「過九江」，已包洞庭在内，是九江之下流也，則此之衡山九江者，湘江即在衡之麓，故至衡而曰「過九江」，明指湘江而言，是九江之上流也。由此觀之，至于東陵之陵，或可移至澧，而過之九江不可移也。至于敷淺原之原，或可移至衡，而過之九江不可移也。苟衡、澧所過之九江不可移，則「孔殷」、「納錫」之九江獨可移乎哉？聖人若預知後世必將有迷于九江之源流者，故于此兩條已舉九江之源流，鑿然注明所在以示人，而後來膚學尚欲曲引山經地志之雜說，以汩亂聖經，不亦舛乎！且夫九江既失其真，則南江之名先不得其實，而乃别尋經外之三江，固臆測而杜撰，即彼自謂以經證經，而引北江、中江、九江爲三江者，亦貌是而神非也。彼亦知夫三江之名，雖總見于揚州之川，而三江之源，實已並列于荆州之域耶？其曰「江、漢朝宗于海」，則自西而東，而中江、北江兩源已合，又曰「九江孔殷」，則自南而北，而南江之源亦已來同。下文「沱、潛既道」，是江、漢之别流，俱安瀾矣。「雲土夢作乂」，是九江之餘波，不旁溢矣。只四語，而荆之四際已周，三江之源亦已了然在目，此其所以爲聖筆也。而或者尚有所疑，則更以導水之文證之。夫「嶓冢導漾，至于大别」，「而曰南入于江，則已與江同行，而東滙澤爲彭蠡矣。然漢自循北岸而東，故爲北江以入海耳，不與江混也。岷山導江東至于澧，而曰「過九江」，則九江亦隨之同至于東陵而東，迤北會于滙矣。然江亦不混，故特東爲中江以入海也。既有北江、中江，又區彭蠡爲澤，則九江之爲南江，尚何疑哉？其所以不著南江之名者，九江先與岷江合流于巴陵，則江水在北，而九江之爲南江舊矣。至漢陽，而漢自北來，尚未名江，故宜别之爲北江，而江乃改稱中江，則九江之在南，自如而不待言爾。聖經簡括，自可互證而得，故序揚州而曰「彭蠡既瀦」，明其瀦而爲澤，則非江矣。下乃書三江既入，則彭蠡之不得雜于其内也，不從可知乎？故五説之中，惟漢人據北江、中江者爲近，而配以彭蠡及尋陽則失之，不知江之可並爲三者，必其源遠流長而大小相敵者耳。漢源嶓冢，江源岷山，至荆已二三千里，九江源出粤西，亦二千餘里，而與江、漢會于岳、鄂之間，則略足相當。雖岷江勢雄，獨據中流，而二水亦非甚弱，故一南一北滔滔東注，不爲岷江所没，而並爲三江以入海也。夫九江既行南岸，則抵揚後，即豫章、尋陽諸水亦將挾之以行，而同入于海耳。然是乃九江之末流，所會而非江也，以是爲九江，已數典而忘其祖，并欲以是爲南江而配三江，則大小長短相去遼絶，不且來婢作夫人之誚乎？然則紛紛旁引曲證以爲之説者，辨之蓋不勝辨，實亦不足辨已。

蕙田案：張氏以九江爲荆州之川，意與朱子同。然朱子直以洞庭爲九江，而張氏則以導江之至澧，過九江，即包洞庭在内，而曰九江之下流；導山之至于衡山，過九江，而爲九江之上流。其説又與朱子小異。張氏以三江之名雖總見揚州，三江之源實列荆州之域，蓋亦指經文中江、北江、九江爲三江，而以九江爲南江，其説與李氏同，特李氏之南江在揚，而張氏之南江在荆，爲小異耳。古今變更，名實互異，未知孰是，存之以備參考。

岷山導江，東别爲沱。

錐指：林氏曰：自江水溢出，别爲支派者，皆名爲沱。梁、荆二州，皆有之也。

渭按：荀子云：江出汶山，其始發源，可以濫觴。地理志云：禹貢岷山在蜀郡湔氐道西徼外，江水所出。沱謂梁之郫江，荆之夷水也，詳見梁、荆二州。「東别爲沱」

者，謂江水東流，而別爲沱。以大勢言之，江自梁而荆皆東也。傳云江東南流，沱東行，非是。

附論江源：

華陽國志：岷山一名沃焦山，其附曰羊膊，江水所出。

李膺益州記：羊膊嶺水分二派，一東南流爲大江，一西南流爲大渡河。

太平寰宇記：羊膊山在平康縣，縣屬松州。隋志平康縣有羊腸山。「腸」蓋「膊」字之誤。山下有二神湫，大江始發之所。

范成大吴船録：江自西戎來，由岷山澗壑中出，而合于都江。今世所云止自中國言耳。

陸游入蜀記：嘗登岷山，欲窮江源而不可得。蓋自蜀郡之西，大山廣谷，谽谺起伏，西南走蠻箐中，皆岷山也，則江所從來遠矣。

王氏應麟通鑑地理通釋：大渡河一名羊山，江源出鐵豹嶺，嶺即羊膊之異名也。

金氏履祥書注：岷山數百峰，大西山爲最大。雪山三峰闖其後。冬夏如爛銀。

一谷名鐵豹嶺者，有西岳廟，廟下名羊膊石，江水正源也。其西南分一源，又爲大渡河矣。

錢謙益徐霞客傳：霞客名弘祖，江陰人，平生好遠遊。紀江源一篇，言禹貢岷山導江，乃氾濫中國之始，非發源也。中國入河之水爲省五，入江之水爲省十一，計其吐納，江倍于河。按其發源，河自崑崙之北，江亦自崑崙之南，非江源短而河源長也。又辨三龍大勢，北龍夾河之北，南龍抱江之南，中龍中界之特短，北龍祇南向半支入中國，惟南龍磅礴半宇内，其脈亦發于崑崙，與金沙江相並南下，環滇池以達五嶺。龍長則源脈亦長，江之所以大于河也〔二〕。

李氏紱江源考：江爲南條大水，與北條之河並稱。河自發源至積石，入中國

〔二〕「錢謙益」至「大于河也」二百七十四字，原作「方中履古今釋疑：按雲南志謂金沙江之源出於吐蕃之犂石，南流漸廣，至於武定之金沙巡司，經麗江、鶴慶，又東過四川之會州、建昌等衛，以達於馬湖敘南，然後合於大江，趨於荆、吴。又緬甸宣慰司志謂其地勢廣衍，有金沙江，闊五里，水勢甚盛，緬人恃以爲險，其源之遠且大也，明矣。何爲言江源者止於岷山耶？蓋江出犂石，即崑崙之南，河出朵甘思，即崑崙之西，二源實前人所未詳，故范、陸諸説俱未得其要，而荒遠難知」，凡一百六十四字，與後按語矛盾，據味經窩本、乾隆本、光緒本改。

境，以今方輿路程圖考之，已七千餘里。而歷來溯江源者，悉本禹貢「岷山導江」之文，止就岷山言之，雖博奥如桑氏水經酈氏注，精詳如程氏禹貢論，亦無異辭。余獨疑江水廣與河等，深則數倍，並横亘中國，江尤有天塹之名，而岷山在陝西廢疊州，爲中國境内，何其源之近而小耶？竊以爲禹貢言岷山導江，猶導河積石，止就神禹施功之地言之。江源不始於岷山，猶河源不始於積石也。昔人嘗有以北金沙江爲江源者，其源出在西番境内，莫得其詳。後閲方輿路程圖，則北金沙江源委井然，既開方以計里，又測極以準度，其法爲古來所未有。按圖考之，岷江與金沙江會合於四川之叙州，各自叙州逆溯其源。岷江源出岷山，當北三十四度，西十二度，行五百餘里，過黄勝關，至松潘衛入四川境。又南行五百里，至茂州之長寧堡，有黑水河來會。又南行六百里，經成都府西境，至嘉定州，青衣、嘉定二江來會。又二百餘里至叙州，與金沙江合。自發源至此，僅一千八百餘里。若北金沙江則發源西番之河克達毋必拉。必拉者，河也。當北三十二度半，當西二十度，經毋魯斯烏蘇之拜圖都渾，共南行千八百里，過裹雍、河屯，始名金沙江。又東南行九百里，過塔城關至雲南麗江府，又南行四百里至陶營巡檢司，又東北行千里至雪山，入四川境，又北行千二百里有打沖河來會，又東行三百里至涼水井，折而北，行七百里，又東行四百里至馬湖府，又東行二百里至叙州府，與岷江合。自發源至此已六千九百餘里，較岷江之源遠三四倍。凡水以原遠者爲主，而原近者附之。今自叙州會合之處逆泝二江之源，修短懸殊如此，乃不以行六千九百餘里者爲江源，而以行一千八百里者爲江源，此理之必不可者也。按：黄河發源北三十六度，當西十九度，與金沙江南北相距僅三度半，東西則止偏西一度。而河源之南，金沙江源之北，皆高山聳峙，蓋即所謂崑崙山也。河源在崑崙之陰，江源在崑崙之陽，而特微偏西二百餘里也。又有一源名鴉礲江，即所謂打沖河，與金沙江會合於馬湖西境者也。鴉礲亦發源於西番北境，與青海南境接壤，當北三十四度，西十八度，與河源南北相距僅二度，東一度，中阻高山，蓋亦崑崙之陽而微偏東二百餘里者也。其源從平地湧出源泉百十道，與星宿海相同，西番人名以查楚必拉，蒙古人名以七察爾哈那，衆泉會流爲大川，南行二千里，沿途納東西大水十餘處，經四川西境始名鴉礲江。又南行六百里入四川境，過三渡水，始名打沖河。又西行三百里，又南行五百里，與北金沙江合。又一千六百里至叙州。自發源計之，共行五千里，較岷江之源，亦幾於三倍，而水勢盛大亦倍於岷江。以源之遠論當至金沙江，以源之大論當至鴉礱江，然不如金沙爲確。蓋金沙較鴉礱又遠千九百里，源遠則流無不盛者，若岷江則斷斷不得指爲江源也。又按：江、河並發源於崑崙，河源在其北者已東趨陝西，又折而北直趨塞外鄂爾多斯，又東行千餘里，然後折而南，由延安入陝，再折而東以入於海。江源在崑崙南，亦東南行，已與四川相近，復南行直趨雲南，東行千餘里，然後折而北，由雪山入川，再折而東以入於海。兩大川始而相背，繼而相向，有若黻文亞字，亦天地之奇觀，江源者亦可以無憾矣。

蕙田案：徐、李二氏論江源，一得之遠遊，一得之圖象，其言皆信而有徵，可補前人所未備，惟察於地理、通乎山川大原者始知之。

又案：唐六典云：江、河自西極達東溟，中國之大川也。據此，則以江源出于西極，其來已久，是不止范氏約略之詞，迨徐、李二家昌言之而後明也。古人學問深廣，非後人所及，特世人留心者少，故其學漸微耳。

觀承案：江源金沙，徐、李二説誠辨。然要而論之，終以岷山爲江之正源，金沙江特爲叙江之源，至叙州而亦入於江，乃小水入大水之例耳。蓋源雖以遠者爲宗，而亦以大者爲正。江自岷山至叙，行千八百里，已自成江，舟楫通利，其爲大江也，無藉於金沙來入而始成。故叙江之自南而北入於江，亦如漢江之自北而南入於江，後人斷不以漢亦入江而遂改江源於嶓冢，豈可以叙亦入江，而竟改江源於金沙哉？蓋既論正偏，則不必更計其修短矣。况金沙盤曲於萬山中，細流斷續，巨石横亘，從古不通。近乾隆初年，雲南督臣按圖開濬，董其事者云：「鑿山壍石，不知凡幾，始有逕可通。今雖亦行舟楫，畢竟崎嶇屈折於側徑巉巖中，危險特甚，未能通行無礙也。」則徐、李二説雖新奇可喜，特足廣人聽聞，終不可改爲江之正源也。

又東至于澧，過九江，至于東陵。

錐指：傳曰：澧，水名。東陵，地名。

地理今釋：澧水出今湖廣永定衛西歷山，至岳州府安鄉縣南會赤沙河，入洞庭湖。

蕙田案：九江、東陵説見前。

觀承案：澧乃以水名地，而非水也。導水文，凡書「過」、書「入」、書「會」者，皆水名；書「至」者，則係地名，如「至於東陵」、「至於大別」、「至於敷淺原」之類可見。

東迆北會于滙。

錐指：蘇氏曰：迆，迆邐也。林氏曰：迆者，斜出之辭。邵氏曰：江、漢水漲，彭蠡鬱不流，逆爲巨波，無仰其入，而有賴其遏。彼不遏則此不積，所謂滙者如此，故曰北會于滙，蓋實志也。

東爲中江，入于海。

錐指：傳曰：有北，有中、南可知。曾氏曰：豫章九江合于湖漢，東至彭蠡入江，此九水，蓋南江也。南江乃江之故迹，非禹所導。禹導漢水入焉，與舊江合流，而水之派分爲南北，故漢爲北江。又導岷山之江入焉，其流介乎二江之中，故爲中江。南江乃故道，故經不志。程氏曰：經云「東滙澤爲彭蠡」，「東迆北會于滙」，是二語者，附著直略切。南江，以概其所不書者也。彭蠡爲南江無疑。禹之行水，嘗經疏導，則雖小而見録；無所致力，則雖大而不書。南江源派誠大且長，正以不經疏導，故自彭蠡而上，無一山一水得見於經。然於其合并江、漢，而以滙會名之，使天下因鼎錯之實，參北中之目，而南江隱然在二語中，此聖經之書法也。邵氏曰：江水濬發，最在上流，其次則漢自北入，其次則彭蠡自南入，三江並持而東，則江爲中江，漢爲北江，彭蠡所入爲南江可知已，非判然異派之謂也。且江、漢之合，茫然一水。唯見其爲江也，不見其爲漢也，故曰中江，曰北江。然其勢則相敵也，故曰江、漢朝宗。凡集傳謂經誤者非是。餘干張克修云寶亦云。渭按：三江之説，自康成、子瞻以後，得三氏而愈明。江、漢共爲一瀆，而其入海也，則漢爲北江，江爲中江，即朝宗于海，並舉二川已爲之張本矣。南江無所致力，不用循行，故導水無文。

蕙田案：胡氏三江之説與李氏合，但南江之名不見于經，不如竟指九江爲直截也。

觀承案：邵氏所云江水最在上流，其次則漢自北入，殊謬。江水固在上流，而其次當曰洞庭自南入乃可。云其次則漢自北入，至彭蠡，則已屬揚州之界，又不當於荆州條内序列矣。蓋洞庭乃湘江之委，發源嶺表，自南而北行二千餘里，至巴陵而先入於江，其爲南江也久矣。漢水則在巴陵之下五百餘里，始自漢口而南入於江，故爲北江也。邵氏直以江爲上流，即次以漢，若不知漢口上流之有洞庭者，是荆州全勢猶未辨，而欲核論三江乎？

地理今釋：江水出今四川松潘衛北西蕃界，源有三支，自浪架嶺岷山之隨地異名者。南流，東支自弓槓口至漳臘營合正支，西支自殺虎塘至黄勝關合正支，南經茂州、威州、汶川縣以至灌縣離堆岐，爲數十股，滂沱南下，左抱成都府，西環崇慶州，衆流以次會于新津縣南。又南行逕眉州、嘉定州，至叙州府東南合金沙江，折而東北流至重慶府。嘉陵江、發源陝西鳳翔府寶雞縣之大散嶺，至鞏昌府徽州合西漢水入四川界。涪江發源松潘衛東雪欄山，東南流至合州，與嘉陵江會。自北來合流入之。又東北逕夔州府巫山縣入湖廣界，東流至彝陵州，東南流至枝江縣，又東流至荆州府，折而南流至石首縣。又東流至監利縣，又南流至岳州府，折而東北流至武昌府，與漢江合。又東流至黄州府，又東南流入江西界，至湖口縣與南江合。即贛江。又東北流入江南界，經江寧府通州入海。

范氏成大曰：江出岷山，其源實自西戎萬山來，至嘉州，而沫水合大渡河以會之。至叙州，而馬湖江出自夷中以會之。又十五里，而南廣江會之。至瀘州，而内江自資、簡等州會之。至恭州，而嘉陵江自利、閬、果、合等州會之。至涪州，而黔江又自黔州合南夷諸水會之。至萬州，而開江水自開、達等州會之。夫然後總而入于峽。是江自峽而西，受大水凡八。及出峽而下岳陽，則會之者，洞庭湖所受湖南北諸郡水也；又自是而下鄂渚，則會之者，漢口所受興元諸郡水也；又自是而下黄州東四十里，則會之者，巴河也；又自是而下江州，則會之者，彭蠡今名鄱陽湖所受江東西諸郡水也；又自是而下，則會之者，皖水所受淮西諸水也，夫然後總而入于海。是江自峽而東，又受大水凡五。略計天下之水，會于江者，居天地間之半。其名稱之大而可考者凡十有三。故曰江源其出如甕，而能滔滔萬里以達海，所受者衆也。嗚呼！問學者可以觀矣。

導沇水，東流爲濟，入于河，

錐指：傳曰：泉源爲沇，流去爲濟，在温西北平地。正義曰：地理志云：濟水出河東垣縣王屋山，東南至河内武德縣入河。見今濟水所出在温之西北七十餘里。渭按：漢垣縣故城在今山西平陽府垣曲縣西四十里。温縣故城今在河南懷慶府温縣西南。武德故城在今武陟縣東，黄河在縣南，與開封府河陰縣分水。

地理今釋：沇水即濟水之上流，蔡傳所謂發源爲沇，既東爲濟是也。濟水出今河南懷慶府濟源縣王屋山，既見而伏，至濟源縣西北五里，重源顯發，有東西二池合流，至温縣東南入河。

胡氏渭曰：水經注：濟水故瀆即漢志所謂「東南至武德入河」者，蓋禹迹也。第五卷河水注云：成皋大伾山在河内修武、武德之界，濟、沇之水與滎播澤，出入自此，即經所謂「濟水從北來注之」者。今濟水自温縣入河，不於此也。所入者，奉溝水耳，即濟、沇之故瀆矣。沁水篇云：沁水東過武德縣南，積爲陂，有朱溝水注之。其水上承沁水，於沁水縣西北自方口東南流，奉溝水右出焉。又東南流，右泄爲沙溝水，東逕隰城北，殷城南，而東南注于陂。陂水又東南流入河。先儒亦咸謂是爲泲渠，故班固及闞駰並言「泲水至武德入河」。按沙溝即奉溝之下流，古濟水由此入河，故謂之泲渠。沙溝當在今武陟縣界也。正與此相發明。濟水於武德入河，南直成皋，今汜水、河陰之界是也。其後由温縣入河，則南直鞏縣，所謂津渠勢改，不與昔同者也。今其故道又盡陷河中，濟水唯從枝津之合溴水者，至孟縣東南入河。見懷慶府志。南直孟津縣，其流益短矣。由大禹而來，濟水入河之道凡再變。

溢爲滎，

錐指：曾氏曰：職方云其川滎雒者，禹時爲滎澤而已。至周則爲川。穆天子傳「浮于滎水，乃奏廣樂」是也。黄氏曰：經「溢爲滎」，「導菏澤，被孟豬」，皆一字之工，足以觀禹迹。吴氏曰：濟既入河，其伏者潛行地下，絶河而南，溢爲滎澤，再出于陶丘北。溢者言如井泉，自中而滿，非有來處，如「菏澤被孟豬」之「被」。出者言在平地，自下而涌，非有上流，如某水至某處之至。滎澤後既填塞，陶丘亦無竇，濟瀆故道不可復尋矣。渭按：書「溢」、書「出」僅一見，乃禹貢特筆，當與他水導源首受者不同，吴氏義最精。地理志云：濟水自垣縣東南至武德入河，軼出滎陽北地中，即經所謂「溢爲滎」也。曰軼出地中，則重源顯發，不與河通可知矣。説者以滎播，河、濟往復經通，爲禹之舊迹，非也。焦弱侯云：伏見不常，而識其爲濟，此禹之所以爲神。旨哉，言乎！滎澤至周時已導爲川，與陶丘復出之濟相接，然河、濟猶未通波。及周之衰，有於滎陽下引河東南爲鴻溝，與濟、汝、淮、泗會者，而河始與濟亂。以今輿地言之，滎澤、原武、陽武、封丘、祥符、陳留、蘭陽、並屬河南開封府。曹州屬山東兖州府。諸州縣界中，皆滎瀆之所經也。自鴻溝既開，滎瀆爲河水所亂，已非其舊。逮東漢之世，滎澤亦塞，而禹迹蕩然無存矣。

東出于陶丘北，又東至于菏。

錐指：傳曰：陶丘，丘再成。正義曰：釋丘云：再成爲陶丘。李巡云：再成，其形再重也。郭璞云：今濟陰定陶城中有陶丘。地理志云：定陶縣西脱「南」字。有陶丘亭。渭按：「出」字義見上文。今山東兖州府定陶縣西南有定陶故城，漢濟陰郡治也。陶丘亦在西南，去縣七里。菏即菏澤。地理志濟陰郡下云：禹貢菏澤在定陶東。唐省定陶入濟陰，故通典濟陰縣下云：菏澤在縣東北九十里。故定陶城東北，今曹州東南三十里與定陶接界處是也。濟水有三伏三見之説，或謂出于近世之俗學，殊不可信。王綱振云：如時以東流爲濟，溢爲滎爲見。則漾東流爲漢，滙爲彭蠡，亦可爲見乎？又若以入于河爲伏，則渭入於河，洛入于河，亦可爲伏乎？況經明言浮于濟、漯，達于河。河、濟本通，而此曰流，曰溢，曰入，曰出，曰至，曰會，亦並無間斷，不知三伏三見何據。但沿襲既久，爲之曲解，非本注也。渭按：伏見之説，二孔無之。然有所自來：泰澤一伏，東丘一見，本水經注；武德入河再伏，滎陽軼出再見，本地理志；滎東又洑，爲三伏，出曹、濮間〔一〕，爲三見，本唐書許

〔一〕「間」，諸本脱，據禹貢錐指卷一五補。

敬宗傳。此豈創自近世？但以入河爲伏，義有未安耳。滎澤自周以前，已導爲滎川，與陶丘復出之濟相接，故漢志于「軼出滎陽地中」下，即繼之曰「又東至琅槐入海」，而定陶縣下亦止云「禹貢陶丘在西南」，不引東出之文。蓋三見之迹，不可得見久矣。鴻溝既開，滎瀆爲濁河所亂，陶丘之竇，日就填淤，而滎澤之澄泓如故。其後滎澤亦塞，則河南由是無濟水，而再見之迹亦亡。水經以河、濟合流，分入滎瀆者爲濟水，京相璠謂之出河之濟，酈道元宗之，而班固之所謂「軼出地中」者，絶口不談矣。或以爲河中截流而過，孔安國。或以爲河底穴地而來，蔡沈。或以爲河、濟相亂，南出還清，孔穎達。或以爲適會河滿，溢出南岸，程大昌。各持所見，終非定論。余竊謂河南之濟，即奮自河南之地中，未必與入河之濟爲一脈。譬如人之鼻息，總出丹田氣海中，呼者豈必其吸者之復出邪？沈括云：歷下凡發地皆是流水，世傳濟水經過其下，東阿之井乃濟水所爲。曾鞏云：泰山諸谷之水，自渴馬崖潛流地中，至歷城西復出爲趵突，旁溢十數泉。蔡傳引以證濟之伏見，重源顯發，所在多有。元和志云：鄭州管城縣，京水出縣南平地。新鄭縣，溱水出縣西北三十里平地。二處並在河南，密邇滎澤，尤爲明驗。蓋濟瀆所經之地，其下皆有伏流，遇空竇即便涌出。故一見于滎澤，再見于陶丘，不必以入河之濟爲上源，亦不必并泰澤、東丘數之爲三伏三見也。草廬之説，雖聖人復作，無以易之矣。

又東北會于汶。

錐指：傳曰：濟與汶合。渭按：地理志：汶水出泰山萊蕪縣，西南入濟。詳見青州。

又北，東入于海。

錐指：傳曰：北折而東。茅氏曰：秦繼宗云：又東，北會于汶，當於「東」字一讀。又北，東入于海，當於「北」字一讀。渭按：地理志：濟水自滎陽東至琅槐入海，過郡九，行千八百四十里。今青州府樂安縣東北一百十里有琅槐故城，漢縣，屬千乘郡也。以今輿地言之，自東平會汶以下，東阿、平陰、並屬山東兖州府。長清、齊河、歷城、章丘、鄒平、長山、新城、並屬濟南府。高苑、博興、樂安並屬青州府。諸縣界中，皆禹貢濟水入海之所經也。濟水自東平以下，唐人謂之清河。按戰國策：燕王謂蘇代曰：「齊有清濟、濁河以爲固。」郭緣生曰：清河首受洪水，北流濟，或謂清則濟也。酈道元曰：濟水通得清之目，亦水色清深，用兼厥稱矣。此清河之名所自來也。至宋又有南、北清河之名，河渠志云：熙寧十年，河決澶州，徙而南，東滙于梁山、張澤濼，分爲二脈：一合南清河入于淮，一合北清河入于海。南清河即泗水，北清河即濟瀆也。南渡後，北清河又有大小之分，蓋自劉豫導濼東行始。齊乘以大清河爲古濟水，小清河爲豫所創。志家皆沿其説，黄子鴻非之，曰：以水經注、元和志、寰宇記諸書考之，濟水最南，漯水在中，河水最北。今者小清所經，自歷城以東，如章丘、鄒平、長山、新城、高苑、博興、樂安諸縣，皆古濟水所行；而大清所經，自歷城以上至東阿，固皆濟水故道，而自歷城東北，如濟陽、齊東、青城諸縣，則皆古漯水所行；蒲臺以北，則故河水所經。蓋宋時河嘗行漯瀆，及河去，則大清兼行河、漯二瀆，其小清所行，則斷爲濟水故道也。渭按：子鴻此言，正三百餘年積傳之謬。蓋清河所行本濟瀆，不知何時從歷城東北決，而北入濟陽縣界，與漯水合，而清河之名遂被于漯。據水經，漯水逕著縣故城南，著即今濟陽，而縣南有大清河，是知大清即漯，其水自歷城入濟陽，乃近世之所決，非唐清河入海之故道也。濟陽之流日盛，則章丘之流日微。故劉豫堰濼水使東以益之，齊乘云：大清河自齊河縣，又北經歷城上濼橋北，濼水分響河入焉。又東北逕華不注山陰，又東逕下濼堰，濼水舊入濟處。

堰南即小清河。按響河即聽水也，此大清河猶是濟之故瀆。其所行者實濟水故道，而志家反以濟陽之大清河爲古濟，舛錯殊甚，不有子鴻，其誰正之？然大清自歷城入濟陽，及濱州以東入海之道，不知決于何年。意者宋熙寧時，河嘗合北清河入海，始開此道。其後金明昌五年，河復由此入海，久而後去，流益深廣，此大清河之所以浩浩，而小清河之所以屢濬屢塞也與？濟瀆之水，自周以來凡數變。初爲濟，及導滎爲川，則滎與濟合，鴻溝既開，滎瀆爲河所亂，及滎澤又塞，則所行者唯河水矣。汴渠不通，則鉅野以北所行唯菏、汶。戴村已築，則東阿以下所行唯山泉溝澤之水，其號爲濟者，襲舊名而已。濟瀆入海之道，自唐以來亦數變。初經高苑縣北，又東北至博昌入海。其後則不由博昌。通典云：舊濟合在今博昌縣界，今無。元和志蒲臺縣下云：海在縣東一百四十里，海畔有一沙阜，俗呼爲鬭口淀，是濟水入河之處，海潮與濟相觸，故名。蓋其時濟水改道，從蒲臺東北與河渾濤而入海也。宋南渡後，劉豫導濼水東行，入濟水故道爲小清河，仍經高苑縣北，至樂安入海。及金皇統中，縣令高通改由縣南長沙溝至博興合時水，又東北至樂安，由馬車瀆入海。瀆在縣東北五十里，今爲高家港。其後小清之上流堙塞，鄒平、長山、新城界中故瀆皆爲漯河所行。漯河即楊渚溝水，寰宇記所稱獺河者也。歷城新志云：小清河自明永樂以後，漸至堙塞。成化九年，嘗濬治之。嘉靖十二年，又塞。乃復濬博興以西，達於歷城，幾三百里，久之復淤。蓋小清唯恃濼水爲源，堰東有阻，則濼水仍自華不注東北入大清河，屢濬屢塞，職是故也。水經所叙，瀆同而水異。水異，故李弘憲云河南無濟水；瀆同，故黄文叔云禹迹賴此而猶存。言非一端，各有所當。今與人論濟水，苟以爲無，則群指七十二泉、大小清河以相難；若以爲有，則又據杜佑之説，詆水經不當襲舊名爲濟。明道謂與公言，如扶醉人，扶得一邊起，又倒却一邊，真可笑又可憎也。

導淮自桐柏。

錐指：傳曰：桐柏山在南陽之東。正義曰：地理志云：桐柏山在南陽平氏縣東南，淮水所出。水經云：出胎簪山，東北過桐柏山。胎簪蓋桐柏之旁小山也。傅氏曰：胎簪山即桐柏也，後世又别名之耳。禹謂導淮自桐柏，不應桐柏非淮所出。今其山在唐州桐柏縣。渭按：桐柏見導山，今河南南陽府桐柏縣西北四十里有平氏故城，漢縣也。胎簪山，寰宇記云在桐柏縣西北三十里〔一〕。

東會於泗、沂，東入于海。

錐指：傳曰：與泗、沂二水合，入海。蔡氏曰：沂入於泗，泗入於淮。此言會者，以二水相敵故也。入海在今淮浦。吴氏曰：二水均敵，不以沂既入泗而没其名，如朝宗並稱江漢之例。金氏曰：淮出桐柏，初甚湧，復潛流三十里，然後東馳，亦尚淺，其深處爲十四潭，至并汝、潁始大。汝、潁，禹時不費治導，故不書。自桐柏至海凡千七百里。渭按：泗、沂二水，並見徐州。淮浦，漢屬臨淮郡，其故城在今江南淮安府安東縣西。地理志云「淮水至淮陵入海」，注疏本訛爲「睢陵」。唯水經云「至淮浦縣入海」，蔡氏從之。淮浦，隋改曰漣水縣，宋置漣水軍，淮浦之名久絶，今字謬，當云入海在漢淮浦縣，今漣水軍。以今輿地言之，淮水自桐柏縣南，東逕信陽州北，信陽在汝寧府西南二百七十里，水去州四十五里。又東逕羅山縣北、真陽縣南，羅山在州東一百二十里，真陽在府南一百二十里，水去縣八十里。淮水舊自確山縣南流，入二縣

〔一〕「西北」，原脱，據光緒本、禹貢錐指卷一六補。

界。元和志云：淮水在朗山縣南一百二十里是也。今不入其界。又東逕息縣南，息縣在光州西北九十里，春秋息國地，水去縣五里。又東逕光山縣北，光山在州西四十五里，本春秋弦國，水去縣八十里。又東逕光州北，光州在汝寧府東南二百七十里，本春秋黄國，水去州六十七里。又東北逕固始縣北，固始在州東北一百二十里，水去縣七十里。縣東南四十里有茹陂，後漢末揚州刺史劉馥所築，爲耕屯之地，其後鄧艾等嘗修治之，今故址僅存。又東北逕潁州南，潁州在江南鳳陽府西四百二十里，水去州一百十里。又東十餘里合汝水，南岸即霍丘縣界。又東逕霍丘縣北，霍丘在壽州西南一百二十里，水去縣四十五里，其渡處曰安風津。又東逕潁上縣南，潁上在潁州東一百二十里，水去縣二十五里，西南與霍丘分界。又東三十五里與壽州分界。潁水在縣南門外，亦曰沙河，東南流，至正陽鎮入淮，謂之潁口，即春秋之潁尾也。鎮在縣東南七十里，淮水之西。又東逕壽州西北，壽州在鳳陽府西少南一百里，水去州二十五里，芍陂在州南，亦曰期思陂。淮南子曰：孫叔敖決期思之水，灌雩婁之野。即此。又東逕懷遠縣南，懷遠在府西北七十里，水去縣一里，流至城東，稍折而北，渦水來注之，謂之渦口。又東逕鳳陽縣北，縣爲鳳陽府治，水去城十里。又東逕臨淮縣北，臨淮在府北少東二十里，水去縣一里。又東北逕五河縣南，五河在府東北九十里，本漢虹縣，屬沛郡，音貢。後漢爲虹縣，淮水在縣東南二里，有澮、沱、潼、漴四水，與淮會爲五河口，縣取名焉。**又東逕泗州南，盱眙縣北，**泗州在府東少北二百十里，水去州一里，有浮橋，爲南北要道。潘季馴曰：淮挾汝、潁、肥、濠等處七十二溪之水，至泗州下流，龜山横截河中，故至泗則湧，譬咽喉間，湯飲驟下，吞吐不及，一時阨塞，其勢然也。明神宗十九年，泗州大水，淮流泛濫，高於城，溺人無算，浸及祖陵。季馴上言：水性不可拂，河堤不可弛，地形不可强，治理不可鑿。人欲棄舊以爲新，而臣謂故道必不可失；人欲支分以殺勢，而臣謂濁流必不可分，霖淫水漲，久當自消也。盱眙在州南五里，水去縣二里，有長沙洲，長二里，淮水泛漲，賴以捍禦。縣西南一里有上龜山。縣東北三十里有下龜山，爲龜山鎮。其下有運河，一名新河。宋初，發運使許元自淮陰開新河，屬之洪澤，避長淮之險，凡四十九里，久而堙澀。熙寧四年，發運副使皮公弼修泗州洪澤河六十里，以避漕運涉淮風濤之患。元豐六年，發運使羅拯復欲自洪澤而上，鑿龜山裏河，以達于淮。會發運使蔣之奇入對，建言：上有清汴，下有洪澤，中間風波之險，不過百里，宜自龜山蛇浦下屬洪澤，鑿左肋爲複河，取淮爲源，不置牐堰，可免風濤覆溺之虞。議者以爲便，遂成之，亘五十七里有奇，廣十五丈，深丈有五尺。南渡後，寖廢。川瀆異同曰：泗州與盱眙兩城相距凡七里，自昔爲淮流襟束之處。汴水自河南界流經州城東，而合於淮，謂之汴口。宋時以此爲漕運要衝，今唯涓流可辨耳。由州城而東三十里，龜山峙焉。淮流至此，乃益折而北，又二十餘里，而洪澤、富陵、泥墩、萬家等湖環滙于淮之東岸，淮水泛濫，恒在于此，州逼淮而地下故也。渭按：古汴水東流經彭城縣北，而東入于泗。唐貞元中，韓愈佐徐州幕，有詩云「汴泗交流郡城角」，是其時汴水猶于州城東北隅合泗入淮也，不知何年改流從夏邑、永城、宿州、靈壁、虹縣至泗州兩城間而入于淮。宋時東南之漕，率由此以達京師，南渡後漸堙。元泰定初，河行古汴渠，仍于徐州合泗水，至清口入淮，而泗州之汴口遂廢。**又東北逕清河縣南，與泗水合，謂之清口。**清河在淮安府西少北五十里。淮水去縣五里。洪澤湖在縣南六十里，洪澤鎮西長八十里，接盱眙縣界，新志謂之富陵湖。夏允彝曰：清河縣北有老黃河，本沂、泗東趨合淮入海故道。開此則河之赴海必勇，雲梯關下淤塞葦場，當自蕩滌，而海口廓矣。渭按：此必近世決河入海之故道，非淮水東會泗、沂之舊迹也。水經泗水注云：下邳縣爲沂、泗之會。沂水注云：於下邳縣北，西南入泗。是沂、泗合流入淮也。今沂水挾泇、武、防、浚諸水至邳州入黃河，即古沂水入泗處，黃河是泗水故道。邳州本秦下邳縣。新志云：沂水舊在州西一里，今爲黃流淤塞，改道自郯城入運河矣。**又東北逕山陽縣北，**山陽，淮安府治。射陽湖，古射陂也，在縣東南八十里，與鹽城、寶應分水。高家堰在縣西南四十里。後漢建安中，太守陳登防淮，此其故址也。明永樂初，平江伯陳瑄始爲築，治長六十里。清江浦在縣西，即新運河也，舊名沙河。宋志：楚州北有山陽灣，淮流迅急，每致沉溺。雍熙中，漕臣劉蟠議開沙河，避淮水之險。喬維岳繼之。自楚州至淮陰，開導凡六十里，舟行便之，其後淤塞。明永樂中，陳瑄修治運河，乃鑿清江浦，引水由管家湖至鴨陳口達海。**又東北逕安東縣南，又東北入於海。**安東在府東北六十里，本漢淮浦縣。水去縣二里。海在縣東五十餘里。自鹽城縣東北經山陽縣東，折而西北，爲淮水入海之口。其北岸則安東也。縣志云：自縣西三十里顏家河渡直下過縣南，東流五十里，又東北過雲梯關，折旋入海。此導淮會泗、沂，東入海之故道也。自元時，河奪汴、泗以入淮，而兩瀆并爲一瀆，清口以東，淮悉成河矣。

地理今釋：淮水發源河南南陽府桐柏縣桐柏山。山下有淮井，泉源所出。水經云：出胎簪山者，即桐柏之支峰也。東流至光州，東北會汝水。出河南汝寧府遂平縣西六十里洪水。又東由固始縣入江南鳳陽府潁州界。又東流至潁上縣東南，淠水入之。又東北至懷遠縣，合渦河。又東徑長淮衛，至五河縣合澮河。又東徑泗州城南，盱眙城北，漫衍入洪澤湖。東北出淮安府清河縣之清口，與黄河會。東則刷黄河以入海，南則入運河以濟漕，歷揚州府寶應縣、高郵州，抵江都縣，入揚子江。

胡氏渭曰：自禹導淮之後，淮常由淮浦入海，其東南溢而注高、寶諸湖者，變也，非正道也。既非正道，則高堰必不可無。故自漢、魏間已有是防，後世不過增修之耳。黄、淮合流，欲束淮以刷河沙，堰固不可廢，藉令河一旦歸北，亦豈容恣其南奔，使淮南郡縣盡化爲大壑邪！

蕙田案：漕運之通，必藉黄、淮二水，故古之治河，耑治河以除其害；今之治河，兼治淮以收其利。案黄河經豐、碭出徐州，會泗、沂諸水，蜿蜒至清河縣之口，乃并淮水，東經安東，出雲梯關而達于海。淮水自鳳、泗而下，會洪澤、阜陵諸湖之水，并力出清口，以敵强黄，遂與黄水並經安東，出雲梯關入海。自黄之南北岸決，而水勢散析，不能刷沙，河底日高，海口亦因之淤淺，則河病。自淮之上流不束，下流力弱，不能暢出清口以敵黄，黄水反乘虚而入，以至淤漕渠，泛湖河，則淮病而黄亦病，故治河者必先治淮。夫淮水自古不爲患，自盱眙東來，以至清口，本一河耳。其北岸爲泗州，爲虹縣，其南岸爲盱眙。盱眙之東，舊有洪澤鎮，鎮之東南爲洪澤、富陵、泥墩三湖，三湖之南爲陳公塘，即今高加堰。塘距淮甚遠，即三湖亦不甚大。由盱眙至清口。二百里中，郵市田廬星羅棊布，非止一處。陳公塘爲三國時陳登所築，護堰東之水留灌田畝，使不得西洩，非懼堰西之水能挾淮爲害，使不得東侵也。至金、元以後，河水入淮，以兩大水行一渠中，渠不加闊，而水益日增。河强淮弱，又善淤墊，淮日騰不能速下泗州，漸沈水底。自盱眙以東，淮河南岸盡没，滙洪澤等三湖與淮爲一，然後統名爲洪澤湖。湖水直抵陳公塘之根，塘日加高以拒湖水之東溢，而高加堰之名漸著。然河之所以不得更南者，實以淮水撐拒之故。淮雖力不能勝河，而猶足以抗河。河至清口，亦順流東去，不至掉臂南行，則皆淮之力也。故昔人必堅築高堰，懼淮洩於腰膂之間，即無以拒河於門户之外。然必存天然諸壩者，留一退著，以爲竈底抽薪之計耳。古人成法，具有深意，苟能實心調劑，蓄洩以時，未嘗不可治也。乃今人有畏湖漲則堰傾者，遂洞開諸壩，任其流洩，以致敵黄無力，反引黄内灌，馴至湖口填淤，水流不暢，此其失在洩之太過。又有深信蓄淮敵黄之説，盡閉一切旁洩之路，使湖水涓滴無所滲漏，以冀收敵黄之功，不知值淮水暴漲時，張福、王簡二口既不能頓出，則崩潰決裂，此其失在蓄之太堅。此皆司河者之過耳。

導渭自鳥鼠同穴，

錐指：傳曰：鳥鼠共爲雌雄，同穴處此山，遂名山曰鳥鼠，渭水出焉。正義曰：釋鳥云：鳥鼠同穴，其鳥爲鵌，音徒。其鼠爲鼵。徒忽反。李巡曰：鵌、鼵，鳥鼠之名，共處一穴，天性然也。郭璞曰：鼵如人家鼠而短尾，鵌如鵽而小，黄黑色，穴入地三四尺，鼠在内，鳥在外。今隴西首陽縣有鳥鼠同穴山。尚書孔傳云：共爲雌雄。張氏地理記云：不爲牝牡。璞並載此言，未知誰爲實也。渭按：「鳥鼠同穴」四字爲一山之名，上文從省曰鳥鼠，此全舉四字，蓋屬辭之體，詳略各有所宜也。地理志隴西首陽縣下云：禹貢鳥鼠同穴山在西南，渭水所出。水經注：渭水出隴西首陽縣渭谷亭南鳥鼠山，東南流逕其縣南。以今輿地言之，渭水出陝西臨洮府渭源縣西鳥鼠山，縣在府東一百三十里〔一〕，本漢首陽縣，西魏改曰渭源。東流逕其縣北，縣徙而南，故水逕其北。漢志云山在首陽縣西南，而今在縣西，亦因是也。又東入鞏昌府隴西縣界也。元和志：渭州渭源縣鳥鼠山，一名青雀山，在縣西七十六里，渭水所出，有三源並下。而縣志謂鳥鼠在縣西二十里，又西五里爲南谷山，恐非。當以元和志爲正。林少穎云：渭水出首陽南谷，禹之導渭，唯自鳥鼠同穴而始。蔡傳從之。愚謂此說大謬。凡名山巖壑必多，故大川之發源必非一處。酈注所列諸源，皆出鳥鼠同穴者也。南谷即其枝峰，後人別爲之名耳。禹導水唯志其大端，渭水出是山，則曰導渭自鳥鼠同穴。豈若後世地記，必究其爲某嶺某谷也哉！此與言淮出胎簪不出桐柏，洛出冢嶺不出熊耳者，皆妄也。

〔一〕「一百三十里」，禹貢錐指卷一七作「一百二十里」。

東會於灃，又東會於涇。

傳曰：灃水自南，涇水自北，而合渭。

胡氏渭曰：以今輿地言之，渭水自渭源縣北，又東逕隴西縣北，隴西鞏昌府治，水去縣一里。又東逕通渭縣北，通渭在府東北六十里。又東逕寧遠縣北，寧遠在府東九十里。又東南逕伏羌縣北，伏羌在府東一百八十里。又東逕秦安縣南，秦安在秦州西北九十里。又東南逕秦州北，秦州在府東三百里，州東五十里有渭水渡。又東南逕清水縣西，清水在州東一百五十里。州志云：州東五十里有東柯谷橋，跨渭水上，與清水縣接界。又東南逕隴州南，隴州在鳳翔府西一百八十里，渭水在清水縣界，東南流，繞隴坂南麓入州境。又東逕州南，去州一百四十里。又北逕寶雞縣南，寶雞在府西南九十里，水去縣一里，有渭河橋跨其上。又東逕岐山縣南，岐山縣在府東五十里，水去縣三十五里。又東南逕扶風縣西南，郿縣北，扶風在府東南一百十里，水去縣二十里，有漳渠。郿縣在府東南一百四十里，水去縣三里。又東逕武功縣南，盩厔縣北，武功在西安府乾州西南六十里，水去縣二十里。盩厔在府西南一百六十里，水去縣五里。又東逕興平縣南，興平在府西北一百里。又東逕咸陽縣南，鄠縣北。咸陽在府西北五十里，水去縣一里。鄠縣在府西南七十里，水去縣九十里。灃水東北流，逕故長安城西，又北至咸陽縣東南三里，而注於渭，經所謂「東會於灃」也。渭水又東逕長安縣北，長安與咸寧並爲陝西布政司，西安府治。咸寧治東偏，長安治西偏，渭水去城三十里。又東逕咸寧縣北，高陵縣南。咸寧，本唐萬年縣。元和志：渭水在縣北五十里，高陵在府北八十里，水去縣二十里。涇水自涇陽縣界東南流，至高陵縣西南三十里，與渭水合，經所謂「又東會於涇」也。

又東過漆、沮，入於河。

錐指：傳曰：漆、沮，二水名。亦曰洛水，出馮翊北。黄氏曰：今漆、沮之洛，入河處，與渭稍離，亦水道改矣。渭按：漆、沮見雍州。地理志：渭水東至船司空入河。船司空，縣名，屬京兆尹，其故城在今西安府華陰縣東北五十里。以今輿地言之，渭水自高陵、咸寧縣界，又東逕臨潼縣北，臨潼在西安府東少北六十里，水去縣十五里。又東逕渭南縣北，渭南在府東一百四十里。元和志：渭水南去渭南縣四里。又東逕同州南，華州北。同州在府東北二百八十里，渭水北去州三十五里。華州在府東一百九十里，渭水南去州十二里。又東北逕華陰縣北，華陰在華州東七十里，東至潼關衛四十里，渭水南去縣十五里。又東入於河，是曰渭口。經所謂「又東過漆、沮，入于河」也。先儒皆云：灃、涇水大，故曰會。漆、沮水小，故曰過。由今觀之，涇水則誠大矣。灃水源流頗短，而漆、沮合洛入渭，洛源甚遠，似不可謂小於灃也。或云灃、涇大與渭相敵，既會灃、涇，則渭益大，故漆、沮雖與灃、涇相敵〔一〕，而實小於渭。愚竊謂三水之大小，即以本水論，未必以渭之所受多寡相較量以爲大小也。嘗考渭南，本周之舊都，西漢因之，其後隋、唐復建都於此。歷代相承，鑿引諸川，以資汲取，便轉輸，溉民田，灌苑囿，津渠交絡，離合不常。凡地志、水經所言，類非禹迹之舊。詩曰「豐水東注，維禹之績」，則渭南諸川，唯灃爲大。自漢鴻嘉中，王商穿長安城，引内灃水注第中，而其流漸微。逮唐貞觀中，堰灃、鎬入昆明池，二水於是斷流。又於京城西北引灃水爲漕渠，合鎬水北流，由禁苑入渭，而灃水之流愈微矣。又鄭當時所開漕渠及靈軹、富民、昆明諸渠，皆横絶灃、鎬等水，水脈益亂，不可尋究。霸、滻舊合流入渭，自隋堰滻水爲渠，而二水亦離故道。澇、潏舊各自入渭。今澇水下流，亦合潏水入渭。大抵渭南六川，盡失其舊，亦猶洛陽爲東漢、魏、晉相繼作都之地，穿鑿滋多，而西澗、東瀍，皆非禹迹也。竊疑灃西之澇，灃東之鎬、潏、霸、滻，禹時悉合灃以入

〔一〕「既會灃涇則渭益大故漆沮雖與灃涇相敵」十七字，原脱，據光緒本、禹貢錐指卷一七補。

渭，故灃水得成其大。且詩言「東注」，而漢志云「北過上林苑入渭」，則是北流而非東注矣。禹導渭「東會於灃」，當在漢霸陵縣北，霸、滻入渭處也。若夫漆、沮之爲洛，語出安國傳。闞駰因以洛至華陰入渭者爲漆、沮之水，而酈元從之。然渭北之水爲鄭、白二渠所亂，漆、沮本不合洛，亦未可知。其濁水上承雲陽大黑泉者，俗謂之漆水，東南流，合沮至櫟陽入渭，俗又謂之漆沮水，源流頗短，禹所治者，恐不過如此，故漆、沮視灃水爲小。傳曰禮失而求之野，土俗所稱，傳自古世，未必不確於儒者之言也。禹時洛水不爲害，未嘗施功，故導渭不志。

導洛自熊耳，

錐指：傳曰：在宜陽之西。王氏樵曰「導洛自熊耳」一節，有兩熊耳。地志謂伊水出盧氏之熊耳。山海經郭璞謂伊水出上洛之熊耳。地志謂洛水出上洛冢領山。據經則洛出熊耳。上洛亦有熊耳，與冢領同在一縣，則洛出熊耳明矣。渭按：漢志上洛縣東北有熊耳山。括地志云：熊耳山在商州上洛縣西。詳見導山。以今輿地言之，洛水出陝西西安府商州西熊耳山，東北流，逕州東，商州在府東南三百里。春秋晉上洛邑，漢爲縣。又東北逕洛南縣北，洛南在州東北九十里，本漢上洛縣地。經所謂

「導洛自熊耳」者也。

東北會於澗、瀍。

錐指：傳曰：會於河南。渭按：河南即王城。洛水至其城西南，澗水側城西來注之。又東至其城東南，瀍水側城東來注之，周公所謂「澗水東，瀍水西」者也。二水入洛處，相去甚近，故連言之。以今輿地言之，洛水自洛南縣北，又東逕河南府盧氏縣南，盧氏在府西南三百四十里。又東北逕永寧縣南，永寧在府西南二百里，本漢澠池縣之南境。又東北逕宜陽縣北，宜陽在府西南七十里。又東入洛陽縣界，逕河南故城南，經所謂「東北會于澗、瀍」也。自周靈王壅穀水，使東出王城北，合瀍水，南入洛，而城西之澗水遂爲死穀。及漢明帝復堨澗、瀍二水，使出洛陽故城北爲千金渠，又東過偃師縣南，東入于洛，偃師在府東七十里。而禹貢「東會澗、瀍」之舊迹，無復有存焉者矣。

又東會於伊。

錐指：傳曰：會於洛陽之南。渭按：伊水見豫州。洛陽謂故洛陽城，周之下都也，在今洛陽縣東北二十里。水經注：洛水自河南縣南，又東逕洛陽縣南，伊水從西來注之。洛陽，周公所營洛邑也，故洛誥曰：我卜瀍水東，亦惟洛食。其城南繫于洛水，北因于郟山。春秋昭公二十三年：晉合諸侯大夫，戍成周之城是也。元和志：洛水在洛陽縣西南三里，西自苑內上陽之南，瀰漫東流。宇文愷斜堤束令東北流。當水衝，捺堰九折，形如偃月，謂之月坡。今雖漸壞，尚有存者。按伊水篇云：伊水自闕東北流，至洛陽縣南，逕員丘東，又東北注于洛。員丘在今洛陽縣東三十里委粟山下，曹魏郊天之所。以今輿地言之，洛水自河南故城南，又東北逕洛陽縣東南，又東至洛陽故城南，伊水從偃師縣西來注之，經所謂「又東會于伊」也。

又東北入於河。

錐指：傳曰：合於鞏之東。渭按：鞏，周邑，漢置縣，屬河南郡，其故城在今鞏縣西南二十餘里。以今輿地言之，洛水自洛陽故城南會伊水，又東逕偃師縣南，北去縣五里。又東逕鞏縣故城南，今縣在河南府東一百二十里，隋所遷也。又東北至洛口入河，洛口在鞏縣故城東北三十里，今縣北少東八里〔一〕。經所謂「又東北入于河」也。今洛水自鞏界，東過汜水縣北，汜水故成皋，西至鞏縣界十五里，又二十五里爲縣治。又東從滿家溝

〔一〕「北」，原脱，據光緒本、禹貢錐指卷一七補。

入河，而洛口乃移于東，非復古之什谷矣。漢志弘農上雒縣下云：禹貢雒水出冢領山，東北至鞏入河，過郡二，弘農、河南。行千七十里。金吉甫曰：北方諸水，雖大河亦冰，唯洛水不冰，所以謂之温洛，一是天地之中〔一〕，二是其北連山，以障北風，三則前人謂其中有礬石。

九州攸同：四隩既宅，九山刊旅，九川滌源，九澤既陂，四海會同。

錐指：此總序水土之功，而先舉其凡曰「九州攸同」，下文「四隩既宅」至「四海會同」，皆其目也。

春秋襄公四年左氏傳：芒芒禹迹，畫爲九州。疏：言畫地分之以爲竟也。

漢書地理志：堯遭洪水，懷山襄陵，天下分絶爲十二州，使禹治之。水土既平，更制九州，列五服，任土作貢。

竹書紀年：帝舜三十三年，夏后受命於神宗，遂復九州。

胡氏渭曰：古字「州」與「洲」通。爾雅：水中可居者曰洲。説文：堯遭洪水，民

〔一〕「天」，原作「大」，據禹貢錐指卷一七改。

居水中爲高土，故曰九州。今按禮記祭法曰：共工氏之伯九州也，其子曰后土，能平九州，故祀以爲社。韋昭云：共工氏伯者，在戲、農之間。管子曰：神農作殖五穀，九州之民乃知穀食。地理志曰：黄帝畫野分州，得百里之國萬區。陸氏釋文引周公職録曰：黄帝受命，風后授圖，割地布九州。帝王世紀曰：顓帝、帝嚳建萬國而制九州。杜氏通典曰：顓帝置九州，帝嚳受之，州之爲州也尚矣。誠如許氏所言，豈羲、農之時，亦嘗有洪水乎？舜典疏云：天地之勢，四邊有水。鄒衍書説九州之外有瀛海環之，是九州居水内，故以州爲名，共在一州之上，分之爲九耳。此説近是。蓋自羲、農以迄帝堯，並爲九州，但其州名與疆域容有不同，故黄帝、顓頊亦稱建置。日知録云：夏、商之後，沿上世九州之名，各就其疆理所及而分之，故每代小有不同。周禮：量人掌建國之法，以分國爲九州。曰分，則不循於其舊可知矣。洪範曰：鯀則殛死，禹乃嗣興。而堯典殛鯀，次肇十二州之下。故地理志云：堯遭洪水，懷山襄陵，天下分絶，爲十二州，使禹治之。水土既平，更置九州，列五服。蓋漢人之説如此，故王莽據之爲奏。帝王世紀云：堯遭洪水，分爲十二州，今虞書是也。及禹平水土，還爲九州，今禹貢是也。説本班固。今按禹告成在堯時。堯崩三年，喪畢，舜即位，其命官曰咨十有二牧。則九分爲十二，實在告成之後。使先十二而後九，則舜之命官，不當復言十二牧。肇者，始也。使前此已爲十二州，至是後分九爲十二，則亦不得言肇矣。且因懷襄而分絶，其所蕩析者，不應獨在冀、青之北，是皆可疑。愚竊謂：古史記之體，有以年爲經者，春秋是也；有以事爲經者，尚書是也。二典所載諸事，不繫年月，封山與巡狩爲一類，四罪與恤刑爲一類，故相繼言之。吴才老云：史泛舉舜所行之大事，初不計先後之序。林少穎云：殛鯀竄苗，當在洪水未平之前。肇十二州，當在禹平水土之後。史因言舜之恤刑，遂舉四凶事繫於下耳。二説允當。左傳：王孫滿曰：昔夏之方有德也，貢金九牧。杜預以爲在禹之世。孔穎達亦云：禹登王位，還置九州。近是。竹書紀年曰：帝舜三十三年，夏后受命于神宗，遂復九州。殆未可信。

地理通釋：夏都皇王大紀：禹都于安邑。世紀：鯀封崇伯國在秦、晉之間。左氏傳趙穿侵崇是也。禹受封爲夏伯，在禹貢豫州外方南，於秦、漢屬潁川，本韓地，今河南陽翟是也。地理志：陽翟，夏禹國，今潁昌府陽翟縣有禹山。輿地志：宿州虹縣，本夏丘縣，堯封禹爲夏伯，邑於此。受禪都平陽，或在安邑，今陝州夏縣，本夏禹之都，漢爲安邑，屬河東，後魏改爲夏縣。郡縣志：夏縣東北十五里安邑故城，禹所都也。或在晉陽。左傳注：夏虚，大夏，今太原晉陽。世本言夏后居陽城，本在大梁之南，今陳留浚儀是也。劉熙云：潁川陽城，今屬河南。按經傳夏與堯、舜同在河北冀州之域，不在河南。居陽城者，自謂禹避商均，時非都也。外紀：禹都安邑，或云平陽，亦云晉陽及韓。啓筵亨神於大陵之上，是爲鈞臺之享，又筵於晉之墟，作璿臺於水之陽。寰宇記：禹自安邑，都晉陽，桀徙安邑。相徙帝丘，於周爲衛。左傳：衛遷于帝丘。衛成公夢康叔曰：相奪予享。注：相居帝丘，今濮陽。外紀：相爲羿所逐，失國，居商丘，依夏同姓諸侯斟灌、斟鄩。今按商丘當作帝丘，蓋世紀之誤也。地理志北海壽光縣注：古斟灌，禹後，今灌亭是。平壽縣注：故斟尋，禹後，今斟城是。左傳注：壽光東南有灌亭，平壽東南有斟亭。括地志：斟灌故城在青州壽光縣東五十四里，斟鄩故城今青州北海縣是也。水經注：地理志：北海有斟縣。京相璠曰：故斟尋國，禹後，西北去灌亭九十里。少康中興，復還舊都。通典宋州虞城縣有綸城，即少康邑，在縣東南三十五里。戰國策稱桀之居，左天門之險，上黨天井關，即天門也。右天谿之陽，成皋在其北，伊、洛出其南。吴起對魏武侯亦言，桀之居，左河、濟，右太、華，伊闕在其南，羊腸在其北。羊腸坂在太原晉陽西北九十里。史記正義：汲冢古文云：太康居斟尋，羿亦居之，桀又居之。書云：太康失邦，兄弟五人須于洛汭，此即太康居近洛也。

臣瓚云：斟尋在河南，蓋後遷北海也。周書度邑篇武王問太公，吾將因有夏之居，即河南是也。括地志：故鄩城在洛州鞏縣西南五十八里，蓋桀所居。夏亭故城在汝州郟城縣東北五十四里，蓋夏桀所封。書湯誓注：桀都安邑。鳴條之野，地在安邑之西鳴條陌。服虔曰：陶唐、虞、夏之都，大率相近，不出河東之界。

右禹貢隨山濬川

五禮通考卷二百七

嘉禮八十

體國經野

商九有

詩商頌玄鳥：奄有九有。傳：九有，九州也。疏：言分天下以爲九分，皆爲己有，故知九有，九州也。

長發：帝命式于九圍。傳：九圍，九州也。疏：謂九州爲九圍，蓋以九分天下，各爲九處，如規圍然，故謂之九圍也。

書咸有一德：以有九有之師。

爾雅釋地：兩河間曰冀州，注：自東河至西河。河南曰豫州，注：自南河至漢。河西曰雝州。注：自西河至黑水。漢南曰荆州，注：自漢南至衡山之陽。江南曰揚州，注：自江南至海。濟、河間曰兖州，注：自河東至濟。濟東曰徐州。注：自濟東至海。燕曰幽州，注：自易水至北狄。齊曰營州。注：自岱東至海。此蓋殷制。疏：此釋九州之名及其界域也。李巡曰：兩河間其氣清，厥性相近，故曰冀。冀，近也。河南其氣著密，厥性安舒，故曰豫。豫，舒也。河西其氣蔽壅，厥性急凶，故曰雍也。兼得梁州之地，西北之位，陽所不及，陰壅也。漢南其氣燥剛，稟性强梁，故曰荆。荆，强也。江南其氣燥動，厥性輕揚。太康地記云：以揚州漸太陽位，天氣奮揚，履正含文，故取名焉。李巡曰：濟、河間其氣專質，厥性信謙[一]，故曰兖。兖，信也。淮、海間其氣寬舒，稟性安徐，故曰徐。徐，舒也。營州則青州之地也。太康地記云：東方少陽，其色青，其氣清，歲之首，事之始，故以青爲名。云「此蓋殷制」者，以此文上與禹貢不同，下與周禮文異。禹九州有青、徐、梁，而無幽、并、營，此夏制也。周有青、并、幽，而無徐、梁、營，是周制也。此有徐、幽、營，而無青、梁、并，疑是殷制也。

漢書地理志：殷因於夏，無所變改。

王氏應麟曰：爾雅九州，孫炎云此蓋殷制。孔氏云：孫炎以爾雅之文與禹貢

[一]「信」，原作「從」，據味經窩本、乾隆本、光緒本、爾雅注疏卷七改。

不同，於周禮又異，故疑爲殷制耳，亦無明文言殷改夏也。地理志云：殷因於夏，無所變改。陸氏曰：禹貢有青、徐、梁而無并、幽、營，爾雅有徐、幽、營而無青、梁、并，職方有青、幽、并而無徐、梁、營，三代不同故也。陳氏云：商書言「九有之師」；商頌言「奄有九有」、「式于九圍」；王制於商亦言九州，千七百七十三國，則商之九州，蓋亦襲夏而已。通典云：塗山之會萬國，四百年間遞相兼并，殷湯受命，其能存名三千餘國，亦爲九州。冀州在兩河之間，西則龍門之河，東則降水、大陸之河。降水、大陸，今冀、貝二州界。

胡氏渭曰：爾雅之九州，有冀、幽而無并。郭璞以爲殷制。「兩河間曰冀州」，注云：自東河至西河；「燕曰幽州」，注云：自易水至北狄。蓋殷分夏冀州之東北以爲幽，而正北并州之地仍屬冀，視虞之冀則大矣。爾雅：河南曰豫州，漢南曰荆州。蓋荆、豫二州，禹貢以荆山爲界，爾雅則以漢水爲界，故郭注豫州云自南河至漢也。殷割淮南江北之地以益徐，故爾雅云江南曰揚州，蓋視夏之揚爲小，然其西又得禹貢荆州之地，何以知之？按導水文「漢至大别入江」，而爾雅云「漢南曰荆州」，蓋漢水之名至大别山而止，其曰漢南者，謂大别以西、漢水之南也，荆、揚之界當於此分。然則殷揚州之境縮於北而贏於西，與夏之揚廣狹適相當矣。殷有荆而無梁。爾雅：漢南曰荆州。注云：自漢南至衡山之陽。漢水出嶓冢梁州山也。自嶓冢以東至大别，凡在漢水之南者，皆爲荆州。然則禹貢梁州之地，荆亦兼之，不盡歸於雍。自大别以東江南之地，爲揚所侵，而大别以西漢東之地亦皆入於豫。荆州之境縮於東北而贏於西南，殷因於夏，所損益可知也。爾雅：濟、河間曰兖州。注云：自河東至濟。與禹貢同。其徐州自濟東至海，亦與禹貢同。「齊曰營州」，注云：自岱東至海。邢昺疏云：營州即青州地也。博物志云：營與青同，海東有青丘，齊有營丘，豈是名乎？蓋殷改青曰營，青地入營，未嘗并於徐也。林少潁謂爾雅不言青州者，青并於徐也。蔡傳取之，不知考矣。爾雅：濟東曰徐州。郭注云：自濟東至海。似爲禹貢徐州之舊域，然堯時揚州之境跨江北至淮，而爾雅云江南曰揚州，蓋殷割淮南江北之地以益徐，視堯時之徐則大矣。爾雅河西曰雝州，則華山以南不在界中，可知殷之雍實小於禹貢也。詳見周職方。

詩商頌玄鳥：邦畿千里，惟民所止。

地理通釋：商都。世紀：契始封商，在禹貢太華之陽，上洛商是也。括地志：商州東八十里商洛縣，本商邑，古之商國，卨所封，漢弘農郡商縣。世本曰：契居番。水經注：渭水東逕蠻都城北，故潘邑，契所居。闞駰曰：蕃，鄭西，今蠻城。世本：昭明居砥石。荀子成相云：契玄王生昭明，居於砥石，遷於商。注：砥石，地名，未詳所在。或曰即底柱也。至相土乃遷商丘。相土徙商丘，故陶唐氏之火正閼伯之所居也。春秋傳曰：閼伯居商丘，祀大火，相土因之。故商主大火謂之辰，故辰爲商星。杜預云：今梁國睢陽，宋都。括地志：宋州城，古閼伯之墟，即商丘也。今應天府宋城縣。相土，昭明子也。書序：湯始居亳，從先王居。史記正義：括地志云：宋州穀熟縣西南三十五里南亳故城，即南亳，湯都也。宋州北五十里蒙城爲景亳，湯所盟地，因景山爲名。河南偃師爲西亳，帝嚳及湯所都，盤庚亦都之。湯即位居南亳，後徙西亳。孔安國云：帝嚳都亳，湯自商丘遷，故從先王居。通典：曹州考城有北亳，亦曰景亳。詩正義：皇甫謐云：學者咸以亳在河、洛之間，今河南偃師西二十里有尸鄉亭是也。謐考孟子，稱湯居亳，與葛爲鄰。案地理志：葛，今梁國寧陵之葛鄉，即今拱州之寧陵。寧陵去偃師八百里，而使亳衆爲耕，非其理也。今梁國自有二亳，南亳在穀熟，即今南京之穀熟；北亳在蒙，即今拱州之考城，古謂之蒙，漢謂之薄，非偃師也。殷有三亳，二在梁國，一在河、洛之間。穀熟爲南亳，即湯都也；蒙爲北亳，即景亳，是湯所受命地；偃師爲西亳，即盤庚所徙也。立政曰「三亳、阪尹」是也。鄭康成注立政云三亳者，湯舊都之民分爲三邑，其長居險，故曰阪尹。蓋東成皋，南轘轅，西降谷也。是鄭以三亳爲分亳民於三處，非三處有亳地也。杜預以景亳爲周地。河南鞏縣西南有湯亭，或説即偃師也。漢書音義：臣瓚案：湯居亳，今濟陰薄縣。以經無正文，各爲異説，地名變易，難得而詳。林氏曰：鄭氏云亳在河南偃師，鄭説可從。蓋偃師在河南，其地與周洛邑相近，乃四方朝覲貢賦，道里取中之地。商頌曰：古帝命武湯，正域彼四方。邦畿千里，惟民所止。商邑翼翼，四方之極。使非河南，則頌未必如此。周禮疏曰：堯治平陽，舜治安邑，唯湯居亳，得地中。通志：亳，故京兆杜縣有亳亭是也。杜城今在長安南，故太史公云禹興西羌，湯起亳也。及湯有天下，始居宋地，復命以亳，今南京穀熟是也。書正義：契至湯八遷。契居商，昭明居砥石，相土居商丘，湯居亳，有此四遷，其餘四遷未詳聞也。**仲丁遷於囂。世紀：今河南之敖倉是也。**史記：遷於隞。正義：括地志：滎陽故城在鄭州滎澤縣西南十七里，殷時敖地也。世紀云：仲丁自亳徙都敖，周時名北制，在敖山之陽，後屬韓，爲滎陽縣。**河亶甲居相，**在河北。括地志：故殷城在相州内黄縣，今屬大名府，東南十三里即河亶甲所築，都之，故名殷城。相州安陽本盤庚所都，即北冢殷墟，南去朝歌城百四十六里。竹書紀年：盤庚自奄遷於北冢曰殷墟，南去鄴四十里是舊都城，西南三十里有洹水，南岸三里有安陽城，西有城名殷墟，所謂北冢也。安陽城即相州外城，水經注：洹水逕殷墟，項羽與章邯盟於此地。類要：安陽縣本殷墟，所謂北冢者。亶甲城在西北五里四十步，洹水南岸。後魏天平四年立相州，取河亶甲居相之義，治鄴。**祖乙圮於耿，**爲河所毁。地理志：河東皮氏縣耿鄉，古耿國。括地志：絳州龍門縣東南十二里耿城，故耿國。

史記：祖乙遷於邢，皇極經世：祖乙圮于耿，徙居邢。通典：邢州，祖乙遷于邢，即此地，亦邢國也。括地志：邢國故城在邢州外城内西南角。地理志：襄國縣，故邢國，今信德府龍岡縣。書正義：汲冢古文云：盤庚自奄遷于殷，蓋祖乙圮于耿，遷于奄。括地志：兖州曲阜縣，奄國之地。盤庚五遷，將治亳殷，盤庚遷於殷，曰：先王不常厥邑，於今五邦。馬氏曰：五邦謂商丘、亳、囂、相、耿也。林氏曰：序言五遷，自湯至盤庚併數之。此言五邦，又言今不承于古，則是盤庚之前遷者有五。考之前序，但有亳、囂、相、耿之四者，併盤庚數之，則盤庚歸亳，不應謂之五邦。太史公謂祖乙自耿遷邢，汲冢紀年謂祖乙遷奄，此與序戾，不可據，意者更有遷而史失之。皇極經世：盤庚五遷，復歸于亳，改號曰殷。三代世表云：徙河南。世紀：盤庚復南居亳之殷地，今偃師是也。周氏曰：商人稱殷自盤庚始，自此以前惟稱商而已。自盤庚遷都之後，於是殷商兼稱，或只稱殷。通志：溵水出陽城東，至西華、汝陽入于潁水，與潁水合流，古人并謂潁爲溵，故命以殷焉。詩補傳曰：殷以溵水得名。溵、濦同音，古溵水縣，今陳州之商水縣也，殷商兼商山、溵水而言之。史記：武乙徙河北。三代世表：武丁徙河北。世紀：武丁徙居朝歌，隋改爲衛縣，隸衛州。朝歌故城在縣西二十二里衛縣，熙寧中省爲鎮，入黎陽。戰國策：殷紂之國，左孟門，而右漳釜，前帶河，後被山。史記：吴起曰：左孟門，右太行，常山在其北，大河經其南。括地志：紂都朝歌，在衛州東北七十三里朝歌故城是也。本妹邑，武丁始都之。世紀云：帝乙復濟河，北徙朝歌，其子紂仍都焉。地理志：河内本殷之舊都，周既滅殷，分其畿内爲三國，詩風邶、鄘、衛國是也。注：自紂城而北謂之邶，南謂之庸，東謂之衛。左傳注：殷虚，朝歌也。世紀：紂自朝歌北築沙丘臺。沙丘在鉅鹿東北七十里。括地志：在邢州平鄉東北二里。史記貨殖傳：昔唐人都河東，殷人都河内，周人都河南，夫三河在天下之中，若鼎足，王者所更居也。

何氏楷曰：自契初封商，魯連子云在大華之陽，皇甫謐云今上雒商是也。即今陝西西安府之商州，以地有商山，故得商名。契生昭明，遷砥石，事見世本，其地不知所在。昭明生相土，遷商丘。竹書載：夏帝相十五年，商侯相土作乘馬，遂遷於商丘。左傳所云陶唐氏之火正閼伯居商丘，相土因之是也。唐爲宋州，宋爲睢陽郡，在今爲河南歸德府商丘縣。季本云：地稱商丘者，其亦因契本封而以名丘與？相土生昌若，昌若生曹圉，曹圉生冥。竹書載夏少康十一年，使商侯冥治河，至帝杼十三年，商侯冥死於河，中間計三十四年。魯語及祭法所謂冥勤其官而水死者。冥生振，竹書以爲殷侯子亥，蓋振名，而子亥其字也。實始遷殷。計三十七年，而爲有易之君綿臣所殺，國統幾絶。振生微，字上甲，乃殺綿臣，而以殷興仍居殷地。是則殷之遷，雖在子亥，而昌殷緒以基王業者乃在上甲，故殷人報之也。皇甫謐謂：微字上甲，其母以甲日生故也。商家生子以日爲名，蓋自微始。白虎通亦云：殷道尚質，故直以生日名子。而譙周則謂死稱廟主曰甲，蓋謂生稱其名，死則以其生之名爲廟主也，于理或然。微生報丁，報丁生報乙，報乙生報丙，報丙生主壬，主壬生主癸，主癸生天乙，是爲成湯。竹書載帝孔甲九年，殷侯復歸於商丘，上距微殺綿臣之歲凡一百單三年，不知所謂殷侯者何名也。自歸商丘之後又二十五年，則爲桀在位之十五年，實成湯爲商侯之元年，於是復自商丘歸於亳。書序謂自契至於成湯八遷，湯始居亳，從先王居，作帝告釐沃。今案：所謂八遷者，契始居商，一也；昭明居砥石，二也；相土居商丘，三也；冥離商丘，往河治水，四也；子亥遷殷，五也；孔甲之時復歸商丘，六也；及湯自商丘遷亳，不過七遷耳。然古今相傳，皆謂偃師、穀熟皆湯所都，而景亳則湯會諸侯之處，是謂三亳。皇甫謐云：蒙，北亳也；穀熟，南亳也；偃師，西亳也。蒙即景亳，與穀熟相近。果湯曾都二亳，則信有八遷矣。然二亳遷居之先後，則經傳無文，嚴粲謂湯自南亳遷西亳，似爲可信。蓋三亳中，南亳、北亳相去甚近，北亳在今商丘北五十里，地有景山，故謂之景亳，南亳在今商丘東南四十五里。竹書載湯于桀十五年遷亳，又書二十八年，昆吾氏代商。商會諸侯于景亳，實在商封内，不然，國既被伐，何得越境以會諸侯乎？水經注云：闞駰曰湯都偃師，皇甫謐以爲考之事實，學者失之。如孟子之言，湯居亳，與葛爲鄰，是即亳與葛比也。湯地七十里，葛又伯耳，封域有限，而寧陵去偃師八百里，不得童子饋餉而爲之耕。今梁國自有二亳，南亳在穀熟，北亳在蒙，非偃師也。愚謂寧陵與商丘接壤，皇甫解湯居亳之義是矣。若謂湯未嘗都偃師，則又不然。以書序「從先王居」之文觀之，先王，孔安國以爲指帝嚳也。今按其書篇名曰「帝告釐沃」，「告」當是通作「嚳」，「釐」之言來，蓋謂從帝嚳而來居于沃土云耳，孔說非謬。而水經注言帝嚳之墟在禹貢豫州河、雒間，今河南偃師城西二十里尸鄉亭是也。使湯不都偃師，何以云從先王居？又孔穎達引中候格予命云：天乙在亳，東觀在雒。鄭玄亦云：今河南偃師縣有湯亭。地理志又謂尸鄉，殷湯所都。然則湯之居偃師明矣。偃師乃周名，以周武王克商，偃息師徒於此。其初名爲西亳，當是成湯命之，湯之創業實始於此，故曰「朕哉自亳」。後雖遷居嚳墟，而不忘其所自始，故亦呼之爲亳耳。三亳，惟亳爲本名，地在商丘，故湯有天下，尚仍商舊號。若景亳，則本名殷，地在北蒙，特以其近亳，故曰景亳，又曰北亳。當上甲父子之世，所謂遷于殷者，即景亳也。以竹書證之，自成湯居亳之後，歷外丙、仲壬、太甲、沃丁、小庚、小甲、雍己、大戊八君，皆仍居亳，至仲丁始遷于嚻，歷外壬，而河亶甲自嚻遷于相。繼之祖乙元年，自相遷于耿。二年，圮于耿，自耿遷于庇，歷祖辛、沃甲、祖丁，皆居庇。及南庚三年，遷于奄，歷陽甲，而盤庚至十四年，自奄遷于北蒙，曰殷。書盤庚篇所謂「先王恪謹天命，不常厥邑，于今五邦」者，合嚻、相、耿、庇、奄而言也。自相以下疑皆在河北，至盤庚始遷河南，書所謂「惟涉河以民遷」者。史記惟言「仲丁遷隞，河亶甲居相，祖乙遷邢」，與竹書小異。然要之竹書爲覈矣。竹書稱北蒙曰殷，于此始知殷之所在。殷又名北亳，故書序言「盤庚五遷，將治亳殷」，孔安國謂「殷者，亳之別名」是也，而後人皆言盤庚所遷在河南偃師，誤矣。湯在殷以會諸侯，而不都殷，故不更國號。盤庚遷都殷，實上甲、微舊蹟，因而更號曰殷。其後歷小辛、小乙以及武丁，又傳四世至庚丁，皆居殷。及庚丁之子武乙，始去殷遷河北也。武丁修政行德，天下咸驩，殷道復興，故于斯時追上甲絶而復續之功，而行報祭之禮，斯則玄鳥之詩之所爲作，故晰乎商殷變更之故，則經傳史書若合符節，古人重稽古之力，夫豈誣乎！

都邑考：契始封商，今陝西西安府商州。相土遷商丘，今河南歸德府附郭商丘縣。湯居亳，歸德府東南廢穀熟縣是，亦曰南亳；府北四十里有大蒙城，爲北亳。皇甫謐曰：湯始興地，景山在焉，亦曰景亳。又河南府偃師縣曰西亳，湯即位，居南亳，後徙西亳也。仲丁遷囂，亦曰敖，今開封府鄭州滎陽縣。河亶甲居相，今彰德府城西北五里洹水南岸有亶甲城。祖乙圮于耿，今山西平陽府蒲州河津縣；盤庚遷于殷，即西亳也。武乙徙朝歌，今直隸大名府濬縣西七十里廢衛縣是。

閻氏若璩曰：余嘗讀貨殖列傳，至「唐人都河東，殷人都河内，周人都河南，夫三河在天下之中，若鼎足，王者所更居也」，不覺歎曰：異哉！三河皆不出殷家邦畿之内，而世或未知。蓋自湯居南亳以後，紂居朝歌以前，凡六百四十五年，都河南者三焉，都河北者四焉。三者何？一、括地志：南亳故城在宋州穀熟縣西南三十五里，即湯所都者是；一、滎陽故城在鄭州滎澤縣西南十七里，殷時敖地也，即仲丁所遷是；一、亳邑故城在洛州偃師縣西四十里，即盤庚所遷是。四者何？一、故殷城在相州内黄縣東南十三里，即河亶甲所築而都者是；一、耿城，故耿國，在絳州龍門縣東南十二里，祖乙時圮，是自祖乙前已爲都矣；一、邢國故城在邢州外城内西南角，即祖乙所遷是；一、朝歌故城在衛州東北七十三里，本妹邑，或曰武乙遷焉，或曰武丁始都者是。計南亳在極東，耿城在極西，相距雖未二千里，要實不止千餘里，則殷家之邦畿若是其遼廓乎！余曰：以周家鎬京方八百里。顏師古云：八八六十四，爲方百里者六十四也。雒方六百里。顏師古云：六六三十六，爲方百里者三十六也。二都共得方百里者百，故詩云「邦畿千里」。然則周所謂千里，乃指國言，豈如今路程之里數乎？竊以周既然，殷何獨不爾？

右商九有

周職方

周禮天官：惟王建國，辨方正位，體國經野。注：建，立也。周公居攝，而作六典之禮，謂之周禮。營邑于土中，七年致政成王，使居雒邑，治天下。司徒職曰：日至之景尺有五寸，謂之地中，天地之所合也，四時之所交也，風雨之所會也，陰陽之所和也。然則百物阜安，乃建王國焉。考工：「匠人建國，水地以縣，置槷以縣，視以景。爲規識日出之景與日入之景，晝參諸日中之景，夜考之極星，以正朝夕。」是别四方。召誥曰：太保朝至于洛，卜宅，厥既得卜，則經營。太保乃以庶殷攻位于洛汭。越五日甲寅，位成。體，猶分也。經謂爲之里數。鄭司農云：營國方九里，國中九經九緯，左祖右社，面朝後市；野則九夫爲井，四井爲邑之屬是也。

夏官量人：掌建國之法，以分國爲九州。疏：「掌建國之法」者，以建國當先知遠近廣長之數也。分國爲九州，謂分諸侯之國爲九州。

日知録：顧氏炎武曰：夏、商以後，沿上世九州之名，各就其疆理所及而分之，故每代小有不同。

周禮量人「掌建國之法，以分國爲九州」，曰分則不循於其舊可知矣。

職方氏：掌天下之圖，以掌天下之地。

東南曰揚州。疏：自此以下陳九州之事，分爲三道，先從南方起。周改禹貢，以徐、梁二州合于雍、青，分冀州地以爲幽、并。

易氏祓曰：禹貢揚州之域東距海，北距淮。殷人以淮入徐，故揚州止謂之江南。周人復以入揚，循禹之舊。

胡氏渭曰：周揚州澤藪川浸，不殊于禹貢，特未知與殷制異同何如耳。

其山鎮曰會稽，其澤藪曰具區，其川三江。

易氏祓曰：會稽，漢志屬會稽之山陰縣，山在東南二十里，今州曰紹興府。

欽定義疏：三江之目，言人人殊。曰松江、婁江、東江者，此吴之一隅；曰浙江、錢清江、剡江者，此越之一隅，浦陽江與剡溪合，下流爲曹娥江。皆土人因其支別有三而名之，不足當三江之正。揚州之域，北跨大江，南逾會稽，則岷江在北，浙江在南，而松江居其中，此説無以易矣。韋昭分浦陽與浙爲二，而浦陽特浙之支耳。若禹貢東爲北江，東爲中江，則專就岷江而別之，且在揚州之上流，要非職方所指也。

歸氏有光曰：古今論三江者，班固、韋昭、桑欽之説近之。但固以蕪湖東至陽羨入海，昭分錢塘江、浦陽江爲二，桑欽謂南江自牛渚上桐水過安吉，歷長瀆，爲不習地勢，程大昌辨之詳矣。然孔安國、蘇軾所論，亦未必然也。今從郭璞以岷江、浙江、松江爲三江，蓋自揚州斜轉東南，揚子江、吴松江、錢塘江三處入海，而皆以江名，其爲三江無疑。直學邊實修崑山志言：大海自西沺分南北，由轉斜而西，朱陳沙謂之揚子江口；由徘徊頭而北，黄魚垛謂之吴松江口；浮于門而上，謂之錢塘江口。以此驗之，禹迹無改。

蕙田案：郭璞三江之説，先儒多未敢從之，因浙江、松江不見禹貢爲疑，但周禮職方與禹貢不同，故並存焉。

其浸五湖。注：浸可以爲陂灌溉者。

欽定義疏：張勃、陸龜蒙輩皆謂五湖即太湖。或云以周行五百里故名。或云上稟咸池、五車之氣。或云環湖隨地異稱，有菱湖、莫湖、游湖、貢湖、胥湖之别。若然，則經既言澤藪具區，不必更言其浸五湖矣。且揚州地域遼闊，湖浸繁多，胡舍其可紀者，而必複舉具區之一以當二乎？是則具區縱有五湖之名，而必非職方之五湖也。虞翻曰：滆湖、洮湖、射湖、貴湖及太湖爲五。韋昭曰：胥湖、蠡湖、洮湖、滆湖，就太湖而五。李圖以彭蠡、巢湖、鑑湖、洞庭并太湖而五。柯山以射陽湖、丹陽湖、彭蠡湖、青草湖并太湖而五。洞庭、青草當屬荆州，非揚域也。大抵楚州之射陽，洪州之彭蠡，巢縣之巢湖，暨洮、滆、鑑等，皆爲南方之浸。或當數其尤大之五者，而具區既列澤藪，則不復數之與？每州澤藪一舉其尤大者以表之，猶山之有鎮也。川與浸則或二或三或五，以包其餘。山一而川澤多者，舟楫灌溉之利，其用廣也。

正南曰荆州。

易氏祓曰：禹貢荆及衡陽惟荆州，其北境曰漢南。以地理志考之，荆山在南郡臨沮縣，漢水又在其北，正屬襄陽。言漢南則跨荆山之北，至周復以荆門之北屬豫州，復禹封域。

其山鎮曰衡山，其澤藪曰雲夢，其川江、漢，其浸潁、湛。注：潁出陽城，宜屬豫州，在此非也。湛未聞。疏：據地理志合在豫州。又昭元年左傳王使劉定公勞趙孟于潁，亦在豫州。

易氏祓曰：襄十六年左傳：楚公子格帥師及晉師戰于湛阪。杜注：襄城昆陽縣北有湛水，東入海。案：地志：襄城即今汝州之襄城縣，昆陽故城在今汝州之葉縣，皆古豫州之地。經以爲荆州之浸，必有脱誤處。

黄氏度曰：鄭氏言潁宜屬豫州，據禹貢也。然周人畫地，或有所更革。湛水，酈道元水經注：出犨縣魚齒山西北，東南流，歷魚山下爲湛浦。注云未聞，疏也。案：今汝州魯山縣，即漢之犨縣，魚齒山在龍興縣，連接梁縣，是則周荆州界自隨、巴、唐、鄧東北至汝、潁，與豫州分界，而荆牧治宛，宣王封申伯。

胡氏渭曰：周禮：正南曰荆州。衡山、雲夢、江、漢，皆禹貢荆州之山水，唯其浸潁、湛，則有可疑。鄭云：潁出陽城，宜屬豫州，在此非也。湛未聞。今按：漢志潁水出潁川陽城縣陽乾山東〔一〕，至下蔡入淮。湛水見杜預左傳注。襄十六年，晉、楚戰于湛阪。注云：襄城昆陽縣北有湛水，東入汝。水經注：湛水出犨縣北魚齒山，東南流，歷山下爲湛浦。春秋襄公十六年：晉伐楚，楚公子格及晉師戰于湛阪，楚師敗績，遂侵方城之外。今水北山有長阪，蓋即湛水以名阪，故有湛阪之名。湛水又東南逕昆陽縣浦城北，而東入汝。杜預亦以是水爲湛水。周禮：荆州其浸潁、湛。鄭玄云未聞，蓋偶有不照也。今考地則不乖其土，言水則有符經文矣。然湛與潁實皆在河南、淮北之地，若割以屬荆，則斗入豫域七八百里，略似後世郡國犬牙相制之形，非帝王分疆建牧之意。「潁」、「湛」二字，或古文傳寫譌誤，如兖州盧、

〔一〕「東」，諸本脱，據禹貢錐指卷八補。

維之類，未可知也。

河南曰豫州，其山鎮曰華山，

易氏祓曰：禹貢荆河，豫州其封在大河之南，南條荆山之北，故曰荆河。殷之豫州則南境距漢，北境接河，故曰河南。周人于豫亦曰河南，而南境則仍禹貢之舊。

其澤藪曰圃田，注：圃田在中牟。

易氏祓曰：圃田澤，漢志在河南郡中牟縣西。唐以縣屬鄭州，今屬開封府圃田澤，一名原圃。

其川滎、雒，其浸波、溠。注：波讀爲播。禹貢：滎波既豬。春秋傳：楚子除道梁溠，營軍臨隨。則溠宜屬荆州，在此非也。

胡氏渭曰：周禮：河南曰豫州，其山鎮曰華山，其澤藪曰圃田，其川滎、雒，其浸波、溠。華山、圃田、滎、雒皆在禹貢豫州之域，唯波、溠可疑。鄭注云：波讀爲播。禹貢曰：滎播既豬。春秋傳曰：楚子除道梁溠，營軍臨隨。則溠宜屬荆州，在此非也。今案：滎即滎澤，至周而已道爲川，故曰其川。波，則别是一水，非滎播也。水經滍水注云：波水出霍陽西川大嶺東谷，俗謂之歇馬嶺，霍陽故縣在今汝州東南二十里霍山下。即應劭所謂「孤山，波水所出」也。馬融廣成頌曰：浸以波、溠。其水南逕鸞城下，又南分三川於白亭東，而俱南入滍水。滍水自下兼波水之通稱也。蓋洛别百答之外，又有此波水。道元以爲豫州之浸。浸，可以爲陂灌溉者也。章懷注馬融傳云：波水出歇馬嶺〔一〕，在汝州魯山縣西北。汝州今屬河南，州西四十里廣成澤，一名黄陂，周百里，有灌溉之利。後漢於其地置廣成苑，爲遊獵之所。澤水出狼皋山，東南流，合温泉水，波水自西來注之。又東南合滍水入汝，此即「波、溠」之波也。馬融精於周官，其頌廣成，明言浸以波、溠。鄭違其義，非是。禹貢之滎波，自當作播。職方之波、溠，當讀如字，不可牽合。溠水，杜預云：在義陽厥縣西，東南入鄖。水經注：溠水出隨縣西北黄山，南經㵐水縣西，又東南逕隨縣故城西。春秋莊公四年，楚武王伐隨，除道梁溠，謂此水也。又南流，注于溳。溠水流短。溳水出蔡陽縣大洪山，一名清發水，東南逕隨縣，至安陸入于沔。溠既合溳，自下可以通稱。經所謂溠，蓋即溳也。豫州南界至漢，殷時已然，周人因之。吕氏春秋云：河、漢之間曰豫州。溠水在漢北，其爲豫浸，又何疑焉？

〔一〕「歇馬嶺」三字，原脱，據味經窩本、乾隆本、光緒本、禹貢錐指卷八補。

正東曰青州。

胡氏渭曰：周禮：正東曰青州。其疆域與禹貢大異。鄭注云：青州則徐州地也。蓋以「其山鎮曰沂山，其川淮、泗，其浸沂、沭」知之。禹貢曰「海、岱及淮惟徐州」，又曰「淮、沂其乂」，又曰「浮于淮、泗」，是知徐并于青也。賈疏云：周之青州，於禹貢侵豫州之地。蓋以「其澤藪望諸」知之。望諸即孟豬。禹貢于豫州曰：導菏澤，被孟豬。是知侵豫之地也。疏又云：周時幽州南侵徐州之地〔一〕。蓋以「其澤藪曰貕養」知之。地理志琅邪長廣縣西有奚養澤。琅邪郡屬徐州，是知侵徐之地也。渭案：長廣故城在今登州府萊陽縣東，漢屬徐州，實古青州域。幽之所侵乃青地，非徐地也。不但此也，其川河、濟，其浸菑、時，皆青地，爲幽所侵，而賈不言，何其疏也！蓋今青、登、萊三府之地，在青域者，周時皆割入幽，其西又爲兖所侵，而損豫之東南境以益之。徐則岱山、大野，皆入于兖，是青亦不全得徐也。鄭云青州即徐州，亦言其大略而已。

〔一〕「徐州」，原作「豫州」，據味經窩本、乾隆本、光緒本、禹貢錐指卷八改。

又曰：周禮「正東曰青州」，禹貢徐州之山水皆在焉。蓋以徐爲青，青地大半入幽，而徐之西則又入于兖云。呂氏春秋：泗上曰徐州。鄭漁仲釋之曰：泗水出陪尾山，至下邳入淮。源委皆在徐州[一]，非若淮之與揚共、濟之與兖共也。故不韋亦得以爲説焉。

其山鎮曰沂山，注：沂山，沂水所出也，在蓋。疏：沂水出沂山，水乃取名于山。地理志：沂水出今泰山郡蓋縣。

易氏祓曰：唐沂州沂水縣，本漢東莞縣，屬琅琊郡。沂山在縣北一百二十四里。

欽定義疏：漢志：沂水出泰山郡蓋縣。唐志：沂州沂水縣有沂山。實一山也，延亘兩地耳，在今山東青州府臨朐縣南百五十里。

其澤藪曰望諸，注：望諸，明都也，在睢陽。疏：案禹貢「導菏澤，被明都」，禹貢無望諸，故從明都。又案：春秋宋藪澤有孟諸，明都即孟諸也。

易氏祓曰：孟諸澤，唐志在宋州虞城縣西北十里，漢屬沛郡，今屬南京應天府。孟諸俗號盟諸，

[一]「委」，諸本脱，據禹貢錐指卷五補。

故書謂之孟諸，周官謂之望諸，漢志謂之孟都，史記謂之明都，其實一也。

其川淮、泗，疏：案禹貢：海、岱及淮惟徐州。又云：淮、沂其乂。此在青州者，周以禹貢徐州地爲青故也。又禹貢「淮出桐柏」，泗水在魯國，出濟陰乘氏東，又至睢陵入淮，行千二百一十里。江、河、淮、泗、漢、洛等注，不釋所出者，以禹貢有成文，如「導洛自熊耳」、「導淮自鳥鼠」、「導河自積石」、「導江自岷山」、「導淮自桐柏」、「導漢自嶓冢」是也。

欽定義疏：淮水發源河南南陽府桐柏縣桐柏山，東流至光州、固始、潁上、懷遠，五河、泗州、盱眙入洪澤湖，出淮安府清河縣之清口，與黃河會，東則刷黃河以入海，南則入運河以濟漕。歷揚州府之寶應縣、高郵州，抵江都縣，入揚子江。案：江、淮本未通，春秋時，吴伐齊，於廣陵城東南築邗城，城下掘深溝謂之邗江，東北通射陽湖，而北至末口，屬淮，此溝通江、淮之故道也。至晉永和中，江都水斷，乃於歐陽埭在江都縣西南。引江至廣陵城，而北出白馬湖，合中瀆以至淮，謂之山陽瀆。隋時又開廣之，以通戰艦。明初，陳瑄循故瀆開新運河以通漕，即今之運道也。泗水出山東兖州府泗水縣東五十里陪尾山，四源並發，故名。西南流至兖州府城東金口壩，分爲二派，一越壩西南流，至濟寧州界爲泗河，又西南至魯橋入運河；一從壩上西流，至兗州府城西爲府河，又西南至濟寧州，東合洸水，又西南至天井牐入運河。

其浸沂、沭，注：沭出東莞。　疏：沭出東莞，屬琅琊，南至下邳入泗。

蔡氏沈曰：沂水，地志云出泰山郡蓋縣艾山，今沂州沂水縣也。

易氏祓曰：沂水，漢志在泰山郡蓋縣南，至下邳入泗。蓋縣在唐及今皆兗州之境。下邳，唐屬泗州，今爲淮揚軍。沂水經下邳爲二，一於城北，西南入泗；一經城東，亦注泗，謂之小沂水。沭水，漢志在琅琊郡東莞縣，南至下邳入泗。案唐志：沂州沂水縣，本漢東莞縣地，沭水所出，東南至泗州下邳縣，又東北至泗州漣水縣，今爲漣水軍，至此與泗水合而入淮。

欽定義疏：沂水出山東沂州府沂水縣西北一百七十里雕崖山，鄭康成云：沂水出沂山，或云臨樂山。酈道元云：沂水出艾山，蓋雕崖、臨樂、艾山皆沂山支阜之異名也。接蒙陰縣界，南流至江南淮安府宿遷縣，北滙爲駱馬湖，又南入運河。沭水出沂水縣北大弁山〔一〕，東南流逕莒州、蘭山、郯城界，至江南沭陽縣，逕桑𣸣湖爲漣水。

河東曰兗州。其山鎮曰岱山，其澤藪曰大野，其川河、濟，

〔一〕「出沂水」三字，原脱，據光緒本、欽定周官義疏卷三三補。

胡氏渭曰：爾雅：濟、河間曰兗州。注云：自河東至濟。周禮：河東曰兗州。殷之兗州，自河東至濟，與禹貢同。其徐州自濟東至海，亦與禹貢同。而周則言河不言濟，蓋其境越濟而東得岱矣。岱南爲徐，岱北爲青。徐州曰大野既豬，是知侵禹貢青、徐之地也。兗界跨濟，唯周制有然。以言乎禹貢之兗州，則悖矣。而賈疏以爲侵禹貢青、徐之地者，蓋以其山鎮爲岱山，其澤藪曰大野知之。

其浸盧維。注：盧維當爲雷雍之誤也。禹貢：雷夏既澤，雍、沮會同。雷夏在城陽。疏：禹貢州之境也。

易氏祓曰：注盧維當爲雷雍，蓋以濮州雷澤縣雷夏澤在其北，又灉、沮二水源俱出雷夏澤，正兗及地理志無盧維，又字類雷雍，故從之。

欽定義疏：雷夏，今山東曹州府濮州東南有雷澤，接菏澤縣界。水經注云：雷澤在大城陽故城西北十餘里，其陂東西二十餘里，南北十五里，即舜所漁也。元和志：灉水、沮水俱出濮州雷澤縣西北平地，去縣四十里。九域志：濮州有沮溝。即禹貢「灉、沮會同」是也。宋時河決曹、濮間，灉、沮之源適當其衝，久而泥滓填淤，二水遂湮。蔡氏沈以汳、睢當之，非是。韓汝節云：汳、睢在豫、徐之境，無預于兗州，而兖自有濰、沮也。

顔師古曰：盧水在濟北盧縣，康成讀爲雷，非也。唐以盧縣屬鄆州，今廢入陽穀。今濟南府長清縣西有廢盧縣。

蔡氏沈曰：濰水，地志云出琅邪郡箕縣，今密州莒縣案：莒縣，今沂州府莒州。東北濰山，北至都昌入海，今濰州昌邑也。案：濰州，今濰縣，屬萊州府。

黄氏度曰：濰水出密州莒縣濰山，北至濰州昌邑縣入海。盧水，水經注出密州諸城縣盧山，即久台水也，西北入濰。

欽定義疏：案康成以盧維爲雷雍，解自明白，師古以縣水當之，而黄氏度又謂即久台水。久台水下流入濰水，水經注謂之盧水，較師古説又似易曉。然兖地之浸俱在青州，何也？　濰水出今山東沂州西北九十里箕屋山，即濰山也，土人名爲淮河，「淮」即「濰」字，通作「維」、「惟」，並見漢書地理志。其「淮、沂」，「淮」從隹，與此異。東流逕諸城縣西，折而北至萊州府昌邑縣東北五十里入海。

正西曰雍州。其山鎮曰嶽山，

易氏祓曰：禹貢有雍有梁，故梁爲正西，而雍爲西北，殷、周皆省梁入雍，故雍州爲正西。

胡氏渭曰：爾雅：河西曰雍州。注云：自西河至黑水。疏引李巡云：兼得梁州之地。周禮：正西曰雍州。疏云：周之雍、豫，於禹貢兼梁州之地。案梁併于雍，説本漢志。然雍州西北二邊，世有戎翟之患。自夏桀時，畎夷入居邠、岐之間，成湯既興，伐而攘之。及殷室中衰，諸夷皆叛。至于武丁，征西戎、鬼方，三年乃克。故其詩曰：昔有成湯，自彼氐羌，莫敢不來享，莫敢不來王。言武丁能繼湯之烈也。及武乙暴虐，犬戎寇邊，周古公踰梁山而避于岐下。及太丁之時，季歷伐燕京之戎，戎人大敗周師。文王爲西伯，西有昆夷之患，北有玁狁之難，遂攘戎翟而戍之，莫不賓服。厲王無道，戎狄寇掠，乃入犬丘，殺秦仲之族。宣王承厲王之後，玁狁孔熾，整居焦穫，侵鎬及方，至于涇陽。雍州之域爲戎翟所侵陵如此，則其疆埸未必能悉如禹貢。梁州之山水，無一入職方者。故杜氏言梁州當夏、殷之間爲蠻夷之國，蓋即牧誓所稱庸、蜀、盧、彭等是也，雍之併梁亦虛名耳。今據周禮言之，正東曰青州，其南則有揚，其北則有幽，而西則不然。自雍州以正西〔二〕，其西

〔二〕「自」，諸本作「目」，據禹貢錐指卷一〇改。

北、西南兩隅皆缺焉。然則梁地爲羈縻之國，固不待言。而雍之西境，如西傾、積石、豬野、流沙、三危、黑水之區，皆没於戎翟。禹貢之舊疆〔一〕，不可復問矣。爾雅目雝州以河西，則華山以南不在界中可知。其西北亦當虧損，殷、周之雍，實小於禹貢。或因併梁之説，而反以爲大，此耳食之學，未可與道古也。殷有徐而無青，營即青也。周有青而無徐，青即徐也。青、徐二州，迭爲有無，獨梁則二代皆無之，其故何也？余按：武王伐紂，誓於牧野，諸侯會師者，稱之曰友邦冢君，而庸、蜀、羌、髳、微、盧、彭、濮八國，則稱之曰人，不以諸侯待之。傳曰：八國皆蠻夷戎狄屬文王者。正義曰：此皆西南夷也。通典曰：梁州當夏、殷之間，爲蠻夷之國，所謂巴、賨、彭、濮之人。由是觀之，殷、周之世，梁地大半變於夷，故此州遂廢。先儒多言梁併於雍，唯賈公彦云雍、豫皆兼梁地，而林少穎又云江、漢發源梁州，而職方爲荆州川，則荆亦兼梁地，此言尤爲精彩。蓋殷、周之荆、豫，皆以漢水爲界。梁州

〔一〕「疆」，原作「蹟」，據味經窩本、乾隆本、光緒本、禹貢錐指卷一〇改。

之地，自嶓冢以東分屬荆、豫〔一〕，而嶓冢以西則雍兼之。其地皆爲蠻夷，雖併於雍，而禹貢梁州之山川，無一入職方者，大抵如唐、宋之羈縻州，元、明以來之土司，簡其政令，寬其賦斂，以柔擾之，使爲不侵不叛之臣而已。建州設牧，非其所宜，故終殷、周之世，梁州不復置也。

其澤藪曰弦蒲，注：弦蒲在汧。疏：案地理志：吴嶽山在汧縣西，有弦蒲之藪，汧水出焉，西北入渭。

易氏祓曰：弦蒲，漢志扶風汧縣北有蒲谷鄉弦中谷，雍州藪也，今屬隴州汧源縣。

其川涇、汭，注：涇出涇陽，汭在豳地。詩大雅公劉篇「汭鞫之即」。

蔡氏沈曰：涇水，地志出安定郡涇陽縣西，今原州百泉縣岍頭山也。東南至馮翊陽陵縣入渭，今高陵縣也。汭水，地志作芮，扶風汧縣弦蒲藪，芮水出其西北，東入涇，今隴州汧源縣弦蒲藪有汭水焉。

易氏祓曰：涇水，漢志安定郡涇陽縣开頭山在其西，涇水所出，唐以涇陽縣爲平涼，屬原州，今屬渭州。又東南流至涇州臨涇、保定二縣，又東南至邠州之宜禄、新平、永壽三縣，又東北流至京兆府之

〔一〕「豫」，原作「揚」，據味經窩本、乾隆本、光緒本、禹貢錐指卷九改。

醴泉、高陵、雲陽三縣，以入渭。汭水者，非禹貢所謂芮也。禹貢言芮，渭水之北，此汭則雍州之川名，漢志出右扶風汧縣之西北，東流入涇，此正公劉居豳之地，詩所謂「芮鞫之即」也。徐廣曰：古豳城在邠州東北二十九里三水縣界。唐志：涇州臨涇縣有汭水，西自隴州華亭縣流入，一名宜禄川，涇、隴二州在邠州之西，則非即邠州之汭，然要皆雍州之川也。

欽定義疏：涇水出陝西平涼府平涼縣西南笄頭山，亦名崆峒山，東至西安府高陵縣西南入渭。汭水出平涼府華亭縣，有二源，北源出湫頭山之朝那湫，南源出齊山，至縣東與北河合，又東至涇州西北入涇。

其浸渭、洛。注：洛出懷德。疏：洛即詩「瞻彼洛矣」之「洛」，與禹貢「導洛自熊耳」者別。

蔡氏沈曰：渭水，地志出隴西郡首陽縣西南，今渭州渭源縣鳥鼠山西北南谷山也。東至京兆船司空縣入河，今華州華陰縣也。

易氏祓曰：渭水，漢志出隴西郡首陽縣西南之鳥鼠同穴山，唐省首陽入渭源，今置渭源堡，屬熙州。渭水有三源，正東微南流至州之襄武縣，又東流至鞏川之隴西縣，又東流至秦州上邽縣，又東流至隴州南田縣，今省入吴山，又東流至鳳翔府岐山縣，又東流至京兆府萬年縣，又東流至華州華陰縣，東北入于河，謂之渭口，禹貢所謂汭是也。洛水別是雍州一浸，非禹貢「導洛自熊耳」之洛。

欽定義疏：康成注：洛出懷德，本漢志，其實北地郡之歸德縣，乃洛水上源，漢

志所謂洛水出北蠻夷中入河是也。漢志於歸德但曰洛水，於懷德曰雍州。浸原是一水，歸德其源，懷德其委耳，入河即謂入渭也。關中諸水自西而東者莫大于渭，自南而北者莫大於洛。易氏因鄭注而疑出慶州洛源者之别爲一水，非也。漢歸德縣，唐、宋之洛源縣，其下流曰洛川縣，曰洛交縣，皆因此水得名。洛源，今合水縣也。

東北曰幽州。

易氏祓曰：舜十二州，本有幽州，水土既平，因冀爲帝都，省幽入冀。殷人南都河南之亳，復舜幽州之名。周人又以幽州兼殷之營州，實禹貢青州，隔海東北之境，故曰東北。

其山鎮曰醫無閭，注：醫無閭在遼東。

易氏祓曰：醫無閭，漢志在遼東郡無慮縣。無慮即醫無閭，在今錦州府廣寧縣北。

其澤藪曰貕養，注：貕養在長廣。杜子春讀「貕」爲「奚」。疏：長廣，縣名。地理志：長廣屬徐州琅邪郡，有萊山。周時幽州南侵徐州之地也。

易氏祓曰：貕養，漢志在琅邪郡長廣縣西，幽州藪。唐萊州昌陽，本漢縣，屬東萊郡，今爲萊陽縣，貕養澤在縣東北四十里，蓋澤介乎東萊、琅邪兩郡之間。

其川河、泲，

易氏祓曰：經于兖州，言其川河、泲，蓋兖州北距河而南據泲。禹貢言濟、河惟兖州，則爲兖州之川宜也。幽州遠在東北，於河、泲何與？蓋幽州雖跨有遼水，爲東北，而實西南越海，兼有青州之東北境，所以琅邪郡之奚養澤，泰山郡之淄水，千乘郡之時水，皆幽州之域。光武十三年，以遼東屬青州。二十四年，還屬幽州，是幽州實可以有青州。王璜、張揖云：九河陷海中，是九河未陷之前，凡登、萊海岸，及濱、滄二州之東境，皆在幽州之地，與兖州東西分界，故其州同列河、泲。

其浸菑、時。注：菑出萊蕪，時出般陽。

蔡氏沈曰：淄水，地志云出泰山郡萊蕪縣原山，今淄州淄川縣淄州縣，今屬濟南府。東南七十里原山也。東至博昌縣入濟，今青州壽光縣也。

黄氏度曰：淄水出淄州淄川縣原山北，至博興縣入濟。時水在臨淄縣齊城西，平地出泉，南北至二十五里，亦謂之源水，東北至千乘縣入淄。

易氏祓曰：淄水，漢志出泰山郡萊蕪縣原山，至博昌入泲，幽州浸。考輿地記，則襲慶府萊蕪縣有原山，淄水所出，其地即漢之泰山郡，東北流入淄川縣。漢萊蕪故城在其東北，過臨淄縣東，又東北入于海，與漢志入泲不同者。蓋入泲乃禹迹之舊，自泲之上流既涸，故淄水入海。時水在今青州臨淄縣，本漢千乘郡之地。漢志：千乘郡博昌縣有時水，東北至鉅定縣入馬車瀆，幽州浸。

欽定義疏：淄水出青州府益都縣西南顏神鎮東南二十五里岳陽山，即原山也。其山接濟南府章丘、淄川、泰安府萊蕪三縣，淄水出於山之東谷，東北流，至青州府壽光縣北，由清水泊入海。時出般陽，漢地理志濟南郡般陽縣不言時水出，而千乘郡博昌縣言時水東北至鉅定入馬車瀆，志言其委耳。今山東通志：時水即烏河，出青州府臨淄縣西南槐樹村，北流受澅水、系水，逕新城縣之索鎮口東南入博興縣界，下注麻大泊。

河内曰冀州。

易氏祓曰：舜時十有二州，有幽，有并，有冀。水土既平之後，以冀爲帝都，省幽、并入焉。以餘州準之，則知禹貢冀州東西南三面距河，而北境則越乎常山，今之燕、雲、營、平諸州，皆其地也。殷人以冀州北境復舜之幽州，而東西南皆禹迹之舊，蓋東河之西，西河之東，南河之北也，故曰兩河間。周人又分冀而復舜之并州，故曰河内而已。

其山鎮曰霍山，注：霍山在彘。疏：厲王流於彘，後爲縣名。漢改爲永安縣。

易氏祓曰：霍山，漢志霍太山在河東郡彘縣東，唐及今晉州霍邑，本漢彘縣。霍山，一名太岳，在縣東三十里。

欽定義疏：霍山一名霍太山，亦名太岳，今爲中鎮，在山西平陽府霍州東三十里，山周二百餘里，南接岳陽、趙城二縣，北接靈石縣，東接沁源縣界。

其澤藪曰楊紆，注：楊紆所在未聞。

其川漳，其浸汾、潞。注：汾出汾陽，潞出歸德。疏：汾陽、歸德，縣名。

蔡氏沈曰：汾水出于太原，經于太岳，東入于河。

易氏祓曰：汾水，漢志出太原郡汾陽縣北山，西南至汾陰入河，冀州浸。考唐嵐州靜樂縣，今屬澤州，即漢汾陽縣之地。汾水東南流入太原府之交城、陽曲、太原、清源、文水五縣，又東南流至汾州之温城、介休、靈石、汾西四縣，又東南流入晉州之霍邑、趙城、洪洞、臨汾四縣，又東南流至絳州之正平、積山、龍平三縣，又南流至河中府之寶鼎縣，北入于河。唐潞州潞城縣，本漢潞縣，屬上黨郡。漳水一名潞水，在縣北。闞駰曰：潞水在縣北，爲冀州浸，即漳也。蓋周以濁漳爲潞，清漳爲漳。

黄氏度曰：鄭注潞水出歸德，今慶州華池縣無潞水。杜佑曰：潞出密雲郡密雲縣。密雲，今檀州。水經：鮑丘水從塞外來，經密雲戍，過幽州潞縣西。酈道元曰：鮑丘水入潞，通得潞稱，俗稱東潞。此殆杜佑所謂密雲之潞也，是在幽界，非冀浸矣。酈道元謂他川無可爲浸者，巨浪長湍，惟漳水耳。又案：今潞城縣爲春秋赤狄潞子嬰兒之國，是則潞之得名已久，漳水至潞爲浸，可以灌溉，或以是也。

欽定義疏：潞水有二，其一即濁漳，乃一水而二名。闞駰謂潞水即漳水，今潞安府潞城縣，因水得名者也。其一自塞外經密雲至天津入海者，即今京東之北運河，名爲白河，亦曰潞河，杜佑通典所指也。諸儒皆以濁漳當之，則一水而既謂之川，復謂之浸，豈其流者謂之川，而瀦者謂之浸與？又漢時兩歸德縣，一屬汝南，一屬北地，皆與河内冀州無涉。漢志於北地郡歸德縣言洛水出，非潞水也。以康成之精博，寧當以洛水爲潞水乎？顏師古注漢書亦依鄭説，不可曉也。北地、歸德，今慶陽府東北，雍州之域，豈可以言冀州邪？易氏、黄氏以濁漳爲潞，正在冀州之地，但川與浸同是一水，可疑耳。

正北曰并州。

易氏祓曰：舜時有并州，禹貢以并入冀，殷因之，周復分冀，立并州。以天下之勢言之，冀州在河西之東，雍州在河西之西，而并州之北，故曰正北。

其山鎮曰恒山，注：恒山在上曲陽。

易氏祓曰：恒山一名常山，漢志：恒山郡上曲陽縣恒山北谷在西北，并州山。按：唐定州恒陽縣有北嶽，今改州爲中山府，縣爲曲陽，即漢之舊也。

蕙田案：恒山詳見前。

其澤藪曰昭餘祁，注：昭餘祁在鄔。

黄氏度曰：昭餘祁在汾州介休縣。水經注：汾水於大陵縣左迤爲鄔澤。地理志：太原郡鄔縣，九澤在北，是爲昭餘祁，并州藪也。吕氏春秋謂之大昭。又侯甲水逕大谷謂之大谷水，經祁縣故城南，自縣連延，西接鄔澤，是謂祁藪。樂史寰宇記：昭餘祁，俗名鄔城泊，祁屬太原，漢故縣也。昭餘祁在今山西太原府祁縣東七里。

其川虖池、嘔夷，注：虖池出鹵城。嘔夷，祁夷與？出平舒。

易氏祓曰：虖池河，漢志代郡鹵城縣虖池河，東至參合入虖，别從河東至文安入海，并州川。其河自雁門縣西南流入崞與、唐林二縣，又西南流至忻州秀容縣，又西南流入定襄縣，又南流至太原府之盂縣，又東流至恒州之靈壽、真定、九門、藁城、鼓城五縣，又東流至定州之無極縣，又東流入深州之饒陽、鹿城、安平三縣，又東南流入瀛州之高陽、河間二縣，又東流入莫州之唐興及莫縣，以至任丘、文安，即漢志所謂至文安入海者也。嘔夷，鄭注疑即祁夷，出平舒。考漢志代郡平舒縣有祁夷水，北至桑乾入沽。唐蔚州興唐縣本代郡地。嘔夷一名滱水，出縣西北之高氏山，東北流至興唐縣，又東流至瀛州之博野，東入于河。

欽定義疏：虖池水在今山西代州繁時縣東北泰戲山，至直隸天津府静海縣小直沽入海。嘔夷水在今大同府蔚州靈丘縣西北高氏山，一名唐河，至直隸保定府安州北，合於易水。又案：鄭注疑嘔夷爲祁夷。酈道元注水經，以嘔夷即滱水，師古注漢書，則以并州之川爲滱，與鄭注不同。據水經注，滱水出代郡靈丘縣高氏山，至長城入于易，祁夷水出平舒縣，至桑乾縣入㶟水，則祁夷之流短于滱，不足概一州之川，似當以道元、師古二説爲是，但鄭説未必無據，並存之。

其浸淶、易。注：淶出廣昌，易出故安。

易氏祓曰：淶水，漢志代郡廣昌縣，淶水東南至容城入河，并州浸。案：唐蔚州飛狐縣，即漢廣昌縣地，有飛狐口，淶水所出。東南流至易州易縣，又東北流至淶水縣，又南流入容城縣，即漢志所謂東至容城入河者也。易水，漢志易水出涿郡故安縣閻鄉東，至范陽入濡，并州浸。此言易出故安，則近幽州之境。按：唐蔚州飛狐縣，周屬并，自縣北入嬀州之懷戎，即古飛狐口，易水所出，東南流至易州易縣，至北方是漢涿郡故安縣之地。又東流至涿州之歸義縣，又東北流入涿州范陽縣之南界，即漢志所謂至范陽入淶是也。

黄氏度曰：易水有三，皆出易州易縣。寰宇記：北易，一名安國河，出縣西，北窮獨山，水經注所謂濡水也。中易出閻鄉城寬中谷，東南流至古易京城，與北易合流，入巨馬河。水經注易水與濡水互攝，通稱南易，出縣東南郎山燕王仙臺東石虎罡〔一〕，東流與雹河會，又東至霸州容城縣，南流入高陽

〔一〕「郎山」，諸本作「即山」，據水經注校證易水改。

縣，合滱水。水經注又云：易水至文安縣，與虖池合。班固、闞駰皆以此爲南易。文安，今霸州縣，并之極東界。

欽定義疏：淶水即拒馬河，發源直隸易州廣昌縣，流入紫荆關，過易州西北界，至房山縣境分爲二支：一東流涿州，經固安縣，東南入桑乾河。一南流淶山縣，經定興、新城入白溝河。易水在易州南三十里，發源易州寬中谷，流至定興縣北河村，合拒馬河入白溝河。

地理通釋：周九州，揚、荆、豫、青、兖、雍、幽、冀、并。鄭氏注：揚、荆、豫、兖、雍、冀與禹貢略同，青州則徐州地也，幽州則青、冀之北也，無徐、梁。晉地理志云：成王時，改作禹貢，徐、梁入于青、雍，冀野析于幽、并。王氏云：九州之序，禹貢始於冀，次以兖，而終於雍。職方氏則始於揚，次以荆，而終於并者。蓋禹貢言治水之序也，職方言遠近之序也。治水則自帝都而始，然後順水性所便，自下而上，故由兖至雍而止也。以遠近言之，則周之化自北，而南，爲遠，故關雎、鵲巢之詩分爲二南，漢廣亦言「文王之道，被于南國」，德化之所及，以遠爲至也。始於揚，則以揚在東南；次以荆，則以荆在正南；終于并州，以并在正北，先遠而後近也。左傳：王使詹桓伯辭於晉，曰：我自夏以后稷，魏、駘、芮、岐、畢，我西土也；及武王克商，蒲姑、商奄，吾東土也；巴、濮、楚、鄧，吾南土也；肅慎、燕、亳，吾北土也。漢賈捐之曰：武丁、成王，殷、周之大仁也。然地東不過江黄，西不過氐羌，南不過蠻荆，北不過朔方。

爾雅釋地：魯有大野，注：今高平鉅野縣東北大澤是也。疏：此下至「周有焦護」，釋十藪之名也。禹貢徐州云：「大野既豬。」晉有大陸，注：今鉅鹿北廣河澤是也。疏：禹貢冀州云「大陸既作」是也。秦有楊陓，注：今在扶風汧縣西。疏：周禮冀州云「其澤藪曰楊陓」，鄭注云所在未聞。又雍州云「其澤藪曰弦蒲」，鄭注云在汧，今注亦云在汧，然則周禮弦蒲即此楊陓也。宋有孟諸，注：今在梁國睢陽縣東北。疏：周禮青州「其澤藪曰望諸」，鄭注云：「望諸，明都也。」禹貢豫州「導菏澤，被孟豬」。左傳亦作孟諸。楚有雲夢，注：今南郡華容縣東南巴丘湖是也。疏：周禮荆州云「其澤藪曰雲夢」，禹貢云「雲土夢作乂」。昭三年左傳：楚子與鄭伯田於江南之夢。定四年，楚子涉睢，濟江，入于雲中。雲夢一澤，而每處有名者，司馬相如子虛賦云：雲夢者方九百里。則此澤跨江南北，亦得單稱雲，單稱夢。吴、越之間有具區，注：今吴縣南太湖即震澤是也。疏：周禮揚州云「其澤藪曰具區」。禹貢揚州云「三江既入，震澤厎定」是也。齊有海隅，注：海濱廣斥。燕

有昭余祁，注：今太原鄔陵縣九澤是也。疏：周禮并州「其澤藪曰昭余祁」。**鄭有圃田，**注：今滎陽中牟縣西圃田澤是也。疏：周禮豫州云「其澤藪曰圃田」。僖三十三年左傳云：鄭之有原圃，猶秦之有具囿也。**周有焦護。**注：今扶風池陽縣瓠中是也。疏：詩六月云「玁狁匪茹，整居焦護」是也。

陳氏曰：九州山川澤藪各在職方，不入諸侯之版，觀詩不以圃田繫鄭，春秋不以沙麓繫晉，略可覩矣。周季諸侯始擅不盼之利，齊斡山海，而桃林之塞、郇瑕之地，晉實私之。此諸侯所以僭侈，王室所以衰微也。

詩大雅生民：即有邰家室。傳：堯見天因邰而生后稷，故國后稷于邰。箋：堯改封于邰，就其成國之家室無變更也。疏：世本云：有邰氏女曰姜嫄。故知邰是姜嫄之國也。傳以此言封之于邰，下言祭天之事，故解其意云「堯見天因邰而生后稷」，謂使邰國之女生后稷也。「故國后稷于邰」，謂封爲邰國之君，后稷以前未有國，于此始封之也。此邰爲后稷之母家，其國當自有君，所以得封后稷者，或時君絶滅，或遷之他所也。

公劉：篤公劉！匪居匪康。迺埸迺疆，迺積迺倉。迺裹餱糧，于橐于囊。思輯用光，弓矢斯張。干戈戚揚，爰方啓行。傳：公劉居于邰，而遭夏人亂，迫逐公劉。公劉乃避中國之難，遂平西戎，而遷其民，邑於豳焉，蓋諸侯之從者十有八國。

度其夕陽，豳居允荒。傳：山西曰夕陽。荒，大也。箋：夕陽者，豳之所處也。疏：夕陽者，總言豳人一國之所處也。其界在山之西，不知是何山也。譜云：豳在岐山之北。書傳説太王去豳，踰梁山。注云：梁山在岐山東北，然則豳國之東有大山者，其唯梁山乎？

篤公劉，于豳斯館。傳：館，舍也。

緜緜瓜瓞，民之初生。自土沮、漆。傳：興也。緜緜，不絶貌。民，周民也。沮，水；漆，水也。箋：喻后稷乃帝嚳之胄，封于邰。其後公劉失職，遷于豳，居沮、漆之地。至太王而德益盛，故本周之興，云于沮、漆也。疏：鄭于生民之箋，以姜嫄爲高辛氏世妃而生后稷，經云「即有邰家室」。周本紀云：舜封棄于邰，號曰后稷。是稷爲帝嚳之胄，封于邰也。公劉云：「篤公劉！于豳斯館。」是公劉失職遷于豳也。周語云：「昔我先世后稷，以服事虞夏。及夏之衰也，棄稷不務。我先王不窋，用失其官，而自竄于戎狄之間。」韋昭云：「不窋失官，去夏而遷于豳。豳西近戎，北近狄。」然則失職遷豳，自不窋始矣。言公劉遷豳者，案公劉之篇説公劉避亂適豳，其言甚詳，不可得而改。而外傳、史記皆言不窋奔于戎狄。蓋不窋之時，已嘗失官，逃竄豳地〔一〕，猶尚往來邰國，未即定居于豳。公劉者，不窋之孫，至公劉而盡以邰民遂往居焉。豳有漆、沮之水，故言居漆、沮之地。公劉以下，常居沮、漆。古公亶父，陶

〔一〕「地」，諸本作「也」，據毛詩正義卷一六之二改。

復陶穴，未有家室。

古公亶父，來朝走馬。率西水滸，至于岐下。爰及姜女，聿來胥宇。傳：率，循也。滸，水厓也。胥，相。宇，居也。箋：循西水厓，沮、漆水側也。疏：古公避狄之難，其來以早朝之時，疾走其馬，循西方水厓，沮、漆之側〔一〕，東行而至于岐山之下。

文王有聲：文王受命，有此武功。既伐于崇，作邑于豐。箋：作邑者，徙都于豐，以應天命。

考卜維王，宅是鎬京。維龜正之，武王成之。疏：此章言武王之事，而并言文王作邑于其傍者，以二邑皆在豐傍，舉豐而言，可以并及文王，欲連言之。帝王世紀云：「豐、鎬皆在長安之西南。」言豐邑在豐水之西，鎬京在豐水之東，以時驗而知之。

文王：周雖舊邦，其命維新。箋：太王聿來胥宇而國于周，王迹起矣，而未有天命，至文王而受命。

閻氏若璩曰：「周雖舊邦」，鄭箋云太王聿來胥宇而國于周，周字貼太王，不若詩集傳以周受封，始自后稷爲真舊。左傳：我自夏以后稷，魏、駘、芮、岐、畢，吾西土也。言受此五國，世爲西土之長。

〔一〕「漆」，原脱，據毛詩正義卷一六之二補。

釋例土地名曰：魏，河東河北縣；芮，馮翊臨晉縣芮鄉是；畢在京兆長安縣西北；駘在武功；岐在美陽。孔穎達曰：今案其地，芮在魏之西南百餘里耳，岐在駘之西北無百里也。詩稱后稷封邰，與岐、畢相近，爲之長可矣。計魏在邰東六百餘里，而令邰國與魏爲長，道路太遥，公劉居豳，又在岐西北四百餘里，此傳極言遠竟而辭不及豳，並不解其故。余謂穎達每好依阿康成、元凱，莫敢是正。玆獨上攻及傳之正文殊可喜也，宜亟標出之，但云豳距岐四百餘里，「四」當作「二」。

地理通釋：周都，世紀：周后稷始封邰，今扶風斄是也。地理志：右扶風斄縣，后稷所封。括地志：故斄城，一名武功城，在雍州京兆府武功縣西南二十二里。古邰國有后稷及姜嫄祠。及公劉徙邑於豳，詩稱「于豳斯館」。今新平漆之東有豳亭是也。后稷生不窋。周語：不窋失其官，自竄戎狄之間。括地志：不窋故城在慶州弘化縣南三里，即不窋在戎狄所居之地也。豳州新平縣即漢漆縣。詩豳國，公劉所邑之地。郡縣志：古豳城在邠州三水縣西三十里，公劉始都之處。通典：慶州安化縣尉李城在白馬兩川交口，亦曰不窋城。豳州，開元十三年，改豳爲邠。豳，故栒邑是。地理志：右扶風栒邑有豳鄉。詩豳國，公劉所都。栒邑故城在三水縣東北二十五里。至太王避狄，循漆水，在鳳翔府普潤縣東入渭。地理志：在右扶風漆縣西。踰梁山，括地志：在雍州好畤縣西北十八里。康成云：岐山西南好畤，熙寧中屬鳳翔府。徙邑於岐山之陽，西北，岐城舊址是也，詩稱「率西水滸，至於岐下」。康成云：循西水厓，沮、漆水側也。南有周原，故始改號曰周。康成云：周原在岐山之南。詩閟宫曰：居岐之陽。地理志：岐山在右扶風美陽西北中水鄉，周太王所邑。括地志：故周城，一名美陽城，在雍州武功縣西北二十五里，即太王城也。通典：美陽縣故城在武功縣北七里。輿地廣記：鳳翔府扶風縣岐陽鎮，漢美陽縣地，周太王邑於岐山之下，即此，詩所謂「居岐之陽」也，文王始亦治焉。唐岐陽縣，元和三年省入扶風。郡縣志：岐山亦名天柱山，在鳳翔府岐山縣東北十里。孟子：文王生于岐周。王季徙程，書序曰：維周王季宅程是也。孟子：文王卒於畢郢。史記正義：周書云：惟周王季宅郢。郢故城在雍州咸陽縣東二十一里，周之郢邑也。詩正義：周書稱文王在程，作程寤、程典。皇甫謐云：文王徙宅於程，蓋謂此也。地理志：右扶風安陵，闞駰以爲本州之程邑也。文王受命，徙都於酆，在今京兆之西。詩：既伐于崇，作邑于豐。說文：酆，文王所都，在京兆杜陵西南。括地志：周豐宫，文王宫也，在雍州京兆府鄠縣東三十五里。鄭康成云：豐邑在豐水之西，鎬京在豐水之東。徐廣云：豐、鎬相去二十五里，皆在長安南數十里。地理志：酆水出右扶風鄠縣東南。通典：岐州鳳翔府岐山縣，文王徙于岐，即此縣也。孟子曰：文王治岐。尚書大傳：春子曰文王治岐。詩皇矣曰：度其鮮原，居岐之陽，在渭之將。鄭氏箋：在岐山之南，居渭水之側，後竟徙都於豐。正義云：太王初遷，已在岐山，岐山之陽去舊都不遠，豐則岐之東南三百里。蘇氏云：文王既克密須，於是相其高原，而徙都焉，所謂程邑是與？通典：周文王作酆，今京兆府長安縣西北靈臺鄉豐上是也。殷有崇國，在鄠縣界。武王徙都鎬。

封文王子於酆。括地志：鎬在雍州西南三十二里，滈水源出長安縣西北滈池。長安志：在縣西北十八里。通典：今長安縣昆明池北鎬陂是也。詩：宅是鎬京。後漢志：鎬在京兆上林苑中。孟康云：長安西南有鎬池。水經注：鎬水上承鎬池于昆明池北。郡縣志：周武王宫，即鎬京也，在長安縣西北十八里，自漢武帝穿昆明池于此，鎬京遺趾淪陷焉。穆天子傳：之于宗周。注：鎬京也。通典：周地西迫戎，俗自岐之豐，自豐之鎬，是西遠戎而東即華也。程氏曰：伐商作洛，皆步自宗周而往，以其事告于豐廟。康有酆宫之朝，康王雖仍都鎬，其受朝仍在豐地。**今洛陽西南，洛水之北，有鼎中觀是也。**史記周紀：王曰自洛汭延于伊汭，居易毋固，其有夏之居。我南望三塗，北望嶽鄙，顧詹有河，粤陽雒、伊，毋遠天室。營周居于雒邑而後去。太史公曰：學者皆稱周伐紂，居洛邑，綜其實不然。武王營之，成王使召公卜居，居九鼎焉，而周復都豐、鎬。周書度邑曰：武王問太公曰：吾將因有夏之居，南望過于三塗，北詹望于有河。**周公相成王，以酆、鎬偏處西方，乃使召公卜居洛水之陽，以即土中，遂築新邑，營定九鼎，以爲王之東都洛邑。書：我乃卜澗水東，瀍水西，惟洛食。**注：今河南城也。**是爲王城，名曰東周。**公羊傳：王城者何？東周也。地理志：王城，本郟鄏之地，或謂之郟鄏。春秋傳：成王定鼎于郟鄏。河南是也。今東門名鼎門，蓋九鼎所從入也。郟，山名。鄏，邑名。桓七年，王遷盟、向之民于郟。襄二十四年，齊人城郟。郟，王城。括地志：故王城，一名河南城，本郟鄏，周公新築，在河南縣北九里苑内東北隅，自平王以下〔一〕，一十二王皆居此城，至敬王乃遷都成周。赧王又居王城。洛陽故城在洛陽縣東北二十六里，周公所築，即成周城也。書：我又卜瀍水東，亦惟洛食。注：今洛陽也。將定下都，遷殷頑民，故并卜之。周語：靈王二十二年，穀、洛鬭，將毁王宫。韋昭曰：洛水在王城南，穀水在王城北，東入于瀍。婁敬曰：成王營成周，都洛，以爲天下中。諸侯四方納貢，職道里鈞矣。吕氏曰：孔子序洛誥曰：周公往營成周，則成周乃東都總名。河南，成周之王城也；洛陽，成周之下都也。王城，非天子時會諸侯則虚之。下都，則保釐大臣所居治事之地。周人朝夕受事，習見既久，遂獨指以爲成周矣！通典：郟鄏，陌名。**成王既卜，營洛邑，建明堂，朝諸侯，復還酆、鄗，故書序曰：還歸在豐。**歸于宗周。**至懿王徙犬丘，**秦謂之廢丘。**今京兆槐里是也。**世本：懿王居犬丘。地理志：右扶風槐里縣，周曰犬丘，懿王都之。括地志：犬丘故城，一名廢丘，在雍州始平縣東南十里，即周懿王所都。漢高祖三年更名槐里，今京兆府興平縣。秦紀：非子居犬丘。**厲王出於彘。**今河東永安是也。通典：晉州霍邑縣，漢彘縣。詩序：宣王復會諸侯于東都。王氏曰：成王于洛時會諸侯而已，宣王時會諸侯于東都，而車攻謂之復古。**平王徙居洛。**洛誥所謂新邑也。吕氏曰：

〔一〕「一名河南城本郟鄏周公新築在河南縣北九里苑内東北隅自平王以下」二十九字，原脱，據光緒本、通鑑地理通釋卷四補。

平王定都王城。地理志：初，洛邑與宗周通封畿，東西長而南北短，短長相覆爲千里，至襄王以河内賜晉文公，又爲諸侯所侵，故其分墬小。郡國志：河南，周公所城洛邑也。春秋時謂之王城，東城門名鼎門，北城門名乾祭。注：博物記：王城方七百二十丈，郛方七十里，南望雒水，北至陜山。地道記：去雒城四十里。及敬王避子朝之亂，東居成周。子朝居王城曰西王，敬王居狄泉，在王城之東，曰東王。春秋曰：天王入于成周。後六年，王室定，遂徙都成周。晉率諸侯之徒修繕其城，以成周城小，不受王都，故壞翟泉以廣焉。翟泉地在成周東北。郡國志：雒陽，周時號成周，有狄泉在城中。注：摯虞曰古之周南，今之雒陽。世紀曰：城東西六里十一步，南北九里一百步。通典：狄泉在今洛陽城東三十餘里。吕氏曰：洛都雖有二城，而成周則其總名。杜預、孔穎達皆以下都爲成周，謂敬王繼子朝亂，自王城徙都之，其説不然。大可以包小，小不可包大，苟成周信爲下都之名，則凡書之言洛，皆謂之成周，是以下都之名而包王城，其不可信一也；左氏未嘗有敬王自王城遷成周之明文，第言子朝既逐，王入于成周而已。敬王請城成周之辭，亦謂成王合諸侯城成周，以爲東都，則成周者，洛邑之總名明矣，其不可信二也。至赧王，又徙居西周。吕氏曰：平王東遷之後，所謂西周者，豐、鎬也；東周者，東都也。威烈王之後，所謂西周者，河南也；東都者，洛陽也。周紀：考王封其弟于河南，是爲桓公，以續周公之官職。惠公封其少子于鞏以奉王，號東周惠公。注於是有東西二周。世本：西周桓公揭居河南，東周惠公班居洛陽。赧王時，東、西周分治。西周，河南也；東周，鞏也。趙世家：成侯八年，與韓分周，以爲兩。徐廣曰：顯王二年，周紀無此。呂氏曰：東、西周各爲列國，不復相關，自是而後，稱東、西周君者皆謂二周君也。本紀云：赧王時，東、西周分治，非也。赧王特徙都西周耳，當以趙世家爲正。白虎通：夏曰夏邑，殷曰商邑，周曰京師。詩公劉：京師之野。朱文公曰：京師，高丘而衆居之也。董氏曰：所謂京師者起於此，其後世因以所都爲京師。曰嬪于京，依其在京，則岐周之京也。王配于京，則鎬京也。春秋所書京師則洛邑也。皆仍其本號而稱之，猶晉之云新絳、故絳也。洛邑亦謂之洛師，正京師之意也。林氏曰：岐在邰西北無百里，豳又在岐西北四百餘里，豐在岐山東南二百餘里，鎬在豐東二十五里。方氏曰：豐、鎬，宗廟所在，故謂之宗周。洛邑，以王道成於此，故謂之成周。

都邑考：后稷始封邰，今陝西西安府乾州武功縣西南二十里斄城是。公劉遷豳，今西安府邠州三水縣西三十里古豳城是。太王居岐，今鳳翔府扶風縣西北岐陽鎮是。南有周原，始號曰周，王季宅程亦曰郢，今西安府咸陽縣東二十一里安陵城是。文王遷豐，今西安府附郭長安縣西北靈臺鄉豐水上。武王徙都鎬，今長安縣西北十八里昆明池北鎬陂是。鄭康成曰：豐邑在豐水西，鎬京在豐水東，相去蓋二十五里。成王營洛邑，名曰東周，今河南府治是。至懿王徙犬丘，今西安府興平縣東南十里槐里城是。平王避犬戎之難，東遷于洛，即洛邑也。

右周職方

春秋周都邑山川

顧氏棟高春秋大事表：周都：洛邑王城，今河南府洛陽縣城内西偏，即王城故趾。周公營洛邑，澗水東，瀍水西，南繫乎洛水，北因乎郟山。自平王東遷至景王十一世皆居此。敬王遷成周，王城廢，至赧王復居之。郟鄏，即郟山北邙山也。在洛陽縣城北二里，亦謂之郟。桓七年，遷盟、向之民于郟。杜注：郟，王城。知郟鄏即王城之别名矣。遷於成周，在今河南府洛陽縣城東二十里，周公營王城，并營下都，處殷頑民，在瀍水之東，與王城相去十八里，亦謂之成周。昭二十六年，子朝奔楚，其餘黨多在王城，敬王畏之，徙都成周。成周狹小，乃請諸侯城之。自是迄春秋之末，凡書京師者皆指成周。翟泉。杜注：城内太倉西南池水也。鄭氏曰：狄泉本在下都城北，城成周時，乃繞翟泉于城内。昭二十三年，天王居于狄泉。二十六年，始入于成周，此時狄泉與成周猶爲兩地。

周邑：鄔，隱十一年，王取鄔、劉、蔿、邘之田於鄭。杜注：鄔邑，河南緱氏縣西南有鄔聚，今在河南府偃師縣西南。劉，杜注：劉邑，緱氏縣西北有劉亭。後漢書：周大夫劉子邑也，今在偃師縣。劉子始封爲匡王少子劉康公。蔿，東周大夫子國之食邑，謂之蔿國。邘，在今懷慶府城北三十里有邘臺村，後地屬晉。温，王與鄭人蘇忿生之田，温、原、絺、樊、隰郕、攢茅、向、盟、州、陘、隤、懷。在今懷慶府温縣西南三十里。後襄王更以賜晉，晉以狐溱爲温大夫。原，今懷慶府濟原縣西北有原鄉，後賜晉，晉以趙衰爲原大夫。絺，今懷慶府河内縣西三十二里有故絺城。樊，一名陽樊，今懷慶府濟源縣東南三十里有古陽城，東遷後仲山甫子孫所封。莊二十九年，樊皮叛王即此。後賜晉，晉以予陽處父爲食邑。隰郕，今懷慶府城西三十里有期城，即其地。一名隰城，僖公二十五年，殺太叔于隰城，即此。攢茅，今懷慶府脩武縣西北二十里有攢城。向，今懷慶府濟源縣西南有向城。盟，今懷慶府孟縣西南三十里有古河陽城，武王合諸侯于孟津，即此地，後歸晉，謂之河陽。僖二十八年，天王狩于河陽是也。州，在今懷慶府東南三十里，後屬晉，初爲郤稱邑，後爲欒豹邑。昭三年，晉人以賜鄭豐施。七年，子産歸州田于韓宣子，宣子更以賜宋樂大心，後宣子自徙居之。陘，即太行陘，在今懷慶府西北三十里。連山中斷曰陘。太行首始河内，北至幽州，中有八陘，此其一也。隤，在懷慶府修武縣北。懷，今懷慶府武陟縣西南十一里有懷城，後屬晉。宣六年，赤狄伐晉圍懷，即此。酒泉，莊二十一年，王與虢公酒泉。杜注：周邑。今陝西同州府澄城縣有甘泉出覂谷中，造酒尤美，名曰酒泉。甘，僖二十四年，甘昭公有寵于惠后。杜注：王子帶食邑，河南縣西南有甘水。西二十五里有故甘城。今俱在河南府洛陽縣西南。毛，狄伐周，獲毛伯。杜注：毛伯采邑。在今河南府宜陽縣界。郕田，成十一年，郤至與周爭郕田。杜注：温别邑。懷縣西南有郕人亭。在今懷慶府武陟縣界。要、餞，昭二十二年，子朝帥要、餞之甲，以逐劉子。杜注：周二邑。水經注：畛水出新安縣青要山。新唐書：河南郡諸府有餞濟。**揚**，劉子奔揚。杜注：周邑。路史謂即山西之揚侯國。宣王子尚父所封〔一〕，今山西平陽府洪洞縣東有揚城。案傳云：壬戌，劉子奔揚。癸亥，如劉。劉爲今偃師縣劉亭，浹日即至其地，當不出百里外。山西洪洞距偃師絶遠，且地已屬晉。決當爲「僖十一年〔二〕，揚、距、泉、皋」之揚，而非山西之揚侯國也。**前城**，王師敗績于前城。杜注：子朝所得邑。服虔曰：「前」讀爲「泉」，即泉戎地，在伊闕南。京相璠曰：在今洛陽西南五十里伊闕外。**解**，王師軍于氾、于解、于任人。杜注：王師分在三邑。氾即鄭州氾水縣，本鄭地，王時駐軍于此。解有大解、小解。後漢書：大解城在今洛陽縣南，小解城在縣西南也。任人，地闕。**鄩**，昭二十三年，郊、鄩潰。杜注：郊、鄩，二邑，皆子朝所得。括地志：故鄩城在河南府鞏縣西南五十八里。史記：塞什谷之口。徐廣曰：即鄩邑。**澤邑**，王師在澤邑。賈逵曰：即翟泉。**墻人**，劉子取墻人、直人。路史曰：今河南府新安縣東北有白墻村。**直人**，杜注：子朝邑，直伯柄國。**尹**，王入于尹。杜注：尹氏邑。今山西汾州有尹吉甫墓，即古尹城。**唐**，尹辛敗劉師于唐。杜注：周邑。後漢志有唐聚，在今河南府洛陽縣。**鞏**，昭二十五年，尹文公涉于鞏。杜注：于鞏縣涉洛水。周鞏伯邑，即今鞏縣。後西周惠公封少子班于此，爲

〔一〕「尚父」，諸本作「尚文」，據春秋大事表卷七改。

〔二〕「十一年」，諸本作「十年」，據春秋大事表卷七改。

東周。今縣西南三十里有鞏王城。**萑谷**，昭二十六年，王次于萑谷、于胥靡、于滑。杜注：皆周邑。萑谷在洛陽縣東。**胥靡**，杜注：本鄭邑。今河南府偃師縣東南四十里有胥靡城。**滑**，杜注：本鄭邑，今偃師縣南緱氏故城即古滑地。高氏曰：滑本國名，秦滅之而不能有，爲晉所得，然其地近鄭，在所必爭。成十七年，鄭人所以侵晉虛、滑也，是時則歸王室。逮定六年，鄭伐周馮、滑、胥靡，此鄭人爭滑之驗也。**莒**，陰忌奔莒。杜注：周邑。按：莒國之外，又有三莒：周莒、齊莒、魯莒父。此周莒也，其地未詳。**馮**，定六年，鄭伐馮、滑、胥靡、負黍、狐人、闕外。杜注：周邑。東觀記曰：魏之別封曰華侯。華侯孫長卿，食采于馮城，即此。**負黍**，杜注：周邑。陽城西南有負黍亭，在今河南府登封縣。**狐人**，杜注：周邑。後漢志：潁陰縣有狐宗鄉，古狐人亭也，在今許州府臨潁縣。**闕外**，杜注：周邑，即伊闕外之邑也。在今河南府洛陽縣南開塞山下。**轂城**，定八年，單子伐轂城，單子伐簡城，劉子伐盂。杜注：在河南縣西，在今河南府洛陽縣西北。水經注：城西臨轂水，故名。**簡城**，杜注：周邑。周有簡師父，簡城蓋其采地。**盂**。杜注：周邑，今懷慶府河南縣西北有邘臺鎮，爲古盂國。

周地：**伊川**，僖二十二年，辛有適伊川。杜注：周地。今爲河南府嵩縣。**坎欿**，僖二十四年，王遂出及坎欿。杜注：周地。在今河南府鞏縣東。**郲垂**，文十七年，甘歜敗戎于郲垂。杜注：垂亭在新城縣北，今爲汝州伊陽縣地。**湨梁**，襄十六年，會于湨梁。爾雅：梁莫大于湨梁。湨梁，水堤也。湨水源出懷慶府濟源縣西北，至温縣入河。轘轅，襄二十一年，使候出諸轘轅。杜注：轘轅，關名。在今河南府鞏縣西南七十里。雒汭，昭元年，趙孟館于洛汭。水經注：洛水入河之處，亦名什谷。張儀謂下兵三川，塞什谷之口是也。在今河南府鞏縣界三十里。潁，昭元年，景王使劉定公勞趙孟于潁。九年，晉梁丙、張趯率陰戎伐潁。杜注：潁水出陽城縣。方輿紀要云：陽城廢縣，本周之潁邑。在今河南府登封縣東南四十里，戰國時屬鄭，謂之陽城，後入韓、秦，亦爲陽城縣。陳勝，陽城人。甘鹿，昭十七年，陸渾衆奔甘鹿。杜注：周地。今河南府宜陽縣有鹿蹄山，甘水所出。榮錡氏，昭二十二年，王崩于榮錡氏。杜注：河南鞏縣西有榮錡澗。方輿紀要：括地志：在縣西，澗蓋在邑旁。皇，二十二年，王猛居于皇。杜注：河南鞏縣西南有黄亭，今在河南府鞏縣西北。東圉，單氏伐東圉。路史：周地。杜注：洛東南有圉鄉。社，前城人敗陸渾于社。杜注：周地。黄河西自偃師界至鞏縣，洛水入之，有五社渡，又有五社津。光武幸懷，遣耿弇等軍五社津，備滎陽以東，即此。陰，晉籍談軍于陰。漢平陰縣地，今爲河南府孟津縣治。侯氏，荀躒軍于侯氏。杜注：周地，即緱氏，今河南府偃師縣東南二十里有廢緱氏城。谿泉，賈辛軍于谿泉。杜注：鞏縣西南有明谿泉。平陰，昭二十三年，晉師在平陰，即陰，漢爲平陰縣地，見前。訾，單子取訾。路史曰：訾有二，西訾在洛，東訾在鞏，此蓋西訾也。二十四年，河津人得子朝用于河之寶珪，陰不佞拘之，王定而獻，與之東訾。二十七年，尹文公焚東訾，始爲鞏縣之訾。杜氏混而一之，則傳文「東」字爲贅矣。**蒯**，尹辛攻蒯。杜注：河南縣西南蒯鄉。今在河南府洛陽縣西南。**尸氏**，昭二十六年，劉人敗王城之師于尸氏。即尸鄉，在河南府偃師縣西三十里，田横自剄處。**渠**，劉子以王出次于渠。杜注：周地，即陽渠也。周公所鑿，在河南鞏縣西，通洛陽。**堤上**，遂軍圉澤，次于堤上。杜注：周地。漢書：河決酸棗，東潰金隄。寰宇記：金堤在洛陽縣西南二十三里，時漢興未四十年，河道始決。金堤係三代時物明矣，所云堤上疑即此。**周山川**：**轘轅**，襄二十一年，使候出諸轘轅。杜注：轘轅關在緱氏縣西南。轘轅，山名，在今河南府鞏縣西南七十里，其坂有十二曲，將去復還，故名。**闕塞**，昭二十六年，晉知躒、趙鞅納王，使女寬守闕塞。杜注：洛陽西南伊闕口也。闕塞山在今河南府治洛陽縣城南三十里，一名龍門山，一名伊闕，一名闕口。志云：山之東曰香山，西曰龍門，大禹疏以通水，兩山對峙，石壁峭立，望之若闕，伊水歷其間，故名伊闕。**北山**，昭二十二年，王田于北山。杜注：北芒也。一名邙山。北邙山在今河南府治洛陽縣城北十里，山連偃師、孟津、鞏三縣，綿亘四百里。在城之北，故曰北山。一名郟山，成王定鼎于郟鄏即此。亦謂之郟，王城之別名。桓七年，遷盟、向之民于郟。襄二十四年，齊人城郟。杜注皆云：郟，王城也。今府城西有郟鄏陌，亦曰郟山，亦曰邙山。東漢諸陵及唐、宋諸名臣墓多在此。**三塗**，昭四年傳：四嶽、三塗、陽城、太室、九州之險。杜注：三塗在河南陸渾縣南。三塗山在今河南府嵩縣南。水經注曰：伊水歷崖口，山翼崖深高，壁立如闕，伊水穿峽北流，即古三塗山，武王所謂南望三塗是也。金志：嵩縣有三塗山。服虔以三塗爲道觀。春秋晉伐陸渾，有事于三塗，即知是山明矣。**陽城**，杜注：在陽城縣地。陽城山在今河南府登封縣北三十八里。志云：城中有測景臺，周公定此地爲土中，立圭測景，漢、唐因之。**太室**，杜注：在陽城縣西南。太室山在今河南府登封縣北十里。漢志：武帝置崇高縣，以奉太室，是謂中嶽。詩譜即外方山也。嵩山三十六峰，東曰太室，西曰少室，嵩高其總名。**施谷**，昭二十六年，王城人、劉人戰于施谷。**萑谷**，丁丑，王次于萑谷。按：大谷在今洛陽縣東。後漢書：孫堅進軍大谷，距洛九十里，其谷連亘至潁陽縣，何進設八關，大谷其一也。周之萑谷、施谷蓋皆大谷之支徑。**河**，昭二十四年，王子朝用成周之寶珪于河。大河經河南府洛陽縣北境，禹貢「東過洛汭」，正當王城之東北，故子朝用珪于河，以求福也。**洛水**，昭元年，趙孟館于洛汭。杜注：洛水在鞏縣南，水曲流爲汭。雒汭在今河南府鞏縣東北三十里，後漢書鞏縣注：夏太康五弟徯于洛之汭即此。水經注：洛水入河之處，清濁異流，亦名什谷。隋于此置洛口倉，以洛水東逕洛汭，北對琅邪渚入河，謂之洛口。**伊水**，僖二十二年，辛有適伊川。伊源有二。水經注：伊水出南陽蔓渠山，逕陸渾縣三塗山東注虢略，其地即辛有過伊川見被髮而野祭處。後漢書則云伊水出盧氏，近志因謂之，伊川出盧氏悶頓嶺，東流經嵩縣、洛陽、偃師入洛水。蓋原有二水合流，諸家各言所見耳。**穀水**，襄二十四年傳注：穀、洛鬬，毀王宮。穀水在今河南府洛陽縣王城北門外。昭二十四年，士景伯立于乾祭。杜注：乾祭，王城北門。水經注：穀水又東繞乾門北，子朝之亂，晉所開也，其東即千金堨，又東爲金谷水〔一〕，水之西北即金墉城。**湟水**，昭二十二年，王猛居于皇。杜注：河南鞏縣西南有黄亭。按後漢志，湟水即皇也。水經注：雒水合于谿泉，又東濁水注之，即古湟水。京相璠曰：黄亭在訾城北三里，今在鞏縣西北。**溴水**，襄十六年，會于溴梁。杜注：溴水出河内軹縣東南，至温入河。案爾雅：梁莫大于溴梁。溴梁，水隄也。溴水濟出懷慶府濟源縣西北，俗呼白澗水。**翟泉**，昭二十二年，天王居狄泉，亦曰翟。杜注：洛陽城内大倉西南池水也。案敬王初居狄泉時，尚在城外，至昭公三十二年，合諸侯于狄泉，以其地大成周之城，乃繞狄泉于城内，今乾無水。**酒泉**，莊二十一年，王與虢公酒泉。杜注：周邑。今陜西同州府澄城縣有温泉，西注于洛，又有甘泉出匱谷中，造酒尤佳，名曰酒泉。蓋虢地跨河東西，後入于晉。**平陰**。昭二十三年，晉師在平陰。今河陰縣。按平陰，古爲津濟處，陳平降，漢王使驂乘監諸將，南渡平陰津至洛陽是也。後置平陰縣，以縣在平津、大河之間，故名。魏、晉改曰河陰縣。唐改曰河清縣。至金移治于河南岸，改曰孟津縣，即今河南府之孟津縣治也。杜注之河陰縣與鄭州之河陰縣有别。

右春秋周都邑山川

〔一〕「金谷水」，諸本作「東谷水」，據春秋大事表卷八改。